新装版 コフート
自己心理学セミナー

THE KOHUT
SEMINARS
ON SELF PSYCHOLOGY AND PSYCHOTHERAPY
WITH ADOLESCENTS AND YOUNG ADULTS

ミリアム・エルソン 編

伊藤 洸 監訳

Ψ金剛出版

THE KOHUT SEMINARS
on Self Psychology and Psychotherapy
with Adolescents and Young Adults
Edited by Miriam Elson

Copyright ©1987 by Miriam Elson and Elizabeth Kohut
Japanese translation rights arranged
with W. W. Norton & Company
Through Japan UNI Agency Inc., Tokyo.
Printed in Japan

凡例

◉ 本書は、『コフート自己心理学セミナー I 』、『コフート自己心理学セミナー II 』、『コフート自己心理学セミナー III 』（ともに弊社刊）を合本にしたものです。

◉ 各頁の上部にそれぞれの底本ごとの頁番号を、下部には本書を通した頁番号を付しました。

コフート 自己心理学セミナー 1

ミリアム・エルソン 編

伊藤 洸 監訳

Ψ

金 剛 出 版

iii

日本語版への序文

　本書『コフート 自己心理学セミナー』の日本語版の発刊にあたり，読者はハインツ・コフートの業績を研究する機会をもつことになるでしょう。
　ところで，米国における精神分析の実践の中から発展した諸理論が，言語，文化，歴史および育児方法を異にする別の国民にとって果たして意義をもつものなのかどうか，疑問に思う方もいるかもしれません。しかし，コフートの理論は国境や慣習の掛け橋となるものであり，自己 self の発達についてわれわれが考えるにあたって深い影響を及ぼしてきました。

　このセミナーにおいてコフートは，若者が愛着，確認，応答を求めてやまない，その普遍的な欲求について語っています。その若者たちが大学の中で自らの技術と才能をみがいて専門家になろうとしている場合でも，職場や社会の中での役割と意義を模索している場合でも，いずれにしろこれはあてはまります。またこのセミナーにおいてこそ，コフートは精神療法の問題に触れて，精神分析以外の治療法に対する彼の理論の適応について考察しています。メンタルヘルスの専門家は彼の見方を歓迎することでしょう。

　人間すべてに共通なものは，確認されたい，承認されたい，指導されたい，つまりコフートが映し返しへの願望および欲求と呼んでいるものです。また，理想化された個人の叡知と強さを尊敬し，それによって保護されたいという欲求および願望も同じく共通のものであり，そこから人間の理想と規範が形成されてきます。

iv

　同様に普遍的なのは，自分を社会の一部分と感じたい，人間関係を享受し他者と一緒に働くことができるようになりたいという欲求と願望であります。これらは人間の基本的な欲求であり，生まれたときから存在しており，終生発展を続けて，ますます適応に役立ち，いっそう磨きがかかっていきます。後期青年期と初期成人期は実によくこの過程を垣間見る機会を提供してくれます。

　第一部はコフートの理論編にあてられており，彼自身の実践からの具体例がふんだんに盛り込まれています。続いて第二部は，精神科医，心理臨床家，ソーシャルワーカーによる事例の提示であり，そこから臨床の問題をコフートが考察していく際の基礎が与えられます。コフートが語った言葉と，彼が臨床と理論の公式化に到達する過程を述べるにあたっての類稀なその才能とを掘り下げてみることによって，読者は一人の優れた学者であり，臨床家であり，理論家である人がまさに生きている様を目の当たりにする機会を得ることでしょう。

　コフートは彼の基本理論を終生，発展させ拡大させつづけましたが，このセミナーには，彼の後々の著作の中の対応部分を参照するための注がつけられています。読者がコフートの後々の仕事をも含めて，その自己心理学の研究を継続してくださることを，私は切望するものであります。

ミリアム・エルソン

イリノイ州，シカゴにて

発刊にあたって

　精神療法によって他人を援助しようとする人は，私の夫がおこなった以下の講義と討論をテープにとってていねいに編集して下さったことに対して，ミリアム・エルソン女史に感謝することでしょう。彼がどう教えたか，彼は精神療法をどう見ていたか，そして精神分析は精神療法に対してどんな貢献をなし得ると彼は考えていたか，こうしたことがはっきりとわかるという点で本書はユニークな地位を占めていると私は信じています。そこに明確に述べられているのは，事例として提示された学生たちに対する彼の共感的アプローチ，微妙な感情陰影とそれが学生とその家族間の関係に及ぼす影響をとらえて解釈する力，学生たちの機能の様態をさまざまに解釈する彼の能力などについてであります。

　私たちが本書の各章から学ぶことのできるものは理論だけではありません。たぶんもっと重要なことは患者やクライエントに対する見方を学べるということです。私たちは彼らの中核的な自己を，そしてその自己が自らを保持し充足をもとめて闘っている様相を，どうとらえたらよいかを教えられます。そして，この講義が私たちに利用できるようになったのは，ひとえにエルソン夫人の忍耐強い努力と学識のおかげであります。私もその一人として，夫人に厚い感謝の念を表明する次第であります。

エリザベス・コフート

序　文

　傑出した才能ある教師によってなされた一連のセミナーを編集するにあたっては，編者はどうしても彼が話した言葉の呪縛を受けてしまう。そこで編者はなんとか彼の特徴的なスタイルをつかんで，読者に対して忠実な解説をおこなおうとしたくなる。しかし，話されたものは聴衆が推論のニュアンスをできるだけ吸収できるようにといろいろ工夫をこらして語られたはずである。ところが語句や文章を見るしかない読者にとっては，これは要らざる侵害になるかもしれない。テープをおこすにあたって，私はあのセミナーに参加した人々の経験をこの本の中にとどめて提示するように努めたつもりである。すなわち，あの発見の感覚，活発な意見の交換，複雑な理論的考察を習得していく過程の経験であり，あるいは将来こうした習得につながる一層の研究への期待の経験である。

　一年の四分の三の期間，ハインツ・コフート博士は，ナルシシズム問題に対する彼の精神分析的な実践および探究に関して，シカゴ大学の学生メンタルヘルスクリニックの職員と共に存分にその成果を分かちあった。博士はその当時一つのモノグラフを完成させつつあったが，それは後になって，『自己の分析 —— 自己愛パーソナリティ障害の精神分析的治療に対する系統的接近 —— 』のタイトルで出版された。大学生に向けてのわれわれの仕事に対して彼の理論を臨床的にあてはめてみることはとりわけ意味あることに思われる。

　ところで，多くの若者たちは一定の分野での実績の達成を背景にして大学に入ってくる。将来偉くなるという彼らの約束は，親や教師や友人の承認にその源を発している。そして彼らが入ってきた新しい社会環境におい

ても，彼らはこうした承認の継続を期待することになり，いうなれば，彼らがそのために準備してきた運命の成就を期待するわけである。ところが，もっと優秀な他の学生との競争は，それまでに充分に下ごしらえされた連続的過程に見えていたものに対して，突然の断裂として姿をあらわす。そのために彼らは自分自身とその運命についての感情と思考を再編成しなくてはいけなくなる。こうしたことはきわめて高いレベルの成績をとり続ける学生の人生にもおこるし，それだけではなく予想したより成績がよくないので研究コースをめざすには準備も足りないし期待もできない，ないしは関心も低いといった学生の人生にも起こってくる。これらの学生たちは手痛い自信喪失に陥り，自らの価値とこれまで久しく抱いてきた目標の意義について疑問視するようになる。彼らは空虚であるとか，愛されていない感じ，他人に応答できない，といったことを訴える。また重い抑うつ，混乱夢，動けなさあるいは熱狂的活動を体験するし，苦しい身体症状をもつかもしれない。つまり，移行期間であるために，彼らの自己システムは痛々しいくらいに病気に対してむき出しになったり脆弱化している。

　社会的な力はこれまでに，人間の成長を歪めてきた束縛の多くのものを解放したが，それと同時に，その成長を促すはたらきをしていたサポートのいくつかを希薄なものにしてしまった。また現代は，歴史上稀にみるくらい個人というものが可視的になって，個人の諸欲求が広範な関心の的になっている。しかしそれと同時に，個人の内的生活を調べてみると，これほどまでに不毛だったことはなく，人間の存続に対する深刻な脅威に直面しているといってよいくらいである。

　学生たちはこの矛盾を鋭く意識している。ナルシシズムの役割，そして若者におけるその均衡とアンバランスの状態について研究してみるならば，彼らを理解するやり方について別の次元のものを手に入れることができるし，それによってわれわれは若者を解放し，自分と社会にむけての新しい理想と目標を打ち出すプロセスが可能になる。個人の成長の成り行きは常

に，社会と国家にとって深くて広範な影響をもたらす。そこに登場してくる指導者たちは未来の象徴になるからである。

青年男女は入学の年から学位の取得の年までさまざまな移行段階にいる。その際に内的要求と外的な諸力にぶつかることになり，それらは彼らの自己評価を深刻な試練にさらし，また彼らの理想や価値や目標のシステムの中に強引に侵入して来る。しかしたいていの学生たちは困難や苦痛が多少はあってもこの移行を成し遂げるし，しかもいっそう強くなって自己評価は高まり，その価値と基本的理想は拡大し，その目標はより明確なものになる。呑み込まれたり圧倒されたりすることなく，彼らはきわめて生産的な学業活動と，人生を豊かなものにする付随的な楽しみ（つまり，恋愛関係，交友，さまざまな文化活動や運動ないしは単なる遊びなど）との間を行ったり来たりするようである。彼らが深く滅入ったときでさえも，その均衡を回復する手段を使うことができるように見える。

こうした若者と，勉強や家庭や友人や活動に対する満足を深く失ったことを苦しむ若者との差異はどこから来るのか？　ある学生たちは内的な力と外的要求とを調整することができなくて，それどころか社会から引き込もってしまったり，あるいは自分の問題と社会の問題の解決を精力的にめざすことを放棄させてしまうようなグループを追い求めたりするが，この理由は何なのか？

こうした疑問をわれわれと共に検討するために，コフートは最初，ナルシシズムの発生論，その発達ラインと青年期におけるその変遷についての彼の理論を提示した。これに引き続いて，精神科医，ソーシャルワーカー，精神科レジデントが検討のための症例を提示した。もともと症例の断片は無作為に引用されたものだが，それらは軽い障害を示している。というのも，アンバランスの軽症例においてこそ，移行のシステムがよく研究できるからである。

みなさんの中には，自己愛パーソナリティ障害の長期にわたる精神分析

療法という作業から得られた洞察およびその様式が、いったい学生相談の仕事にあてはまるものかについて疑問に思う方もいるかもしれない。しかし、こうした青年男女に対する仕事の中でとりわけ助けになることは、たとえ長年の癖があって孤独と孤立に陥りがちな学生であったとしても、気持ちを打ち明けたい圧力が大変に強いことである。家族や慣れ親しんだ環境からのお馴染みのサポートを断ち切られ、また大人として振る舞えという要求が日に日に強くなるという事態をむかえて、彼らは自分のもろもろの感覚が強烈に先鋭化しているのを経験する。見るもの、読むもの、あるいは覚醒や夢の中で経験することさえも、その一つ一つが彼らの早期発達段階と共鳴する。したがって助けを求めてやって来た時にはそこには一定の緊急性というものがあり、彼らはこの助けをなんとか自分に役立てたいと必死になっている。その体験がまだ生々しいものであり、その記憶が強烈で彼らの空想が豊かであるために、こうした学生たちへの援助の仕事は比較的短期間で可能になる。

　もちろん、その情緒的困難のために長期の治療を必要として、時にはそれを真っ先に可能にするために学校を休むことが唯一必要な方策であるといった、そうした学生がたくさんいることも事実である。しかしこのセミナーでのコフートは、われわれの洞察がどちらかと言えば短期の療法から得られたものであるからといって、それらが本物らしくないなどとは決して言わせない。むしろ彼がわれわれにすすめるのは、その人間存在に対する彼の理解力がもつ幅と深みに参加していく感性のことである。彼はわれわれの同僚として、人間の病がもつ錯綜した問題を取り扱う時に経験するもろもろの困難をわれわれとわかちあった。そして彼は、未熟な人格的歪みとしてしばしば決めつけられる、人間的営為における健康への潜在力に対して、われわれの視野を広げてくれた。講師として、教師および研究者として、いささかの思考過程を刺激することが彼の願いだった。研究の主題はわれわれの経験に対して開かれており読者にとっても同じであるから、

相互交流するにあたっては，自分の中に同じ内容と感情を引き起こす他者における一定の経験的配置に触れてみさえすればよい。

このセミナーの意義は，自己愛の発生と成長，その形態と変形についての理解にあり，それはわれわれの誇りとわれわれの理想および価値の源泉として終生とどまるものである。他者との関係においてまたそれと並行する対象愛の発達ラインにおいて，自己愛問題は複雑になるが，その諸相が本セミナーには大変に詳しく展開されている。それが明らかになるのは，コフートの研究やセミナー参加者が提示した事例から抽出された具体的な臨床素材によってである。

私はもともとこのセミナーを，『自己評価と理想・青年期における自己愛の発達とその変遷』というタイトルで編集した(原注1)。コフートがその講義をして以来，すでに12年の歳月が流れた。しかし若者を理解し相談をおこなうにあたってのその意義は今日いささかも減じてはいない。そして，大学で自らの技術と才能を見定めて専門家になろうとしている学生にとっても，また，学校の外にあって職業と社会での見極めと価値を模索している若者にとっても，これは等しくあてはまることである。

1981年のその逝去の日まで，コフートは自己心理学の基本概念を展開し拡大し続けたが，それは彼の数多くの著作の中に示されている。その業績の発展の跡をたどった人もいるが，中でもポール・オーンスタインが編集した，『自己の探究・ハインツ・コフート選集：1950～1978 (1978)』の入門の章がとりわけ際立っている(訳注1)。しかしながら，このセミナーの真価がどこにあるかと言えば，コフートの思考の自然な動きを研究する機会が得られることであり，彼が臨床経験から理論形成に向かい，さらに再び

（原注1）　版権は1974年。このコピーはセミナー参加者とポール・オーンスタイン博士に渡されたが，彼はシンシナティ大学医療センターの精神医学教室の学部スタッフのためにおこなったセミナー（1975～76）の中で，このコピーを使用している。追加のコピーがシカゴ精神分析研究所のスタッフの多くに渡されている。

（訳注1）　関連文献の5の第8章にあたる。

生きた臨床経験に戻ってくる様子を目のあたりにする時にそれは可能になる。彼が既成の概念を検証してその潜在的有用性を見定めるときにいかに慎重であるか，あるいはそれが行動や感情を解明する力をもはやもっていないと結論したときは遺憾ながらその概念を廃棄していくことになるが，その様相を読者は見ることができる。読者はまた，共感的な彼の観察方法を見ることができるし，彼はまず全体の人間を見てその後に初めて症状行動を個人の努力の一部として見なすのであるが，それは自己評価を調整し人間関係を確立し意味ある目標を発見し追求しようとする努力としてとらえられている。

　コフートの自己の概念は幼児期にその萌芽型が姿を現わし，それが早期児童期にかたまり，成人の生活の中でも自己は保持されることになるが，本書においてその足跡をたどることができる。彼は青年期から成人期への移行にあたって自己対象の特異な機能を例示しているが，そこでは臨床例を用いて以下のことを見事に教えてくれている。すなわち，自己／自己対象母体 self／selfobject matrix の内部の治癒の力は，その個人が示す映し返しと理想化の欲求に対して新しい自己対象が応答する機会の中に存在する，ということである。彼はさらに，自己対象機能 selfobject functions が自己機能 self functions へと変形していく様相を例示したが，それは個人が目標に向かって新しい課題を習得しようと努める時におこる。私は原注を付して，コフートの後期の著作の中の関連事項に読者の注意を喚起しようと努めた。彼はその著作の中で，このセミナーではまだ萌芽型でしかあらわれていない特異な概念を発展させかつ前進させている。原注は意図的に簡潔なものにしたが，ディスカッションの流れに対して要らざる侵入を避けるためである。

　ここに再びこのセミナーの出版を準備するにあたり，私はごく最近，年来の同僚であり昔からの親友である，エリザベス・M・コフート女史の応援を受けることができた。初めのセミナー原版に明確にするために，ごく

xii

わずかの変更を加えただけである。コフートが語った言葉と，彼が臨床および理論的公式化に到達するその過程を述べるその類稀な才能とを研究してみることによって，読者は一人の偉大な学者であり，理論家であり，臨床家を目のあたりにする機会をもつことであろう。

ミリアム・エルソン

シカゴ，1987年

コフート　自己心理学セミナー 1 ／目次

日本語版への序文　iii

発刊にあたって　v

序文　vi

第 1 章　自己愛をめぐっての価値判断 ……………………………………… *1*

第 2 章　自己愛と対象愛の分離した発達ライン …………… *25*

第 3 章　自己評価が形成される早期段階 …………… *45*

第 4 章　共感的環境と誇大自己 ……………………………… *71*

第 5 章　自己評価を調節する心的構造の形成 ………………… *93*

第 6 章　賞賛する自己対象と理想化された自己対象 ………*119*

第 7 章　内在化された価値，理想，目標の獲得 ………*149*

文　献　*173*

関連文献　*177*

あとがき　*179*

人名・事項索引　*185*

第Ⅰ章

自己愛をめぐっての価値判断

　同僚と勉強したり教えたり話し合ったりする時に，私は常々，私なりの気に入ったやり方を用いますが，たぶんこれは患者に対する時にもそうなっているのだろうと思います。どういうやり方かといいますと，具体的な臨床素材と理論的理解とを適当に行ったり来たりしながらこれを行っております。私たちがたずさわっているのはとりわけ専門的な分野ではありますが，そうかといって純粋の臨床観察というものはあり得ません。つまり，どんな臨床観察でもその観察者の背後に物事を秩序づける原理というものをもっているのです。何かを見るためには，何らかの形で偏った見方をせざるを得ません。生まれてからずっと盲目で，つい最近目が見えるようになった人を例にとりますと，この人は何も見えません。諸々の印象の束に圧倒されるばかりです。彼の第一の仕事は，何を期待すべきかを学ぶことでしょう。たとえば，彼がテーブルを"見る"ことができるためには，一定の配置はテーブルと呼ばれ一定の目的に役立つということを学ぶことがまず必要です。こうしたわけで，全く公平で理論的にも何ら偏りのない観察というものは存在しませんし，とりわけ私たちの専門分野ではそうであります。ですから，理論や偏りがない，などというのは論外です。よい理論かうさんくさい理論か，だけが問題になるのです。

　すべての理論は仮説です。しかし，仮説でない公理といえるものもあり

ます。秩序原理というのがそれです。たとえば，体の大きさという観点から人間を見て，彼らを大，中，小と分類することを提案してみたとします。これには文句のつけようがありません。しかし，彼らがどの位の量の食べ物を必要とするかを決定するにあたって，さっきの原理をその決定手段として使用することを提案してみてもあまり役に立ちません。なぜなら，大きな人が必ずしも小さい人よりもよけい食べるとは限らないからです。しかし，人間に対する見方として体の大きさの順に分類することは公理といえますし，疑問の余地はありません。しかし，その公理の使い方だけが問題になるでしょう。

それがなんであれ，ある理論を展開しようとする時，——たとえば，私はこれから自己愛について語ろうとしていますが——既にその時，一群の理論仮説が存在しています。私が自己愛について論じる基本的な資格を疑問視しようとする人もいるかもしれませんが，その人は誰であれ，おびただしい議論を私に浴びせかけることは容易に可能ですし，私たちはこの主題を守るために多くの時間を割かなければならないでしょう。こうしたわけで，かつてコールリッジは"不信を自発的に棚上げする"ことを語りましたが（1907, p.6），ちょうどそのように，ある主題が特定の様式でみなさんに提示されようとしている時，それに耳を傾けるにあたっては，"不信の自発的棚上げ"willing suspension of disbelief が必要であります。といっても私はなにも，不信を永久に喜んで棚上げしてください，と言っているのではありません。他人が何を言おうとしているのかを把握し終わるまでの間，不信を棚上げしてください，と言っているだけなのです。つまり，まず人の話をある程度まで聴き終わるまでは反対もできないということです。

ところで，私がここで提示しようしているのは，自己愛に関する一連の講義であり，またこの特異な分野で私が最近なし遂げたと考えている諸々の研究成果であります。そしてこのセミナーの始めにあたって，みなさん

第1章　自己愛をめぐっての価値判断　　　　3

の積極的な参加を促したいと思いますし，そうすることによってみなさん自身の思考から，またみなさん自身の理論と臨床の経験から，なお一層の貢献が可能になるかと考える次第です。次に私たちは，この種のやりとりから別の討議に移ろうと思っていますが，そこでは臨床素材が当初よりもより大きな役割を果たすことでしょう。

　最初に私たちは，臨床素材を用いて理論上の問題点を若干，例示しようと思いますが，それは話を具体的にするためです。しかし後になると私たちの目的は，こうした臨床資料を，私が提案した思想に照らし合わせて検証することであり，その思想の有用性をそこで吟味することであります。しかし，そこで得られた解釈の力が，人間の問題領域に対して理解をもって取扱い，それらを援助しかつ技法的に制御する上で，みなさんを実際に助けてくれるでしょうか？　こうした領域に私たちが出会う時には，そこに持ち込まれる規範となる価値判断はいろいろあるにしろ，私たちが治癒とか援助とか適応とか呼んでいる特別の目的をもっているわけですが。こうした判断には，成熟および成長から，もっと狭い考えの，かりそめの直接的かつ一時的な適応，に至るまでの幅の広いスペクトラムがあるはずです。

　これらはすべて私たちが持ち込む価値判断です。すなわち，患者はより成熟するために援助を求めているというのもそうです。少なくとも彼が口で言っているのはそうですし，私たちが行っていることもそう仮定されております。しかしながら，この目標に到達するためには，──これ自体ももう一つの公理であり一つの仮説ですが，ここでの目的にとっては私はあえてそれをも疑問視する必要があるとは考えませんが──，患者の中におこることを理解することは，彼をより成熟させて彼が適応していく上での助けになるだろう，ということが仮定されています。これは疑問視しようと思えばできますが，今のところ私たちの専門分野では，一つの公理的真実と仮定されております。といっても私はなにも，治癒の問題を検討会の

3

もう一つの主題にしようとするのが適切でない，と言うつもりはありません。ただ私は，私が考察しようとするものが何であるのかを明確にしたいと思っているのです。そうしませんと，考察の最後に至っても真実の答えが見つからない，といったことになってしまうからです。

これまでの精神医学においてはほとんど言わずもがなの仮説ですが，それは，人間の発達とその活動の最重要の次元は，その個人が他者 others との間にもつ関係をみることによって最もよく評定される，という確信であります。もちろん，ここでは，他人 other people との関係のことを特に言っているわけですが，二次的には広い意味にとって対象との関係としておきます。ところで，対象 objects という言葉は，精神分析では最も頻繁に使われますが，それは精神医学や，力動精神医学の周辺に集まる人類学の各分野でも同様でありまして，単に人間だけではなく，その個人の外部に位置するそのほかの人間的関心の焦点 foci of human interest をも指しています。対象と言えば，他人，動物，ペットであり，また芸術や音楽などいずれにせよ人々が追求する関心の焦点を指す言葉として充分なのであります。そして一般的に言ってこれまでのところ，無理がなく，豊かで多様性をもった深くて強い対象への関心を，その人がどの程度にもつことが可能であるかによって，人間の健康というものが評定されてきました。

今日では対象世界における人間の姿は，実にきめこまかく考察されるようになりました。他人 people という代わりに対象 object という言葉を使うわけですが，この言葉には含蓄があります。というのも他者志向性 other-directedness では人間との関係だけに狭く限定しているからです。こうした含蓄が広い応用の可能性をもっていることは明白であり，なんら弁明する必要もないくらいです。ですから，ある人が孤独だとしてもそれは，至上の健康と完全に調和していることもあり得るわけです。孤独だったり超然としていたとしてもそれは，対象愛と対立しているわけではありません。実際，周知のとおり，対象を無差別に捨てる人，たとえば愛して

第1章　自己愛をめぐっての価値判断

いたかのごとき人を失ってすぐ別の人に気を移しそれに乗り換える人とか，あるペットが死んで翌日別のペットを買いに行く人とか，こうした人々には対象関係の浅薄さがしばしば見受けられるのです。人生の早期に対象関係において心的外傷を受けてきた人々は，この特異なタイプに陥りがちのようです。彼らは迷子の犬のように，自分の身近に来る人に誰でもよいからたちまちくっついてしまいますが，そこではある人と別の人とを識別しているわけではなく，現実の連続性はまったくないのです。彼らは孤独に耐えられませんし，一人でい続けることができませんし，本当の意味では他者に接触できないのです。もしその人がこうした他者との接触が真に可能であったなら，つまりもし彼にこうした接触ができるとしたら，他者の喪失には，対象愛の大きな印ないしは証拠が必ず伴います。それはすなわち，一つの対象が失われた時に苦しむ能力であり，喪に服する能力であり，一つの対象が存在しない時それをこがれる能力であります。ある接触から別の接触へと矢継ぎ早やに過ぎていく人々は，いつもそこに対象を存在させておかないといけない人たちですが，それらは偽の対象　pseudo-objects に過ぎません。

　しかし，私はここで対象愛 object love について語ろうとしているのではありません。それは別の発達ラインに属しているのですから。ただ，対象世界を扱おうとするときには細かい吟味が必要である，ということにちょっと注意を払ってもらいたいのです。

　ある一つの心理学システムがもつ解釈力の幅をどう実証するかといえば，たとえば対象が経験される様式の多様性によって，ある程度これは可能といえるでしょう。こうして，対象愛の能力はまさに情緒的成熟 emotional maturity の印である，といった暗黙の仮説がこれまで通用してきました（もっとも理論上では否定されることがしばしばでしたが）。正常発達は，自己没頭 self-preoccupation から他者への没頭へ，自己関心 self-concern から他者への関心へ，簡単に言うとエゴイズム　egoism　から愛他主義

5

altruism へと進む，という含蓄が常にありました。しかし，この接近法の良さもいろいろと挙げられるにしても，私がこんな風に問題を提起すると，言葉の意味を誇張している，わかりやすくするためにすこし極端な言い方をしている，という非難を受けるかもしれません。ですから私は，後にもっときちんとした形で提起しますが，そうすればこの非難が的はずれなことがおわかりいただけるだろうと思います。

　理論的見地からはしばしば言われてきたことですが，自己愛 narcissism という言葉はなんらの価値判断を含んではいません。しかし，実際の応用面ではまぎれもなく一つの価値判断であり，しかもそれはなにも精神分析家のロッカールームでのおしゃべりに限ったことではありません。いわく，「彼はナルシストだ」と言えば，「これは少しおかしな人だ」という意味ですし，それとは反対に，「彼にはれっきとした対象愛がある」と言えば，彼をほめることになります。ですから，発達や成熟順序という，より洗練された概念構成に限ってみても，これはまったくの価値判断であります。

　暗黙の仮説があって（しばしば暗黙でないこともありますが），発達の順序が価値判断と混同されます。言い換えますと，成熟は良いことであり未熟は悪いこと，成熟は価値があり未熟は無価値である，ということになります。たとえば，固着 fixation とか退行 regression という言葉は，それらは単に発達尺度のモーメントを表しているに過ぎないのに，微妙な価値判断になってしまいます。ですから，"彼は退行しつつある"とか，"彼はこの水準に固着したままになっている"と言えば，彼が固着点を離れて，しかるべき地点まですみやかに発達していくよう，援助してあげなければならない，ということになります。ですが，私はまた少し誇張した逆の言い方をしてしまったかもしれませんので，話を元に戻さなくてはいけません。こうした仮説はある程度は真実であり，少なくともまったく間違っているとは言えません。しかし，ここでは何が価値判断でしょうか。成熟は退行点への固着よりどんな風に良いのでしょうか。未熟であるより成熟し

第1章　自己愛をめぐっての価値判断　　　7

ていることは，どういう目的にとって価値があることですか。

　もし，たとえばエリクソン Erikson（1956）がしたように漸成的な順序 epigenetic sequence にしたがって評価判断を行ってそれを吟味するとすれば，それは確かに価値判断でありましょう。基本的信頼 trusting は良いことであり，信頼できないことは悪いことであります。自律 autonomous は良いこと，共生 symbiotic は良くないことになります。事実を記述し報告するという口実のもとに，対立する一組の価値判断の系列が導入されて，その一方が常に良いもの，他方が常に悪いものとされています。もし良い悪いを評価する観点を定義するなら，それはまったく正しいことです。しかしこうした観点とは何でしょうか。

　誠実な観点は，ハインツ・ハルトマン Heinz Hartmann が適応を論ずるにあたって，精神分析学の中に導入したところの観点であります。彼は必ずしも，適応 adaptation が良いとか悪いとかは言っていません。彼はただ，適応の観点から現象を調べて，実に洗練された形で，平均的に期待された環境 average expected environment（Hartmann, 1958, p.55）への適応について語りました。この観点からすれば，平均的に期待された人間環境の中では，発達の順番で通常，成熟と呼ばれているものが適応につながる最善の機能様式であるだろう，ということが言えるわけです。しかし，平均的に期待されたものでない環境においては，これは必ずしも真実ではありません。たとえば，極限の政治的状況においては，一定のパラノイド性格者こそが立ち向かう勇気をもった唯一の人間であるのに対して，平均的に期待された成熟した人間は，忘却と死の彼方に追いやられてしまいがちです。極限状況では（私は仮定的な例を挙げているだけなのですが），自分は無敵であるから死を恐れる必要がないと信じこんでいるメシア的性格者が，錦の御旗を高く掲げて同胞を勇気づけ，彼の指導に従って抑圧に対抗するように立ち上がらせるのです。こんなことを言うのも，何が適応的であるかは全面的にその状況に依存しているし，まったくの不適

応も一定の状況下ではとり得る最善の策になる，ということの例を示そう
としているだけのことです。

　普通の状況下で国民によって選ばれる指導者像は，極限状況下で選ばれ
る指導者像とまったく異なっております。英国においてチャーチルは普通
の状況下では首相に選ばれませんでしたが，それにはしかるべき理由があ
りました。しかしながら，国家的災難の瀬戸際という状況下にあっては，
自分は無敵 invulnerability であるという途方もない観念や，自分は全面
的正義と偉大さの体現者であるといったとてつもない確信をもった人物だ
けが，絶望に抗して人々の士気を高めるために必要とされて，こうした人
物が表舞台に出て来ます。そしてたとえばチャーチルのような人物が選ば
れてきます。この人物たるや，この上なく円熟した人物でありながらシガ
ーのチェーンスモーカーであり，スタッフとの会議中にもベットに潜り込
んで，まるで幸福な赤ん坊のような有り様でした。また朝食にも欠かさず
シャンパンを飲む人であったし，その十代では飛行空想があって橋から飛
び下りても自分は死なないで空中飛行ができると信じていた人でありまし
た。このセミナーの準備のためにみなさんがお読みになった論文の一つ
（Kohut, 1966）の中に私が書いた一節[訳注1]を，みなさんはたぶん思い
出されることでしょう。私の考えでは，チャーチルは自分が無敵であり飛
行できるといった類の誇大空想をもっていたことはきわめてありそうなこ
とです。ところで，一定の状況下では適応を助けるために必要とされるの
は，まさにこのような人物なのであります。

　ここで再び，すべての話をもっときめこまかく扱う必要があります。実
際，単なる飛行空想 flying fantasy は適応的でありません。早期の発達段
階への固着はいついかなる時でも適応的とは言えません。しかし，ある固
着点の内部での発達はきわめて適応的なものになり得ます。もしそれが全

────────────────

（訳注1）　関連文献5の第6章の p.152参照。

第1章 自己愛をめぐっての価値判断　9

体パーソナリティのある豊かな影響に従うようになるならば，まさに発達
の古い様式への固着そのものが，われわれの評価においてはるかに優れた
結果をもたらすことができるのです。

　しかし，みなさんはきっと，"何の評価ですか"とか"何を言おうとし
ているのですか"，とおたずねになることでしょう。私が言おうとしてい
るのは，醒めた理論的言明では必ずしもそうでないとは言うものの，この
特別な偏見に満ちた価値判断の下にあっては，やはり自己愛は良くないも
のと考えられてきた，ということなのです。きわめて正しいものがここで
は，きわめて正しくないものと結婚して入り込んでしまいました。実のと
ころ，不適応で，お望みなら病気でさえある対象愛の形態がいろいろある
のとまさに同じように，自己愛にはたくさんの形態があるのです。しかし
ながら，病気と健康というこれらの概念さえもが価値判断です。これは病
気を定義する方法ではありません。それは定義を排除しております。不適
応が病気だということに戻ってしまうからです。ある抽象的に考えられた
生体や心の充分な発達と完全な働きという理想状態は，ここでも再び，平
均的に期待された環境にのみ依存した考えであって，他の環境ではあては
まらないかもしれないのです。

　われわれは自己愛の病理についてよく語ります。一定の様式の自己愛は，
適応において，健康，幸福，世界との関係において，また仕事やしかるべ
き価値があると考えられるすべての事物との関係において，確かに一つの
妨げになっておりますし，われわれはその様相をいろいろと示すことがで
きるでしょう。しかしながらまったく同じことが，ある型の対象固着に関
しても言えないでしょうか。一定の様式の自己愛がもつ非適応的で，無価
値な側面を見つけ出すことはまったく正しいことなのですが，自己愛その
ものは一般的にいって必ずしも不適応だとは言えないと思うのです。

　ところでこうした価値判断はどこから来るのでしょうか。既に述べまし
たように，それは二つの側面に由来しています。一つの側面はわれわれに

9

深くしみ込んでいる偏見ですが，それは，対象愛は自己愛から発達してくる（言い換えると，対象愛が現われた時は自己愛は消滅する）というものであり，対象愛が頂点に達した時には自己愛はすっかり衰微している，といった考えであります。この価値判断から派生して，成熟した人間は対象愛に最も深く関わってくる，といった愉快な考えも起こってきます。第二に，年をとるにつれて世界に対処する力が次第に低下してくるので，人間は再び自己愛的になる，いわば児童期や乳児期に退行する，といった偏見があります。これらはすべてある程度，正しい観察です。しかしだからといって，自己愛は対象愛に比べて良くない，という証拠にはなりません。そこから分かるのはせいぜい，非適応的な自己愛，つまり病的自己愛はたぶん価値が低い自己愛でしょうが（私はあえて，たぶんと言っておきますが），こうした自己愛が後々の人生に早期児童期の場合と同じように出現することが時にはある，ということだけです。人間の力が頂点に達してしまえば，後は後退してしまうのかもしれません。しかしここでも，もっと厳密に考察する必要のあることがすぐわかってくるでしょう。

　たとえば，われわれが病気になった時には，治りたい一心でどうしても自己愛的になるのですが，これは当然のことであります。重い体の病気のただ中にいて，こうした時に他人に対してひたむきな思いやりを抱く，ということはできません。ある人が病気であるにもかかわらず落ち着いて病床に着くことができない，特にその人が高熱を出しているので自分の体の治癒過程にひたすら専心すべき時期だとしたら，私の価値判断はどうでしょうか。自分の病気を押してまで，なお他人への思いやりに没頭していることは，確かに賞賛すべきことだと言う人もいるでしょうが，その人の心的経済論に何かまずいことが起こっていることのあらわれ，と私は思うわけです。

　確かに，年をとるにつれてわれわれの力は狭まっていきますから，われわれは必然的に力を倹約して，自分の面倒を優先します。当然，われわれ

はより自己愛的になりますが，この自己愛は適応性が高いのです。ところで，"その人生の半ばにして力が頂点に達するような人が最も好ましい"，とよく言われますが，私はこの価値判断に反対するつもりはありません。そのとおりです。しかし，それは自己愛そのものについては何も語ってはいないのです。

既に，対象愛は自己愛から発達してくる，自己愛への回帰はすべて価値がないか価値の下がった退行である，といった観念が深くしみこんでおりますが，この事実こそが，われわれをして自己愛を片隅に追いやらせた元凶の一つであります。つまり自己愛は，除去されて，他者と関係する能力に取って替わられるべきもの，と考えられていました。しかしここで，われわれが生きている文化の全体的な枠組みを軽視してはいけません。約二千年にわたってわれわれは，愛他主義 altruism が最高の美徳であるような文化，とりわけ西洋文化の中で，生きてきました。自分より汝の隣人を愛すること，言ってみれば自分にかかわらないことは，明らかに最高の価値だったわけです。それは唯一の基本的価値になろうとする傾向をもっていました。ですから，ある人が組織化された宗教的信条に賛成しないで，彼は無神論を公言していたかもしれませんが，愛他主義に対する圧倒的な価値評価のような，広く公認された文化的見地から脱退するよりは，無神論者になる方がより容易であったのです。

いずれにしろ，愛他主義に対しては文化的過大評価や唯一無二の評価が行き渡っていました。それはまた特定の偏見を陰で支えていましたが，そのために，人間の精神のきわめて重要な側面におこる心理現象の評価に関して，われわれの視野が狭くなってしまった，と私は考えます。それは本物の宗教的信条や，あるいは人間の生き方についての一般的な漠然とした感情，といった形態をとるかもしれません。時には，宗教的信条や社会主義といったように，社会政治的に翻訳されるかもしれません。どんな形態であれ，このタイプの文化的理想が発達・成熟の理想と結婚すると，その

こと自体が一人歩きして高い評価判断になってしまいます。ダーウィン以来，特にそうです。すなわち，より高次の発達形態は低次元のそれよりも良いもの，と考えられたのです。この二つの態度が結合した結果，自己愛についての見方，とりわけ私がこれから提起したいと考えている基本思想についての見方が，偏狭なものになってしまいました。その幾ばくかはかつてお話しいたしましたが。すなわち，プリミティブな形態の対象関係性object relatedness が高次の形態の対象関係性へと発達して行くだけでなく，自己愛それ自体も自前の発達系列，自前の発達様式，そして自前の発達段階をもっています。すなわち，自己愛は対象愛と同じように，自らの漸成的継起 epigenetic sequence をもっているのです。しかしながら，これはもっとじっくりと検討してみなければなりません。

　ここで，低次かつ早期の形態の自己愛を調べてみて，人生のさまざまな発達段階をとおして，それらがいかに浮き沈みしながら発展してくるか，その様相を見てみましょう。そうして，一つ一つ引き続いて起こる様を，その順序に従って記載してみたいと思います。一般的にいって，われわれは特定の形態の自己愛をより好む，といったことがあるようです。たとえば，母性愛 motherhood において子どもは母親の自己愛の内に包含される，と誰かが言ったとしたら，大賛成を受けることでしょう。それは良い自己愛ですから。しかし，もしある人が自分の銀行通帳だけを見ており，数字が高いか低いかにばかりに釘付けになると感じるなら，これは肛門期の所有欲の問題であり，それは悪い自己愛です。もちろん，もっと話をきめ細かくする必要がありますし，自己愛という言葉にただ価値判断を移しただけではよくありません。そうではなく，われわれはその発達の様相を検討しなければなりません。また，われわれは，自己愛のさまざまな発達段階について——アンナ・フロイト Anna Freud（1963）にならえば自己愛の発達ラインについて——同じくらい厳密に検討して，この発達ラインの中のさまざまな通過駅を評価してみる必要があります。

第1章　自己愛をめぐっての価値判断　　　*13*

　ここで，後に来るものは必ず良いものである，という偏見を問題にしなければなりません。せいぜい言えるのは，平均的に期待された環境においては，後にくるものはたぶん良いだろう，ということぐらいです。時々，特異な状況下において，先に来たものがまとまって類まれな形態に発展したために，それが，いわゆる後々の発達様式よりも，文化的にみて（価値判断というものは文化的枠組みの中で行われがちですので）より優れた価値をもつ，といったこともおこるのです。

　私たちが取り扱う主題との関連で，その理解ないし定義にかかわるきわめて基本的なことをここで明確にしておきたいと思います。自己愛はその定義によれば，自己への備給，すなわち自己へのリビドー本能の備給 investment です。（私がここで精神分析用語を使うのは，それがたまたま私の馴染んでいるものだからです）。また精神分析の言葉では対象への本能備給と言う時，こうした現象を記述するもう一つの言葉としてカテクシス cathexis という言葉も使用します。注意の程度，食欲の度合い，到達したい，所有したい度合い，等々は欲動に結び付いており，対象イメージの周りに集まりますが，これを私たちはカテクシスないしは対象への備給と呼んでいます。対象への備給の正反対，あるいは最も広く，安易な言葉を使うと対象愛 object love の正反対は，自己愛であります。それは自己への愛であり，愛されるものに向けられるはずのもので自己を備給することです。人は自己愛を維持し，見せびらかし，それを身近にもつことを願います。神話のナルキッソスは自分自身に恋をしました。もちろん，これはもっと微妙な状況に対して，おおまかな象徴的表現をしたに過ぎず，神話学というものは一般にそうしたものです。

　しかし自己愛の時の対象はどうなっているのでしょうか。ここに昔からの誤解があり，それを明確にすることはきわめて重要です。すなわち，自己愛は対象関係と矛盾しないのです。対象関係は対象愛と同じではありません。他者を愛することと無関係なばかりか，自己愛的な目標に役立つよ

うな，そうした対人関係だってたくさんあるのです。実際のところ，対象
との最も強い関係のいくつかが自己愛目的に奉仕することさえあります。

　ここに発達における理論上のゼロ点（実際，理論上だけのことなのです
が）というものがあり，それはしばしば一次的自己愛と呼ばれています
（S. Freud, 1914c）。しかし私は何もこうした概念をもちこんでみなさんを
煩わせようとしているのではなく，そこには一定の有用性のあることを言
いたいだけなのです。それは実在する何かではなく，数学や幾何学の等式
の一側にある，無限大におけるゼロ点のように，有用性をもっています。
（もしみなさんが極端な環境主義者でなければ）赤ん坊にはそれなりの刺
激に応答する生まれつきの傾向というものがあるということは，観察のた
めには有用な秩序原理であります。私たちが赤ん坊に行うような，そうし
た型の観察にとってはとりわけそうであります。たとえば，一定の良い母
親からのX個の刺激があったとすれば，たいていの赤ん坊はそれに反応す
るでしょう。しかし，それよりもよけい刺激を必要とするような赤ん坊も
たくさんいることでしょうし，何人かの赤ん坊は最大限の刺激にも反応し
ないでしょう。また，他の赤ん坊は環境からの刺激が最小のものであって
もそれに反応し，しかも自分に閉じこもったり，引きこもったりしないで
しょう。入院していて刺激が欠如しているといった極端な例では，何人か
の赤ん坊（すべてではないのですが）は自分を壁で囲ってしまうでしょう
し（Spitz, 1945, 1946），こうした場合は生命そのものが逆戻りしてしまう
かもしれません。

　こうしたわけで，一次的自己愛は臨床上のあらわれではなく，一種の方
向性をもった力ということができます。この概念は，自己愛固着へと向か
う生まれつきの傾向といった未知の諸要因を語るときにその使い方がもっ
ともよくわかることでしょう。その際，その傾向は，自己愛が高次の形態
へあるいは豊かで多様な対象愛へと発達していく能力とは対比されていま
すが。ところで，われわれが自己愛として経験したり観察できるものは，

第 1 章　自己愛をめぐっての価値判断　　　15

人生の始めから，対象関係の枠組みと緊密にからみ合っています。しかし
ながら，こうした状況での対象は，そもそも，プリミティブな自己とは別
個の何かとして，愛されたり認知されているのではないのです。それは，
自己の一部として経験されるか，自己への愛，自己へのカテクシス，自己
への備給すなわちナルシシズムとして，使用されるかのどちらかでありま
す(原注1)。

　その性的意味はさておいて，ある露出症の男性が公園，地下鉄やバスの
中で，メガネをかけた女性に彼のペニスを見せびらかす，といった単純な
例を考えてみましょう。その際，彼はその女性を愛してはいません。なる
ほど彼は彼女を猛烈に必要としているのですが，そこには愛はかかわって
いません。つまり，この男性は，彼女が欲しがっている何かを与えようと
しているのでは全くないからです。そこではメガネが必要であるという事
実は，（私はある臨床例を使っているのですが），一定の自己愛的に備給さ
れた対象がほんのわずかずつ芽生えて分化しつつある，ということをたぶ
ん示してはいますが。しかし，これは愛された対象ではなく，彼のペニス
のたくましい印象を再確認するために彼が使用した対象にすぎません。ま
た，自分のペニスがどんなに怖いものであるかとか，それを見せた人にど
んな赤面と困惑を引き起こすことができるのか，といったことを再確認す
るためかもしれません。彼は環境の中にこの支えを必要としてはいますが，
これは自己愛的な支えです。それは何かに役に立っている支えではありま
すが，ペニスのたくましさ powerfulness という意味の，特異な様式での
自己評価の高揚ということに関係しているにすぎません。力に対する古い
空想があってそこに固着しているのか，彼が幼い頃に見たくましいペニ
スとの同一化があるのか，いずれにしろ，彼自身を露出することは自己誇
大化 self-aggrandizement という目的に奉仕しているのです。そのペニス

───────────────────────────

　（原注1）　これは自己対象 selfobject の概念の展開を予期させる（Kohut, 1978，第二巻，
　　　p.554を参照のこと）。

16

を見せる人への愛といったことには関係ありません。

　しかし，こうした人が私のところに分析にやって来たとしても，私は，「この人が他人を愛することができるようにしてやろう」とは感じないでしょう。そうではなく，「待てよ。この人の環境に対する見方には，既に何か凝ったところがあるよ。彼が自分を見せびらかす女性はみなメガネをかけているんだって。少しは希望があるかもしれない。自分にばっかり夢中になっているわけではないんだから」というのが私の感覚でしょう。そうはいっても，何かの手段が，いくばくかの時間がたぶん必要でしょうが，しかしそれは，自分を露出する人々を彼が愛することができるようにするためではなくて，彼が住んでいる自己愛的な世界は，自分のペニスを取り出して女性に見せていささか元気を回復するといった，あのきわめて粗野で単純な世界よりも（そこでは女性は目をそむけて真っ赤になり，すっかり狼狽したり脅えたりするわけですが），もっと豊かな世界になり得るのだ，ということを認識するための手段であります。

　こうしてみると，われわれの態度は，すなわち，われわれが心理学的素材の複雑さを認識する際の基礎となっているものは，患者への態度に対して陰に陽に影響を与えます。ひいてはわれわれの治療方法，治療目標と作戦，そしてわれわれが患者に働きかけようとする一定の様式の手段に対しても影響するのです。

　われわれが今扱っている臨床素材は，人生のきわめて大きな変化，ある重要な移行段階にもっぱら集約されています(原注2)。この移行段階は，自分をある一組の対象（たとえば，親）から引き離す能力を形成する時期であります。引き離して新しい対象に再備給するわけですが，たとえばそれは結婚の相手でありますし，通常，青春期から成人期にいたる期間におこり

　（原注2）　コフートの論文，「自己愛の形態と変形」(1966) を参照のこと。
　　　　なお，この論文は関連文献5の第6章に訳出されている。

ます。しかし，それだけでなく同時に，それまでにもっていた一定の自分についてのイメージに対して，人が自分を見る一定の様式に対して揺さぶりをかけてくる段階でもあるのです。したがってその際，自己にまつわる昔の心的外傷が，自己評価が動揺した昔の様式がこだましてきます。ところで，"アイデンティティの危機"や"アイデンティティの拡散"という言葉はきわめて馴染みやすいし，多くの面で有意義で役に立つ言葉なのですが，こうした反応が展開してくる仕方という観点から検討してみるならばもっと豊かで意味あるものになることでしょう。しかし，これは何も人生の一定の時点にだけおこるものとか，青春期から成人期にいたる発達段階での特定の課題，としてだけ見てはいけません。むしろ，その人物がかつて挫折したある過去の一時点の反復なのです。つまり，自己が形成されて確固としたものになっていくその早期の段階において，なにかのしくじり failure があったのです。

　若い学生がこの移行段階を通過して行く時に，私たちはしばしば，彼が訴え描き出す差し迫った困難 acute distrsess の姿に対して，頭から価値判断をあてはめようとし始めます。ややもすれば私たちは，客観的事実を語っているかのように見掛けは評価を差しはさまない言辞をろうしますが，こうした時に価値判断を行っているのです。その上，一定の発達段階は未熟さとか病気をあらわすものと決めてかかっています。しかしながら，健康と病気も価値判断なのです。それらは客観的に定まった現実評価になんら関係してはいません。そして年代的に早期から遅い時期へと発達の順序を語る時，あるいは芽生え始めた機能から発達した機能へとたどる時，こうした時のわれわれは出来事つまりは心理なしい心理生物学的な出来事の順序 sequences を述べているのであって，そこに価値判断の含蓄を加えてはいけないのです。

　言い換えますと，発達した機能は未発達の機能に比べて常に良いとは限らないということです。与えられた課題が何であるかを知っているか，あ

るいはどんな状況下でならその機能はより良いものと見なせるか，こうした場合にのみ良いとか悪いとか言えるのです。発達図式をそのような疑似的評価の意味で使用するのはまったくナイーブですし，フロイト自身も元の記述の中では決してそんなことは言っていません。それはしばしば，"健康道徳 health morality" と呼ばれる類のものです。つまるところ，健康はそれが健康なるが故に善である，ということで，とんでもない話です。

　しばしば見受けられることですが，最も偉大な達成 achievements の多くは，通常の文化的価値評価の物差しに照らし合わせてみれば，決して成熟した機能によってなされたのではありません。むしろ，ある未熟な機能，つまりは部分機能 part functions が高度の発達を遂げたためにできあがることが，非常にしばしばあります。ですから，"性器的人間　genital man" という考えは通常，充分に発達を遂げた心理社会的・心理生理的な標本ということになりますが，これすらも最も価値ある観念というわけにはいかないのです。せいぜい，ある平均的な発達の尺度においてはこの段階が最後に来る，というだけのことです。その到達の以前にも，どの中間点もそれなりに集結 clustering して独自の素晴らしい発達を遂げて，やがてはとてつもなく価値ある文化的所産をもたらすことも可能なのです。

　たとえば，ミケランジェロには口愛サディズム的な固着がありますが，これは後々になって白い大理石からさまざまな塑像を彫り出す衝動につながっていきましたが，それというのも彼は母親の白い乳房に憤りを覚えていたからです。私はもちろんミケランジェロを分析したわけではありません。こうした理論を立ててもよいそれなりの充分な根拠があるのですが，この理論が本当に正しいかどうかといったことは今は問題にしていません。心理性的発達のいささかプリミティブな水準での固着点があったとして，それが一層の発達を遂げた末に，文化的達成の枠の内部でもきわめて価値ある所産につながった，ということを言いたいのです。

第1章　自己愛をめぐっての価値判断　　　*19*

　性器期は肛門期より良く，肛門期は口愛期よりちょっとは良いし，それらはみな一次的自己愛よりはずっとましである，というのはナンセンスです。こうした概念は価値判断であってはいけません。言い換えますと，私が明確にしようとしてきたのは，単純な記述用語でアプローチできるものと，心理学的機能の評価——どんな働きがあるか，パーソナリティの他の部分とどのように結合しているか，どんな課題にどのくらい適合しているか，といった意味での——とを混同してはいけない，ということです[原注3]。たとえば，人が睡眠へと退行できる能力はきわめて適応的であることは明らかです。これができないこと，つまり清明な意識レベルにとどまりたい欲求は，これも確かにより成熟した心理的力のバランスのなせるわざなのですが，この型の退行が許されるし必要でもあるときに眠らないのは適応的ではありません。

　たとえば，不眠症の人は，自分がこの退行から二度と浮上してこないのではないかと心配しているかもしれません。あるいは，彼は眠っている間に何かプリミティブな種類の衝動が跳び出して抑え込むことができなくなるので，覚醒意識 watchfulness を緩められないのかもしれないし，あるいは眠ることを死と同等視しているとか，どんな問題であってもよいのです。しかしながら，われわれが睡眠における退行と呼んでいるところの能力は，健康である能力であり，もちろん健康は一つの価値判断です。それは長期間にわたって，自分自身と自らの心理生理的な平衡の維持に役立つからであります。親であること parenthood においても同じことが言えますが，つまり退行して小さな子どもと遊ぶ能力のことです。それができない人間は——ここでは価値判断をしますが——退行能力が欠けているのではないか。つまり，しゃがんで床の上で子どもと遊ぶ能力において，また，積み木やボールやその他の何であれ，それを楽しんで遊ぶ子どもの能力に

（原注3）　コフートはいずれ臨床的には欲動理論を放棄していくわけだが，ここにはその展開の兆しが見えている。

対しての共感力において，欠けているのではないかと思うのです。この能力は適応的ですから。

　私がこれまで強調してきたところですが，自己愛はいついかなる時も価値判断になってはいけません。あからさまなら論外ですが，微妙な，あるいはひそかなやり方でもいけません。目の前にある課題に応じて，よい自己愛であったり，そうでなかったりするだけです。予想外のことに適応できることは，予期したことに適応するのと負けず劣らずに，ある状況下ではもみ殻から麦を選別します。つまり，正常の適応幅をもった人間は正常の適応環境の中ではよくやれるでしょうが，正常の状況下でなら病的に見えるような人間だけが，異常事態を乗り切るかもしれないのです。

　フロイトの著作の中には暗黙の価値判断が一つありますが，それもたった一回だけあらわにされた，と私は思うのです。すなわち，「かつてエスであったところを自我にしなければならない」（Freud, 1933, p.80）と述べたところです。これを言い換えると，最高度の意識，最高度の気づき awareness，自我の領域の最大限の拡大は，（これらは必ずしも同義ではないのですが，われわれのさしあたっての目的にとっては同じことですが），これは善いことであり，望ましいことであるということになります。フロイト（E. Jones, 1957, III, p.144）は，それが否認であれ，意識的な嘘であれ，真実のどんな欠如にもがまんのならない人でした。彼の業績のすべては意識の拡大に捧げられました。知られていないことは知られるようになるべきであり，それは人間の深部においてしかり，環境の探究へと向かう科学的態度においてしかりであり，快であるか不快であるかは問題でありません。確かに偉大な科学者としては，これは錦の御旗に記されたモットーと言えるでしょう。しかしながら，こうした態度がそれほど確かなものとはいえないような状況のあることも明らかです。たとえば，何が起こっているかを正確に知ることが常に適応的であると，はたして言えるでしょうか。もしあなたがサハラ砂漠で死にかかっているとします。そこで，

第1章　自己愛をめぐっての価値判断　　*21*

あらゆる手立てを失った時，自分は今サハラ砂漠で死のうとしていること
を今はの際に覚ることが適応的でしょうか。こうした状況下では，自分は
水を飲んで安らかに死んでいく，という幻覚をもつ能力のある方がもっと
適応的ではないでしょうか。

　これほど極端ではない例として，長期の孤立収容が人間に与える影響に
ついての研究がしだいに報告されつつあります。きわめて長い間しかも非
常に狭い所での孤立収容を生き抜いた人々の中に，その間まったく幻覚を
体験したことがなく，自分は孤独で心理学的にも剥奪されているという事
実を常に意識していた人々がいますが，彼らは解放された後に，永続的な
人格欠損 personality defects を残しており，しかもそれは非可逆性のよ
うでした。その人格の中になにか鈍さ blunting があり，対人感情におい
て生き生きと豊かに他人に応答することがもはやできないのですが，彼ら
は元に戻れそうもありません。こうしたことは，ヨーロッパの強制収容所
からの生還者の中にときどき見受けられますが，すなわち，完全に非可逆
的な人格欠損であります（Krystal, 1966）。もちろん彼らは結婚もするし，
子どももつくるし，他人がするように模倣するし生活もできます。しかし，
自分の新しい家庭というものについて明確な感情を持ち合わせてはいない
のです。実際のところ，彼らは自由にされると，きまったように生き残っ
た昔の強制収容所仲間のところに戻りたがるのですが，なぜなら昔の人間
関係のわずかな香りをもてるのは彼らだけなのです。この特別な例にすっ
かり賛同しているわけではありませんが，私には非常に真実味を帯びて聞
こえるのです。

　もっと普通に起こるものとして，老年とか，手術後に精神混乱をきたす
人たちについての経験があります。彼らは夜間，暗い部屋にいるとき，遠
の昔に死んだ人で親しかった人物が部屋の中にいる，とすっかり確信しま
す。この型の幻覚体験はその後も，あたかも孤立収容にあるかのように，
彼らを長いあいだ精神病的にします。それと対照的に，上述の研究におい

ては，孤立収容に際してわれわれのあらゆる基準に照らしても精神病といえる状態になる人々がいます。つまり，家族に囲まれているという幻覚をもち，しかも単なる空想ではなく真正の幻覚で家族と話もするわけですから。ところが，彼らが孤立収容から解放されるや否や，この幻覚活動がすっかり消え失せてしまうのです。明らかに幻覚をもった人の方がそうでない人よりも欠損が少なくて治りもよいし，現実検討に頑固にしがみついていた人よりも，環境への適応度においてずっとよく回復するようです。

　私がこうした実例を引き合いに出したのは，次のような逆説を言いたいためです。すなわち，われわれにとってまさに病気そのもの，つまり自我が現実との結合を保持できないこと，さらには現実検討の放棄ですらあるわけですが，こうしたことも一定の条件下では人格の資質になるし，むしろ病気になれないことが欠損になるかもしれない，と。それが快であれ不快であれ，真実に直面するというフロイトの態度は，確かに私たちを鼓舞してくれるし，科学者としては素晴らしい態度であります。しかし，すべての人間がそうできるわけではありません。ところで，彼が臨終を迎えた時もまさにフロイト流でした。確かそれは彼の死の2，3日前のことだったと思いますが，フロイトは自分が余命いくばくもないことをふと耳にしたのですが，同時に，主治医はそのことを彼に知らせるべきかどうかを家族としばらく検討した，ということも知りました。フロイトはそんな話し合いがなされたということだけでも激怒して，「いったい何の権利があって，そのような重要なことを私に隠すのか！　何の権利があって私を守ろうというのか！」と，言ったそうです（E. Jones, 1957, III, pp.144-145）。

　言い換えますと，これがフロイトのパーソナリティでした。彼はこの特例ともいえる真実をも直視できた人でした。しかし，そう驚くべきことではありません，彼は誰の支えも助けも借りずにあの種の発見をなし遂げたことを考慮してみてください。真実が不快なものであっても現実的に耐え抜くための並みはずれた能力があったにちがいありません。しかし，これ

第1章　自己愛をめぐっての価値判断　　　*23*

はあくまでも個人的なことですし，こうした耐久がもはやできないような
時が誰にもあるものです。フロイトも実のところ，最終的には彼の主治医
——彼は最近，ニューヨークで死んだのですが——と協定を結びましたが，
完全に絶望的で苦痛しか残っておらずもはや何もできないという事態にな
ったら，すこし多めのモルヒネを飲む，という協定でした。しかし，その
ことをあらかじめ告げられかつ同意しなければいけない，というのです。
そして，意識的かつ意図的にそのとおりに実行されて，フロイトは死んで
いきました（E. Jones, 1957, p.246）。

　こうしたわけで，第一に，自己愛それ自体は，対象愛より劣るという評
価をもった何かと混同してはいけません。第二に，自己愛は対象愛の反対
ではなく，対象関係の反対です。つまり，最強の対象関係のように見える
ものが実は，自己愛的なものだったということもあるのです。私はこの時
点でこのことに深入りはいたしません。こうしたきわめて一般的な問題に
対してみなさんが何か疑問をおもちだとしても棚上げしておいて下さい，
後でそこに戻りますから。第三に，自己愛は対象愛と並行して，発達も成
熟も同じように評価されなければならない，ということです。別の言葉で
言うと，自己愛それ自体にも，早期型から後の年代型へ，プリミティブ型
から発達型へ，未熟型から成熟型へとむかう発達の尺度があります。しか
しながら，ここでも再び注意しておきたいのですが，これを価値判断と混
同してはいけません。プリミティブ型の自己愛もそれなりの場所があるか
もしれません。しかし，なによりも言いたいのは，自己愛は後にも先にも
悪い評価をされるべきものではない，ということです。自己愛には自らの
発達ラインや発達尺度があって，それは最初の一歩を踏み出した時にのみ
見えてくる，ということを強調したいのです。みなさんが自己愛は悪いも
のだと思っている限り，発達尺度のことを考えてもみないでしょう。つま
り，それはどうしても対象愛のプリミティブな前駆体ということにいつも
なってしまうからです。しかしもしその人が最初の一歩を踏み出して，

「それは対象愛のプリミティブな前駆体ではなく，それ自体の価値をもっているのだ」と言ったら，自己愛もまた一つの発達ラインをもっていることが初めて見えてくるのです。幼児期の状況に関係したプリミティブな種類の自己愛もあるし，健康な形態の自己愛もあるし，発達した自己愛も，成熟した形態の自己愛もあります。ここでは健康とか成熟とか発達とかは，なんら価値とか評価的な意味合いはもっておりません。ですから健康という言葉はすっかり避けた方がよいのでしょうが，いずれにしろ，さまざまな形態の自己愛は発達した人間の成熟という意味で適応的であり，それ自体の地位をしめているのです（Kohut, 1966. を参照のこと）。そして，こうした形態がどのように発達してくるかを見ることができるのですが，それは対象関係と対象愛が発達してくる様相をみることができるのとまさに同じことなのです。

　これらの三点を明らかにしましたので，これまでの一般論からもっと特異なこと，すなわち人間における自己愛の発達と成長という主題に，これから入っていきましょう。

第2章

自己愛と対象愛の分離した発達ライン

　自己愛の定義は，自己が発達するという点から考えて，少なくともある時期からは対象についての概念に対応する心理的な一つの構造が前提となっています。どの時点かで，子どもは空間的な広がりをもった世界の中で自分があるまとまり cohesion を持った限りのある人間であることに気づきます。皮膚という境界があり，機能を持つ身体と，思考過程や情緒過程といった内的な過程は，ある期間ある種のまとまりをもちます。この自己 self，私，は時間軸にそってもまたまとまりを持っています。世界にはこれら（時間と空間）ふたつの大きな方向があります。将来いくらか変わるとしても，いまここにいるのは私1です。生涯，このことには気づきにくいものです。ある日鏡をのぞくと髪が白くなっています。そしてそれはいつまでも変わらないと心底思っているかつての若い男の子です。「どうしたんだ。これは別のひとに決まってる」。しかし，別人ではないのです。そこには連続性があるのです。私たちは連続性があることに気づいていなくても，また連続した時間の一つ一つをみな想起することもできませんが，連続していると知っていますし，感じています。

　したがって，時間においては変わりなく連続しており，空間においてはまとまっているものを私たちは私と呼び，そのような形態が他者からは自己と認知されるのです。そして，私たち自身の外にあるもの，たとえば，

25

本，ペット，友人，夫，妻，子どもたちといった対象を，私たちは大切な
ものとして強く求めますが，（精神分析の訳のわからない用語の中でもっ
とも不快な言葉を用いると）つまりはリビドー備給に染まるということに
なりますが，同じように自己にも多少なりとも強い備給がなされ得るので
す。

　これは古くからの，ある程度は正しい見解ですが，ごく一定範囲では，
自己への備給，すなわち私たちにとっての私たち自身の重要性は対象への
備給とお互い正反対の関係にあるといわれています。この点に関して限界
はあるのですが，観察できる資料のかなり広い範囲を説明する理論として，
これは正しい仮説なのです。昔からよく引き合いに出されますが，ひどい
歯痛の時には恋をすることなんて考えられません。言い換えるならば，自
己に非常に没頭 self-preoccupation しているとき，つまり，増大された自
己愛が自己の病んだ部分に集まり始めるのは普通だし適応に役立つことな
のですが，そうした時には対象への備給を広げることは通常不可能になり
ます。どんな人でも体に進行性の痛みがあるときは恋はできません。逆に，
全面的に自分を外のものに捧げている人は自己の要求には無関心でいられ
るでしょう。たとえば，恋人に会おうとしている人はみぞれがふっても，
あられや雨がふっても不快には思わないでしょう。彼は最愛の対象と一体
になることにまったく専念しているからです。そしてしばしば言えること
ですが，対象愛がもっとも強くなるのは常にその対象に到達する直前であ
り，その時点でその対象の内的表象への備給が起こるのです。一体化する
瞬間に，平衡が達せられ，対象への全面的備給 investment はある程度収
まってゆきます。

　これはなにもふつう言うところの対象にだけかかわることではないこと
を強調しておきます。外的な課題に全面的にかかわるということも対象に
没頭するということです。たとえば，攻撃するように鼓舞され，特定の要
塞の攻略に全面的に没頭した兵士たちは，手足を失うことをふくめ，いき

第2章　自己愛と対象愛の分離した発達ライン　　27

なりひどい傷を負ってもそれに気づかないことがあると言われています。言い換えますと，特定の目標に一生懸命になると，雨やあられ，ひょうに気がつかない恋する人間と同じようになっているといえるでしょう。

多くの理論がそうであるように，対象リビドーと自己愛リビドーが正反対に働くという前述した理論は観察できる資料の多くを正しく説明します。それは，自己愛はよりプリミティブで対象愛はより発達したものである，対象愛は自己愛から発達したものである，という昔からある発達理論を支えるのに役立ってきました。そして，そこにこそ隠された価値判断 value judgement があるのです。すなわち，私たちは自己中心的な赤ん坊として生を受けますが，最終的には社会で働き，社会に関心のある人間になります。職業を持ち，他者に献身的になっていきます。この理論は間違っていますが，つまり充分ではないのですが，多くの分野がこの理論で満足のゆく説明ができるのです。小さな子どもは自分自身に没頭していますし，そうでなければいけないという事実は確かです。年をとって，複雑な社会環境で生きてゆくにつれて，ますます他者の感情や願望に関心をもつように要求されそれに適応してゆくのです。さらに，親になるということは普通社会文化的に発達し，種族を維持してゆくということですし，成熟した段階で獲得されるもので，親は子どもたちを自分よりも幸福にしてゆくことが要求されるのです。

昔から知られてきたことですが，自己評価の低い人が人を熱烈に愛する人というわけではないし，他人に最大の献身ができるというわけでもありません。他方，対象愛を上手に発達させる能力，つまり，他者と強いかかわりをもつ能力によって，自己評価は高められ，そのために自分が空虚になることもありません。したがって，自己愛にはいくつかのタイプがあり，正反対の性質を持つという私たちの説明は正しいのです。つまり，自己愛は身体の病気では健康なのですが，心気症では病的なのです。

分裂病者の中にもとても純粋で親しみのある，深い対象愛を持てる能力

が（限界はありますが）損なわれていない人たちがいると私は思います。ところで，彼らは自己愛の非常にプリミティブな段階におり，重い自己愛固着を持っていると言われています。しかし，私はそれについて別の意見をもっています。つまり，対象愛から自己愛への退行 regression なのではなく，自己愛の高い形態の崩壊 breakdown であり，自己愛のよりプリミティブな形態に近づいてはいますが，対象愛の能力は必ずしも影響を受けることのない退行なのです。その点に関しては一般論から臨床的資料に移るときにまた触れることにいたします。

最近まで，自己愛から対象愛に発達してゆく道標があるという考え方が一般に受け入れられていました。少なくとも理論的枠組の中では，自己愛は必ずしも，価値判断を示すものではないという事実を受け入れている人たちでさえ，自己愛を対象愛からの退行としてみていました。つまり，自己愛は有害で，悪いもの，嫌なもの，病的なものとまではいわなくてもやはり，いわば，人が眠りに退行するというのと同じ意味で一つの退行であると思われていたのです。ハルトマンが創った「自我の支配下にある退行」(原注1)という立派な用語でさえも（1958, p.37），さまざまな矛盾を覆い隠しているのです。言い換えると，退行は必ずしも有害かつ悪いもので，病的なものとはいえず，時には適応の目的に役立つことがあるということなのです。それが退行の意味するところです。自己愛は役立つ退行という意味では受け入れられました。しかし自己愛から対象愛へという発達の道標の基本的な概念構成は放棄されませんでした。

私は発達には二つの独立したラインがあると考えてみてもよいのではないかと思っています。対象愛の発達ラインは対象の知覚および対象への備給が非常にプリミティブな様式から，非常に高度に発達し洗練され，微妙な奥行きを持つ様式へと移行してゆくものと考えなければいけません。し

（原注1） ハルトマンはこの用語をクリス（1934）によるものとし，彼を引用している。

第2章　自己愛と対象愛の分離した発達ライン　　29

かも，対象が今あるように認識される認知的側面においても，また対象に
方向づけられる感情の種類や程度の側面においてもそうなのです。しかし，
全く同じことが自己愛の領域でも言えるのです。自己愛の中にも対象愛と
同等なくらい，発達の道標というべきものが探索されなければならないの
です。

　一方，私はなにも本能の一元論，二元論の問題について一物あるわけで
はありません。人生の最早期に自己愛と対象愛というこれら二つの発達ラ
インの間にある種の融合 cohesion があるのかどうかということについて
議論を闘わせてもあまり意味がありません。一次的な自己愛あるいは一次
的な対象愛があって，それは私の共感の限界を越えるものですが，そこか
ら発達の両方のラインが始まっており，最終的にはおのおの分離してゆく
のかもしれません。ひとたび，こういったプリミティブな領域に入ると心
理学的評価という方法は不十分な研究手段だと思うのです。むしろ，精神
生理学的な相関の様式が研究されなければならないと思います。どんな手
段を用いてもこの種の問題の解決には程遠いようにも思います。しかし，
私はみなさんにいろいろな理論的意見に心を開いておくようにおすすめい
たします。いろいろと良い意見はあるでしょうが，私は今の時点ではどん
な議論にも特に興味はもっていません。実のところ，それは私たちの心理
学的領域には所属していないからです。

　次に自己愛自体に発達のラインがあると考えると，その発達を評価する
のに心理学的な発達の上で，私にとってはある時期が非常に重要になって
きたことに着目していただきたいのです。ご存じの通り，私は精神分析的
状況と呼ばれる特有の観察状況に長期間いる個人を見ており，そこが私の
研究の分野であり，実験を組み立て，観察を行っている領域であります。
こうした特異な観察の枠組みの利点や欠点についてはここで述べません。
それらはもういろいろと言われてきているからです。精神分析的状況はあ
る一定の環境で技術を長い間かけて磨こうとする人にとってはとても役に

立ちます。その意味では偉大な顕微鏡学者による経験に似ています。みなさんが私のように何年も顕微鏡を使った研究をなさったことがあるかどうかはわかりませんが[訳注1]。何時間も何年もスライドを見ていくうちにしだいに技術は上達します。初心者にとっては何の意味もないように見える一連の斑点があったとします。しかし，顕微鏡の専門家が見れば，その時点までは人工的産物と考えられていたものが，実は新しい発見であることがわかるのです。科学はこのように進歩するのです。そして，私たちの科学，私が信頼している科学もこのように進歩するのです。

　私がここで強調しなければいけないことは，自己愛に関してお話ししようとしている結論への手がかりは幼い子どもの直接観察によって得られたものではないということです。もちろん一定の時点では，私が再構成しようとしているその種の位相変化ないしは発達段階をまさに子どもは生きていくことにはなるのですが。むしろ，私が分析的に治療していた患者が落ち着いたあと，彼らの退行への揺れ動きや進展への揺れ動きから早期の体験を推定しているのです。

　これには，多くの欠点もあれば多くの利点もあります。きわめて貴重な利点は（それらが分析的に洗練され，かつ工夫をこらした子どもの直接観察に裏書きされた時にはとりわけあてはまると思いますが），患者が退行的経験を語るにあたって自分の自己観察 self-observation ができることです。言い換えれば，その人はそれぞれの時点で何が起こっているかを言語で伝える能力を持っているということです。顕微鏡で見る時のように，何か予想できる見解があるはずです。見るものについて何らかの考えを持たない限りは，何も見えないのです。また一貫して同じ結果にならないからといって，予想が間違っているとすることもできません。この種の進行と退行の揺れ swing を観察する方法によって，すなわち早期の状況を再確

（訳注1）　コフートは1945年頃，シカゴ大学で神経学者として出発している。

第2章　自己愛と対象愛の分離した発達ライン

立することによって，早期の正常な発達段階を試験的に再構成することが初めてできるのです。そのような再構成で間違いをおかす可能性はもちろんあるかもしれません。これと同様の間違いをおかす可能性は考古学にもあります。もっとも考古学者の方が私たちよりむずかしい状況にいると思いますが。というのは考古学者は遺跡だけを掘るのに対し，私たちは現在あるもの，現在なお生き続けている過去を扱うからです。

大人の中には子どもがまだどこかに生きています。次第に周りに集まってきた中間媒介物によって隠されたり屈折させられたりはしますが，ある程度の観察によってその可能性が確かめられます。それが私たちの仮説です。たとえば，現在も未開部族はどこかにいます。陶器の破片を発見するからだけではありません。昔の出来事の歴史的結果を見るからだけでもありません。それらは確かに歴史を復元する方法です。しかし，歴史的発展の現存している結末から，つまり現在も使われている特定の人々の言語を詳述することによってその結論を出すこともできます。

スイスの小さな谷間で，たとえば，ロマンス語 Romanche のようなラテン語なまりの強い言語が発見されたとします。そのラテン語なまりがあるという事実から，明らかにそこの人々の祖先の何人かはいつの時代かにラテン文化と接触があったに違いないと結論づけることができるでしょう。それを否定するのはむずかしいことです。しかし，どうやって彼らが接触したかというのは別問題です。もしこのアルプスの村々に，あるいはこの辺りの大きな都市にローマ人たちが陣営を張ったという遺跡がみつかれば，現在ロマンス語を話す人々の祖先について一定の姿を復元することが許されるでしょう。そして，おそらくこれらを分析することによってある資料を手にいれることができますし，別の出所から得られた情報の断片を確かめることもできます。しかし，この歴史学的方法には限界があります。歴史学的方法は精神分析でも使われていますが，精神分析に独特な技法というわけではありません。

どんな力動的精神医学者も発達論的方向づけをもった心理学者も実際は歴史学的な方法を使っているでしょうし，その人が語る過去によって現在の機能を評価しているでしょう。しかし，精神分析的方法はこの特異な方法にもう一歩加わるのです。つまり，それは昔の部族が現存する部族の祖先にかつて会ったことがあるとかいう証拠だけでなく，（例に置きかえないでそのまま直接言葉にすると）大人の機能に影響を与えたことのある子どもの部分がかつてあったという証拠だけではなく，その上さらにもっと成長した子どもの部分がどこかにあって，現在もあるという証拠をかなり与えてくれると思うのです。適切な環境が与えられれば，この子どもは大人の態度によって少しは修飾されますが，おそらく昔と変わりなく振舞うでしょう。この大人の態度は大人の心の防衛的機能と呼ばれ，完全に取り除くことができないのです。そして，まさにその子どもは大人の排除を受けることなしに登場してくるでしょう。

　精神分析的に接近できるような状況下で長期にわたって心理学的行動を注意深く，継続的に観察することでかなり高い妥当性の再構成に達することができると言いたいのです。その所見が子どもの直接観察に当てはめて吟味されるべきであることは言うまでもありません。しかし，あまりに多くのことを子どもの直接観察から期待することはできません。子どもの行動を観察することはできますが，子どもがどう感じ，環境をどのように体験しているかを共感するためには，観察者が今までの予想に水路を開いて，「その時子どもが本当に感じていることにこれがどのように対応しているのだろうか」と自らに問い，大人の退行的行動の糸口をもたない限りむずかしいでしょう。

　昔から人間の心を研究するのにいちばんよい接近法は（おそらく生理学的機能についてもあてはまりますが）移行期のシステムを観察することだとされています。一般的に見てしっかりと確立して安定し，よく機能するものは，平衡を少し崩したものほど多くを教えてはくれません。まったく

第2章　自己愛と対象愛の分離した発達ライン　　　33

平衡を崩したシステムの評価を研究するのも同様に困難です。言い換えると，不均衡が穏やかに起こった移行上の形態が，洞察を得るには最も適しているということなのです。これは常に真実ではありませんが，一般的にはあてはまると思うのです。

　また似たような説明を挙げてみます。正常な細胞の反応を研究するよりも，慢性的な刺激のある状況で少しずつ病的に変化してゆく異常な細胞の発達を観察することの方がよっぽど興味を呼ぶようです。すぐれた組織学者や組織病理学者たちが最も研究したいのはこういった細胞なのです。これが絶対に正しいとは言いませんが，特に心理学ではよく言われることです。

　したがって，私がみなさんに注目してもらいたいのは完全に崩壊した融和的自己 cohesive self でも，その機能が順調でしっかりと安定して確立された自己でもありません。自己に最も気づかされるのは自己がいくらか病んでいるときか，自己に関していくらか不確かさのあるときであり，全く崩壊したときや伝達と観察の能力が壊れてしまっているくらいひどく退行しているときではありません。そうした時には患者は自分の体験を話すことができません。私たちが興味を持つのはまさにそれらの体験なのです。個人というものがあたかも永続的な自己であるかのごとくに個別性を充分に確立している人間でも，必ずしも自分によく気づいているとは言えないでしょう。彼は天真爛漫に生きているだけかもしれません。したがって，自己が自ら再び固まり始めた瞬間の自己，軽度の障害を持った自己，こうした自己こそがみなさんにもっともなにかを教えてくれるのです。すなわち，自己ないしは自己の一定部分が初めて形成される特定の発達時期についての何かを教えてくれるのです。

　私たちの主題にフロイトの独創的な学説が手助けしてくれるのは精神病者の観察に関係したところです。彼は特に心気症になる人たちの観察に興味を持ちました。心地よい安定した身体 cohesive body に起因する正常な

身体感覚や調子が良いという感覚は，私たちの健康や自己概念にとても大切なことです。

　それとは逆の例ですが，私は何年も前に診ていたある患者を思い出します。初めの頃，彼は自分自身が頭部と頭部の真下は図式的なものになってしまっている夢を見ました。彼はそれを痩せた体に非常に発達した頭を持つジャコメッティの彫刻に似たもののように説明しました。そして，今振り返ってわかるのですが，彼はその時自分の身体自己 body-self の障害を私に話そうとしていたのです。彼は自分を思考のある人間としてしか見ることができず，彼の知性が働く限りの自己 self の中で生きていたのでした。それにはしかるべき理由があるのですが，彼は自ら世界の中で行動し，関係をもち，見ることができるという基盤に立った，境界のある，全体的な身体―心―自己の単位 body-mind-self unit として自分を想像することはできませんでした。フロイトは心気症を私たちが常に気づいているかどうかにかかわらず，存在する釣合いのとれた身体的自己評価が病的に変形したものと考えました（1914c）。彼はある環境下で退行が生じて，分析的メタサイコロジーの言葉を使うと，身体の部分が自己愛リビドーで高度に過剰備給されるようになると言っています。これらの部分は，患者にとっては，人格発達の要となるような身体の部分とは異なったある種の不快な圧力を産みだすように体験されるのです。

　なるほど，偉大なボクサーなら「自分とこの腕の筋力，自分とこの筋肉，足の動き，左のすばらしいアッパーカット」について，あるいはそれがなんであれ特に自慢するものについて，法外な感情を持つかもしれません。しかし，この場合は全体的に備給された自己の主要な領域 leading zone に過ぎないのです。いわば，まとまりのある自己感情が一点に集中するということにすぎません。たとえば，リビドーの発達段階について話すとき，5歳の少年にとってのペニスの意味あるいはエディプス期の女の子のコケティシュな体全体の意味について話すとき，私たちはそれがどこかの部分

第2章 自己愛と対象愛の分離した発達ライン 35

への心気症的な過剰備給であるとは思いません。しかし，まさにそれはしっかりと圧縮された自己の感覚が集中する部分でもあるのです。これが危険にさらされると全体の自己感情が壊れる危険があるのです。

みなさんが感じていることに理論的な背景があると，診断の基準の微妙な違いがはっきりとしてきます。みなさんが体の不調を訴える患者に会ってそれがヒステリー性のものなのか病的退行なのかを迷っているとします。どのように見分けることができるでしょうか。もちろん，沢山の見分け方があります。私にとっては二つの構造の背後にあるものが何なのかがわかれば非常に役立ちます。ヒステリー的な女性は口腔妊娠 oral impregnation の空想へと退行する傾向が基礎にあるので，喉の調子がおかしいとか胸がむかつくとかなにも飲み込みたくないといった空想をしがちですが，そのことを知っていれば鑑別にはとても役立ちます。それはたとえば退行した女性の分裂病者が「私の唇が違う」と言うのとは異なるのです。

「どうしたのですか？」

「ええ，唇が大きくなっているんです」

「いいえ，実際は大きくなっていませんよ」

「きちんと説明することができません。とても大きくなって，一杯になっているんです」

次第に，このかわいそうな女性が説明しようとしている何か，それは身体図式の他の部分から唇が離れて，唇全体そのものが意味をもち，リビドー化してしまっている，という感覚がわかってきます。幼い女の子が近親相姦的な願望に巻き込まれていたり，それを拒否されたりといったヒステリー的な空想にかかわるような唇とか喉とは違うのです。ヒステリーの場合も，奇妙で当惑するものであり，強く拒絶されたものであり，重い機能不全をおこすものかもしれません。しかし，それは分裂病者の退行ほど奇妙でも，不思議でも，全体的な身体自己から解離しているわけでもありま

35

せん。彼らにあっては，一体であるべき機能がバラバラになり始めたときに唇や体，あるいは思考へと独特な過剰備給が起こってしまっています。

　それではわれわれは何を見るのでしょうか。フロイトは自己愛期に先行して，彼が自体愛と呼ぶところの時期が人生の最早期にあると説明しています（1915a）。フロイトの用語では自体愛 a utoerotism といいますが，それは，正常で健康な子どもは自分の機能の一つ一つを単独に，全体的に，孤立的に感じる時期です。それは成人になってからの退行状態，つまり精神病的な解体の状態で再び生じます。

　正常で健康な幼い子どもには，強烈な快の体験として喉を鳴らして喜ぶこと，飲み込むこと，思考過程の芽生え，認識の始まりといったその一つ一つが全く個々に存在している正常な発達の時期があります。しかし，「これは私の一部分にすぎない」といった全体的な概念にはまだ統合されていません。やがて，しだいに成熟さが増すことによって（何百年も個体発生的にも系統発生的にもくりかえされたことですが）人類の発達がすすめられてきました。これは孤立して断片的に分離している諸経験を統合する方向へ前進するために現在でも繰り返されています。つまり，この繰返しは全体自己の経験へとまとめられてゆくのです。孤立した機能や孤立した身体の部分から全体自己への全面的な備給へと向かう特異な発達が自体愛から自己愛への発達時期なのです。これはリビドー学説を基にしたいささかかたよった用語ですが，私はフロイトがこの学説を作った世紀の曲がり角にあっては全くもっともな考え方であると思うのです。現在なら，断片化した自己，個々の経験の時期から，まとまりのある，断片的でない，統合された自己 unitary self への発達と言った方がよいかと思います。

　しかし統合された自己について言えば，統合された自己があったからといって自己の分割 divisions を経験しなくなるものでもありません。お話ししたように，自分の体格への誇り，さらには対象を愛する能力の誇りや知的な仕事を成し遂げた喜びは融和的自己 a cohesive self の感情に調和す

第2章　自己愛と対象愛の分離した発達ライン　　　37

るだけでなく，それを支えるものになります。しかしそれらは常に，破壊されていない全体自己の領域としてみなされます。長い治療過程で自己の感覚を再構成し始め，自分を全体として感じるようになり，その全体性の感覚によって以前はたずさわることができなかった活動をしている人たちを観察するのはとても有益です。

　たとえば，私自身が治療したわけではありませんが，よその町の同僚が治療をしていて現在も続いているある患者を思い出します。患者はとても病理の深い男性であり，ほとんど愛情的応答のない継母ときわめて冷たい継父に育てられた人でした。この人には自分についての強い非現実感があり，奇妙な一連の訴えがありました。ふつう悩んでいる人たちはどんな言葉で気持ちを伝えようかと苦しむものです。この人は数年にもわたる見事な治療を通して，自分の病理の所在が正しくわかるようになり，治癒を目指す上ではきわめて重要な準備段階である自分への共感が高まり，さらには自分を次第に再構築していったのです。つまり，彼の人格と彼自身のまとまりを示し始め，夢中になれる活動にかかわりはじめたのです。

　ある日，彼はアコーディオンを弾きながらフォークソングを歌うレッスンを受けていること，幼いときには全く経験しなかったレッスンのいろいろな段階を繰り返して習っていることを語りました。つまり，賞賛してくれる場面でそれを披露し大きな拍手を受けるという段階ですが，小さな子どもにとっては全く当り前の経験です。しばらくして，彼はアコーディオンを弾くのに夢中になり，同時に非常に怖がるようになりました。治療者である同僚と私が詳細にそのことを検討するまで何が起こったのかわかりませんでした。彼の恐怖についての私たちの理解が何度も確証されてから，治療者がそれを説明した時，患者は自分がよく理解されたと感じました。ここで起こったことは，一つの機能に彼自身が一生懸命になる，つまりアコーディオンを弾くことに夢中になることによって，再構築されたばかりで脆弱な自己はその活動に吸収されて，再び分解する危険にさらされたと

いうことです。したがって，健康な自己にとってはよく機能している自己の確証そのものが脆弱な自己にとっては大きな恐怖になり得るのです。こうして，成功さえも，時には恐怖になります。それは罪悪感のためでなく，また陰性治療反応，すなわち，自己が成功することに罪を感じやすくなっているためでもありません。自己がきちんと確立されていないときは，成功さえもが自己を消耗させる even the success drains the self ことになるのです。いうなれば個々の機能が個々の部分にあるということに気づく能力に加えて，融和的自己 cohesive self の構成が必要なのです。

　この移行状態，すなわち融和的自己の形成に環境はどのように関係してくるのでしょうか。良いにつけ，悪いにつけ母親のどのような態度が，母親との相互作用をとおして全体的な自己概念を確立するのに役立つのでしょうか。母親の何が自己愛の正常な発達を妨げたり，邪魔をすることになるのでしょうか。これについては次のセミナーで詳しく説明しましょう。

　私がみなさんにお話しする理論概念は（私の思考全体が発展した精神分析の伝統の中では全く演繹的なものが多いと思いますが），演繹的に作られたものではありません。それは経験的に得たものです。つまり，純粋な理論概念から演繹されたものではありません。さまざまな臨床的観察に基礎を置いているからこそ，その概念はしだいに実体が明らかになってきたのです。基本的な公理から演繹されたものではありません。そうしてみると，対象愛と対象関係との対比を検討してみると，それこそがまさに私が試みたことなのですが，自己愛は親密な対象関係と共存するといいたいのです。

　多くの対象関係は自己愛の目的のために用いられます[原注2]。子どものまわりには，とても重要な対象，しかも自己愛の目的に役立つ対象があります。私たちみんなのまわりにもあります。たとえば，子どもが自分の価

　（原注2）　コフートはここで自己対象とその機能を経験的に発見したことについて一層はっきりと述べている。

第2章　自己愛と対象愛の分離した発達ライン　　　39

値，自分のまとまり，自分は誰かであるという感覚を持ち始めたとき，そ
れを確認してくれる他者が必要です。どうしてもその他者は必要です。し
かし，この他者はその理由のために必要とされるだけで，愛されているわ
けではありません。その人自身の意志行為やイニシャティブの中心として，
あるいは自らの目的に方向性を持った人間としての他者は重要ではないの
です。彼らはいうなれば，赤ん坊や私たちの自己評価を高め，維持するた
めに役立つ時にだけ重要なのです。自己愛の目的に役立つ対象関係と対象
への愛との相違をはっきりさせることが大切です。対象への愛とは，自分
の目的を持った，独立した人間としての他者（つまり，自分の自己評価の
高揚とは無関係な他者）を希求し，認識し，関心とか愛とかリビドーとか，
どんなふうにそれを呼んでもいいのですが，そういったもので色づけるこ
とです。

　この点を贈り物のやりとりから見ていきたいと思います。主に他者から
の感謝を得るために贈り物をえらぶとしたら，その特定の行為で重要視さ
れるのはそれが自己愛的なものだということでしょう。しかし，自分とは
別の他者を喜ばせるために贈り物をしたのならば，この特定の相互作用で
重要視されるのは対象への愛です。

　どんな種類の対象愛にもある程度の自己愛の高まりはみられます。だか
らといって，自己愛と対象愛には連続性があるとするのには論理的な誤り
があります。誰もそうは言えないでしょう。もっとも，暗闇と光に関して
は，灰色の程度が違うだけのことで同じものだと言う人はいるでしょう。
しかし，自己をほとんど忘れて，自己が得る喜びは他者の喜びを認めるこ
とにあるといった対象関係が存在することも事実であります。

　しかし，自己の方に重点をおく関係もあります。一般的にみて，大きな
相違ほど気づきやすいでしょう。たとえば，恋愛している時は自分自身の
ことは考えません。もし恋愛している人の中におこっているイメージを吟
味してみると，彼女がどのような姿でどんな望みを持ち，どんなふうに微

笑むかといったまったく相手についてのイメージになっているでしょう。つまり，人は何も自分だけに没頭するわけではないのです。これは人間を対象にした時だけではなく，魅力のある仕事でもそうなのです。それは前に述べました。国家的な目標あるいは理想的な目標に熱心にかかわっている人の例を挙げましたが，その際，目標に到達する過程で自分の怪我も感じないくらい彼は全く自分のことを忘れています。これは最も自己愛的備給を呼び起こす経験であることは明らかです。しかし他方，自分自身に非常に関心があるとき，つまり自分の体にしろ性格にしろ，最も備給されているのが自己のどんな側面でもよいのですが，そのときは他者のことをいつも無視してしまいます。

　成熟した恋愛と自己が拡大したりあるいは自己がとけ込んでいくプリミティブな融合空想との間には違いがあると思います。ところで，恋愛している状況では各種の自己愛的空想もまた同時に活性化されることがわかっています。この両者の概念が分離していることを字面だけで論じても，通常，実際に経験される出来事の複雑さを見れば役に立ちません。正常な恋愛関係でもいくらかの自己愛的要素は関与しているわけですが，それは他者への本質的な関係に従属しているにすぎません。人が出会うどんな恋愛関係にも，特に若い人たちですが，多くの自己愛的要素があると思います。逆説的に聞こえますが，恋愛している状況では対象への過大な評価があっても，くわしく見てみると，対象愛や対象リビドーの備給の高まりに起因するものではありません。むしろ，愛情の中の自己愛的要素によって，言い換えると他者の上に投影される昔の自己イメージによって，他者評価が高められるのです。このような関係は臨床的にまたは詳細に調べたときにだけわかることなのです。

　私が強調したい主な点は，対象関係があるとかないとか言っただけでは，個人の自己愛の状況 narcissistic state は何もわからないということです。たとえば，人はひとりになりますが，それは何も自己愛的退行や自己愛的

第2章　自己愛と対象愛の分離した発達ライン　　*41*

ひきこもり，ましてや価値判断を抜きにして，なんらかの自己愛を意味するものではありません。その人がとても愛する誰かを求めているにすぎないのです。たとえば，愛する人や仲間をなくした人は，一例としては，引越ししたとか，彼にとって価値のある家庭や家族などすべてを失った人は，新しい環境で長い間一人で居るでしょう。

　しかし，別のタイプの人間は新しい環境に置かれた時，きわめて容易に新しい一連の対象へと移っていくかもしれません。それは行き当たりばったりで，相手をありのままに見ずに，前者の孤独なタイプよりも一層表面的で一層自己愛的な関係になるかもしれません。さまざまな真新しい対象にかかわることができない前者のタイプは，内的に以前の対象とのつながりを残しているのです。彼は孤独ではありますが，自己愛的ではありません。他方，後者の人間は多くの人に囲まれてはいますが，その人々は彼にとって，自分にかかわってくれているときとか孤独を解消してくれるときとか，存在を確かめてくれるときを除いては意味を持たないのです。つまり，重要な点は，他者との関係があるとかないとかいうことだけではその関係の性質については何もわからないということです。

　これらは錯綜しています。それに，私たちがここで扱おうとしている症例に大して重要な関係があるとは思えません。しかし，私はむずかしいからといって，理論的な公式化を避けるつもりはありません。たとえば，認知的な備給，つまり他者の独立性を認める能力について，言い換えると，自分とは違う他者を愛する能力について考えてみましょう。フロイト（1914c）は，対象愛と自己愛の間に同性愛が中間段階としてあること，つまり人は自分に似た人を愛すると述べています。しかし，これは割り引いて考えられるべきです。私は図式的に，これが同性愛で，これが異性愛であり，これが自己愛，これが対象愛などと言うことはできます。きわめて自己愛的である異性愛の関係のタイプがありますし，また相手を固有の権利を持った個人として認知しているきわめて発達した同性愛的な関係もあ

ります。同性愛者の中には，相手を自分とはある程度違った独立した人間として認め，深く愛するといった安定した関係を長期間持つ人もあります。しかし，相手を自分と全く違う人間として見るような愛情関係はありません。愛情関係において許容できる自分との違いの程度はお互いの共感能力に関係していると思うのです。

　共感は少なくとも歴史的に自己愛に端を発しています。共感は元来他の人間への自己愛的関係から発達するのです。母親と子どもの関係が持つ相似性，つまり二人は同一時点で同一のものを感じるということ，それが共感のはじまりなのです。しかし，発達史的に見るにしても，忘れてはならない昔からの法則ですが，共通の根元から発達していることを証明できても，だからといって元来同じであったものが今でも同じであるとはいえないのです。つまり，機能の変化（Hartmann, 1958）や歴史的錯誤，発生的錯誤があるのです。共感は対象愛の目ざすものに役立つという事実はあります。概して少なくとも備給の方向から見て，自分とは違うと認められる対象をその人自身の願望，関心を持つ人間として特徴づけることができます。それらの対象は自分との違いのためだけで愛されるのではなく，関心を補ってくれる別種の人間であるために愛されるのです。対照的に，自己愛的に備給された対象は自分自身の自己愛的目標を維持するのに役立つ限りにおいてその人に関心を持つのです。

　もちろん，対象愛も自己愛もどちらの特徴も持たない人間関係というのはありません。しかし理論上は，二つの構成成分を区別しなければなりません。臨床状況ではどちらか一方がその人格の理解には重要です。たとえば，愛する相手が話を聞いてもらいたがっているときに聴いてあげるとか，彼が必要としている時に興味を示すことによって彼の自己評価の維持を助けてあげる能力は，より高い愛情能力のあらわれであり，また自分がそうしてもらいたい時に相手も応じてくれるということを知っている，一種の相互性 mutuality のあらわれでもあります。こうした双方のさまざまな

第2章　自己愛と対象愛の分離した発達ライン　　43

こまかな行動が複雑な各種の人間関係の一部になっているのです。

　つまり，断片化した自己感覚や不確実な自己評価に悩んでいる人に対象愛に障害があると説明するのは誤っているのです。何の役にも立ちません。彼は理解された感じがしないでしょう。

　こうした複雑な主題を持つ症例はよくありますが，臨床材料はここで私たちが理論的に検討していることを有意義にするとはいえ，臨床材料を有意義にするためにもいくばくかの理論を知らなければなりません。

第3章

自己評価が形成される早期段階

　私たちが早期幼児期の経験について議論するのはなぜでしょうか。どの子どもも経験する正常のある発達段階のことですが，その時々に，一つ一つの身体的・精神的過程を経験するものの，これらの諸過程がすべて一人の人間 person としての彼らに所属するという感覚はまだないのです。こうした事実について私たちはなぜ議論するのでしょう。母子間の相互作用によって，子どもの身体部分の個々の機能が一つの融和した自己という体験のなかにいかにして包摂され得るのかについて，なぜ議論するのでしょうか。こうしたことが皆それほど重要なのでしょうか。そして膨大な時間と思索の労をこうしたことに費やすのはなぜでしょう。私にとっては，この領域の障害がいかにか大きな役割を，人間の行動において果たすかについてを認識することは重要なことです。

　何年か前，私が初めてこの主題に関心を持ち出したとき，奇妙な話に聞こえるかもしれませんが，私の関心は，主に臨床の素材がきっかけとなっておこったわけではなかったのです。私が関心を持つようになった頃と言えば，臨床にも理論にもほとんど考えをめぐらす時間がなかったときでした。それは私が，管理上の仕事に全面的にかかわっていたからでした。ご存じのかたもいらっしゃるかもしれませんが，数年前私は，精神分析組織体の管理面での責任ある立場にいました。まさにその時にこそ，私は人間

と自己愛のかかわりの強さというものを，しみじみと感じたのです。私がそのように考えるようになったのは，例を出しますと，かつては精神分析の理解者であったある人物が，ある時から敵意をもって，きわめて幻想的な理屈を並べたてて批判をはじめた時でした。精神分析学の発見したものすべてが間違っていると，彼が突然言い出した時のことを，私は彼の人生の中で位置づけて振り返ってみました。そうしてみると，それがしばしば起こるのは，診療所の経営に奔走し失敗したこと，投稿した論文が受理されなかったこと，委員会の座長に指名されなかったこと，あるいはよくよく見ればささいな出来事がありそのことで感情が傷ついてしまったというようなことがあって，その後からだということがわかってくるのです。知性も高く，自分自身をよく知っていただろう人が，自己愛の傷つきの後で，自分の人生行路を完ぺきに見失ってしまうのを何度も見てきましたし，かくいう私自身もその例外でないことを知っています。

　ある程度，統制ができて，多くの洞察により自分自身のことを理解している人でも，自己愛の傷つきやすさが，とんでもないところで，現実の行動や思考に大きな影響を与えているのです。一度その目で見るようになると，患者のこうした特徴の重要性を信じられないほど見逃していたことがわかります。自己評価が浮動することで悩む程度とか，自己評価の不当な傷つきというものははなはだしいものであります。揺れ動く自己評価のバランスをとるために，いつまでも尾をひいて，人は生きていくことになるのです。

　自己イメージの発達，自己評価の障害，そしてこの領域の傷つきやすさを多少なりとも決定する生活史上の事実について多くを教えてくれるこの種の経験こそが，重要になるのです。こうした知識に従って初めて，臨床素材，特に青年から大人への移行段階にいる若者を理解することができるのです。大体できあがった自己イメージを，譲歩してまた別のものに換えるのが，この時期ですから。すなわち，自己の融合の問題や自己の崩壊の

第3章 自己評価が形成される早期段階

恐怖が生じるのは，青年期後期から成人初期においてなのです。彼らは，揺れ動く自己評価のバランスをとるために，文化に順応したり反体制文化を掲げたりしてあれこれと試みます。自己評価問題の真の理解は，人格の弱点と同時に，発生論的次元において，すなわち自己評価の発達史とその初期段階の移り変わりが考慮されて初めて，達成されうると私は信じているのです。

青年期から成人期にはいるところで，適応上飛躍的な歩みを遂げる人が大勢います。しかし，彼らが皆，挫折するわけではありません。彼らが皆抑うつ的になるわけでもありません。生命感とか現実感とか，生きている価値を確かめるために，薬で安心を得たり治療を受けたりといったことに，それがなんであれ，すべての人が頼るわけでもないのです。他方，正常な過程のなかで，一つの自己のシステムから別のものに変化する時の痛みに，苦悩する人たちも多いのです。どうしてある人は挫折するのでしょう。かなり危なっかしい早期の経験をもちながら，挫折しない人がいるのはどうしてでしょう。後になって，自己の配置や自己評価の維持を損なう素因となりうるかなりはっきりしている事実が知られているにもかかわらず，未然に防がれているのは，どんな支持的環境が幸いしたものでしょうか。答えはたくさんあります。しかしながら，早期の大きな因子が，必ずしも影響が強いとは限らないことを忘れてはいけません。時には，本当に微細なことが人格発達の上で決定的なものとなるのです。前回私が強調したように，最も太古的な形の融和された自己が形成される移行段階こそが，われわれが研究し評価するうえで重要なのです。つまり，正常発達の自己愛的段階というものがあって，それは，先立つところのやはり正常である断片化した自己の段階から見れば，成熟上の巨大な前進であるわけです。

われわれが，断片化された自己について話すとき，そこには病理の響きがありますが，それはその通りだと思います。臨床的見地からは，成人においても，ごく一般的に，その人の人格の中に生じた断片化の経験につい

て話すことができます。すなわちそれは，現実感がなく融和性もなく，時間的な連続性を欠き，そして統一体 a whole でないという感覚のことです。たとえば，社会的役割というものによって統一体であるという感覚は支持されます。内科医であるとか，なにか特別のものを持っていることで，非常に揺れ動く自己評価を持った人が，自分自身だけが持っている特別な非難場所 a niche をみいだすことができるのです。そして彼らは，夢中になって楽しむためにではなく，自分たちの自己評価の支えとしてそれを用いるのです。たとえば，一定の趣味はその働きを持っています。

　かつて私は，カート・ヴォネガットの専門家ということ以外，何も持っていない患者を受け持っていました。彼はカート・ヴォネガットの書いた本と彼についての伝記をすべて読んでいました。この人物がどんなにか揺れ動きやすい人であるかを知るにつけても，このことで，彼がある程度自分自身を保持させていたのだと感じました。彼がいちばん傷つくことは，多くの人が恐れているような，金持ちになれないこととか，出世からはずれることとか，職を失うことではありませんでした。この人はこうした逆境は大方経験しましたが，難無く切り抜けていたのです。しかし，もし彼のヴォネガットの趣味をけなすような人がいると，落ち込んでしまうのでした。

　われわれが自己の断片化について話すことは，言外に，精神病理を語ることになります。しかしながら，成熟した構造の崩壊産物が発達の早期段階に対応するからといって，発達の早期段階が病理であることにはならないのです。かつては，全く適切な発達の一歩であったものが，時代錯誤的に，人生の後になって生じると，崩壊産物になってしまうのです。このことが，発生論的に，そして発達論的に志向された心理学を理解するうえでの基本的な問題点の一つになります。精神分裂病の心気症的崩壊を示す退行に対応する経験を，小さな赤ん坊がしたと仮定しても，そのこと自体は，まったく適切なことですが，だからといって，もとの段階を病的なものと

第3章 自己評価が形成される早期段階

はいえないのです。たとえば、メラニー・クライン Melanie Klein (1932)
は、いくつかの興味深い理論を提起しましたが、彼女は健全な子どもの正
常な発達段階と、大人の精神病理とを比較するという誤りを犯しました。
すなわち、大人の病理において、その病理の早期段階の複製であると思わ
れる考え方とか感じ方の様式は、赤ん坊においてもどこか病理的なところ
が想定されてしまうのです。これは、あらゆる発達論的な考えに、逆らう
ものです。そこで、私は次のように考えているのです。自分自身を、早期
の発達段階にまでさかのぼって考える（そのことはとても困難で、多くの
危険が伴い、そして常に不完全なものですが）ときには、その段階が正常
で健全なものであるという事実を銘記すべきであります。

　子どもがつかむその瞬間に、自分が手全体であると感じ、飲み込む瞬間
は、全体が口と舌であると感じる能力は、病理ではありません。これは健
全なのです。その後、融和した自己が、外傷を受けて崩壊しはじめるなら、
それは病理となります。精神分裂病の退行においては、その人の健全な部
分が彼の人格の残りが断片化をおこし崩壊する様を観察するとき、あらん
限りの手だてを講じてでも、それをひとつの体の病気として説明しようと
することで、進行する崩壊を統合しようとしますが、そのことは、まだ理
解できます。また、われわれが身体の病気を経験したとします。たとえば、
できものがつぶれる前にうずくとしますと、精神はそのできものに集中し
ますが、そういう時でも「私」という感覚はまだもっているのです。まだ
融和を保っているのです。ところが、かつては融和されていた自己が、断
片化に至るまでの退行を引き起こした精神分裂病者は、すでに断片化され
た体験をあたかもそれが体の病気のように、あるいはなにか変なことが生
じていてそれでも自己が結合しているかのように、説明するのです。しか
し実のところ、その体験に、理論的意匠をかけようとするだけのことで、
実は何も感じることはできないのです。

　正常発達の前進運動は全く異なったものです。まずなによりも、赤ん坊

が精神と身体の部分において別々の過程を経験する段階があります。この発達段階においては，赤ん坊の欲求に応じて反応する母性的環境がとても重要になるのです。もっとも，必ずしも，生物学的な母親を意味しません。母親の役割をする大人なら誰でもよいのです。男性であっても良いかもしれません。というのは，母性感情 maternal feelings というものは，両者に共通だからです。母性的環境は，当初，体全部をみるのではなく，個々の身体部分に反応します。それは，今頭を持ち上げたときとか，初めて寝返りをしたり鼻をならしたりというような，その時に目立っている身体の部分に関係したり，また新しいことができるようになったこととかに関連した反応です。しかしながら母性的環境は，それぞれの瞬間を，赤ん坊が初めて考える過程を，あるいは自己とまだ分離していない世界の発見を楽しむようになるだけでなく，漸次前向きに成熟する力に同調して，赤ん坊の必要に合わせて各部分に反応しながら，今度は全体に反応するようになるのです。つまり，子どもの名を呼ぶようになることです。名前に対して，より強い反応のカテクシスを向けるのです。言い換えると，これは，小さなディッキィーのこの手というだけでなく，このディッキィーの小さな手が大事になるのです。独立した個々の身体部分が，大切なものとして環境に受容されて，受け入れられたものとして確かめられるだけでなく，自己の統一の全体の中の一つの部分になるのです。

　これは，自己経験 self experience の基本的な一面となります。環境は，こうしてさまざまな仕方で，この自己の発達を支持し，あるいは妨げたり，歪曲したりもします。環境のもろもろの活動のうちで，最も基本となり非常に重要であるのが，私が赤ん坊の自己顕示性 exhibitionism とあえて呼んだものへ反応することができる能力であります。それはあたかも，赤ん坊の願望が言語化されているようです。「見て。私ここにいるのよ。私は私よ」。そして，母親の瞳の輝きとか，母親のほほ笑みの形で，子どもの自己顕示性に面と向かって母親が能動性をもって応じること，しかも，多

第 3 章　自己評価が形成される早期段階　　*51*

くの場合は環境は視覚的に反応すべきなのです。ところでこれらは，子ども
もの別の欲求，そう，たとえば子どもが食べることへの欲求への反応とは
全然違うものです。

　この点について，どこから対象愛 object love の芽生えが始まり，どの
ように原始の自己愛から分離されるのかについての質問もあるでしょうが，
そうした区別はしないほうがよいのです。それらを分離するのはしばしば
困難であり，最早期の段階ではそれらが一つの単位になっていると考えた
いので，その点についてはあまり気をもまないでもらいたいのです。しか
し，母親の反応のなかで，赤ん坊の飢餓のときの欲求に対する反応につい
て言えば，そこから相互作用の発達が起こり，長い過程をへて，まさに二
人の別々の人間における独立した欲求というものの認識に導くことになり
ます。他方，子どもが良く見せようとし，母親の中に喜びを生み出したい
という願望もあるし，母親の反応が得られなかったときに自己評価が低め
られたりするといったことが起きますが，ここから子どもの自己愛の要求
が確かめられたり，そうでなかったりします。これらの要求を確認するこ
とは，子どもが栄養を満たし，食事をする欲求と同様に，全く同じくらい
生き残るため重要なのです。だいぶ前，スピッツ Spitz（1945，1946）に
よって観察された収容された赤ん坊 hospitalism babies においては，まさ
にそれぞれの子どもへの反応性の欠如と自己愛の要求の剝奪とによって，
事例として記載されているようなさまざまな状態が引き起こされるのです。

　重篤な自己愛の欠陥は，もっと遅く潜伏期の始まりの時期頃に生じるの
でしょうが，今，私が問題にしているのは早期発達段階の言わば萌芽の時
期についてなのです。

　赤ん坊の自己顕示性に対して親が最も応えてあげられる時は，たぶん人
生の最初の一年のうちでありましょう。しかし後になって，特に離乳の後
では，自我機能の中にそして体内生産物の中に，たとえばトイレット・ト
レーニングにまつわることとか，特別な形としては，小さな少年が得意気

に見せびらかしておしっこをすることなどの中にすでに自己愛は包摂され
ていますが，そうした自己愛はまわりの反応の決定的な欠如に出くわすか
もしれません。

　確かに，エディプス期においても自己愛の観点はとても重要です。それ
は，小さな少年の男根的自己愛 phallic narcissism であり，小さな少女の
なまめかしい体つきの全体のもつ自己愛です。ここでは，これらすべてが
対象への情熱と一緒に存在するのです。エディプス・コンプレックスの対
象への情熱の激しさはよく知られています[原注1]。しかし，同じ時期に，
非常に強い自己愛要求もまだ存在しているのです。ですから，エディプス
期における敗北が意味する打撃とか，それをどのように苦しむかは，その
対象愛を断念することだけでなく，無類な偉大さとか，征服者であるとい
う幻想を抱くことの断念からも理解されるべきなのです。これがどんな痛
手か，その程度はいかほどか，すこしずつ起こるのか等々の疑問はまだ一
つの謎になっています。一般に成長すると乳児の自己愛は残らなくなりま
す。しかしこれはどうしたことなのでしょう。この自己愛の変形について，
その挫折による外傷の足跡について，またそうしたことが将来の傷つきや
すさと適応力の違いをもたらしていくのですが，後で相当つっこんで話す
ことになりましょう。

　そこで，最も重要な問題の一つに環境の反応があります。これは，成人
の病理から早期発達段階を推定できるという方法論が，最も明確に示され
るところであると信じています。普通の人はそれほどでもないのに，特別
に喝采をもとめて飽くことを知らない人がいるのはどうしてでしょう。も
ちろん，そうした要求の全くないように見える人たちにおける質的に完全
に異なる病理もあります。これもはっきりとしたもう一つの病気でありま

　（原注1）　コフートは後にこれをエディプス段階と呼んでいる。彼は欲動論にはめこまれて
　　　いるエディプス・コンプレックスを，自己対象環境 selfobject milieu の側の共感不全
　　　から生じる分解産物とみなして考察するようになっていった。

第3章　自己評価が形成される早期段階

す。一例として，他人からの確証を全く必要としないように見える救世主的で，パラノイド的な指導者の誇大性をあげましょう。彼の信念は，世界中の人が信じなくても揺るがないのです。彼は変人となるか，あるいは，すさまじい信念によってついには人を説得して信者にしてしまうかのどちらかでしょう。ちょっと見たところ，彼の自己愛はとてもよくバランスがとれているようにみえますが，やはりもちろん病理です。しかし，病理というものは，ある状況においては社会的に非常に重要な現象になるといえましょう。われわれはこのことを最初の章でとりあげて，こうしたことがすべてどんなにか油断のならないものであるかを述べました。価値判断について語るときには，その言葉が用いられた環境を全体的に見るべきであります。もちろん，パラノイド患者というものは，われわれが同意するどんな価値基準によっても病気であることは知られています。ここではわれわれは詭弁に走らないようにしましょう。つまり，そうした詭弁によって，それぞれの立場に立てば，それぞれの価値基準にしたがえばそのパラノイドは病気ではないとか，逆にすべての人が病気だとか証明しようとするのは詭弁といえるのです。

　正常な状況下では，われわれは誰しも，しっかりとした自己確証 self confirmation の連続した流れを必要とし，それを手に入れているのです。もちろん，起伏はあります。ところで，人々が他人をこきおろしてしまう例の井戸端会議 bull session がもつ自己愛的価値について，考えたことがあるでしょうか。同席の人々の間には，一つの同盟があって，その場にいない人々をめぐって，あの人はいかに教養がないかとか，いかに当てにならないかとか，おしゃべりするわけです。みんなの顔は生き生きと輝き，誰しもが楽しい瞬間です。どうしてこんなことが起こるのでしょうか。それは，他人の低俗さをお互いに確認しあうことで自己評価が高められるからです。同様に，他の集団への偏見は常に自己評価を高める効果を持つのです。それは良いことでしょうか，悪いことでしょうか。健全なことでし

ょうか，病気なのでしょうか。偏見の持つ社会的な破壊効果とそれが生み出す問題は知られており，明らかにそれは社会病理です。しかし，私の知っているヴォネガットの趣味の人のように，偏見によってのみ団結されている人たちがいます。もし彼らがこれを放棄したなら，バラバラになってしまうでしょう。こうした場合，偏見が偏見であることをわからせることは，まず不可能です。つまり，偏見には，ある程度は事実が混じりあっているからですが，どんな妄想にもいくらかの現実的要素があるのと同じことです。まるっきりでっち上げの，まったくの妄想というのはあり得ないのです。何がしかの真実があるものなのです。ところで，それは一体何の目的に役立つのでしょうか。

　正常から異常まで，そして患者からわれわれ自身まで，成人の観察においてみるものすべては，間接的には早期発達段階に由来していますが，私は実にそのことを強調したいのです。私たちは自己確認の流れを絶えず必要としています。ここでもパラノイドのような救世主的性格の人たちを除けば，誰もが自分のことが全く知られていないような場所では生きていけません。たとえば，自分のことを，英語教師の息子だとか雑貨店の息子だとか誰もが知っているような小さな村や町では，たいていの人が比較的よい適応ができています。しかし突然，誰も自分のことを知らないような大きな大学にいくと，「私は誰か？」というぼんやりとした疑問がぐんぐん頭をもたげてくるものです。以前は，小さな村や町で，朝から晩までしっかりと確認されていたので，自己の概念はバランスを保っていました。そこでは誰もが彼を知っていて，毎日，「やあ，ディック」とか「トム」とかの名前で呼ばれているのを耳にしていましたから。ところが突然ここで右も左もわからない環境に置かれるのです。先生も自分のことは知らないし，教授の教室にも，たくさんの学生はいるけれども自分のことは誰も知らないのです。思慕の念に駆られてついには，自分の人間性に反応してくれる人に強い愛着がおきるのです。

第3章 自己評価が形成される早期段階

　他方，小さな町からでてきて，多少は悩むこともあっても，そのような強い愛着をもつ必要のない人もいます。巨大な大学の右も左もわからない環境にあっても，彼らは深く落ち込むことも，薬に手をのばすことも，シゾイドのような，突然存在そのものが非現実的に感じられるというような現象も症状もないのです。

　こうしたことがどうして，ある人には起きて他の人には起きないのでしょうか。全くのところ，人生とはそれほど単純ではないのです。個々の環境の中のどんな弱点が特定の結果因子に収れんしてくるのかが調べあげられるべきなのです。そして，それを評価しなければなりません。さしあたっては，非現実感を引き起こす現在の課題について理解を示すことから始めるのが一般的であることは明らかです。しかし，何よりもまず「それがあなたの感じ方なのですね」と正確に指摘すべきでしょう。このように，彼に自分が今感じている感じ方を示すというそれだけのことで，彼は何者 somebody かになるのです。というのは，この世界のなかに，充分に手をさしのべてくれて，今起きていることを知らせてくれる人が他にいるということになるからです。そして，理解を示すことだけでも良く感じる方向に進むことはよくあることです。

　私は，ここで議論している問題の発達史上の前駆体を通して，子どもと大人を見ながら行ったり来たりしていますが，それは何も治療者としてのわれわれの機能の中や，日常生活の中にそれらを見いだすという理由で，その早期の諸経験を調べてみることが重要であることを証明するためだけではありません。さらに，自己経験の障害とか自己評価の障害とか，自己評価の維持あるいは挫折の双方におけるさまざまな相互作用において実に多くの微妙な差異のあることを知ってもらうためでもあるわけです。

　たとえば，母親の映し返し mirroring は，われわれが見ることのできる大事な行為です。ところで，患者と共に生活しているうちに，彼らの永遠の願望，すなわち彼らが「私の言うことが正しいと言って下さい。もう

一度言って下さい。正しかったと言って下さい。素晴らしかったと言って下さい。いまだかつて聞いたことがないくらい素晴らしかったと言って下さい。治療が進んでいると言って下さい。ただ座ってるだけでなくて」というのを聞くにつれて，鮮烈にこの映し返しを認識するようになるかもしれません。つまりこうした例のように，いつまでも自分への反応を欲しがり，満たしてもらいたがる患者を見ると，充足欲しさのあまり，しがみつくようにして再保証を要求させるようなある種の欠損 lack が人生の早期にあったに違いないと，だんだんとわかってきます。目の肥えた人が子どもの観察をするなら，この要求は認識できるし，その目がない故に今まで多くの注意を払ってこなかった実態が見えてくるし，その意義を今では完全に理解できるようになります。

　幼少期のこの種の行動と相互作用から，最終的には満足とバランスの取れた状態になるか，あるいは，要求に固執するようなアンバランスの状態になるか，そのどちらかが理解されます。私はそれを見たことをとても誇りに思うものですが，あなたもそのことに気付かれることでしょう。すなわち，子どもに欠けていたものは，母親の瞳の中にある輝きなのです。

　コペンハーゲンで，ある映画を見ました。それはおそらくここでも一度や二度は上演されていると思います。ドロシー・バーリンガムが，盲目の子どもたちの治療を映画にしたものでした（Burlingham and Robertson, 1966）。映画は，生れつきの盲目の子どもたちと，看護婦，治療者の相互作用を描いたものです。こうした子どもたちは，普通の子どもたちが受けるごく当たり前の反応を受けていないことに私は気付きました。つまり彼らは，自分の素晴らしさに反応して表現された母親の目のなかにある輝きを見ることができないのです。自分の子どもに欠陥があるのなら，母親の自己愛を傷つけることは想像にかたくないところです。正常の母親ならそれでも反応するでしょうし，欠陥があるが故に治したいという情熱で余計過剰に反応することでしょう。しかし，その映画は，熟練した共感溢れる

第3章　自己評価が形成される早期段階　　　57

看護婦と教師とが，それとは別のやり方でいかに反応するかを示していま
す。治療者と看護婦は，声を出したり，抱きしめたりして，彼らの感情を
伝えようとするのです。もちろん鏡それ自体がある役割を演じ始めるよう
な段階があり，それはどの子どもにも見られる成長過程の一段階です。し
ばしば，子どもたちの虚栄心はわれわれも腹が立ちます。というのもわれ
われは，その段階が羨ましいからです。そして，「そんなに鏡ばかり見て
いるんじゃありません」などとお説教します。しかし，まさにこのことが，
盲目の子どもたちには，剥奪されてきたことなのであります。

　美しいシーンがありました。音楽の才能がある一人の少年がピアノを演
奏しました。そして喝采を得たのです。そこには普通に見られる映し返し
があり，素晴らしいと言ったり拍手をしたりということが起こりました。
それは録音されていたので，もう一度演奏を聞いたとき，あの経験の高ま
りが起こりました。その子どもはすぐに「僕だ」とわかったのです。盲目
の少年の顔に，われわれが突然見いだしたのは自己愛の無上の喜びでした。
それはとても心が動かされる経験でした。

　いろいろな局面で，われわれの患者はまさにこうしたことを必要とする
のです。しかし，患者にしてあげることは，彼の失ったものを実際に与え
ることではないのです。実際，多くの患者は，そうされることにとても神
経質になったり極端に嫌ったりします。もしそうすれば，彼らは恩に着せ
られたと感じるからです。あたかも乞食にものを与えるようにするならば，
彼らは子ども扱いされたと感じるのです。その要求を理解して，一人の大
人からもう一人の大人にという気持ちでそのことを説明するのなら，それ
はもっとずっと洗練された，本当の意味での贈り物であると思います
(原注2)。その次に，その人物はそれを手に入れることがどのくらい妥当な
ことなのかを知って，自由に自分自身と折り合いをつけるのです。しかし，

───────────────
　（原注2）　極めてしばしば，自己心理学は解釈に頼るというよりも要求を満足させるものの
　　ように考えられている。この一節は明らかにその反対であることを示している。

ときには彼は，こう言うかもしれません。「もちろん，そのことは知っています。でも現実的なものが何か必要なのです」。強い要求が認識されて，おりにふれては，必要なものを当分与えることになるかも知れません。これについては格言があります。私の言葉ですが，「子どもじみた願望への不承不承の応諾」というものです。

　しかし，恩を着せないような，一人の大人からもう一人の大人にといった態度で理解し説明するような背景をもってこれがなされると話は少し違います。つまり，表明された願望を直接的に満たす場合とは少し違って，自分の要求をより制御できるようになるのです。直接満足を与えていると，最後には，解きがたいつながりを作り出し，そのため実際治療が治療にならないで，関係が切れるその日をただ引き延ばしているだけにすぎなくなります。たいていの人にとって，こうしたことは誠に屈辱的な経験になるのです。どうしてもこうなることを望んだり，その必要性を感じる人は，ふつう精神医学の外部に自分の落ち着き場所を見つけることでしょう。

　母子間の映し返しの関係は，容易に観察されるものですが，一方で大変重要ではありますが外に現われた行動として示されないために，普段観察されがたい，別種の自己愛的な関係性があります。いわば，環境が自己の部分とみなされるような，静かな経験の様式です。そこでは，その好ましいバランスが障害されたとき以外は何も観察されません。小さな子どもが両親を失ったときは，自己確証という反応が剥奪されたというだけでなく，さらに，成人の言葉でどう言い表したらよいか難しいのですが，強いて言えば，自己の部分を剥奪されたことにもなるのです。

　ところが，自己愛的な固着をしめす患者のなかに，繰り返し観察されることがあります。それは，定期的な面接によって治療者との間に，言葉では表現されないような結びつきができているうちは調子がよく，治療者側から映し返しの確証を得る必要がないような患者についてみられることです。このきわめてプリミティブなつながりによって一体感を感じていた人

第 3 章　自己評価が形成される早期段階　　　59

物が不在で，自分自身が独りにされたとき，彼らは，取り残されてしまい，自分のことが人間でなく木片か家具の一つのように感じられて，本当に生きていないように感じるのです。子どもたちが，家に帰り両親がいないのに気付くと，人がよく言うような落ち込んだ状態になりますが，それは本当の抑うつ depression ではありません。子どもたちは生命の低い水準に生きているのであり，その関係がそんなに長い期間壊れたままでなかったとしたら，自己はもう一度確立します。そこでの他者は，精神分裂病者が以下のように話すのとちょうど同じように認識されています。

「はい，これがテーブルということは知ってます」「これが，何かは知っているんですね」「ええ，テーブルです。でもわかります？　本当のテーブルじゃないんです。以前知っていたテーブルじゃないんです」

　精神分裂病者にとっては，「生気 oomph」が消し飛んで行ってしまったのです。つまり，そこに補給されていたリビドーが消えたのです。

　したがって，両親からの早過ぎたり，あるいは外傷的な分離が生じたり，または成人期や思春期の患者との関係の中での静かな一心同体　merging unit が妨げられるときには，他者がいなくなって missing 淋しいというのではないのです。「私を見失ったから，あなたは悲しいのですね」と話したところで，そうした意味での他者が問題になっているのではないのです。彼はあなたを失ったわけではないし，悲しんで sad もいないのです。待ち焦がれ longing てもいないし，逆に，仕返しをしてやろうとも思っていません。ただ単に，誰かを待ち焦がれるというようなタイプの関係ではないのです。彼自体では相手は重要でないのです。その人が重要なのは，存在していて自己の一部 part of the self であるときに限ってのことだったのです。ここでもう一度繰り返しますが，発達段階についての推論というものは，話すことができ，自分の体験したことを詳細に話すことができる成人の観察を通してのみ許されるということです。そして，私が理想化対象と呼ぶ対象との融合 merging，すなわち相手の中にあらゆる偉大さ，

59

あらゆる力，あらゆる評価，あらゆる価値と意味がある対象との間におこる，いわば神と信者との関係のような融合は，全く正常なことです。

子どもというものは，正常であれば，自分の一部である環境が揺るがないもので，楽しみとこの上ない喜びと満足を与えてくれて，不安を予防し，不安を打ち負かしてくれるのだという確信を持つに違いありません。母親と子の相互作用を観察するとき，母親が共感的に子の要求に答えているならば，赤ん坊も独立した単位，母親もそうであるというように，二人の人間を観察していることはわかっても，子どもがどのようにその関係を経験しているのかについては，何も分からないのです。子どもにとって母親は彼自身なのです。ただ彼は，母親が一緒にいないと，自分が以前と比べて自分以下になることを知っているだけです。まったく同様に，そのように非常に過大評価された（私たちの現実的な基準からすればの話ですが）対象との関係を作り上げた後でその対象を失うとき，その誰かを恋い慕うのではなく，失ってしまった自分の一部を恋い慕う yearn のです。そして彼の自己評価は低下します。繰り返しますが，これは，自分のことを偉大だと感じ，誰か他人が手足となって奴隷のようにその偉大さに隷属することが必要となるような自己の尊大さとは区別されるものです。そうした時の彼は，特別に偉人で，空想的なくらい強い力をもった他者を尊敬しているのではありません。そうではなく，自分自身の方が全能で空想的に巨大だと思っているのです。もっとも，この自己のイメージの維持にあたっては他の人が必要とされているのですが。しかし，こうした確信を持っていたとしても，赤ん坊は大人たちがこれを維持できるように役割を演じ，援助してくれない限り，その確信を長い期間保持することができないのです。

もちろん，子どもは他者が善意から，そして母性的，父性的本能から，こうした維持を行っていてくれることを知らないのです。それは，彼が彼であるからなされるのであり，彼が望むからであり，そしてこれこそが彼の偉大さの一部なのです。

こうしてみると，自分を保つために他人が必要となる，主体に結合した自己愛 a subject-bound narcissism と，愛着を向けうるにたる過大評価された特別な対象を必要とする，客体に結合した自己愛　an　object-bound narcissism とがあります。この両者の発達ラインは，対象愛の発達と並行して進むばかりでなく，お互いが並行して進むわけです。すなわち，同時に両者の発達が出現するのです。まだ対象が自己の一部として経験される発達の時期に対象を失うという苦痛を経験した人は，後々になって，彼らの愛した誰かを剥奪されたということではなく，自分自身の心の装置の一部を失った苦悩を経験するのです。彼らは，一生を賭けて，内なる空虚を満たそうとして対象を追い求めるのです。

　自分自身の理想された超自我 idealized superego を形成する前に，つまり私たちは皆そういうふうに理想化することによって，自分自身の目標と理想を体系立てて組み立てますが，その前に，理想化された両親を失った人たちがいます。価値の内容は変化するかも知れませんが，正常な人なら常に理想化を行っています。理想は心的組織の中で重要な役割を演じているのです。10年前の理想と比べると，今年は違うかも知れません。しかし，この方面に関してある程度健康であれば，自分の理想に従って生きていることで喜びを感じるはずです。自分の価値や目標に従って生きていくとき，自己評価は高くなるのです。しかしながら，理想化された両親を，あまりにも突然に失ってしまったために，この外的人間を，理想化された一定の価値観に変形することができない人々もいます。そういう人たちは，次から次へと理想化した人間への愛着を繰り返していくのです。彼らは，対象に飢えているように見えるのです。しかし，彼らは対象に飢えているのではなく，自分自身が持ち合わせていない何かで空虚感を満たしているのです。彼らは誰かを尊敬しなくてはならないのです。そして，この誰かに「そう，あなたは正しい。そう，あなたは私の価値に従って生きている」と言われるときだけ，誰からも高く評価されたものとして，自己評価の安

定した感覚を持つことができるのです。

　理論上，これは超自我が形成される前に生じます。しかしながら，臨床上私は潜伏期のちょうど初期を含める時期まで拡大して考えてきました。というのは，新しく形成された超自我はまだその時には壊れやすく，できあがっていてもまだ簡単に取り消し可能だからです。しかしそうであっても，原則は変わりません。そこには内的空虚，ある機能の喪失，そして自分自身の価値に従って生きることで自己評価を満足させる能力の欠落がおこっていますが，それは理想化された外的対象から段階的に離脱することによって達成される，超自我の理想化のおかげで初めて可能になるわけです。まだ多少不確かではありますが，私自身の観察したもう一つの領域があります。超自我の核となる内容は，基本的にはエディプス期の終わりには，下地ができ，確かなものとして結晶化することは当然です。しかし，超自我の理想化は，設定された内容以上に，思春期を切り抜けるのにとても重要なもう一つの安定化の作用を持つと思われます。そうしてみると，思春期の理想像からの離脱は，一つの発生的な意味を持ち，思春期にエディプス・コンプレックスの反復が起こるというだけではないのです。私はそのことについてはまだ確信してはいないのですが。

　何か積極的な仕事をしたとか，体の全身が暖まる感じとか，良いことを考えるようにして自分自身が満たされる感じといったように，どうしたら自分自身について良く考えられるかについて誰もが思い浮かべることができます。あたかも，融和してまとまりをもったものとして感じます。これは，時々体験する自分自身がぼろぼろになる経験 disheveled experience，うまくまとまりをもっていないという感覚といった種類のものとは対照的です。今こうして話していることは，決して病理分類といったものではないのですが，私が特別に関心を持っているある種の患者，すなわち自己愛人格障害の患者において，ずっと顕著な形で見ることができます。そうした患者は精神病者ではありません。境界例でもありません。彼らは必ずし

第3章 自己評価が形成される早期段階　　63

もひどく悩んでいたり重症の人であるとは限りません。彼らは，洞察的治療にとても良く向く人たちです。しかし，彼らは自己評価についてかなり特異的な障害を持っているのです。彼らの問題はそもそも衝動が抑圧されたとか，そのことをめぐる葛藤ではないのです。彼らの問題は自己評価，自己感情 self-feelings，自分自身についての一貫性 hanging together，そして自己の現実感の領域にもっぱらあるのです。

　これらすべては，何か不吉な病気の前兆のような響きをもつようにみえます。しかしそれは，決してそのような前兆ではありません。その理由は後ほど述べますが，この疾患を精神病とか，近年しきりに境界例と呼ばれるようになった精神病の前駆あるいは潜在性の精神病から区別するときにそのことをもっと検討いたしたいと思います。

　そうして，自己評価を支える関係の喪失が切迫していたり，自分自身の証明となるような特別の野心を抱いていたことに関して失望したりといった衝撃にさらされると，自己体験の統合が，どのように解体してしまうのかを，臨床の中でも，日々の暮らしの中でも観察することができます。そのときその人は，時間においても空間においても断片化されたと感じるのです。

　たとえば，精神分析の経過の中で，そしてより頻度の少ない精神療法の経過においてもまたそうであると確信しているのですが，彼らは毎回，今までここに来たことがないように思える，と話すのです。前回ここに来てから，おそろしく長い時間がたったと話すかも知れないし，前回話したことについて何も覚えていないと言うかもしれません。しかし，このことが事実でなく，知的にも正確でないことはきわめて明らかです。つまり，彼らは前に話したことを一言も漏らさず思い出すのですから。そうは言ってもその感情はそのまま残ってしまいます。すなわち，時間軸に沿っての自分自身のまとまりを欠いているという感覚を持ち続けているのです。

　私の論文（1968）で報告した患者についてもう一度思い出してもらいた

いのです。そのとき分析家は，とても身なりがだらしなくなっていてバラバラになった感じでその患者が月曜日に訪れたとき，ある解釈を始めました。私がこれまで述べてきたとおり，身の回りの世話ができなくて，身なりがだらしなく見えるときには，それは融和性を欠いた内的状態を示す外的症状であり，またその指標であります。それは，故意にヒッピーのように見せたり，たいして融和しているように見えないというような抽象的な意味で，ぼろぼろに見えるという類いのものではありません。とりわけ，あなたの知っている特定の人物の場合は，よくまとまっているのか，バラバラに分解しているのかは，ほんのちょっと敏感になればすぐ把握することができるのです。

　この特別な症例では，木曜日から月曜日までの長い週末を治療者と別々に過ごすことで，非現実的な感覚と，バラバラに分解してぼろぼろになっている状態で戻ってきたことは，患者も分析家もすでに知っていました。このことをしばらく観察した後で，その女性分析家はこれの意味することについて解釈しはじめようとしました。彼女は前に患者が話したことで，子どもの時に，母親がいなくなったときどうだったか，というようなことを思い出したのです。しかし，「あなたが2週間前，私に話したように」と解釈を始めたところ，それを伝える前にその患者は素晴らしいと感じて，ぼろぼろな状態は全く消失してしまいました。なぜでしょうか。それは，分析家の心の中で，彼は2週間連続して存在していたからなのです。お分かりのとおり，分析家は2週間前彼に起きたことを覚えていたのです。そして，ある人物から，一つの連続性をもった人間とみられることにより彼は全体としてのまとまりをもったのですが，その人物は自分ではもはや必要としない接合剤を提供してくれたわけです。もっとも，人間皆ある程度はこの接合剤を必要とするものですが。

　人から確証してもらう経験，映し返してもらう経験，また自分自身を肯定する能力などによって，支えられることがまったくなかったならどうな

第3章　自己評価が形成される早期段階　　65

るのでしょう。私はこれを実験的な意味で追跡するといった関心は持ち合わせていません。しかし，融和することに中心的な病理をもった人格では，いったりきたりする内的振幅をたえず観察することができるということを私はよく知っています。

　外的人物の影響下で解体が生じたり再び統合されるのを見ることができます。というのは，その人物は，支える環境がもともと提供していた諸々の機能の体現者になるからです。そしてこの諸機能によって，発達の過程において人が個々の部分から統合した自己をつくりだすことができるのです。

　われわれは融和した自己と断片化した自己について話します。臨床の場においては，両者の間をいきつもどりつする状況がみられます。発達論的には断片化の段階は自己中核 self muclei の段階と呼んだほうがよろしく，それは発達可能性の段階を意味するのです。それから，融和的自己の段階に至るのです。フロイト学派の用語では，自体愛と自己愛の段階があったわけです。それらは似た意味の用語ですが，微妙にその強調されるところが異なっているのです。融和した自己と断片化した自己の段階と呼ぶのが現実の臨床の場で用いるには最も適しているのです。すなわち，ある日ある人物に会うとします。その時彼は，うまく統合を保っているとします。そこであなたが「二日間会えません」と言いますと彼は断片化してしまうのです。このように，融和化と断片化との間に，振幅が見られるものなのです。一体どうしたことが彼に起こったのかについて説明しますと，彼は再び融和するのです。こうした振幅を見ると，私は，断片化というのが最適な用語だと思うのです。しかし子どもが**自己中核**を持つというときには，それは**発達の可能性**について言っているのです。

　すなわち，子どもは人生の早期には，その時々の，個々の感覚的な印象，個々の運動，個々の感覚はまさにその瞬間だけのものであるという経験をもつのですが，その経験の中には観察者には外にあるものとわかるものも

含まれているのです。たとえば，赤ん坊の授乳について言えば，口と乳首がくみあわされて一つとして体験されるのです。この口と乳首の複合は，精神分裂病者の体験のなかで復元され，そこから外挿されます。その現象は，ほとんど純粋培養という形で観察されうるものです。事実，退行によってこの特殊な段階は引き起こされるのです。このことについては，精神病状態および，その前駆の，あるいは潜伏した精神病状態としての境界例患者と，このより動揺しやすい状態との本質的な違いを後で吟味する際にお話しするつもりです。

　強調したいのは，発達論的にいえば，子どもは自己愛人格障害の患者で繰り返される経験をしているということで，それは，幼少時期に起点をもって始まりますが，すぐに克服できるような束の間の振幅なのです。しかし，この起点は，精神病者においては，さらにしっかりと備給され，より永続的に続くのです。精神病者についての研究によって，積極的な経験としての発達段階を再構成することが驚くほど進歩しました。すなわち，小さな子どもがミルクをのむとき，「私がまさに食べる」というような概念は少しも持っていないのです。その瞬間は食事をしていることはすべてなのです。経験されるのは，口腔と乳首という特定の部分なのです。つまり，ほかには何も存在しないのです。そして後になってまた食事をしてもそれは別のものであり，記憶によって以前の経験が結び付くことはないのです。幼児は，「さっきまで，乳首を夢中になって吸っていた。今は良い気持ちでもう一度眠りにつこう」というふうに考える能力はないのです。

　精神分裂病者の退行の初期段階では，まだ発症してまもない新しいものなので，退行状態を実際に固定化してしまう二次的防衛　secondary maneuvers によって覆い隠される前なので，そこで何が起きているのかを観察することができます。精神分裂病者の退行のこうした初期段階では，患者の人格の健全な部分は，退行が起きている部分を絶望的に見ているのです。ふつう自己評価の傷つきに引き続いてこうしたことは起きるのです。

第3章　自己評価が形成される早期段階　　　67

しかしながら，この種の退行は太古的な融和した自己愛のプリミティブな段階の形で定着するわけではないのです。すなわち，ある段階から他へと進んだり戻ったりする例の素早い振幅が見られるのではなく，この特定された段階への全体的退行であり，それはまた別の文脈で多分お話しすることになる全く違う方向へ進行してしまうものなのです。それについては今必要な話ではありません。そのような状況で生じるのは，以前は正常 normal な発達過程であったものが，患者の中で病理 pathological として復活してきたということです。

　発達心理学の性質を把握したいという人にとっては，この点を理解するのはとても重要です。かつては健全で適切な発達段階が，そうでないものに，つまり，きわめて病的になってしまうのです。ですから，精神分裂病者は退行の初期段階では，狼狽し脅えてしまいますが，それは個々の身体部分が分離されて，断片化し，もはや全体的自己としては成り立たないようなバラバラに備給されるような太古的な体験様式への制御不能な退行を目のあたりにするときです。

　診断を行うときに遭遇するものですが，同じ器官に関連し表面的な観察ではよく似ているものの，予後の面で全く異なる二つの現象を比較してみたいと思います。一つは，ヒステリーの空想 fantasy のまわりに集まる身体症状です。そして，もう一つは精神分裂病の退行です。口からの妊娠に関する若い女性に見られるヒステリー性の空想を例に挙げてみましょう。これはエディプス体験をめぐって起こる，どこにでもある空想です。大人のペニスをみて，それを飲み込みたいと思うことから，幼少期に，無意識のうちにつくられるものです。子どもが妊娠について何か聞いたときにもつくられるのかもしれません。子どもは赤ん坊がどこか下のほうから出てくると聞きますし，大便もそちらのほうから出てくることから，子どもは食べることと排便することとの関係についても何か知るのです。このように，いろいろなことが融合して込み入ったものになり，いわば一つの複合

空想になります。この特別な経験は抑圧され，そこには嫌悪感とか滑稽な感情を生じさせる防衛障壁が出来上がるのです。ですから，普通の人がこのように考えますと，なんとなく嫌な感じがしたり，笑いだしたくなるわけです。すなわち，人格の防衛的部分が作動するのです。ここで，ある患者にこのような父親のペニスを飲み込み，妊娠するというエディプス空想への退行が賦活されたと仮定しましょう。たとえば，年上の男性と結婚した若い女性を引き合いに出しましょう。夫は性的不能で彼女を満足させることができないというごく単純な例を使いましょう。彼女は失望に打ちのめされて現在から離脱して無意識の空想のなかに退行し，そしてそこで空想が活性化し，ヒステリー症状がつくられるのです。こうしてそのヒステリー症状は口に関連しているものに落ち着くのでしょう。

　このことは，途方もないことであり，全く奇異な印象を与えるかもしれません。しかし，精神医学的な診断を学びたいのであれば，二たす二が四というような科学によるのではなく前述した方法によるのです。つまり，たとえ言葉の表現で復元されなくても，特異的で言語化しうる空想が身体症状に隠れて存在するかどうかということは別にして，症状の意味に共感を持ち続けることを通して診断はなされるということです。これは精神分裂病者の歪曲された身体感覚のように，理解を絶するものではありません。ヒステリーならみなさんは，嫌悪感を持ったり滑稽に感じたりすることで反応するでしょう。しかし，初期の精神分裂病者が経験するような，特に口唇部分が中心となる身体変容に深くかかわるような，そんな仕方で反応することは決してないでしょう。では精神分裂病者に一体何が生じているのでしょう。そこには，もしお望みなら自体愛的リビドー autoerotic libido に備給された何かがおきていると言うこともできましょう。それ自身は身体の残りの部分とは分離されています。まだどこかに融和した自己が存在するのでしょうが，今や自体愛が統治力を把握しはじめているのです。残された自己から何かが分離します。そして，今となってはもはや健

第3章　自己評価が形成される早期段階

康な自己のあの口唇部分ではないのです。

　難しいのは次の点にあるのです。自己の融和性といったものが脆弱な人には，一つの身体病がおこったとして，たとえば，うずく歯といった例もそうですが，対象への関心を自己愛的な関心に向け直すという健康な移動が引き続いて起こるだけではすまないのです。彼らは断片化してしまうかも知れないという脅威にさらされているからです。そして，一定の身体部位を強調する特定の身体的疾患にかかることによって，傷つきやすい人は太古的自己愛に退行してしまう恐怖を実際に持つのです。

　身体疾患に心気症的に反応することは，ベットにもぐりこんで気ままに過ごすのにちょうど良い言い訳になる自己愛的な自己世話とはかなり異なります。もちろん，その傾向自体は共感を越えるものではありません。誰でも心気症的に反応する仕方は知っています。しかし，そこで問題にされなくてはいけないことは，その量についてであります。まず，どのようにその量を同定するのかを理解すべきでしょう。しかし，量を測定する前に，どういった質のものを計っているのかを知らなくてはならないのです。

第4章

共感的環境と誇大自己

　個々の独立した経験が次第に発展してきて，それは自己の前駆となります．それに続いて個々の機能，身体部分や精神活動等の経験が徐々に意識化されていくのです．これらの経験の統合と意識化に伴って，全体自己total self が生まれ形作られます．といっても，全体自己が過去の経験に置き換わるのではありません．さらに加えて，それは以前の経験のすべてを統合するといったらよいでしょう．

　ある特定の単一の活動に自分を没頭させる能力は健康上の重要な部分です．われわれは没頭する個々の活動や身体部分，あるいは持ち前のお気に入りの思想を楽しむことができるのですが，なぜならその気になれば，後戻りできることを知っているからです．その際でも全体自己の経験が簡単に手に入ることを知っています．われわれが今取り上げている問題をより詳細に検討するための準備として，身体疾患が自己愛への移行をもたらして，できあがったばかりで不安定な融和性平衡への脅威になってしまうような，脆弱な人々のことを私は前章で述べておきました．インテンシィブな分析治療の中で改善してきた人たちは，彼らが卑小な自己 little self を守る必要から以前は避けてきた活動に自分自身を委ねることができるようになります．彼らはまるで雌鶏のようにセルフの卵を暖めてきた末に，今や孵化したようなものです．今彼らは多少なりとも自由になり，なにかに

熱中しています。しかし，突然彼らは怯え始めます。それはそれまでに形成されてきた脆い自己 fragile self が，活動することによって消耗させられてしまうように思うからです。

　以前私が触れた養子の話ですが，自己評価に関する大きな問題を持ち，自分自身を現実のものとして経験し難い傾向があり，さらに自己カテクシスの確立も不十分な人でした。このタイプの人の多くに言語表現の拙さが認められます。彼らは全身の緊張状態や非現実感を説明できません。彼の自己評価の欠陥を解決するための系統的な徹底操作の中で，とりわけ彼とその女性治療者との間におこった相互作用の推移によって，この患者はアコーディオンを弾くという新しい活動を始めました。彼が養子になった経緯に関する空想は，保育室を通り抜けようとしていた母親が，その赤ん坊即ち彼を一目見るや「これが私の望んでいた子どもだわ！」と感嘆の声をあげたというものです。

　これは彼が誰からも望まれず，誰も世話してくれないという思いに対する防衛から生じた健康な空想でした。これを病的なものと誤解しないでください。こうした空想を作り上げる能力は健康になる潜在力の大きな証です。子ども時代の終わり頃になって彼が作り上げた空想は大衆を魅了する名演奏家になることでしたが，彼にはそれを実現する能力はありませんでした。われわれはそれが何故かすぐわかります。というのも，それはあまりにも興奮させられることですし，非現実的で誇大的なことです。ですから，もし彼がその空想に耽ったなら破滅的なことになるからです。実際彼はそのような方向に自分を発揮することはできませんでした。彼の自己評価に対する系統的な分析の影響によって，彼は今ではそれができると感じ，その結果としてアコーディオンを弾き始めたのです。ある時，こうした演奏を行なっている間に，彼が一人になったとき，彼はある大きな公会堂の中で大衆に囲まれている自分を想像しはじめました。しかし，彼は空想に巻き込まれてしまったのです。彼は強い恐怖に駆られ，空想に押し流され，

第4章 共感的環境と誇大自己

そして弾くことを止めざるを得なくなったのです。

われわれは自己評価が高まること以外には何も必要としないし，何も望まないと考えがちです。しかしこれは快適なことだけではありません。それがなければ実に落ち着いている人たちであったとしても，自己評価を突然に刺激するような衝撃を受けると，恐怖を感じたり，当惑して強い緊張を感じたりします。この文脈の中で，私が気に入っている格言は"顔を誉めることは面汚しである"Praise to the face is disgrace というものです。この格言は露骨な賞賛は相手を狼狽させるだけだということを強調しています。人に恥ずかしさを感じさせ，その羞恥心は流出するほか仕方なくなり，そして適当な落ち着き場所を見付けることができなかった自己愛的な自己顕示リビドー narcissistic exhibitionistic libido が奔流します。その結果，自己評価が高まってほのかに暖まるというのではなく，逆に，赤面させたり興奮したりといったことが起こってしまいます^(原注1)。

ところで全身で感じる暖かさと自己評価との間には密接な関係があります。これは感冒に罹ることに大きくかかわっています。人が寒気を感じるとき，また人が抑うつ的で世話されていないと感じる時，自己評価は下がり，そして多くの場合感冒に罹ることになります。たとえば暖かいお風呂は自己評価を回復させます。これは水治療法 hydrotherapy で良く使われる方法ですが，その理由は良くわかりません。他の体験として体操なども同じく自己評価を高めます。

ここで私が示した重要な点は，どんなに健全な人であっても，突然自己評価によって重荷を負わせられるときには興奮し，当惑し，緊張するということです。

ここらへんで自己評価の発達段階について詳細に論じるのが適当と思います。心的経済論から見た場合，発達段階は一歩一歩梯子を登る状態と同

（原注1） さらに詳しく検討するにあたっては，Kohut の1978，Ⅰ：69-71，441-442〔関連文献5の p.148-149，p.266-267〕；Ⅱ：628-632を参照のこと。

様なものがあり，そこではそのスピードがこの上もなく重大なことです。心的外傷は子どもが発達成熟する途上の段階で，たとえばその子が前進する準備ができているにもかかわらず，停止させられた際に生じます。たとえば子どもはイニシャティブを発揮したいと思っているのに，母親が子どもを自分の身体自己 body-self の一部として体験することに固執した際に生じます。この時点での子どもは母親を，彼の気分 moods にすぐさま反応してはくれないものの，独自のイニシャティブを持った存在として，ある程度まで認知したがっています。言い換えれば山彦 an echo は今や，持続しなければならず，また即座に返ってきてもいけないのです。つまり，母親は子どもと共に変わっていかなくてはならないのです。

　発達過程においては心的経済論が大きな役割をもちます。もしも子どもに突然で早すぎる成熟の飛躍が強いられると，それは心的外傷となります。もし母親が完全に子どもを抱え込んでいた後に，突然に母親離れを要求すると，子どもにとってはそれが外傷体験となるのです。逆に母親がいつまでも子どもを自分のものとして抱え込み続けることも心的外傷となります。言い換えれば一つの発達段階で健全と言えるものが，別の段階では外傷的なものとなるのです。

　対象愛 object love と対象喪失 object loss の発達ラインおよび自己愛 narcissism と自己形成 self-formation の発達ラインの両者における重要かつ決定的な移行段階 transitional phase について，それを心的経済論の視点から特に典型的に示した二つの幼児期の遊びがあります。まず始めに，対象愛と対象喪失の発達ラインに基づく重要な遊び，すなわちいないいないバァ peek-a-boo game について話しましょう。私は良く冗談で言うのですが，この遊びで一番重要なのは母親の指と指の間隔であると。何故でしょう？　母親が顔を隠すと，母親はいなくなります。もっとも，この遊びをするには適切な年齢があります。もし私がみなさんにこの遊びをしたら愚か者と思われてしまいます。もし私があまりにも幼い子どもに対して

第4章　共感的環境と誇大自己

いないいないバァをしたなら，依然愚か者であるにしても，子どもはそう
は受け取りません。いうなれば，この遊びは分離体験の時期とまさに適合
しなければいけません。それでこそ意味があるといえます。さてそれで何
が起きるのでしょうか？　母親が顔を隠します。すると子どもは不安にな
り，「お母さんはどこ？」と少々不安げな表情になります。その子どもの
顔を母親は指の隙間から見て，顔を隠すのを止めます。そしてそこに再び
母親が現われるのです。母親は子どもの不安があるレベルに達するのを確
かめながら，再び自分の存在を知らせます。そうすると喜び bliss がもう
一度子どもの顔に輝くのです。

　そういうわけで，適切な，心的経済論から見ても妥当な，特定の不安レ
ベルが与えられなくてはいけません。これは発達段階によって異なってき
ます。重要なことは母親の共感であり，それがあれば対象から分離した際
に感じる不安はほど良いものであり，再会に際して至福なものと感じられ
るそのタイミングをまさに正確に判断することができるのです。

　芸術の喜びの理論全体も同じような文脈のもとにあります。細かいこと
を言うといろいろなやり方がありますが，つまりは，緊張の増大と解放を
作っていくわけで，しかも初め現実のことであるがゆえに興奮をもたらす
態度にしておきながら，すぐ引き続いて"ただの遊びだよ"という安心感
が起こらねばなりません。ここには心的経済論の要素が示されており，し
かも対象愛の領域に属しています。芸術はこのような遊びが成立する局面
の特異性のうちに存在するものと考えられます。

　自己の融和 self-cohesion と自己の断片化 self-fragmentation に相当す
る遊びは，「アンヨは上手」this-little-piggy-went-to-market です。ここ
でも同様に，もし年齢のいった子どもにこの遊びをしたら，馬鹿らしいと
思われますし，幼すぎる幼児にこれをやったら同じく，幼児はそうは思わ
ないにしても，馬鹿なことです。適切な時期に，その子どもに合った共感
を持ってすればどうでしょうか？　「アンヨは上手，アンヨは上手」と言

いながら子どもと向かい合い，一歩ずつ離れて行き，最後に子どもは，興奮と不安が入り混じりながら，完全に離されます。その次にどうなるでしょうか。母親は，子どもをさっと抱きしめ，笑い声をあげ二人とも喜んで抱き合ううちに，子どもは再び落ち着きを取り戻します。彼自身（自己）と結合し，自己対象と一体になるという至福の体験の中で，理想化された母親と結合するのです。

私が自己対象 selfobject と言う場合[原注2]，強調されているのは自己 self の方です。この特定の時期においての自己の体験は，自己のために何かしてくれる対象を未だ含んでいます。もしあなたが，子どもを離すだけで，再会の場を与えなければ，そこには喜びがないでしょう。音楽で言えば，これは主旋律を奏でているのと同様で，人は心のどこかで基音に戻ることを待ち受けているものです。ここでも同様に，子どもを手離した後，一体感 sense of unity を復活させなくてはなりません。発達段階の特定の時期においては，ゲーム中でおこる断片化が意図的に作られて，しかし，すぐ引き続いて再結合が起こることによって，子どもは再びまとまる whole ことができるのです。

これらすべては，単に興味ある理論上の仮説ではありません。断片化と回復 fragmentation and restoration，喪失と再会 loss and reunion はこの上なく臨床的に重要なことです。もちろん患者に対し「いないいないバァ」や「アンヨは上手」の遊びをするわけではありませんが，自己の断片化をまさに観察します。そして抱き締めることではなく，共感的理解によって，断片化された自己がどのように回復するかをあなたは見るのです。たとえば，ある患者が，何故だかわからないまま，混乱した様子であなたの所へ訪れたとします。彼は大学環境という新しい場所にいるという体験

（原注2） このセミナーを通して，コフートは自己対象 selfobject の概念を形成する方向に動いている。さらに完全な考察に関しては，コフートの論文1978，Ⅰ：60-62〔関連文献5のp.257-259〕；Ⅱ：554-557および1984のモノグラフすべてを参照のこと。

を述べたのち，あなたはそこにいくつかの上手な解釈を加えますと，患者の気分が良くなるのですが，その理由は自分がすぐれた精神科医だからだと思ったりします。しかし患者の気分が良くなったのは，あなたがすばらしい解釈をしたからではありません。彼は，記憶してもらっているということで気分が落ち着くのです。つまり彼は，次回の予約ということの中に一つの連続性を得たのです。彼には，関係を持ってくれる人がいて，その人と会うための特別な場所があるのです。

　これに関連しますが，面接の場所を，あちこち変えないことが重要です。いろいろな場所であわてふためいて患者を診ないことが大切です。特にこのタイプの患者の場合，特定の場所で会い，たとえば家具なども移動させないことが必要です。安定した精神科医なら場所があまり移動しないというところにまさに治療の力を見ます。休暇から戻ってきた時に侮辱されたと感じる患者もいます。そして，「先生のあの植木がそこにはない！　新しい葉が生えてきていたのに。私はどこにいたんだ？」と言ったとします。あなたはその際，それが過去における対象関係を想起したための空想なのか，兄弟間の競争意識（休暇の間に新しい赤ん坊が生まれていた）なのか，または，変化すべきではない何物かの変化に気づいたのかを，判断しなくてはいけないのです。そこには，まったく異なる意味があります。

　非生命的環境 inanimate environment は時折途方もなく重要になります。しかし，これには賢明かつ慎重に取りかからなくてはなりません。というのも生命のない環境に見えるものでも，生命のある誰かによってそこに設置されたとき，まさに生命のある環境になります。それはその誰かの延長となるからです。

　もしあなたのために誰かがベットを暖め，眠れるようにしておいてくれたら，ベットはその準備をした人の重要な一部分なのです。誰かがあなたの枕を暖めておいてくれるので，あなたはそこで落ち着けるのです。世の子どもたちに対しては，この種の行為が数限りなく，かつ絶え間なくなさ

れています。

しかし，最も重要な点は生命の無い対象 inanimate object は子どもに対し共感的に応答できないということです。そこで肯定的な面を検討する前に，それよりも重要な否定的な面をまず説明しましょう。子どもや，大人でも傷つきやすい人が過去の環境的な事柄や，生命の無い対象にとらわれているときはすでに抑うつ的になっていると言えるのです。なぜなら，本来なら生命があって生き生きした形で存在せねばならなかった何かを誘い出し，それに取って換わるために，事物が使用されているからです。

ここで，成人や子どもの自己愛平衡 narcissistic equilibrium [原注3] の維持における他者の役割について述べたいと思います。一次的ナルシシズム段階での子どもの自己愛平衡は一定の生理的バランスの維持によるところが大きいと言えます。子どもは寒すぎても熱すぎてもいけないし，大小便で濡れたり汚れた状態が続いてもいけないし，刺激が必要な時に一人きりに放りっぱなしにされていたり，眠りを邪魔されていてもいけません。そこには環境が変化に即応して応じなければいけないさまざまな要求が多数存在します。そしてこの応答の基礎は子ども自身の感情に入りこんで子どもに同調することです。もちろん，こうした機能 function はすべて後に大きくなった子どもや大人が彼ら自身で充たすものなのです。一つの例として，まさに奇蹟といってもよいヨチヨチ歩きのときの不安定なバランスでの歩行について考えてみましょう。無数の小さな筋肉の緊張の支えがなければ，頭部の重いわれわれは平衡を保つことができずに突然倒れてしまうでしょう。しかしわれわれはそのことをもはや気づいてはいません。それはすでにそれほどまでに二次的なものとなっており，（平均台のような）狭いスペースでバランスを取るときでさえそのものすごい恐怖についてあ

（原注3） このセミナーではコフートは時々「自己愛平衡」narcissistic equilibrium という表現を用いている。しかし，1971年以後は，自己評価 self-esteem の調節にあたって自己対象 selfobjects の使用の結果としておこる「自己の融和」"self-cohesion" という言葉が基本的な概念として登場する。

第4章　共感的環境と誇大自己　　　　　79

まり懸念を抱きません。

　自己愛平衡でも同様で，われわれは常に活動の流れに身を置き，自分自身を暖め環境からの十分な注目で自分自身を充たしています。ところで，このセミナーの参加者で私の話に飽き飽きしている人もいれば，またそうでない人もいると思いますが，そうした諸君は自分の生き生きした感覚を確認するためにエンピツで何かをし始めるか自分をひっかくなどすることでしょう。「誰も自分のために何かをしてはくれない。自分自身が行う以外はない」というわけです。いうなれば，他者の話を長時間聞いていなくてはならないような状況下，すなわち自己愛的充足感を奪われていると感じるような時は，われわれはいろいろな行動をおこすものです。

　ここで私が指摘したいのは途方もない要求をする子どもの自己愛バランスを維持するためには，環境が大きく関与していることです。こうした子どもの要求は親にとっては大きな負担でもあります。一時も休まるときがありません。しかし，良いことに親はだまされやすく，その結果，心的外傷が重すぎなければ，子どもは勇気づけられ少しずつ自活を始めるようになり，以前は大人の世話によってなされていた機能を自分で引き継ぐようになるのです。

　子どもに対する共感というレーダーを持っている世話をする大人は，子どもの，自己愛的に平衡を保ちたいという欲求にいつも敏感に波長を合わせています。もしそれが適度の欲求不満——つまり，自立への子どもの成熟と進歩に対応しているもの——であれば，この平衡の失敗こそが子どもの成長を可能にするものです(原注4)。そして重篤な心的外傷をもたらすものは平衡と共感における外傷的な失敗によってなのです。

　われわれが人間外の環境 nonhuman environment を考慮した場合，重

　（原注4）　コフートは最終的には「断片化」"fragmentation" という用語を用いることによって，自己評価の調節 self-esteem regulation における中断ないしは失敗を記述しようとした。

要な点は，この人間外環境と人間環境 human environment の関係です。もしも人間外環境が人間環境の代理として経験されたとすると，それは次第に人間環境としての位置を獲得するのです。たとえばそれが父や母からの愛をこめられて贈られたペットとか父母が子どもと一緒に楽しめる玩具などのように，ふさわしい贈り物という形をとったりすると，子どもがこうしたものと遊ぶようになるに従って，贈り物は安心できる環境の一部になり始めるのです。これらのものはかつては人間環境であったものの代理物だからです。

　世の中のすべての物はつまるところかつては人間環境であったものの代理物です。しかし，以前に述べたように精神分裂病者があなたに次のように言うときには，彼が述べていることは，彼のテーブル体験をそもそももたらした人間環境が消えてしまっているということなのです。すなわち「はい，これはテーブルです。テーブルだっていうことは知っています。その言葉自体も知っています。その形もわかっています。もちろんそれはテーブルだということもわかっていますが，もはやテーブルではないのです。かつてのあのテーブルではないのです」と。このようにテーブルを非現実のように見なすときには自己と対象の大きな喪失がまさに問題になっているのです。連結と奥行 connectedness and depth があるからこそ，他のどんなものでも終局的には一つの代理物ないしは派生物になるのです。そしてその分裂病者にあっては，このような連結がその個人の実存の漠然とした過去の中に失われてしまったのです。しかしこれを子どもの成長という観点から見ると，子どもから免れるために高価な玩具を沢山与える親と，単純だが意味のある玩具を与える親の間には，はっきりした違いを見付けることができます。子どもにとっては自分が見ている前で父や祖父が作ってくれる単純な玩具ほどすばらしいものはないということは，昔からある感動的なお話なのですが，これはまさに本当のことなのです。このような玩具はその時々に新しい環境の中へ取り入れられる価値ある財産にな

第4章 共感的環境と誇大自己　　　*81*

ります。

　ある人が人形やある種の玩具を大学の中にまで持ってきたとすると，私はその意味を検討する前にいろいろとややこしい質問を行いたくなります。その意味はさまざまで，気持ちのいい暖かな幼少時期の環境 surrounding にむしろ積極的にしがみついている場合もあります（その他の点では成長したにもかかわらず，未だに玩具を持ち歩いているわけですが）。あるいは，精神分裂病者のように，解体の危機に瀕している人が，なんとかして外在化している自己の一部分である何かによろけながらもしがみつこうとしている最後の手がかりかもしれません。もちろん，外在化した象徴だけでは事態の全貌はわかりません。ただ，私はこの特異で単純なことが何を意味するのかを，ある程度まではなんとかしてお示ししたいと思っているのです。

　次の私たちのステップは自己愛の二つの特有な発達ラインについて議論することです。すなわち主体に結びついた自己愛と客体に結びついた自己愛の二つのラインについてです。これは大きな課題なのですが，私たちがどのようにして取り組んでいるのかを見渡せる人は誰もいないのです。そこであなたも私と同じように感じて欲しいと思います。私もあなたの幼少時期の欲求に共感的にこたえるものになりたいと思っています。ここらで何か質問はありませんか？ ^(原注5)

私には一次的自己愛と移行対象 transitional object をあなたの自己愛の発達ラインの理論にどうしたら適合できるかが，未だに解りにくいのですが。

　この質問の答えを明確にすることが最初になすべき概念の検討でしょう。しかしもしフロイトの著書を通して一次的自己愛の概念を追求するならば，

　（原注5）　私たちはこのセミナーの性格を保持しようとここで努めている。そして，この場面での質問に対するコフートの答えは彼の理論形成 theory-building を典型的に垣間見させてくれる。なお，この本では参加者の質問やコメントは太字で示されている。

彼がこの用語を使用している異なる文脈によってそれぞれ違った定義に到達するでしょう。また文献の中で用いられた移行対象の概念を深く研究した人は理論的にはあまり良く定義されていないことを見出すでしょう。それ故これらの概念を私の図式の中で綺麗にかつ明確にはめこむことができないとしても，この失敗がすべて私によるとは言えないのです。

それでもなお，ある程度は接近できるのであり，この接近を行なうことによって私たちが取り扱っている事実についてさらに学べるのです。このことは本当に重要なことなのです。私たちの分野では概念上の正確さは常に重要であるとは言えません。もちろん少なくとも最初の時点ではそう言えないのです。フロイトはそのことを知っていました。「ナルシシズム入門」という彼の基本的な論文の中でメタサイコロジーの意味に関する有名な文章を書いています。「（これらの概念は）…なんらの損傷なしに取りかえられたり，取り去られたりできるものなのである」(1914c, pp74-75)。私たちが行うことの基礎は常に観察のみなのです。そしてそれを解釈します。しかしより広い概念構成は移り変わります。精神分析の内部でもまた私たちの関連した他のアプローチの中でも，私たちは揺るぎない定義の基礎に立って簡単に論じられるような概念枠について取り扱っているわけではないのです。私たちは観察したことに対して接近することを試みます。

私たちが一次的自己愛について述べるとき，私は臨床経験から発達段階を再構成する試みを行うでしょう。これは深層心理学の古典的なアプローチなのです。

一次的自己愛の概念はより経験に遠い experience-distant レベルにある概念のように私には思えます。言葉を換えれば，リビドー分散 libido distribution で，それはフロイトが欲動としての攻撃性の概念を導入する以前のことになるのです。それは未だ出口を持たないリビドー分散ということになったり，あるいは後になって対象リビドー object libido となるはずのものといわれたりします。しかしそのリビドーが何に漠然と集中す

るのかが必ずしも明らかではありません。つまり自己 self が未だ形成されていないのです。言い換えればこれは心理学以前の概念のように思われるし，未だ心理学的には定義づけられていない段階をさしています。だからといってこれは決して無用な概念ではありません。私はこの概念を有用にするための一例を示します。

　母親の刺激に対する子どもの反応はさまざまです。弱い刺激が必要な子もいれば，母親が強い刺激を与えても（そして共感的に対応しても）反応を示さない子もいるのです。そこでさまざまな環境刺激に反応する子どもの能力といったものを説明するにあたっては，先天的な何か，つまりは遺伝的そして生得的な要素があるという気がします。そこである尺度に立てば，強い刺激に対しても反応しない子どもの一次的自己愛は，比較的弱い刺激でも最初から反応する子どもの自己愛よりも強いとも考えられます。

　つまりリビドーが外向よりも内向して存在する生得的傾向という概念は，発達における出発点を示しているわけですが，このレベルをフロイトは一次的自己愛と呼んだのです。

　フロイトが一次的自己愛レベルへの精神分裂病的退行について述べた際，今われわれが自体愛段階と呼ぶもの，——私の用語で断片化した自己と言っているもの——は，実は一次的自己愛なのであるとフロイトは考えていたようです。しかし，これらの特定レベルの体験，または共感された体験は非常に太古的で，自己観察の働きや自己への反省意識からはあまりにも隔たっているので，何らかの形でわれわれの内的体験に関連した心理学的概念としては，実は定義できないのです。われわれは欲動 drives について話す時ですら内的体験を基に推論するのです。たとえば私たちは願望 wishes, 欲求 needs, 衝動 urges などを知っていて，これらすべてから私たちが欲動と呼んでいるものを外挿するのです。これはわれわれが経験するところのつき上げてくる力 pushing forces の，すべてを含んだ概念です。

　先の討論で示したかったのは次のことです。人間外の機械的で脱人格化

された孤立断片化の環境の中へと自己は分裂し，個々の身体部分になってしまったとき，孤立した身体感覚への退行がおこります。こうした退行は，その人の自己意識の健康な部分にとっては強い恐怖になります。このような体験は心理学以前 prepsychological の，人間外的 nonhuman な出来事で，共感しようとしても違和感がおこります。精神医学の教科書に説明されている精神分裂病の症状と体験は，いうなれば以下のような文章であらわされています。「いいえ私は理解したくない。私は理解できない。それは奇異で変であり，前とは違っている。普通ではない」と。これを一次的自己愛と呼ぶこともできます。共感できる範囲を越えており，われわれの住む現実世界を超越しています。さらに，われわれが他者の中に自分自身の分身をさがしている自己愛の世界をも越えているのです。われわれはまだしもこの自己愛の世界ならすぐ理解するし，少なくとも多少の努力を行えば理解することができます。しかし，分裂病的体験の中でこれが断片化した場合，われわれは奇異で妙だとしか言えないのです。言葉を換えれば，共感以前 pre-empathic の問題なのです。

　精神分裂病の体験におけるこの退行には恐怖と強い不安を伴うのです。この精神病には分裂 split も起こります。精神病者の人格の中には健康な観察部分があって，それが，彼の人格の主要部分が退行をこうむっている様をよく観察しています。彼自身にとっても理解しがたいほど退行した部分を見てみることは，それはきわめて恐ろしい体験なのです。われわれの心的装置 mental apparatus は常に防衛的なので，人格の残りの部分は最初から，グローバー Glover の用語にならえば（1956），現実にはもはや理解できないものに対しての理屈をつくり始めるのです。ところで，防衛的 "defensive" という用語はあの精神医学の呪いの言葉ではありません。これはむしろ心理学的なホメオスターシスを表すのに良い言葉なのです。それで自我の健康で観察的な部分は，その断片化した身体部分という個々の経験への退行に対して，それをより現実的な世界の言葉を用いて述べよ

第4章 共感的環境と誇大自己 85

うと努力します。彼はそのことを説明し合理化しようとします。そして，いわばそれが病気であるかのように，一つの病気を訴えるのです。つまりこうした病気というものには，元の経験からきわめて離れているという意味合いがあります。

「何かが私を苦しめます」。経験の世界に留まっている間には誰もがこの意味を理解します。しかしながら，精神分裂病者の舌や腕や思考過程に何が起こっているのかということになると，経験世界から遠くなります。しかし，人格の健康な部分はなんらかの方法で自らを救おうと積極的に試み続けています。そのために，こうした身体部分をあたかも理解できそうな文脈のなかに今度は織り込んで，そのことを説明し訴えるのです。これは分裂病の初期段階の心気症の状態で認められますが，このことは説明不可能なことを説明しようとする試みなのです。しかし，私は未だに一次的自己愛に関する質問から言い逃れをしているようですし，確かにそうなのですが，私の問題点がどこにあり，そのことにどのように対処しようとしているのかを私は少なくとも明確にしようと思います。

　移行対象に関する質問ですが，これはウィニコット（Winnicott, 1951）が導入した用語です。しかしこの概念はフロイト（1920）がすでに知っており，「快感原則の彼岸」の中で使用していたものなのです。ウィニコットのいう移行対象は，もし私が正確に理解しているとすると，対象愛に向かう発達の中の一つの時点 point として見なされます。

　子どもに向かう大人の共感的環境は──もしそれが感情のこもった，理解力のある環境であるならば，まさしく共感的なわけですが──当分の間，子どもを対象愛へと強要することはないでしょうし，環境が子どもによって自己愛的な意味に使われることを当然のことと考えます(原注6)。何故ならそれが子どもの発達能力に適合しているからです。しかしここでも，私

（原注6）　言葉を換えれば，環境は自己対象 selfobject として機能するということ。

たちは子どもの心については大よその推測しかできないのです。（それでは）正常に成長した大人なら，自己愛的にコントロールし支配するという感覚をもつのは，通常，何に対してなのでしょうか？　それは自分自身の身体に対してなのです。あなたが認知作用の中枢を想像するにあたっては，眼の中とか，脳の中とか，いろいろと考えるでしょうし，ひょっとしたら何か理論を作り出すかも知れません。しかし私はここで解剖学の話をしているのではないのです。心理学的な経験について話しているのです。

　人は時々体のある一部分から隔絶されているように感じることがあります。半覚醒状態で自分が自分自身から隔絶されている時に，目が醒めると，そこに一つの腕がころがっているのを目にするわけですが，それがいわば自分のものであるという気がしないのです。この感覚は，脳卒中の時に手を挙げてご覧と言った時に挙がらないのだとわかった時の感覚とは違っています。もし誰かがあなたの命令に従わないならあなたを怒らせるのに十分でしょう——あなたの外側に自らのイニシャティブを持った人物がいるからです——。しかし，このことは脳卒中で機能を失った人が経験する怒りとは質的に異なるものなのです。神経学的な訓練や神経学的な臨床経験があるみなさんはこの種の怒りを見たことがあると思います。この怒りは自分の思考過程ほどにも親しみ深い何物かが自分の命令に従わない時とか，言語ほどにもその人の自己感情 self-feeling の中心に接近している何物かが思うにまかせない時とかに起こるものなのです。ここにいる精神科医のほとんどの方は，神経学的な訓練中に，思考は明晰だが，思考を理解できる言葉に換える能力が器質的に障害されている特別の状態が，ある種の脳損傷によって引きおこされるのを見たことがあると思います。このような人が何か言葉を言おうとしてモグモグ言うだけしかできない時に経験する怒りは激しいものです。何故でしょうか？　それは今まで完全に所有し，支配していると思われていたものが今や支配下にないからなのです。

　どうして私はこのことを調べているのでしょうか？　これまで試みてき

第4章　共感的環境と誇大自己　　　87

た発達の早期段階に対する共感実験においては，命令に対してハイとかイ
イエと言える自らのイニシャティブの中心をもった外的な対象　external
object としてわれわれが理解するのは，赤ん坊にとっては自己の延長で
あり，まさに腕や自分自身の思考と等価なのです。赤ん坊が泣く時には乳
首が今すぐに口の中に入って来なければならないということを意味してい
ます。まさにこれと同じように，私の思考は観念に従わなければならない
し，私の手は私の思考に従わなければならないのです。ここではまさにこ
の種の親密さのことを言っているのです。

　したがって，この早期の関係が全般的に中断されたり，あるいはあまり
に早く中断される時には外傷になります。——私たちはここに何度も戻ら
なければならないのですから，この言葉をよく覚えておいて下さい——。
いないいないバァ遊びをしている時に母親は指の間から，子どもの不安が
そんなに大きなものではないが，ちょっぴり不安なのだ，と解るのです。
このように少し待たせることは成長の糧となるひき臼なのですが，そのこ
とによって支配の新しい方法を得るからです。ところで私たちは自分の手
が挙がることや考えが符合することや言葉が出て来ることを当然のことと
して自分に期待するわけですが，それと同じような方法で，ある対象は子
どもの自己愛的な機能(原注7)を満たし続けています。こうした対象からの
分離という外傷が起こるならば，しかも，もしもそのことが突然に起こる
のならば——すなわち母親が，何の準備もできないうちに，突然に行って
しまい，子どもが彼女を求めても代理になる人がいないといった場合——，
その時には子どもは，「いいえ。私が欲しければ私の対象は現われたり消
えたりすべきだ」と言うことによって，支配していると主張するのです。
そしてそれが移行対象と共にあるということです。

　たとえば，移行対象の最初の記述として「快感原則の彼岸」というフロ

――――――――――――――――――――――――――――――――
　(原注7)　後にコフートはこのことを自己対象の機能としてあげることになる。

イトのモノグラフの中の糸巻きの記述を取り上げましょう。フロイト（1920）は，彼の小さな孫が母親からの分離の影響を受けて，糸巻き遊びをしているのを記述しました。孫は糸巻きに糸を結びつけてベッドの下に投げ込みました。彼は糸巻きを見えないようにしては，また引き戻して，「いない。またここにいた」と言ったのです。フロイトは，この特別の時期において，対象愛の萌芽的段階に関連のある特異な防衛機序を述べています。それ自体が独立したものとなった対象の象徴は，能動的支配 active mastery と言われる防衛機序によって支配されるのです。「いいえ，お母さん，あなたは行ってしまってはいないのです。これはあなたです，お母さん。私が望めばあなたを去らせることもできるし，私が戻ってきて欲しいと望んだ時には私はあなたを再び引き戻せるのです」。その時糸がついた糸巻きは母親に取って代わるのです。子どもは独自の分離不安を処理するために，遊びを通して支配することを主張するのです。

　もしあなたが，あなた自身を個々の行動の中で考えるのではなくて，全体的な世界観 a whole world view を再創造する能力を徐々に発達させているならば，成人のいわゆる子どもっぽい行動，すなわち支配を主張することや物事が自分の方法でうまくいかない時の怒りを，もっと理解できるだろうと思います。つまり彼らは小さな子どもの全体的な世界観に固着しているのです。

　その時期の子どもにとっては，全世界は未だに自己と結びついており，自分の命令に従うのが当然なのです。私たちがふつうこうむる欲求不満は，こういう人たちにとっては，自己愛への打撃として経験されます。この欲求不満は人がそのことを嘆くような普通の欲求不満とか，人が望む物が手に入らない時の不満とはまったく違うのです。それは圧倒的なものなので，「なんということだ，どうしてこんなことが私に起こるのだ！　起こってはいけないことだ。これは全部私のものだ」と感じてはいますが，もちろん，頭ではそうではないことを知っています。彼らをからかったり，厳し

第 4 章　共感的環境と誇大自己　　　89

く対応したり，あるいは批判することは共感的ではありません[訳注1]。そのように世界を感じることは彼らにとっても思いどおりにいかないからです。彼らを助けるためには，まったく異なる道順を通らなければなりません。それはこのミーティングの流れの中で徐々に明らかにされていくでしょう。ここでは一次的自己愛と移行対象に関する質問には簡単には答えられないと繰り返して言うしかありません[原注8]。

　私たちが考察しているのは自己概念 self-concept の発達です。自己概念の発達にかかわってくる太古的対象は対象愛の発達とは必ずしも関係ありません。この二つは別個の独立した発達ラインです。子どもの発達段階のどの時期に自己対象が役割を果たしているのかという点について私の推論では，自体愛の段階または自己愛の段階または自己が確立された段階の間に広がる中間の時期に属していると言えます。しかし私の考えでは，今われわれが論じているのはこの特定の発達ラインの発達の圏外にあります。先に挙げた特別な（意味を持つ）糸巻きや子どもが持ち歩く毛布のような移行対象は萌芽的または未熟な段階から，成熟した対象愛への発達段階における通過駅と言えます。これは萌芽的な対象愛として取り扱われていると私は確信しています。それはイニシャティブを持った対象，それ自体に能動性のある対象にかかわっています。この母親は独立しています。そして子どもがなんで苦労しているかといえば，自分も一言いうことをもつ限りにおいて，母親の独立を許そうというのです。彼は母親が消えたその突然さになんとか対処しようとしているのです。

　一次的自己愛に関しても一定の発達レベルというものがあり，そこにわれわれが共感したり，あるいは成長した大人の経験することの中からおぼろげに再構成したりします。ところで，きわめて早期のリビドー分散，言

―――――――――――――――

（原注8）　発達の別個のラインとしての自己愛と対象愛に関するコフートの最後の考察は
　　　1984, p.185 と p.226, n.2 を参照のこと。
（訳注1）　コフートの自己愛的憤怒を述べている。

い換えると自己らしさ self-hood や自己性 selfness のごく初期の概念が蘇るのを感じることがありますが，たとえば体温調節の感受性に関してです。私はこれが私の勝手な空想だとは思いません。一般的に言って，分裂気質 schizoid の人は体温調節の感覚が鈍いというのは本当のことだと私は思います。実際彼らは身体的にも低体温の傾向があり，手が冷たいのです。彼らの末梢血管系の形成が幾分少ないという知見をどこかで読んだことがあります。これが生れつきの，先天的な精神生理学上の資質によるものなのか，初期の障害により皮膚の血管形成が損なわれたのか，いずれにしろその結果，彼らはいつも冷え性で皮膚の温度も低くなっています。それとはまったく反対に，いかに歓迎されてこの世に生まれてきたと感じていても，また自己の経験がいかにしっかりと安定したものであると感じていても，それにはおかまいなくわれわれはみな風邪をひきます。また寒々とした感じをもつこともありますが，それは何か自己愛に打撃を受けるようなことがあって，理想化された対象とのつながりを奪われたと感じる時のことです。

　私が思うには，もしあなたがこのような急性の障害を負った人に共感するなら彼らをその場で助けるもっとも単純な方法は，彼らに暖かい飲み物をあげることです。もちろん，私は面接中，患者に食事を与えません。しかし，症状の重い患者を目の前にして私は「今日あなたは気分が最悪のようですね。ちょっと下に行ってコーヒーでも飲みましょうか」と言うことがあります。私の言語的接近はすべて彼らの欲求を満足させるものではないと思えたので，コーヒーをあげることが，唯一の方法に見えたからです。もちろん，時おり人がするように腕を彼らの肩に回し，私の体の温もりを分け与えたり，彼の体に触れることは誘惑的すぎるように思われます。しかし，われわれは患者の不快さに気づかなければなりません。「ここは寒いですか？　暖房を付けますか？」と聞くことなどが必要です。たとえば人々は元気の回復のために熱い風呂に入ります。熱い風呂は気持ちを落ち

第4章　共感的環境と誇大自己

着けるのに役立つからです。非常に欲求不満であったり，バラバラになってしまいそうな気分の時に，われわれは暖かい風呂に入るといった環境の中で，元気を回復します。このように気分を良くさせるものは何かという説明に関して，子宮に戻るからとしばしば言われますが，そんな単純なものではありません。ごくプリミティブな水準の体温調整の人なら，全身の暖かさがそのまま彼の自己愛平衡を回復させるための混み入った方法なのです。彼らはその結果，心地良くなることができたのです。

　これから自己愛の早期の発達についてもっと詳細に検討していきたいと思います。すなわち私の論文でご承知の方もいると思いますが，一つは誇大自己 grandiose self，もう一つは理想化された対象 idealized object です。二番目に提示したいのは精神構造の形成過程を示すことで，さらには内的な自己経験の確立であり，何か良いことをした時に自分自身を喜べるための自己評価を調整する内的手段についてです。

　人は自己評価を満足させるにあたって，常に他者を必要とするわけではありません。私が思うには誰でも自己評価が弱められたとき，自分でそれを引き上げるなにがしかの方法を知っています。たとえば机にむかって彼自身で気に入っている仕事をすることなどです。他に誰も知らなくても本人は気分が良くなっています。これは私自身が惨めな状態の時，自分で自己評価を調整する一つの手段です。自己評価に対する打撃を受けた後，机にむかって仕事をします。そして私が気に入っている何かに思いを巡らしているうちに，こうした経験から気分は良くなってきます。しかし他にも自己評価を整える方法がいろいろあるでしょう。それは冷たいシャワーや暖かいお風呂に入ったり，またランニングなど体にまとまった刺激を与える体操などのような簡単な方法から知的作業にいたるまでいろいろあります。

　フロイト（1933, p.101）は知的作業が精神衛生の保護のための最高手段だとよく言っています。私には彼の言葉の意味合いが長い間わかりません

でした。彼はそれについてまったく説明を与えていません。それは私の心のどこかに押しやられていましたが，私の心には引っかかっていました。私はそれが自己確認 self-confirming の効果，すなわち，自分自身を確認する能力という意味でなくてはいけないと思います。もちろんそれは株式相場のように急に上がったり下がったりできます。退行した分裂病にさえいくつかのその調整機構があります。ほとんど崩れた様相を示していたシュレーバーでも実際に思考力の集中といろいろの図式を書くことによって自分のためによいことをすることができました。それらは奇妙なものとはいえ，以前の高い知性，道徳性そしてすばらしい人格が常に幾分残っていると言えます。この魅力的な小説を，それもフロイトが書いた彼の歴史（1911a）ではなく，彼が分析したシュレーバーの自叙伝を一読されることをおすすめいたします[原注9]。

　われわれが企画している今後のプログラムでは早期の自己愛体験の発達について詳細に検討しようと思っています。その固着点とその残部から，われわれはよりよく臨床データーを理解できるようになるでしょう。私はさらに自己調整能力をいかに習得するかについても検討したいと思っています。

（原注9）　Kohut 1978, I : 283-286, 299-300, 305-307; II : 833-835を参照のこと。

第5章

自己評価を調節する心的構造の形成

　自己評価の調整はどのようにして獲得されるのでしょうか。もちろん，内的構造が漸進的に形成してゆくことによって獲得されるというのが答えです。そこでは，その構造が自己愛的対象によって遂行される機能を引き継ぐわけです。では，自己愛的対象を喪失し，欠損を持った人が，このような機能を遂行してくれる代わりの自己愛的対象を一生捜し求めることになるのはどのような環境においてでしょうか。逆にどんな環境であれば，自己愛的対象の喪失が起こったとしてもその機能の内的な引き継ぎに導かれるのでしょうか。そして自分を賞賛してくれる母親をどのような形にせよ失ったとして，なおも賞賛してくれる母親を，男女を問わず一生捜し求め，「そのとおりだよ」という言語的な応答に常に飢えながら捜しつづけるようになるのは一体どんな人たちで，その人たちに何が起こったからなのでしょうか。また，賞賛してくれる人は失ったが，自分で自分を楽しむことができ賞賛の機能を内的に引き継ぐことができるために，もう母親を必要としないのはどんな人たちなのでしょうか。その喪失の違いは何でしょうか。これは自己評価の内在化とその変遷という大きな見出しのもとに検討されるべき一つの問題です。これからこの二つの関連した領域についての検討を始めたいと思います。

　こうした問題を中心に述べている私の二つの論文をみなさんはご存じだ

と思いますので，その話からおおまかに始めましょう(原注1)(訳注1)。プリミティブな前心理学的な時期における自己愛の均衡状態ではフラストレーションがありませんが（一次的ナルシシズムと呼ばれる発達上の理論的出発点になります），遅かれ早かれ，自己愛の不均衡を経験します。それらは赤ん坊には不快なものとして体験されます。それは寒さであり，空腹であり，湿気であるのですが，外からすぐに調節されるものではありません。そこで体のホメオスタシスがいくらか働きます。赤ん坊は肝臓に貯蔵されているグリコーゲンを利用し，熱量を使い尽くします。そしてついにはこれらの内的な調節が効かなくなり空腹になってきます。そのために，外的なもの，乳首，乳房，哺乳びん，言うなれば，肝臓のように反応する母親の反応が必要になります。

　実のところ赤ん坊にとって母親は肝臓に相当します。彼女は体の外にある肝臓なのです。しかし，私たちはこれに気付いている必要はありません。私たちは空腹時，グリコーゲンが使えるように肝臓に頼んだりはしません。もちろん，母親は肝臓ではないし，子どもの要求に対して体の器官のようにピッタリと，ホメオスタシス的に完全に相互連結しているわけではないので，そこに母親の反応が起こるでしょうし，もし彼女が共感的かつ敏感で注意深くあれば，赤ん坊のお腹が空きすぎることはないでしょう。しかし，その反応が遅くなることはあります。夜どおし待たせるとか，授乳の時，哺乳びんが用意されるまで待たせるとか，あるいは単に，彼女自身のイニシャティブの中心である母親が赤ん坊が泣くのを嫌がったり，怒ったりするために遅れることはあります。母親は肝臓のように完全ではないのですから。

　そのために他者性 otherness の始まり，すなわち自分は他者と違うとい

（原注1）　コフートの「自己愛の形態と変形」(1966) と「自己愛パーソナリティ障害の精
　　神分析的治療：体系的接近の概要」(1968，つまり1978，Ⅰ：第32章と第34章) に相当。
（訳注1）　この二つの論文は，関連文献5の第6章と7章に訳出されている。

第5章　自己評価を調節する心的構造の形成　　95

う感覚のかすかな萌芽がいくらか赤ん坊に起こってくるに違いありません。しかし，赤ん坊にとっては，ごくプリミティブな形での安心感 well-being として体験するものを調節してくれる限りにおいてだけ，この他者性が重大なのです。しかもそれは私たちが自己評価と呼ぶものと区別できません。のちにそれは細分化されてさまざまなもの，たとえば身体的，精神的，道徳的，倫理的な完全性へと発展していき，またいろいろな形式の完全性につながることは疑いありません。元をただせばそれはみなひとまとまりのものであり，安心感と呼ぶべきものです。これが自己愛平衡なのです。

　この完成した姿において，赤ん坊の自己愛平衡には身体的に保護されたい欲求　needs，およびそれ以上の欲求が含まれています。赤ん坊は欲動 drive を持っています。それはなにも空腹を満たしたいという欲動だけでなく，最も近似な大人の経験をあげれば，他にもっと適切な他の言葉がないためにフロイト（1905a，1915a）が性欲動と呼んでしまった欲動もあるのです。よく知られた同じような一連の経験から推測して，彼はすべてのリビドー的な経験を性的 sexual と呼びました。その理由として，リビドー的経験が誰の目にも明らかな性的倒錯に現われるためだけでなく，たとえ性的でなくても，われわれすべての人間におなじみの緊迫性 urgency ないしは快楽追求性を持つからでもあります。それらは強さにおいては同じなのです。したがって，同様の対応関係を考えれば，露出的欲動と自分についての大きな幻想をもち続ける大人の欲求について語ることができますし，これらが萌芽的な始まりを持つことを私は推定しているのです。

　自己愛についての私の初めての論文で（1966；1978，Ⅰ，p.438），「子褒め baby worship」について述べました（関連文献5の第6章）。赤ん坊が自分の体を見せながら自己愛平衡の頂点にいるといってもよい社会的状況を私は示そうとしました。これはおそらく自己を楽しむ時期，自体愛段階で生じるのでしょう。「これが私，なんて素敵なの！」もし赤ん坊が話せたらこう言うでしょう。しかし赤ん坊はそう言えないので，母親の方が

言葉で応対してあげ，そのことによってすべての平衡の基礎，自己愛の喜びが得られる基礎，つまりめざす完全性の基礎がつくられます。その時点では誇大性 grandiosity と顕示性 exhibitionism がすべて一つにまとまっているに違いないと私は思うのです。赤ん坊のどんなことにも，母親は瞳を輝かせて，暖かく，夢中になって答えてくれます。母親の自己評価は，こうした自分の応対によって，喜びで興奮し顕示的になっている赤ん坊との一体感によって高められるのです。もっと穏やかなレベルですが，この種の平衡こそ私たちが一生を通じて求め続けているものです。

　最終的には，それは恍惚とした経験ではなくなります。私たちの体験のすべてはしだいに色あせて，この初めの輝きは失われますが，この輝きのいくらかは人生のどの時期にも見られます。私がみなさんに話しかけ，どのようにみなさんが私に答えてくれるかを知りたいと思うときにさえそうです。講義をしたことのある人は誰でも，よそ見をしている人にすぐ気がつきます。どう愛すれば自分の方を見てくれるようになるのか，あるいは逆にどうすればこのサディストがよそ見を続けるのでしょうか。講師は自分の話を聞いてもらっているという喜びをよそ見をしている人に奪われてしまいます。聴衆の何人かは講師を見てうなずくのに，うなずいてくれるどころかよそ見をされたなら講師にとってどんなに肩身が狭いでしょうか。私たちは自分のやっていることに気づかないで，このよそ見を朝から晩まで何回も行っています。何もこの講義中に限らず，こうした例を用いましたのは，ここでも私の言う子褒めが起こるからです。つまり，みなさんはその母親なのです。

　しかし，これらの事柄はいかなる時でもすべて静かにおこります。そこには興奮も，恍惚もありませんし，性的な意味もありません。たとえば，いわゆる死の恐怖は実際は自己愛的な応答 narcissistic responses を失う恐怖だと思います。フロイトは，われわれは死を体験したことはないのだから恐れる必要はないと言っていますが，それは実にもっともであり適確

第5章　自己評価を調節する心的構造の形成

な観察であります（Freud, 1915b, p.289）。そもそも人は自分の知らないことや経験もしないものをどうして恐がることができるでしょうか。フロイトは死の恐怖は一般的にみて切断不安 mutilation anxiety であると考えました。神経症的な死の不安がそうであるのはもっともなことです。しかし，私は死の基本的な恐怖，つまり，神経症的でない死の恐怖は，自己愛的な応答を失う恐怖であると思うのです。ですから死にゆく人にとって一番の助けは，彼に自己愛的な供給を与え続ける人なのです。

　これは難しいことではありません。たとえば，死に直面している姿に対して彼の勇気を讃えることができます。彼がいかにこの極限状況で自分自身耐えているかを認めてあげることもできます。決して，彼を見捨ててはいけません。彼から退いてはいけません。死にむかいつつあっても彼自身を確認する何かを与えなければいけません。このような反応を受けた人たちは人に見捨てられたと感じる人たちよりもずっと満足して安らかに死ねるように思います。しかし，もし死のこの最後の苦悶の段階で，死にゆく人が別の方向に向き，壁を見るのを望んだら，そのような反応は彼が自ら達成した平衡の障害になると思います。彼はこの時点でまわりのものと何をするのも望まず，つまり，自分に集中することを望み，彼に何かを与えたいと思っている人に邪魔されずに彼自身死ねることを望んでいるのです。死にゆく人に共感することはおそらくほとんどの私たちにとってつらいことです。なぜなら，私たちは死という経験を否認していても，すべての人がいつかは迎えなくてはならないその事実から自分たちを切り離しておきたいからです。

　ところで，これらの説明はそれほど難しいものではありません。ですから，一度みなさんが原理を知って理解したなら，それをいろいろなところで応用することができると思います。もちろん，みなさんの仕事で子褒めを扱うわけではないし，死にゆく人が対象ではないかもしれませんが，自己愛平衡が障害された経験を持つ多くの人たちを相手に仕事をしているは

ずです。問題になっていることがわかれば，みなさんはまず必要とされていることに気持ちの波長を合わせること attuned から始めるでしょう。自己愛的な供給を与える必要はありません。それは重要ではないのです。しかし，少なくとも患者を理解できるなら，あなたの理解を患者と分かち合うことはできますし，しかもそれだけでも大きな助けになります。思慮のないプレイセラピーよりはずっと助けになります。私はこの「プレイセラピー」という単語を，治療者が与えたものによって患者がひどく依存的になってしまうような治療という意味で使っています。その上，それが患者の助けにならなければ，彼らは赤ん坊のように自分たちを扱って侮辱したと言っては怒るようになります。

　私が今ここで説明しているのは，たとえ，幼い子どもが自分のほかに対象があることを認知的にわかり始めたときにも，それらの対象はなお自己愛的な次元 narcissistic dimension に役立つ，という主張を支持するのにもっともな一連の証拠があるということです。それらの対象は名前をもち，自己があります。それらが幼い子どもに意味を持つのはリビドー的な対象となるとき，つまり，その子がそれを希求し，その相手に何かを与えたいと思うときです。さらにそれらは自己愛的な次元にも奉仕し続けます（原注2）。そして，発達のさまざまな側面で見られる，私が鏡転移 mirror transference と呼んでいるものは，他者が自己確認 self-confirmation のための機関 agents として，すなわち自己承認 self-approval のための機関という意味で経験され，必要とされるという事実をあらわしているのです。ところで，フロイトの彼自身の人生についての有名な記述をご存じでしょうか。彼はその個人的な記述を理論的に充分推敲しませんでしたが，一，二度，著書の中にみられます。つまり，彼は若い母親から生まれた最初の息子だったということです。そして若い母親から生まれた長子は人生

（原注2）　それらは自己対象機能を営んでいる。

第5章　自己評価を調節する心的構造の形成　　99

を通して勝利者の感情を持つと彼は言っています（Jones, 1953, I：5）。そこで，非常に重要な補足的説明がその次に続きますが，この感情はさらにもう一つの感情，つまり不合理にきこえるかもしれませんが（彼はそうは言っていませんが明らかにそうほのめかしています），彼を実際に勝利者にし人生の成功をもたらすかもしれないという感情を作り出すというのです。

　これは病的ではありません。合理的な行動の非合理的な基礎が重要なのです。私たちの行動や思考は性格の表面にあって，自律的な反応様式として出てくるのではありません。それらは私に言わせれば，常に扇状 sectorial なのです。それらは私たちの心の奥深くに根をおろしているからです。私たちは赤ん坊のように振舞ってはいけませんし，一度私たちのつま先がとても醜いものになったとしてなおも他人に自分のつま先を賞賛するように要求もできません。しかし，もし私たちのつま先がキスされ，価値のあるものとされたなら，外的な失敗にもかかわらず私たちを支えてそのまま何か，人がまだ興味を持って受け入れてくれる何かを私たちが持っていることがわかるのです。外的な失敗に際して回復が早い人たちがいます。しかし，完全無欠の回復力を持っている人はいません。ある人から必要で基本的かつ生理的な機能を徹底して，しかも長時間奪ってごらんなさい。彼の自尊心は下がるでしょう。ここでみなさんに私が一番最初にお話ししたように（第1章の21ページ），私たちは幻覚的な願望を満たす方向に退行してしまいます。そして，もとの自己愛的供給を基礎とする平衡を再構築するためには，偽精神病的なやり方（その本質は健康的なものですが）をとることすらあるのです。

　みなさんは，たとえば，それは基本的信頼 basic trust とどのように関係するのかとお尋ねになるでしょう。確かにこの概念にいくらか関係があります。しかし，私には基本的信頼という言葉はやや感傷的で，心理学的洗練さにやや欠ける感じがあります。そして，私の嫌う価値判断がそこに

はあると思うのです。というのは，人は基本的信頼と共に基本的不信も持つのが当然だからです。両方とも貴重な経験です。人は他人を信頼できなければいけないというのは真実ですが，人を信頼しない能力もまた発達させなければいけないのです。全幅の基本的信頼は人生とはあい入れないということを学ばなかった人は確実に生き残れないでしょう。心理学的な戦略装備は豊富であればあるほど良いのです。しかし，これは本題を離れたことです。

　私は環境からこの映し返し mirroring を経験し，あるものの受容によって確認される能力の重要性を強調したいと思いますが，そのあるものとは，成人の観察者の目にはもう一人の人間として見えるものです。人は自分が他人に影響を与えることができ，また他人からも反応してもらえる，重要な人間であると経験する必要があります。この種の例はすでにみなさんにお話ししました。いわゆる鏡転移は非常に明確なものです。なぜ分裂病者は鏡を見つめるのか。彼らは何をしようとしているのか。答えは明らかです。彼らは自分たちが崩壊して，消えつつあるように感じるのです。視覚的に見ることによって，彼らは「いや，私はまだそこにいる。自分を見ることができる」と確認しようとしているのです。しかし，鏡は冷たく，見たとおりの鏡にすぎません。母親はそんな鏡ではありません。彼女は応答する鏡であり，ただの鏡とはまったく違うのです。もし，子どもの視覚が奪われても，聴覚がそれにとって代わります。それはバーリンガムとロバートソンの映画の中の盲目の子どもたちのところで（1966）既にお話ししたとおりです（本書の第3章，56ページ）。

　この鏡反応には前駆があります。発達的年代は明らかではありません。映し返しの経験に先行する融合 merger の時期と交代自我 alter ego の経験の時期について話しましょう。私はこの三つがおのずから再確立したときそれらをまとめて鏡転移と呼びます。それは不適切な名称ですが，他にもっとよいのを思いつきません。今のところ同じような経験の全グループ

第5章　自己評価を調節する心的構造の形成　　*101*

に対してよくわかる，またよく知られた呼び名でした。

　これら三つの段階には重要な問題があります。他者と融合する時期では，その他者は自己の延長のように経験されます。交代自我，あるいは双子 twinship の経験をする時期では，他者は自己にきわめて似ているように経験されます。最後に，本当の鏡転移では最も自分から分化した他者を経験します。狭い意味での鏡転移で，他者が重要になってくるのは，その人が確かに自分に一生懸命になってくれて，賞賛してくれるときだけです。

　これらの段階すべてに共通のものがあります。自己の経験が高められたり，確かになったりするのは，顕示的な欲求や大人に対して持つ誇大性に反応してもらうからです。その反応によって自分が力強く，完全で全知であると感じるのです。このサポートがあるからこそ，私たちが思っているとおりの外的環境は子どもに妄想 delusion，と呼んでいいようなものを抱かせ続けるのです。客観的にみるとこの妄想は間違っていますが，心理学的に言うと幼い子どもについてのもっとも深い真実を表しています。子どもはそれを諦められるようになるために心のこの段階を経験しなければならないのです。

　つまり，これは発達の一つのラインですが，すでに述べたように，これらの異なる三つの時期がお互いどのように関係しているのかはわかりません。私の分析家としての経験から言うと，一般に融合の段階に始まり，双子あるいは類似経験の段階を通って，映し返し応答の段階へといたる経過をたどると思います。成熟へ向かう順序のような印象を受けるかもしれません。私自身が振り返ってみてもそんな気がします。明らかに，映し返してくれる大人はすでにはっきりと認知的に認められている人であるのですが，より発達した認知機能を持った年長の子どもがそこでは前提になります。この三つが順番に感じられるにもかかわらず，別の時には融合と双子と映し返しが同時に進むと感じられることもあります。また，しばしば私たちは別の人と融合する必要があります。ときどき年長の子どもでさえ承

認されるのは嫌がりますが，抱きしめられるといった，象徴的な方法で融合されることを望むものです。たとえば，全く打ちしおれている子どもや大人を誉めて，「良くやったよ」と言うのはまったく間違っています。彼は間違って受け取られたと感じるでしょう。「今私が望んでいることはこれじゃない。いま私は抱きしめられたい。何かに包み込まれたいincluded」。一番良いのは，もう一人の他者が黙って側にいてあげることです。適切な環境であれば心理療法家の忍耐が非常に助けになります。沈黙している患者の側に黙って居続けてあげることは私が昔から知っていてやってきたことですが，その当時の私は自分のやっていることの理由をわかっていませんでした。

　実際私は何年も前にある会館で精神分裂病の小説家を治療していたことを思い出します。私がしたことは彼女の呼吸のリズムに合わせて息をすることだけでした。私が彼女と違うリズムで呼吸をすると彼女は不安になるのでした。彼女が自分の小説を声を出して読んでいる間中，私は彼女のリズムで息をしていたものです。彼女は私によく奇妙な贈り物をしてくれました。私は彼女が住んでいる所から採った押し花の全コレクションでいっぱいになりました。私はそれらを受け取り，ちゃんと取って置きました。なぜ取って置いたのかわかりません。おそらく彼女はいつか私がそれをほんとうに保管しているかどうかを確かめるだろうと思ったからでしょうが，彼女はそうしませんでした。しかし私は彼女が読んでいるのを，それはおもしろかったのですが，聴かなければならないことをまさしく理解しました。私の傾聴はわざとらしくはありませんでしたし，彼女からの贈り物の受容もそうです。強いて不自然さを挙げれば長くそれを保管しようとしていたことです。そして実によくわかったのですが，彼女のリズムに合わせて呼吸をすると彼女はとても心地よかったようですし，そうしなければ不安になったのです。したがって，そのような退行した贈り物によって初期の融合を達成しようとしていたのだと思います。彼女がくれたその贈り物

第5章　自己評価を調節する心的構造の形成　　*103*

は，おそらく象徴的には彼女の部分 part なのです。彼女が字づらでは意味不明ですが魅惑的な響きのする彼女の作品を私に読んで聴かせた時，彼女はある程度の平衡を感じていたのでした。

　ところで，融合や映し返し mirroring と共生 symbiosis はどんな関係にあるのでしょうか。共生は別の基準枠で説明しようとしています。共生とは独立した二つの個人がお互いのために何かをするということで，社会生物学的枠組みです。しかし，私の方は心理学的状態に対する共感の枠組みでお話ししようと思います。また融合 merger は本当に起こることではありません。それは関係性について感じる一つのトーン tone なのです。先ほどお話ししたその小説家には夫がおり，二人の間にはある種の連帯 togetherness があって，その中で二人は双方の途方もない欲求を充足し合っていたに違いありません。彼は精神分裂病ではありませんでしたが，とても単純な人で，労働者でした。夫は彼女が明らかに奇妙であることを知っていても彼女を非常に尊敬していました。彼女は夫をとても軽蔑していましたが夫を利用していました。つまり，この二人は空想の上でのカップルになっていました。彼は週に一度彼女を私の呼吸の運動に連れてきましたが，彼女はよくもちました。

　少し脇道にそれました。みなさんはそのような退行した精神分裂病者を治療することはないでしょうし，私も現在はもう診ていません。しかし，ほとんどどんな形態の精神療法にも見られることですが，患者がどうしても話す気にならない時期があります。これは乗り越えなければいけない抵抗なのではなく，みなさんが共感的応答の構えのまましばらくただ座っていることができなければならないのです。おそらく小さな音を立てるのがよいでしょう。そうすれば彼らにあなたが眠っているわけではなく，そばにいて，沈黙に耐えていることがわかるはずです。それはしばらくの間，あなたができる最善のことかもしれません。ただ横にいることによって，患者をより生き生きとしたコミュニケーションの様式に目覚めさせる助け

になるかもしれないのです。

　この黙って一緒に居ること combined silence は融合の非常にプリミティブな形になりうるのです。そしてそれは必ずしも病的なものではありません。それは治療的で健全なものであり、あるいは双子転移のように二人の人間が並んで座っているだけの場合もあるかもしれません。グリーンソンが何年も前に講義の中でため息の経験について話をしていたのを思いだします。とても抑うつ的なその患者は椅子にすわり、長い沈黙ののちに深いため息をつきました。治療者もしばらく待った後、深いため息をつきます。その時患者と医者は一つに結ばれたと感じたのです。グリーンソンはそれがしばしば最初の接触としては最善の方法のように感じていたようです。彼はこれを私とは別の基準枠の中で、つまり治療同盟を作り出すという枠組みでとらえました。しかし私には、性格のより基本的かつ中心的な側面であり、それが活性化され、応答されつつあるように思えます。何か他の真の治療目的のための手段としてなされるのではなく、すでに真の治療はもう始まっているのです。これはどっちが重要かといった問題ではありません。つまり、類似の現象に対する違った見方を示しているのです。

　ある学生が私に今週、ある体験を報告してくれたのですが、私にはそれが融合転移を表しているのか、双子転移なのか、主体に結びついた自己愛か、客体に結びついた自己愛か疑問が残りました。次のような出来事がありました。ある若い男性は誰ともうまくゆかず、とりわけ自分の父親とは今でも反目しています。彼らの間に食い違いが出てきた時期を振り返っている最中、彼は突然、涙を流し、自分を抑制することができなくなりました。話ができるほどに気持ちを抑えられるようになってから、彼は6歳の時、虫垂炎の手術のため病院に連れて行かれそうになった話をしました。父親は歩けない彼を一階に運びました。彼は「それで他の子と同じように僕にも父親がいることをみんなが見てくれたんで

第5章　自己評価を調節する心的構造の形成　　　*105*

す」と説明して涙を流しました。彼の父親が彼に示した行為の重要性が，どういう意味を持っているのかという疑問を抱かせました。これは今，先生が説明して下さったような融合だったのでしょうか。主体に結びついた自己愛あるいは客体に結びついた自己愛なのでしょうか。複雑に入り組んでいるために，精神分析以外の観点からは解くことができないのではないかとも思いますが。

　お答えしたいのですができません。この感動的な体験が話された前後の関係とそれが彼にとってどんな意味があるのかについてもっと知らなければなりません。運ばれるというのは基本的には支えられること，強くてたくましい人に抱きかかえられ，包み込まれることを意味します。そのときの彼は実際病気で弱っていました。しかしそこには自己顕示的な要素もあります。そのときに彼がそれほど感きわまったのは，彼が抱き運ばれたというだけでなく，運ばれているのを人に見られるということなのです。言い換えると，他の子どもたちは彼を見て，自分たちにはいないこんな素敵な父親が彼にはいるとうらやましく思ったということなのです。
　しかし，この特別な体験の意味についてはもっとたくさんのことを知らなければならないでしょう。たとえば，私がこの出来事を聴いたなら，これは，隠蔽記憶 screen memory の性質を持つものかもしれないと即座に考えます。まさにそんな時に話していることを良い体験としてあまりにも強調して語ることで，支えてくれる父親から離されたこと，手術をひどく恐がったこと，また彼にとっては初めての経験であった，両親から見捨てられるのが恐かったという事実を覆い隠すのに役立ったかもしれないのです。言い換えると，よく起きることですが，子どもの頃のこの種の記憶が出てくるときは，否認したいことを肯定的な方法で覆い隠しているものです。
　自由に空想を膨らませてみました。この人が何を伝えたかったのか，な

ぜそれほどまでに感きわまったのかはわかりません。しかし，それは内的な自己愛平衡を維持するにあたって自己愛バランスや人間関係がいかに重要であるかのよい例を示してくれています。万能感，完全性，全面受容といった自己に対する誇大的感情を持つ時期，その時期に対しては無限の表現ができますが，本質的には，内省する力を持っていれば誰にでもわかるものなのです。私たちはみんなその特別な領域の経験をしています。つまり私たちは自分自身によい感情を持つのはどんな時であり，他者はその感情にどれだけ役に立つかを知っています。

　しかし，みなさん自身で考えていただきたいことが一つあります。というのはそれが一番よい学び方だからです。講師として，教師あるいは研究者として，私ができるのは思考過程に刺激を与えることだけです。心理学は一見したところ非科学的な方法論のようですが，全く次元の違う科学的説明ができるという点で，大変に有利です。私たちは計量したり測定する方法論を持たないにもかかわらず，コミュニケーションでは非常に正確になれるというのはまさにそのためです。私たちが研究する主題は自分自身の経験の中にもあります。そのために私たちが人と交流するときに私たちが触れなくてはならないのは，同種の内容や情緒を私たちにもたらしてくれるような他者の中の経験の布置 experiential configurations であります。

　私たちはみんな自己愛平衡が何であるかを知っています。つまり，自分自身についてよい感情を持つということはどんな感じなのかを私たちは知っています。しかし，私がみなさんにお勧めしたいのは，みなさん自身の思考実験の中で，不均衡が小さい段階，不均衡のほんの始まりを観察することが研究のためには最も有益であるということです。つまり，外傷になる全面的不均衡とか，極度のうつ病とか，分裂病的退行の断片化の極限では研究しにくいのです。

　私たちが評価しやすいのは概して不均衡が小さい段階です。不均衡が小さい段階を自分に見つけ出し，他者がそのような状況にいるあなたをどう

第5章　自己評価を調節する心的構造の形成　　107

助けられるかについて考えてみたときに，私の言う融合，交代自我あるい
は双子，そして映し返しのそれぞれの状態に対応した，軽症のひな形があ
るのがわかります。たとえば，もしある人がふさぎこんでいたら，融合を
象徴する身体の運動はどんなものでも支えになるのは確かです。小さな子
どもなら抱き上げます。大人の場合，肩に腕をまわしたり，となりに黙っ
て座ります。非言語的な方法では，これが助けになります。このような融
合が要求されているときは，言葉は助けにならないのです。なぜでしょう
か。言葉はその意味で他者の他者性 otherness を強調するからです。距離
を強調します。そのような特別なときに必要とされるのは別の人間がもつ
安心感を共にすることであるのに，言葉は人と人との違いを強調してしま
います。

　言い換えると，たとえば，その人は別の人に手を延ばし，その人に包み
込まれなければならないのです。そのときのみなさんの感情の調子が共感
的であれとはいっても，その人がふさぎこむのを共にし，その融合を促す
だけのことです。いずれにしろ，その融合でみなさんはその人に何かをし
なければならず，そのことによってその人が感じる不安の程度が軽減する
ことが望まれています。しかし，再保証することによって不安を克服する
という手助けはできないのです。

　ある人がすっかりふさぎ込んでいて，あなたが彼に，「元気を出して。
忘れなさい。なにか飲みにいきましょう」と言っても，ふつうは効果がな
いでしょう。少なくとも本当にふさぎこんでいる傷つきやすい人たちには
通用しません。普通，そうしたやり方では，他の人は自分にわざわざ共感
的になろうとはしてくれないんだということ，つまりは他者の他者性を強
調するだけです。しかし，その人とまるっきり同じように興奮したり，ふ
さぎ込んだりするのも何の役にも立ちません。

　これは，他の状況においても同じことですが，精神療法におけるきわめ
て重要な技術的アドバイスです。その人は実際にふさぎ込んでいるのに，

彼が元気であるかのように振舞うのは意味がありません。外側にいて彼と話をするのも意味がありません。ふさぎ込む人の外側にいてその人のことについて話し合うのは，たいていは，「あなたがふさぎ込んでいることで私までまきこまないで」という意味になって，まさに一つの拒絶として理解されます。ある人がふさぎ込んでいる人の外部から話す時というのは，実のところ，彼は相手のためではなく自分自身のために何かをしようとしているのです。他の人に共感的にかかわり，彼自身のより余裕のある吸収力を発揮するまさにその時にふさぎ込むことを少しは軽減することができるのです。

　これはひとつの方法です。交代自我転移，双子転移もそれ自身の日常的なひな形を持っています。つまり，「人が友を求める時」というのは，自分に似た誰かを求めているのであり，交流できる誰か，あるいはその人の想像の中では，多くの点でその人と同類の誰か，を求めているものです^(原注3)。もちろん，ある状況では私たちは自分とまるで違う人たちに興味を持ちます。それまで知らなかったタイプの性格に会ったり，自分の性格の機能とまるで違っている性格をみるのはエキサイティングなものです。しかし，私たちがふさぎ込んでいる時や自己愛的に傷ついた時，自己愛的な打撃に悩んでいる時には，自分と違う人たちに会いたくはないでしょう。私たちは自然に，自分と同じような文化や感覚的資質を持った人々の方に動いてゆくでしょう。そして再び，包み込まれているように感じ，助けられ，支えられているように感じるのです。

　ここでみなさんに最も狭義の鏡転移について説明する必要はないでしょう。つまり，自己評価に打撃を受けたとき，非難する人など欲しくないの

（原注3）　コフートはのちにこれを他の人間の中にいてヒューマンでいられる感覚として説明している。後に彼は交代自我転移として説明しているが，その中のこの要素について Kohut, 1984, pp.194-207を参照のこと。彼はもともとは交代自我転移を鏡転移の一側面に含めていたが，臨床経験からこの交代自我転移をひとつの独立した転移として分離した。

第5章　自己評価を調節する心的構造の形成　　　*109*

です。たとえば，子どもが悪い成績をとって家に帰ってきたとき，彼はふ
さぎ込んでいて，どんなに怠惰であったかということには触れてほしくな
いのです。彼は怠惰であったかもしれないけれど，そのときは悪い成績の
ことでふさぎ込んでいます。初めにすることは彼を叱ることではありませ
ん。不安定な両親なら子どもを叱りやすい傾向にあります。しかし，その
ようなときは不運に耐える能力も含め，よい点を見つけてやることが大切
です。「厭なことが起こったね。でも，君は強い子だから。すぐ立ち直る
よ」ということもできます。注意を払うことが必要で，自己防衛から，も
う二度とこんなことを起こしてはいけないよなどと暗に伝えてはいけませ
ん。言い換えると，その人の迅速な回復力や積極的な能力のことを励ます
ことはできますが，そこにないもので励ますことはできません。些細なこ
とでもよいから，そこにあるもので励ますのです。子どもはふさぎ込みま
すが，同時にその打撃を緩和させようとしますから，まわりの人は彼のそ
の努力を助けます。そうすれば，子どもは自分の力を発揮し始めます。そ
の時に長所を拡大する鏡になってあげればよいのです。

　ふつう，映し返しは不均衡な人にはかかわりありません。自己に関する
肯定的なことが起こってその影響を受けたとき，その時の良い感情を他者
と分かち合いたいと願う人にかかわってきます。言い換えると，子どもが
よい成績をとって帰ったときに，良い成績をとった彼の喜びを映し出すの
です。私はこれまでかえって比較的穏やかな不均衡の結果について検討し
てきました。

　これらの三つの，外面的には非常に異なる態度に広く共有されている類
似点は，困難な状況下の人間に活性化されてくるその**内的な配置** internal
configuration なのです。前に私が説明しようとした発達ラインを把握し
て初めてこれは理解できることです。つまり，自己への信頼，自分への誇
り，自己の融和性に関してはそれぞれ程よい度合があります。自分の偉大
さについての観念，自己が受容されること，さらには見せびらかしたり，

109

露出することなどについても基本ないしは適量というものがあります。実に，これらは精神的な健康の一部なのです。

　子どもから大人になるにつれて，鏡転移の性格が変わります。しかし，大人にあっても，子褒めの名残りがあって，注意と承認の要求が比較的弱められた形ではありますが姿をあらわします。これらの要求はそれほど誇大的なものではなく，子ども時代のように，自分から離れた何物をも認めないといった法外なものではありません。私たちは今でも自分たちについての錯覚 illusions を持っています。それは実のところ錯覚ではなく，むしろある意味では，当然持っていて良い権利，生きてゆくための，成功するための権利なのです。しかし，それらは他の人々の権利によって侵害されます。したがって，自分に注意を向けて欲しいことをいかに要求したらよいのか，しかもその要求にも限度があるということを次第に学んでゆかなければいけないのです。

　融合，映し返し，交代自我あるいは双子や類似などへの欲求はつまるところ，異質の人からでもよいから自分に注目してくれて，注意や共鳴，承認を与えてくれることを求めています。これらの要求が持つ共通点はそれらが同じ構造から生じている，つまり，主体 subject の内部に生じるということです。その構造とは私が誇大自己と呼ぶもので，その構造の発達と起源を根拠にしてそう名付けたものです。

　みなさんが次に挙げる基本的な原則を思い出されることは，特に治療の過程で臨床状況の評価をするときには重要だと思います。つまり，ある人間の自己評価において高次の形態での満足が妨害されたとき，一般的に言って低い形態のものが現われてくるということです。自己愛的に傷つきやすい人は治療の過程で，もし，感受性があり，物静かで，返答があり，注意深く，格別の企みもなく接してくれる治療者であれば，治療者と関係を持つことによって新しい自己愛的な平衡を持つに至ります。この部屋にはこういう経験を患者と持ったことのない人は一人も居ないと思います。も

第5章　自己評価を調節する心的構造の形成　　*111*

ちろん，ご自分のされたことがわかっていないかもしれません。患者は2，3回前の面接までは，大変に混乱していたとします。みなさんのなさったことといえば彼に注意を払ったり，友好的だったり，彼をその1時間の面接の中心に置くことぐらいなものです。言い換えると，治療という特別の小宇宙の中で彼はまさに中心だったのですが，それだけで彼はより落ち着くのを感じたのです。彼の作業は，自分自身が落ち着いた feel better と感じるという事実を土台にして改善していきました。これまた，みなさんに覚えておいていただきたい原則の一つです。

自己評価が高められれば，そして自己がより凝縮し，断片化が少なくなれば，この種の自己評価は自我の活動を組織化する母体 organizer になります。自我機能は向上し，これには学習，研究，会話，思考，観察も入っています(原注4)。

自己愛平衡が確立すると，何かがたまたまこの平衡を崩すといったことが起こります。これもまた避けられません。なによりも，治療者が間違いをおかします。第二に，その要求が治療者がこたえられる範囲を越えてしまいます。三番目に，このいわば甘い関係を邪魔する外的な状況が出てきます。そして，誇大性のよりプリミティブな様式へと向かうあからさまな退行がみられるのがしばしばです。自分では満たすことのできない自己愛機能を満たしてくれる人に受け入れられることで自分が素晴らしいという感じが起こりますが，その喜びや暖かさが損なわれたとき，突然冷たく尊大になり，超然とすましたり，ぎこちない話し方になるといった態度がみられるようになります。誇大性のもろもろの特徴が現われ，それらは注意を向けてほしいという要求よりもっと受け入れられにくいものです。注意を向けてほしいという要求はその程度だけがひどくなり，受容も難しくなるのですが，しばしば，その要求をかなえるために専制者のようになりま

(原注4)　コフートは後の公式で，これらを自己機能とみなしている。Kohut, 1984を参照のこと。

111

すし，私たちのほとんどが答えてあげようとしても答えられない，とても無理な絶対的要求になったりします。

　ほとんどの治療者は患者が自分の要求を出すことに耽溺したり増長したり，あるいは治療者自らが与えすぎたりするのを恐れて，それらの要求をあまりに早く抑制しようとし過ぎるように思います。これは恐がりすぎというものです。患者はただ自分の欲しい分だけ要求します。みなさんが与えることのできる以上の要求であることもあるでしょうが，そのことをわざわざ患者に言う必要はないし，そのことで患者を責めることもありません。みなさんが与えることのできる自然な限界はおのずから明らかになってきます。そして積極的に患者に何か打撃を与えてしまうよりは，どこに自然な限界があるのかを患者に見せることの方が良いのです。さもなければ，患者はある心理学的な欠点をもってそれと共に生活する，あるいはそれに取って代わるものを学ばなければならない対等な人間として扱われているとは感じないで，もて遊ばれているかのように，また恩着せがましく治療されているかのように感じてしまうものです。

　私がみなさんに言いたいのは，このような状況では彼の自己愛的な基盤の中で重要な機能を果たし始めたもう一人の人間との交流によって獲得された自己愛バランスの程度がどのくらいであるかを，患者にわからせることができるということです。治療者が注意を払えば，患者が冷淡でなくなり，尊大さがなくなり，暖かくなり，気分が良くなるのが見られます。しかし，みなさんが彼を間違って理解するか，あるいは約束をキャンセルしなければならない時がきます。長い休暇が来るとか，何か邪魔が入ります。突然に患者は尊大になり，冷たく，超然とすまし込み，あるいはぎこちない話し方になり，つまり誇大的な態度になります。普段は使わない多くの外国語を使ったり，あるいは会話に役立たないと思える，しかも彼をますます嫌われ者にするあからさまな自慢や自己顕示をあらわす抽象的な用語を使ったりします。このような状況では，彼を叱ったり，いろいろなやり

第5章　自己評価を調節する心的構造の形成　　113

方で彼が気むずかしい人間であることを伝えるよりも，彼にとって一番よいのは力動的な前後関係の中での退行を示すことです。

　それはどういう意味でしょうか。それは彼が変わったということを示すことです。いつその変化が始まり，その変化に彼がどう対処しているかを示すことです。たとえば，「ここ数週間，私たちはとてもうまくいっているという感じでした。私があなたの話を聴くということがこれまではいくらか気分的な助けになってきていましたね」と言うこともできます。これは心理療法の結果として得られたものですから，治療者は優越感など持たないで言うことができます。

　もし，このようにして聴いてもらうことが人間の基本的な要求であることを患者に受け入れさせることができるならば，その次には彼自身の態度が変わったと伝えることができます。実は，治療者に数週間いなくなることを言われたとき，あるいは，治療者に誤解されたとき，または少し改善してきたのでそれを認めてもらいたいと思ってその日やって来たのに，治療者が鈍感なために承認されなかったとき，患者の変化がおこったのです。もし，そうした出来事に引き続いて彼が尊大になり，露骨に自慢するようになり，より要求がましく，冷淡になったことを患者に示すことができるなら，責めているようには感じないでしょう。それは人間のひとつの傾向を前後の治療関係の中で示していることですから。しかし，「私は行くけどどうしようもないね」などと言ってはいけません。言うまでもないことです。そんな形の反応が起こるのは人間的なことで，その患者に起こったというだけのことです。

　理解することは人が自分の反応を修得する助けになります。コントロールする力を与えます。別の人間に受け入れられ，理解されることにより，より大きな自己愛的な自己受容の安定へと再び突き進むことができます。それによってその人の能力が広がります。大切なことは理論的な説明ではなくて，人との関係の中での人間的ヒューマンな説明なのです。それによ

って，人は自分の自己理解を広げることができるのです。したがって，次に彼が傷つき，少し尊大になり始めたときには，「また同じことだね」と言うことによって，何が起こっているのかを自分で気づくことができます。こうして気づくことで初めて自己愛のわずかずつの変形(原注5)がおこり，自己とその自己愛的動揺および要求は相対的なものに過ぎないという感触がわかってくるのです。

　ご存じのように，精神療法の進行を妨げるのではなく，治療の真の進展の延長から出てくる時のユーモアを私はとても大切にしています。目の前にあるものをことごとくケチをつけるために，自分自身を近づきにくい人にしている人たちがいます。その人たちのユーモアは普通，ユーモアというよりは皮肉なのです。本当のユーモアの暖かさは持っていません。本当のユーモアは常にある程度の自己受容であり，自分自身の相対化です。自らの人種，国籍，職業といった自分自身についての冗談を言える能力が含まれています。しかし，いつも冗談を言う必要はありませんし，冗談に対して強迫的になることもありません。人が苦境に立ったとき，ユーモアを言える能力は役に立ちます。フロイトが彼のすばらしいエッセイの中で紹介していますが，月曜日に絞首台に連れて行かれた男が「今週も幸先がいいらしいぞ」と言った興味深い話の中のユーモアがそうです（1905b, p. 229）。自分の不幸を越えたところに自分をおくことによって，余りにも壊れやすい自己をある意味では守ったのです。フロイトの紹介している冗談では，その人は身体は破壊されても，その人間自身は壊れないのです。そのような状況でこうしたユーモアが言えるのなら，それは超人的な知恵あるいは力でしょう。

（原注5）　この説明は自己対象の機能が自己機能になるという変容性内在化の過程の先駆けである。

第5章　自己評価を調節する心的構造の形成　　*115*

　私は何度も折りにふれて患者に「自分が何をやっているのかわかるようになるでしょう」という考えを述べてきました。そうすると患者は次のようなことを言うようになるのです。「自分の行動には一定の傾向があり，それをしたい欲求があること，あるいは賞賛を求める状況に自分をおく必要があることもわかります。そして今，そうしようとしている自分をわかることができますが，今だにそうしようとしている自分もいます。」ここから，洞察は本当の治癒ではないという一般的な概念にたどり着いてしまいます。こうした例を先生はどのように概念構成するのでしょうか。

　ご質問は理論的に見れば内在化と構造形成の問題についてです。かつては他者によって遂行されたこのような機能を自ら遂行することのできる心psyche，つまり，他者の助けなしに自己評価への打撃を自分で緩和させる緩衝機能を，人間はどのように発達させるのでしょうか。

　長期の精神療法の中では構造形成にいたる過程を徹底操作といいます。しかし，同じ体験の繰り返しがどのようにして内的構造の形成を導くのでしょうか。今は概略以上をお話ししようとは思いませんが，後でかならずもっとしっかりとお話ししようと思っています。確かにみなさんはこれらの答えを患者に与えることで助けることはできませんが，みなさんがそれについていくらか知っていれば大いに患者の助けになると思います。みなさんの全体的な態度から，患者が最初の洞察によってすっかり良くなるなどということは期待していないことが私にもわかります。洞察では治りません。洞察は個人を心理的に変える一定の心理的過程を開いてゆく開拓者です。その意味で，洞察は重要な踏み石ですし，無視できないものです。とても重要なものだと思います。

　フロイト（1914a）は単に経験の繰り返しだけでは何も出てこないと言っています。フロイトによれば，ヒステリーの人は両親の性交を目撃する

といった，原光景の体験を繰り返すと言っています。心理学的に言うと，彼はそこに参加しており，ヒステリー発作において象徴的な再現 reenact-ments の繰返しが人生に何千回と見られるということです。その夢も何千回と見るでしょうが，その後も全く同じことの繰り返しでしょう。何も変わっていないのです。

　単に洞察だけでは何もなりません。しかし，洞察を伴っている反復は強力なものです。それではなぜ反復と洞察の両方が必要なのでしょうか。なぜ経済論的見地はいわゆる精神分析療法では重要なのでしょうか。重要なことは何を学ぶかよりもいかに学ぶかなのです。どんな時でも人は一つの経験を，消化できる小部分にある程度まで分解して直面することになりますが，その度合によって世界に変わりますし，結果的にある種の構造的変化に向かいます。

　しかし，患者が洞察は治療ではないなどと言ってあなたを責めるとしたら，彼は間違っています。患者はすでに何か少し学んでいて，同じ彼ではないと思います。私にはその確信があります。なるほど患者は彼がそうありたいところまで決して達してはいないと思いますが，少し良くなったことは疑いないと思います。フロイト（1910）は彼の論文，「『乱暴な』分析について」でこれについて指摘しています。患者にエディプス・コンプレックスの全体を直面化する人がいたら，フロイトはそれを乱暴な分析と呼んだのです。しかし，そうであってもほんの少しは変わると言っています。それほど絶望的になることはありません。確かに間違ったやり方ですが，このような愚かな治療であっても，変化も少しは起きるのです。

　私たちはフロイトの初期の症例の結末について知っていますが，とても興味深いことが起こっています。精神分析がフロイトの後期でどうなっていったかをある程度知って読んでいる人は，また分析における徹底操作の過程が注意を要するもので，時間のかかるものであることをフロイト以上に知っている人は，フロイトが数カ月で達成した治療的結果に驚くでしょ

116

第5章　自己評価を調節する心的構造の形成　　*117*

う。確かに私たちを身震いさせるような洞察が直接与えられています。つまりイド分析がなされていたのです。これらの患者がよくなったとは信じられません。しかし，彼らは良くなったのです。なぜなら，フロイトは非常に敏感で，客観的な観察者であり，記録を歪曲したりしませんでしたから。現在，偉大な症例のほとんどは知られていますし，彼らの正体もわかっています。ある人たちは一生を通じて研究されていますし，現在も研究され直したりしています。たいていの患者の症状はなくなるということがおきました。代わりに，ほとんどが行動化，つまり抑圧されている感情を無意識に行動に表すようになりました。彼らは以前は病理をヒステリー的な症状で示していたのに対し，今では彼らの実人生の中で以前の病理を行動で再現しなければならなくなり，今日では**運命神経症 fate neuroses** と呼ばれるものになったのです。つまり，余りに早い症状の除去のためにその時点で病理の様式が変化しました。病理に対して洞察が得られても徹底操作が充分に行われていなかったために，無意識の基本的な葛藤の圧力はまだ活動していたのです。次に起こったことは，彼らがさまざまな有害な活動にかかわるようになったことです。彼らは構造形成と変化に至る注意深い徹底操作を経験することができなかったのです。

第6章
賞賛する自己対象と理想化された自己対象

　今回は，理想化転移 idealizing transference へと話を移して，私自身の経験した症例の説明から始めたいと思います。これは，現在なら理解していることを認識するまだ以前の事例で，その種の領域の問題について私もまだ曖昧に理解していた頃のことで，今なら，もっと系統的により深いところまで，そしてより洗練された方法で説明できると思います。今思うと，この症例は，もっと先まで継続すべきだったことがわかります。徹底操作をしていない問題点は私に対する強烈な自己愛転移 narcissistic transference であり，それは幼児期におけるかつての理想像への重篤な失望から生じているものでした。

　私は，この素晴らしい事例の詳細についてお話しするか，論文にまとめることができたら，と思うのですが，残念ながらできません。というのは，すぐにその事例が誰かがわかってしまうからです。一般論で言ってしまえば誰かはわかりませんが，その特殊性を説明すると，際立ってしまいます。私は二番目の論文（1968）で，理想化転移に対する分析家の抵抗　resistances of analysts to the idealizing transference という章に書いた通りのことをしたのです。理想化転移を，からかいながら拒絶したのです。たとえば「私はそんなに偉くないんです。そんなに偉大だとは思わないでください」といった風にです。私は理想化されることに当惑していたのです。

私は徹底的に理想化転移を拒絶しました。それでも何度もその患者は私に向けて蔓を伸ばすように，理想化をおこしました。そして私はその都度，蔓を切り捨てようとしました。それまで受けてきた教育に従ってそうしたのです。その患者にとって有益であると思いその方法をとったのです。悪意からしたことでは決してありませんでした。そうすることが自分自身について，適度に慎み深くそして現実的なことであると考えたのです。彼女が子どもの頃に中断したことを，私との間で再び始めるのを容認しなかったのです。彼女は，理想化した人間との間で生じた失望を，今度はもっと緩和されたやり方でもう一度経験したかったのです。患者は救われたという気持ちで，その分析は終わりました。しかし後になって私は，彼女が熱心に信仰をはじめて，その敬虔な宗教体験のなかで，未解決な理想化転移を抱き続けていたことを知っています。そしてこうしたことが，彼女にとって有益になったであろう別の可能性を損ねてしまったように思えるのです。これは何年も前のことなのですが，振り返ってみると，今ならどこがまずかったかがわかるのです。その当時はもっと良い方法を知らなかったのです。

　今ならこうはならないと思います。過ちを犯さないということではなくて，自分自身の自己愛的な誇大空想が患者によって刺激されるという影響があっても，あまりに早急にそして外傷的に，患者の要求の正体をあばくことをしないで，まずはそのままにしておくのがよいのでしょう。おわかりかと思いますが，そのような理想化は現実からかけ離れすぎてしまい，いずれ消失するでしょう。言うまでもなく，私はそんなに偉大ではありません。患者も遅かれ早かれ私の欠点に気付くでしょう。わざわざ「ねえ，君，私は神ではないんだよ」などと患者に言う必要はないのです。というのは，それは単に「私は神です」と言っているにすぎないからです。

　患者もひとつひとつの過ちは許します。患者が音をあげてしまうのは，体系だった一つの理論概念に支えられた，性格の示す一枚岩のようになっ

第6章　賞賛する自己対象と理想化された自己対象　　*121*

た態度 a total characterological attitude であります。その態度は，問題解決にむけて，治療状況に持ち込まれるべき態度の表明であるわけですが。さて今度は，もう一つの早期自己愛の発達ラインである理想化転移をより系統立てて説明しましょう^(原注 1)。

　自己愛の発達ラインは，両方とも，自己愛の平衡が保たれているところに起源を持っていて，それがどのようなものにしろ，大人には相当すべきものがないような完全なものであります。この時点では，完璧な美とか，完全な道徳性とか，絶対の力とか，完全な知識というようには，まだ分化していません。全智とか全能といった完全をあらわす一連のものは，まだ一緒くたにまとまっているのです。というのも，認知することがまだ出来上がっていないからです。それは，簡単にいうと，自己愛が良く保たれていて，まだ何の妨害もされていない状態なのです。良く保たれている子どもの心身を妨げるもの，たとえば，いろいろな雑音，湿気，飢餓，そして待たされること delay，こうしたものが皆，自己愛を妨害するのです。そして子どもは，自己愛の楽園にも欠陥があり，限界があることを知り，何らかの方法で自己愛を救済しようとするのです。子どもがそれを救済するやり方は，直接的に共感して理解するのが困難なやり方です。しかし，大人の経験の中にも，そのことへの理解にかなり近づくことができる再現版があります。子どもは二つの対照的なやり方をします。元の経験からはかなり離れたものになりますが，あえてそのまま言葉になおすと，「私はまったく良いのに，ほかのものは皆悪い。私は本当に偉いのに，外部には私でない悪いものがいる」と言って，そうした経験をしまい込もうとします。

　自我という用語がまだ構造論概念になる前に，フロイトは純粋快感自我 purified pleasure ego について言っています（1920）。それは，精神装置

　（原注 1）　前章において，コフートは自己の誇大性の極の発達について述べた。この章では彼は，理想化の極の構造化について述べる。これで，両者が相まって双極自己が構成される。Kohut, 1977, 4 章を参照のこと。

の一部をさしたものではありませんでした。彼が，自我・超自我・イドを設定したのは，この後のことです (1923)。この初めの頃の自我という用語は，現在私たちが言うところの自己 self，私 I にずっと近いものです。純粋快感自我とは，その中で自己が，自己顕示性に集約されているかつての完全性をある程度維持しているようなものです。「見て，お母さん。僕はすごいんだよ。空を飛ぶんだもの」というわけです。空を飛ぶ空想 flying fantasies の大方は，初期の万能感の後継者です。「私は何でも知っているんだ。何でもできるんだ。私は非の打ち所がないくらい美しい。世界一強い。誰もが皆，私を愛してくれる」。しかしこういうことは，ある限界内で保たれているのです。そして，私たちが議論してきたような方法で維持されます。つまり，他人にまで拡大されることによって維持されるのです。他者を受け入れてもよい，ただし自分に似ていなければいけないということになります。また，ただどんなに偉大であるかを，確認してくれる人がいることも，万能感を維持する方法になります。この方向へと，だんだんと変化することについては，内在化の問題とか，だんだんに味わう挫折とか，治療過程での徹底操作についてもう一度考えるときに議論するつもりです。

　しかしながら，もう一つの自己愛の発達ラインである理想化転移は，ちょうど反対の関係になります。それは「私には何もない。でも少なくとも，私の外部には，かつて経験したものを体現している偉大で完全なものがある。今私ができることは，自分をそれにくっつけることであり，たとえ今は何もできなくても，いつか同じように偉くなれるんだ」というものです。

　初めのほうで話したように，大人の生活においては，こうした両者の体験の反復を，はっきりとした形ではないが，見知らぬものや他人に対する偏見の中にいささか見いだすことができます。国家がまるで誇大自己の末裔のごとくになるとき，国民的偏見や国民の誇りの中に，それをみるのです。その時，国家は自己の拡大したものになっています。もちろん，人が

第6章　賞賛する自己対象と理想化された自己対象　　*123*

どのように国家を体験するのかにもよるのですが，理想化対象として国家を体験している人もいるかもしれませんが，多くの場合はそうではないのです。ファシズム国家のような超国家は，理想は前もってもちろん形成されてはいたのですが，本質的には，自分と結びついている理想というようには経験されませんでした。それは，つまるところ，絶大な力をもった自己の拡大として経験されたのです。戦車の搭乗員が感じるのも同じことですが，戦車は自分が賞賛する理想の継承者への融合というよりも，それは自分自身の力となるのです。

　宗教家にとって，理想化対象の成人版は，完全な神であり，特に神秘主義者の神であります。たとえば，中世の偉大な神秘主義者たちは，繰り返して，何か偉大なもの，完全なもの，神の生命といったものへと融合する体験と，自分自身は全く何もないという感覚を書き続けています。個人の死などは，全く意味を持たなくなります。というのも，それもこの偉大な力に再結合されるからです。

　こうした例は，早期の幼児期体験をなんとか共感的にとらえた大人における再現版を示すもので，別のものでは把握するのは難しいものです。こうした二つの経験，すなわち，自分自身の誇大性と自分自身の卑小さというものが，どちらも融合を含むとしても，あなたは混乱して訳がわからなくなることはないでしょう。単なる外的環境を記述するだけでは，すぐに答えがでないとしても，そこでとどまってはいけないのです。その時々，その人にとってどんな意味を持つかを見いだして，感情の調子がどうであるかについて考察すべきでしょう。この二つのポジションの間を揺れていることは間違いないのです。揺れる方向は，幼児期の特別な経験や失望によって，明らかに決定されるのです。

　その人の誇大自己と自己への賞賛とが，そういってよいでしょうが，母親のおかげで，かなりよく保たれている一方で，理想化対象に対する極めて特異な失望があります。こうした人々には，それ相応の，よく結合され

た自己評価すなわち自己顕示性とか野心とか，行動力とかいうものがあります。しかし悲しいかな，大切な，理想化された価値観の形成能力を著しく欠いています。そのために，人間性の大事な領域がすっかり切り離されているのです。

学生精神衛生クリニックでみなさんも見ている学生について，欠損が，どこの領域にあるのかという鑑別診断が最も重要になってくると私は思っています。この学生は，現実の価値ある理想 valued ideals を持っていないために悩んでいるのでしょうか。道標となる理想 guiding ideals の欠損で悩んでいるのでしょうか。意味のある目標のことで悩んでいるのでしょうか。生活設計の可能性をどこに伸ばしていくかという点で悩んでいるのでしょうか。それがあれば，進むべき方向感覚を保つことができるわけですから，彼を悩ましているものはそういったものなのでしょうか。それとも，意味を見いだす目標は持っていても，基本となる自己評価を欠いているのでしょうか。理想がかかわっていない領域では，成功するために努力したり野心的になることができないのでしょうか。しかし，大きくなったり，強くなったり，認められたりという願望にかかわる領域では，別の話なのでしょうか。人はそれぞれに全く違うものなのです。

実際，こうした学生たちは，非常にしばしば，両方の領域での障害をもっています。それにもかかわらず，両者は，同時に出現することはないのです。ある人がひとつのことを話そうとする時に，別のことにこちらが問いかけたら，彼は，誤解されたと感じるようになるのです。それがしばしば治療同盟 therapeutic alliance，私はこの用語はあまり好きでないのですが，といわれる彼と結び付いているという感覚の形成を妨害します。それは，治療の本質的な一部分であるというのが私の基本的な理解に近いものであり，何も治療と無関係なものではありません。もっともこれは私の先入観の一つであり，そのことをみなさんに押しつけたくはないのですが。理解すべき大事な点は，二つの考えかたがあるということです。

第6章　賞賛する自己対象と理想化された自己対象　*125*

　誇大自己と理想化された親のイマーゴの両者の移り変わりについては，さらに，理論編の講義の最後の章で続けます。その後に，臨床の素材を扱いたいと思っています。誇大自己は，もって生まれた資質が成熟するにつれて，また，親の適切な選択的な反応のもとで，現実を取り扱い，自分を現実的にみる能力を見いだしていきます。言い換えますと，3歳児の母親は，もはや，子どものかわいいアンヨや，小さなへそや，かわいらしい鼻ならしには反応しないで，別のこと，たとえばトイレット・トレーニングが正しくできたことや，手を上手に使ったことや，言葉で表現したときに反応するのです。母親は，選択して反応するわけであり，あることには賞賛を与えて，ほかのことにはそうしないで，特別な状況においてははっきりと賞賛をひかえるのです。

　最初の自己愛の論文（1966）で用いた部分的な事例は，赤ん坊が母の髪をひっぱった時に母は喜んでキャッと歓声をあげましたが，大きくなってからの母は，怒って叫び声を出すでしょう。それでその子は，これはよくないことで，人が手出しをするのにも，人の受容力にも限界があることを知るのです。

　そこで，発達の連続性の中で，両親の反応が，選択的になされる部分が増えてフラストレーションが増大し，承認してくれる対象がだんだんと減ってきます。その際，死とか突然の消失によってではなく，段階的に賞賛を与えないでおくことが大切で，もし本来の意味で対象という言葉を使うなら，失われるものは常に対象の一部なわけです。これらの諸々のことの結果，他者によってかつて遂行されていた機能が，だんだんと，心に引き継がれていくようになります。その理想化された対象の場合でも，失ったものはあるのです。理想は必ずしも理想的でないという認識，がそれです。しかし，その認識はあまり早い時期に，いっぺんにたくさんはできないのです。そうでないと，それは，外傷的となり消化不良をおこします。適切な時期に適切なスピードで生じるときに，精神 psyche にとってそれは有

用なものになります^(原注2)。そして，それは，以前の外的な理想が内的な
ものへ組み入れられ，個人の価値，目的そして理想と呼ばれる内的な理想
対象を持つことができるようになるという利益をもたらします。人はこう
した目的に近付くとき，自己愛の賞賛を養うことができるのです。それゆ
えに，その人は，外側にある理想化された対象の必要性が減るのです。

　最も強くて成熟した人間というものは，外からの賞賛よりもより重要と
なる強い理想を持っています。そうはいっても，その点では，誰しも限界
があります。誰でも理想を喪失する脅威や，外的指導者の承認と不承認を
めぐって，揺り動かされかねないのです。もっとも，個人は，普通，外的
な指導者の影響を受けることなく，自分自身を保つことができるものです。
しかしながら，巨大な集団の力の影響下では，どんなにその人の内的理想
が確固たるものであるかにはおかまいなく，たいていの人が皆，強力な外
側の力の犠牲になるのです。ご承知のように，今世紀の初めの，ファシズ
ム国家のように，かなり健康な人たちでさえも，自分自身を保つことがで
きなかったわけですが，まわりの環境の誇大性に，長期間，押し流され，
絶対権力のある状態との融合を必要としたのでした。これは，人を，あら
ゆる方法，たとえば，管理体制，完全な洗脳，そしていろいろな幼児化の
策略によって，幼児にすることと言えましょう。私たちは精神療法におい
てこのことは厳重に回避すべきです。というのは，非可逆的な退行が引き
起こされるからです。たとえある程度治療の成功が生じても，非可逆的な
退行が維持される限りにおいて，それは続いているにすぎないのです。あ
のファシズムの国家の例にもどってお話ししますと，国家が力を失うやい
なや，人々はすみやかに我にかえったのです。そして集団は皆，世界を現
実的に再びみるようになります。

　（原注2）　コフートは，ほどよいフラストレーションによって作動されるこの過程を，「変
　　　容性内在化」という用語を用いて，彼の著作を通じて，説明するようになる。(Kohut,
　　　1971, p.50;1977, pp.30-32, 86, 123, 127;1978, pp.63-64;1984, pp.100-102)

第6章 賞賛する自己対象と理想化された自己対象 127

　心の健康の，実際的な定義は，多くの心的機制 psychic mechanism の中から，必要に応じて，一つを選択できる能力があることでしょう。

　覚えておきたい重要な規則があります。それは，より高次の適応様式が破綻したとき，誇大自己が出現するということです。そして，その治療でこうしたことが生じていることに気が付いたなら，それがいつ生じたと思うか，何がきっかけになって引き起こされたかについて指摘することは，患者にとって役に立つのです。もし，たとえば自己評価の喪失，怒りっぽい不機嫌な行動，心気症的な症状そして過度の恥ずかしがりといったものが，治療者からの分離のために，あるいは非共感的な反応のために生じてきていることを患者が，わかるのを助けるのなら，あなたはその打撃を乗り越えるのを助けているのです。自己評価がひどく損なわれた状態では，彼の気持ちは，「内のものはすべて悪い，外のものはすべて良い」というのに似ていることをわかってあげることは助けになるでしょう。

　誇大自己から，理想化された親のイマーゴへの自己愛的対象の移動という組み合わせが，自己評価システムの移り変わりという点からは，理想になるのでしょう。しかしながら，みんながみな，そうなるとは限らないのです。そこで遭遇する最も一般的な問題は，内在化の欠如というものです。すなわち，そのまま大人になった人間は，たえず外からの拍手喝采とか承認を求めているのです。そして，そうしたことをわかってくると，自分自身の誇大性を再確立したいために賞賛を求めるのか，それとも理想化された価値体系から賞賛を求めるためなのか，を区別することが重要になるのです(原注3)。

　もう一つの，より微妙な形であらわされる誇大自己空想は，自分が成し遂げたことをいつも卑小化する，才能ある人に起こります。彼は「私は何

───────────────

　（原注3）　アレキサンダー・ミッチャーリッヒ Alexander Mitscherlich を讃える講演は，1969年10月に行なわれたのだが，このセミナーが行われる直前のことである。その中で，コフートは理想化された価値体系から派生した，発達的かつ病理学的なものの構造形成について述べている。(Kohut, 1978, 37章)

もしていないんです。良いことはすべてどこか別のところで，別の誰かが成し遂げたんです。あるいは外側 outside にあるのです」といった言い方をします。たとえば分析家のように有能な人たちでも，フロイトにたいしてこの態度をしばしばとります。すなわち，彼の発見以来，何も新しいことはわかっていない，というようにです。このことが，成功からくる罪悪感 success guilt とよばれることもありますが，これは，他の誰か，全能で神のような人が何でもしてくれるという妄想の表現でもありましょう。こうしたやり方で，彼は，自分以外の強者のイメージと融合することで力を得るのです。

　こうした点を検討していくと，境界性格障害から自己愛性格障害を鑑別することができるのでしょうか。

　何によって，境界性格障害 borderline character disorders を自己愛性格障害 narcissistic character disorders から区別するのか，というご質問ですが，境界例患者は常に精神病の核 psychotic core を持っているのですが，それがいつも全人格を侵しているわけではないと言うことができるでしょう。退行したときにだけ，患者は精神構造を保てなくなり，前対象の段階 pre-object state に戻ってしまうことは明白なのです。そうした人たちには，実質的にみてはっきりした症候学はないのです。対照的に，自己愛性格者は誇大自己の動揺にともなって，一時の退行を受けて，その時，前対象段階が顕在化するのです。

　私は，自己愛神経症 narcissistic neurosis[原注4]の発生学的な核となるのは，両親の性格の病理と，両親がお互いを配偶者として選んだその理由の中にあると考えています。とはいっても，これはまだ仮説の段階です。観察したことから言えるのは，母親が性格的問題をかかえていますと，子

――――――――――――――――――――
（原注4）　神経症の自己心理学的観点からの分類については，Kohut, 1984, pp.5, 22-26, 101-102, 106-110;1977, p.32, そして2章を参照のこと。

第6章　賞賛する自己対象と理想化された自己対象

どもの側に全般的な自己愛の傷つきやすさができてしまうことになるのです。大人になると，その人は，大人たちからの賛美を求めて，いつまでもあがき続けることになるのです。母親が，赤ん坊の自己顕示性を適切な時期に認めてあげられなかったり，必要な時期が過ぎてもその顕示性を礼拝し続けるようなことをしたのでしょう。その起源が何であっても，子どもは3歳位になりますと，母親から受け取ることができなかった理想化の役割を父親に求めるのです。そして，父親がこの方法で子どもが自分を理想化するのを許すことができれば，その子が大人になって生じたかもしれない病気にはならなくてすむのです。しかしながら，過去に母親がしたようなやり方で，子どもを遠のけてしまい，自分を真似たり，模倣したり後追いしてくるのを許さないようならば，子どもは，賞賛されたがることにとどまり，自分の方から少しでも積極的に賞賛することへと移行できないのです。ここで，父親は偉いんだという尊敬の試みが失敗すると，その子はまたここで，二度目の打撃を受けて挫折を味わうのです。こうして二度の挫折が生じると，自己愛の核 core of narcissism はうまく発達しないのです。この種の人たちの分析治療においては，扱う素材は，はじめのうち相当長い期間にわたり，まず父親との関係についてであります。そしてもともとの問題である母親との関係には，たどりつくこともあればそうでないこともあるわけです。もしその素材の中で，父親との関係が充分に扱えるのでしたら，必ずしも母親との関係を取り扱う必要はないでしょう。

　母親の持つ自己愛の問題もさまざまであり，その結果，幼児の反応するやり方もさまざまになります。まるで機械のように冷たい母親は，共感することがすっかり欠如しているために，規則づくめで子どもを操作しなくてはならなくなります。また，子どもに反応を示す母親の中には，子どもの要求に応じてというよりむしろ，自分自身の関心の向くままに反応するような方もいます。時々，そうした母親は，その子の症状に心気症的に巻き込まれて，過剰に反応します。もう一つは，すっかり埋没している状態，

すなわち，子どもが自分の延長である限りは適切に反応することができるのですが，その子が分離と個体化の時期に入る頃になると正しく評価することができなくなる母親です。この時期，子どもは，どんどん進んでいき，分離した一個の人間として評価されることが必要なのです。

そういうことで，精神衛生というものは，一つや二つの心理機制の型で定義されうるようなものではなく，もし定義するとすれば，その時の必要性や，特別な心理的課題があるときに，それに合わせて，あらゆる方法の可能性の中から一つを取り出す能力によるといえます。健康とは，このように，世の中を渡っていく上で，あるいは内的，外的問題を処していく上で，偏屈で堅苦しいやり方ではなく，人が自在に応用できるその自由度によって決められるものです。ストレスの加わった時に別の人のところに歩み寄って，こうした問題を，他人の庇護のもとに頼ることができる能力は，融合 merger の反復の一種類ですが，これもまた精神衛生を保つための道具であり，こうしたことは精神衛生上，矛盾するものではありません。

こうは言っても，この特別な心理機制がないからといって，私はその人を精神の不健康者と見なすと言っているのではありません。多くの有益な機制があるのです。それぞれの人は，自分自身の好みのやり方で世の中を渡っていくものです。確かに，ストレスのとき，特定の人を仰ぎ，信頼し，あたかもその人と融合してしまい，彼のかなりの力を一時的に自分自身に注ぎ込んでもらう能力というものは，精神衛生にまさに適合したものであります。それは非合理的であり，理論以前に属する心理機制ではありますが，とても大切なものなのです。前にお話ししたように，肩に手をまわして抱きしめたり，体をくっつけたり，ただ二人で並んで座るといったような身体的に親密になるようなことも，人生の試練の時には役に立つのです。

さて，ストレスの時に要求される，もう一人の人間と融合する能力と，病理的な融合とはどこが違うのでしょうか[原注5]。一個の成人として，成熟した人格としての見地に基づいてその行為は開始されるべきである，と

第6章　賞賛する自己対象と理想化された自己対象　　　*131*

いうのがお答えになりましょう。ストレスが生じたときに，ただ自動的に反応するようなものであってはならないのです。それは，制御されるものであり，制御可能なものであるべきなのです。そこには選択の余地があるべきなのです。たとえば，こうした特殊な融合要求が生じた場合，たまたまその部屋に居合わせた，関係のない隣の人にその要求を向けるわけにはいかないことは，わかっていなければいけないのです。友好関係が結ばれる相手を選ばなければならないのです。こうした理論以前の支援を要請するのにふさわしい人がみつかるまで，待つことができなくてはいけないのです。

　あらゆる治療関係において必要となる，この種の特殊な退行をおこすことができることは，人格の健康の中核であります。言わば，これは患者に求めるべき必要最小限の健康さなのです。それは，最初の面接から要請すべきものではありませんが，少なくとも，可能性として私たちが患者に望むところの能力なのです。さて，その反対にあるものは何でしょうか。その反対の状態というのは，幼少期に必要最小限の融合への要求が満たされなかった時に生じてくるものです。そのため，こうした太古的要求はとても強烈なものとなり，その人を圧倒するようになるのです。そして，彼は待つことができないのです。そうしたとき，彼は，他者を識別することとか，さらに重要なことですが，欲求を調節することができないのです。

　おわかりのように，多少の融合は全く正当なものです。そしてそれは象徴的なものなのです。肩を抱いてくれたり，理解して聴いてくれる人がいれば，それで充分でしょう。しかし，もしそれで飽き足らず，他人から全面的に理解されることを期待するとしたら，現実的な状況とか，他人の受け入れとか，反応できるかどうかといったものを，全く無視した法外な要求になってしまいます。そうした要求をもつような人は，逆にこの特殊な

（原注5）　ここでコフートは，病的な欲求と成熟した自己対象欲求を区別し，その正当性とその差異について，明快に述べている。

領域に関しては，厳格に自らを制御せざるを得なくなりましょう。

　洗練された接近法で，すなわち，私がここで強調した洗練された心理学の接近法で，この種の問題を研究してみると，そうした未調整の強烈で太古的でプリティブな融合への要求を，人生早期に満たされないままに過ごした人々がおります。彼らの多くが実際にとる行動や現象としての反応は，傷つけられることへの恐怖から生じる徹底した状況回避であることが理解しやすくなります。こうした状況では拒絶されるだろうことを彼らはすでに学習してしまいました。そのために，このわずかな退行，すなわちそれは，手に負える範囲の，他の人なら可能な，友達としての感謝の気持ちとか融合への欲求といった意味合いのものですが，それを許すことができないのです。

　これは，精神分析でもそうですし，また精神療法を受ける人々についても事実なのです。この特殊な方向に改善してくるにつれて，その状況をコントロールできるという感覚が増し，要求がそれほど過度のものでないことがわかってきますから，この種の支持やもたれ合いを頼ることがなくなるのではなく，逆にもっとそれができるようになるのです。

　最近経験した，ちょうどこうした特殊なタイプの人格を理解するのにぴったりしたケースがありますので説明しましょう。ある患者が，一つの夢を報告したのでしたが，その中で彼は，ある特定の状況で自分自身がとても混乱していると感じたのです。彼は，自分と妻が一緒にある特別な場所にいることは知っていましたが，妻がどこかこの場所の外にいるのでした。そこにいる妻が，同時にそこにいなかったのです。彼はこの建物中を歩きまわり，そして自分の位置と自分がどこに所属しているかを知ろうとしていたのです。自分自身はぼろぼろになって，シャツをはだけて，そして彼の言葉によれば，自分が6～7歳の年齢に思えたというのです。その夢を報告したとき，主な感情というのは，自分自身について，また空間における見当識について全くの混乱の感情でした。前にも指摘しましたが，患者

第6章　賞賛する自己対象と理想化された自己対象　　*133*

がだらしない恰好で面接にやってきたときは，それが患者の自己の状態，self-state，すなわち，自分自身についてどのように感じているかを表現していることが多いのです。反対にキチンと身づくろいしている時は，自分の境界がどこにあるか，自分が誰であるか，自分が何であるかを彼らは知っているという感じを受けるものです。ただぼろぼろになったこの状態は，ここでは夢を見ているときにだけ生じ，覚醒したときには，そのごく一部が反復されて再現されるだけでした。夢が描写している感情の状態 emotional state について焦点を当てて，われわれは話し合い，このぼろぼろで自分自身についての失見当といった感情をたどった末に，われわれは実に典型的なある状況に到達したのです。要するに，治療の場の外で，私と会うかもしれない特定の時間帯に彼は反応していたという状況のことです。このことは，彼がとっても望んでいたことであり，また非常におそれていたことでもありました。

　彼はどうして私を恐れたのでしょうか。ところで私は，もう一人の人間のその感情の状態の理解を追究していくときの微妙なところを，具体的な方法で示したいのでこのことを話しているのです。ここで私が教えたり描き出すことができる一般理論は，単にガイドラインなのです。一定の臨床場面の細かいところを解釈するにあたってはガイドラインや見取り図を単純にあてはめないで下さい。そこが心理畑の専門家と素人のちがうところです。ガイドラインは方向を示すだけであり，普通に使用する地図のようなものです。しかし，われわれは，個別的な意味に従うべきです。そうでないと，洗練された理解のための理論の集積がいくらあったとしても，患者はわかってもらえてないという感覚を持ちやすくなるでしょう。その人が感じ，そして反応するその人なりのやり方に従ったときにのみ，彼らはわかってもらえたと感じるのでしょう。

　この症例の場合，何が彼を怒らせるのかについての理解を共有してきたという真の信頼感と，過去についての充分な検討の蓄積とが基盤であり，

133

それに基づいて，その患者と私との両者の間での作業が進行していました。彼は，私に理解されていることを知っていますし，私との長期間の治療によって，自分の傷付きやすさがどこにあるのかについて，多くを知るようになってきていました。問題点は，この人が本当の意味においては，情緒面で家族から無視されて育った点にあるのです。誰も彼と共に時を過ごすことをしなかったのです。いつも彼は両親のそばにいて，彼らに関心を向けてもらおうとして待っていたのです。つかの間，そうした時期もあったのでしょうが，またすぐに拒絶されるのが常でした。両親は彼と一緒に遊ぶこともあったのでしょうが，時計を見ながら，また彼を置いていくことができるときを見計らっていたのです。すこしばかり質問することはできました。そして彼の両親は答えはするのですが，その答えとは「今はそれで充分」というものでした。彼はいつも「いったいいつになったら『それで充分』という時がくるんだろう」と感じていたのです。ところで，子どもなら誰でもこうした拒絶は経験するものなのです。なぜならば，子どもというものは，飽くことを知らないからです。しかし彼の経験は，彼だけの幼少期の痛々しい思い出となっており，明らかにより外傷的なものとなっているのでした。

　彼が育った小さな町では，彼の家だけ，ほかの家と比べて食事の時間が遅かったのです。彼の家は6時30分に食事で，大方の家は5時30分でした。それで，5時30分から6時30分までの間は，両親共にまだ忙しく，彼は一人で遊んでいなければなりませんでした。お腹も空くし，一人ぼっちでした。ほかの子どもたちならもう家に帰ってしまっているような夕方の時とか，しばしばほかの子どもの家をたずねているような時に，まさにこうした一人ぼっちの1時間の間にこそ，自分はよその家の家族の一員なんだとよく空想したのです。その空想は，食事の時間がきて，家に帰りなさいと言われることでいつも決まって打ち破られていました。「坊や，さあもうおうちに帰りなさい。ここにはちょっと遊びにきただけなんだからね」。

第6章　賞賛する自己対象と理想化された自己対象　　*135*

　しかし，別の家族に入れてもらいたいという切望や帰属感という一種の飢餓感が，満たされないでいるまま，彼は，自分自身でこの家族の成員であると考えそういった感覚を実際に持ったのです。

　生涯，この男性は，自分がいるところに本当の帰属感を感じませんでしたし，逆にどんな状況にでもあたかもそこに帰属したかのように強烈に結びついたりもするので，いつもやり過ぎると言われかねないのでした。彼は，ただただ要求が過ぎるがために，決して集団に結び付くことができませんでした。

　彼独特の恥ずかしがりとか，不意打ちをかけるような，不謹慎ともいえる唐突に示す他人へ向ける親密さとかを理解していくのには，長期間を要しました。どこであろうとおかまいなく，急に彼は極端に親密になることがあります。そしてそれは全くまずいことでした。というのも，親密さを向けられた人たちは，小さくなって去ってしまい，それで彼は拒絶されることになったからでした。「あの無口な人が，突然に話しかけてくるなんて。まるでずっと長い間の知り合いであったかのように」。つまり多少つながりのある人と，全く知らない人とを識別することを，彼はしなかったのです。ある会合でのこと，彼とは10年来の知人がいたのですが，まるで初めて会った人たちにするように接しました。つまり，あまり親密になれない人と，親密になりすぎる人とがいるのです。このように彼は常にあぶなっかしい状況にいたのでした。

　ある機会に私と出くわすのではないか，というこの特別な不安の意味を理解するにいたったのは，この文脈においてでした。人生のはじめに，彼にとって最も外傷的な出来事が起きたのです。それは，彼が二つの状況の間に置かれたときに，つまりその人と一緒にいるとくつろげると空想する友人が傍らにいなかったり，実際にくつろげなかったときに起きたのでした。まさにそこから離れようとしていたり，あるいはそこに行こうとしているその場所に自分が所属しているかどうかわからないときに，つまりど

135

こかの中間 between にいるときに起こる出来事でした。

　彼が思い出した早期の記憶がありました。それは，治療初期の状況で，とても素晴らしいものでした。まるで神秘的な話でした。ここにその謎があるのですが，一体それは何を意味するのでしょうか。分析治療が始まったばかりの頃，子どもの時に一度，恐ろしいほど不安になったことについての話をしてくれました。それは恐怖症型の記憶でした。彼は，一人ぼっちで，家に帰るところでした。そして，列車はどこからか，別の線路の方に切り換えられようとしていたように思えたのです。突然彼は，家とは違ったどこかに行ってしまうのではないか，そして永遠に自分自身を失ってしまうのではないかという，あのすさまじい恐怖感を抱いたのです。今思うとこれは，多分，少なくとも情緒的には，家から離れて友人と一緒にいて，その後に一人で家に帰るよう追い払われて家路につく，だいたいその中間だったことがわかります。それは，2，3週間一緒に過ごした仲間たちのグループにはもはや所属していないが，かといってまだ両親の元にも戻っていないという風な心境なのでした。もちろん，こうしたことすべての基盤には，自分がすっかり身を寄せることができる場所がないと実際に感じていたことがあるわけです。人はどこかに所属しているという感覚をもってこそ，一つの場所を離れて，別のところへ行くことができるのです。

　さてその時に，私の頭にうかんだのは，2，3年前に彼はすさまじい不安発作の体験をもったことであります（ただし私は，彼にこの記憶のことは話しませんでした）。そのとき分析の時間の後，彼は5時に妻と会うつもりだったのですが，分析は2時30分に終わってしまうのです。つまり，分析の終わりから2時間30分を妻に会うまでに過ごさなければならなかったわけです。ものすごく不安になったのは，私のところを去り，妻のところにいくまでの時間だったのです。興味深いのは，彼がこの不安を，非常に特異な，重要なやり方で克服したことです。彼はものすごい速さで歩き始めたのです。歩いて歩いて，徹底的に体を酷使して，息を切らせて汗で

第6章　賞賛する自己対象と理想化された自己対象　　*137*

びっしょりになるまで歩いたのでした。そうして息を切らせて，汗をかく
につれて少しずつ楽になったのです。妻とはとてもうまくいっていて，支
援を受けることができる結婚をしたのでしたが，その妻との関係を確認す
る前に，その歩行によって身体的に自分の確認をしたのでした。こうした
きめ細かい理解があればこそ，多くのことが明確になってきます。すなわ
ち，妻との関係とか，彼が集団とどのようにかかわったかとか，彼が誰と
でもいかに無差別にかかわったかとか，まるで誰もがみな親友になってし
まったり，それでいて本当の知人とは，表面的にしか知らない人たちと同
程度の意味しか持たないとかいうことがわかってきたのです。こうしたこ
とのすべてが，今気づかれてきました。夢が暗示していたように，以前の
重い病態のかすかな残響はあります。今では彼はそのことに気づいていま
すし，その意味も知っているので，もはや重篤な状態にはならないのです。

　一人の人間の経験を深く理解するといった場合，こうした広いニュアン
スの理解なのです。ここで彼のことを「深く」と言ったのは，今あるがま
まの彼，すなわち，こうした経験の幼少期の前駆体験を説明する生活史の
中の脚注も含めて，あらゆることの意味がわかるという意味からです。

　そうした人に何が生じてきているのでしょう。それは融合への欲求を失
うことではなく，つまり誰かに所属することによってある種の支持を得た
い欲求を失うことではなく，ちょうどその反対のことなのです。今では，
自分の欲求というものを，自覚することができたのです。「それらは私の
欲求です。そしてある程度はそうしたものは満たされます。満たすにあた
っては選択の余地があります。もはや私は，自分一人でいる必要はありま
せん」。こうしたことを知っている大人の，理解する自我　understanding
ego の統制を受けているので，彼はそれを成し遂げることができるのです。
すなわち，彼は冷淡になったり，氷のようになったり，自分だけの思索に
ばかりふけって超然としたり，空想の糸を紡ぐようなことも，そして実際
誰をも近付けさせないでおくようにしておくことなどは，もはや必要がな

くなるわけです。

　私はなんとか理解しようとしましたが，治療初期には彼はしばしば私をそっけなく扱いました。しかし私の側ではわざとらしいことはせず，つまり，彼を説得して，自分は信頼に足る良い人間であることをわからせようなどとはしませんでした。そんなことは何もしてなかったのです。私を冷たく扱うのは，彼にとっては正当のことだったと思います。そして私と少し距離を置き続けることが，彼にとっては大変もっともなことにちがいありません。私がしたかったことはただ，それがなぜかを理解することでした。

　そして次第に私たちは理解するようになりました。私は，恥ずかしがり屋の少年に近付くように彼に接近しました。私が知っている児童治療の熟練者というものは，子どもたちに自分を押しつけるようなことはしません。彼らは，子どもたちにちょっとした動きがでて，反応できるようになるまで待つのです。そして彼らは，子どもたちが自分の手におえないような欲求や，大人が満たしてあげられそうもない欲求を刺激されて，強烈な感情でおびえてしまっているようなときには，過剰に応対することはしません。われわれは，他の人々の心に，偽りの希望を抱かせてはいけないのです。そして，幼少期の強烈な要求を満たしてあげることはとてもできないのです。

　ところでこうしたことは，誇大自己および理想化転移の概念をどのように示しているのでしょうか。私がそれまでに探ってきた限りでは，その夢は錯乱状態 confusional state について集約していますが，私との関係性がいかなるものであったかについてはあらわれていないのです。今まで数年間，父親に対してそうであったように，私にも尊敬の念を抱いていました。ところが彼の父親は，理想化されること自体，それがどのようなものであれ，許容することができない人でした。彼自身や彼の欲求を映し返してあげる能力もありませんでした。小さなその子が，ピカピカに輝きたい

第6章　賞賛する自己対象と理想化された自己対象　　*139*

と思うときには，もう我慢できなくなるのです。父親の偉大さに小さなその子がかかわってくるときにもそうでした。しかし，かなりプリミティブなやり方をしたときは，例外でした。そこで完全な喪失にはならなかったのです。この関係の中で，父親が許容できうるものというものは，奇妙な関係でした。彼は，質問されることによって妨害されない限り，子どもが身体的に密着してくることは許容したのです。つまり，とてもプリミティブな水準で，彼は自分の子が近付いてくることを許容できたと言えましょう。その父親は，たまたま，熱心なチェスの選手だったのですが，何時間も試合をしている間は，その子は身体的に父親と融合することを許されたのです。しかし「これは何？　これは何？」とたずねて，父親の妨害をすることは決して許されなかったのです。

　ごく簡便なものから最も本格的で密度の濃いものまで，いかなる治療であっても，その目標というものは，以下の点が認識され受け入れられるべきです。つまりそれは，物事には限界というものが必ずあること，ときには自己愛的な期待 narcissistic expectation をほどほどに押さえる必要があること，人間には矯正不能な欠点というものがありそれに付き合いながら生きていかなくてはならないこともあること，などです(原注6)。しかし，自分自身に正直であれば，これはあたり前の話であり，欠点をもった人生を受け入れることは人生哲学のちょっとした応用になるわけです。私たちの成し遂げたどんな達成にもこれはあてはまります。人生そのものに限界があるということもまた正しいのです。人生早期に受けた矯正不能な打撃を，限界として受け入れ治療の成功の中心にもっていこうというのではないのです。できうることがここまでとすれば，時には失敗もありましょう。なかには，成し遂げることが不可能なこともあるのです。それは固定化している場合です。たいていの症例では，私はこうした悲観主義になること

　（原注6）　患者の誇大性の調子を下げる必要性に関しては，コフートは，治療者の誇大性もまた同様だとしている。

はないのです。残りについては，もっと議論を発展させたところで，お答えするものと思います。

　何が治療的変化として生じてきているのでしょうか。この特別な患者についての治療面接の記載をさらに調べてみることにしましょう。私が天才であったなら，この患者から何年もかけて学んだことすべてを一瞬にしてわかってしまったでしょうし，またどうして彼がそれほど混乱したかについて，私があらゆる可能性のうち最も良い方法で彼に話せたかもしれませんが，だからといってこうしたやり方で，大いなる達成が果たせたとは思わないのです。真の達成には微妙に異なる多くの変形が必要で，こうした大ざっぱな理解は，言葉で与えたり洞察を獲得しても，まだ途中の停車駅にすぎないのです。とはいってもこういう風に大ざっぱに理解し，こうして知ったことを患者に伝えることは，共感によって伝えられる限りは，いつまでも役に立たないというわけではありません。少なくとも，他の人はどんなによく理解しているかがわかるのですから。一連の治療的変化には，さまざまな水準があるにもかかわらず，自分自身をよりよく管理できるように人を導くような洞察の種類を識別することは有意義なのです。そうした洞察に到達した後は，全人格上の内的変化により，今度は，外界とまた別の関係の仕方ができるようになるのです。たとえば，彼の精神分析のある時期に，前にあなたがたに伝えようとした微妙さは欠けるものの，おおざっぱに言語化でき得るこの理解が，その患者に使えるものであったとしましょう。ある時はこの理解の力で，その患者は，「そう，ここではまた仲間にはいっています。今は，私の要求が極端なことがわかるんです。そのことで私は，ある昔の時間を思い出すのです。それは，5時半になるまでは友達の家にいて，私は本当に歓迎されてその家族に愛着を持っていましたが，夕食の準備がされ，その後になると家に帰ることになっていたのです。確かにほとんど知らない人たちに，近付こうとしてはいけないんです」と認識する上で役に立ったのかもしれません。しかし，これは，まだ

第6章　賞賛する自己対象と理想化された自己対象　　*141*

自然にでてきた反応ではありません。それは人が自分自身を全体的に管理する上での一つの技術なのです。そういう人は，その次の分析の時に来て次のように話すかもしれません。「ここでは，私は仲間の中にいる状況で，昨日よりも少しばかりうまくできたように思います。でもまだとても不快に感じました。しかし，突然人に話しかけて，みんなから驚嘆した目で見られ，私の方も身をすくめてしまい，次の言葉が出てこないような状況に自分自身を追いやるようなことは実際しませんでした。多少は自分自身を保つことができましたが，そこで誰それさんに会うと，手を振って合図しました。そして，誰それさんが私に話しかけてきたので，すぐさま彼と会話が始まりましたが，結局のところ私はずうっと長い間彼を知っていたからです。いずれにしろ，そうした状況では，いつものように一人ぼっちではなかったのです」と。

　現在，彼自身はほとんど変化していません。内的に変化した人は，彼が知っている人かそうでない人かと，意識的にいちいち計算したりしないのです。今は，人格への支配が達成されているので，自分の中で，それぞれの瞬間に活動しているものが何であるかを，計算する必要はないのです。

　いったいこの変化はどうしたのでしょうか。洞察，しかも言語化された洞察が，どの程度この種の特別な実際的変化を導いたのでしょうか。操作 manipulation とは全く別の，微妙な実際的変化があることには疑問の余地はありません。両者が生じたのです。そして私がなじんでいるインテンシブな治療のすべてにおいて，このことは真実であると思うのです。緊急の状況では，「私は何をしているのだろうか。どうしてまたこの古めかしい状況にはいり込んでしまうのか」，というこの余計な一声があるかもしれません。この操作的なやり方でも，しっかり手綱をひきしめることができます。もはや，完全に圧倒されることはありません。というのは，彼の全人格は，ある程度は脆弱性が減り，緩衝作用をもつので，古めかしい要求が，少量だけ侵入してくることを許容できるからです。

この患者の生活史上，発達の観点から生じてきていることと，長期間の治療状況での発達的変化の両者を並行して見てみると，人生早期に受けた打撃を完璧に打ち消すことが決して出来得ないのはなぜかを理解し認識する上で，最も良い方法がわかってきます。それと同時に，治療によって，ある程度までは，その打撃が癒され得ることもわかるのです。そしてこれこそ，必要なすべてです。すなわち，ちょっとした変化によって，違いをもたらす天秤の揺れが生じるのです。

すでに私は，成長の過程で何が起きているのかについて，何度もお話ししてきました。つまり，ほどよいフラストレーションの原理というものです。発達上ほどよいフラストレーションというものは，年齢とか時期とか発達とか全体的な状況とかに関係があります。成人については，いわば心の経済論的要因も含まれるのです。たくさん求めることによって，患者に負担をかけるようなことをしてはいけません。ここでも，それはいないいないバァ遊びに似ています。治療者は，患者が処理できない不安のサインを見守るのです。どのくらい彼が耐え得るのか，についてです。そして，これについては，どんなに強調しても足りないくらいです。

実のところ，私は人為的に外傷がつくられる必要は決してないことを強調したいのです。単にあなたが与え得る一番良いものを与えることで，充分に外傷となるのです。というのも，あなたは，実際の要求を満たしてあげることはできないからなのです(原注7)。さらにもしあなたが充分に共感的な治療者であるとしても，常に患者の要求には遅れをとってしまいます。これはもっともなことです。一般的に言って，患者がすでに傷ついてから，彼の傷付きや失望をあなたがたが知るものです。その時にのみ，あなたは目がさめます。「何をまた私はやらかしたのだろう。何をまた誤解したの

（原注7）　変容性内在化（構造形成）を刺激するほどよいフラストレーションの原理は，コフートの著作の中に広く示されている。彼の最終的な結論については，Kohut, 1984, pp.69-72, 77-78, 99-104, 107-109, 206-207. を参照のこと。

第6章　賞賛する自己対象と理想化された自己対象　　*143*

だろう。何をまた見のがしたのだろう」。あなたがどうしようと，あなた
が悪いのです。予約をキャンセルにしなくてはいけないという事実があり，
患者がそのことに悪く反応するだろうことが充分良くわかっていたとしま
す。それでもやはり予約をキャンセルして，すぐさま「このことで君がひ
どく傷付くだろうことはわかっています」と言ったとしたら，すぐにそう
言ったことで，あなたはその患者に外傷を与えたことになります。どうし
てでしょうか。彼の尊厳を傷つけたのです。あなたは彼を赤ん坊を扱うよ
うにしたのです。しかし，もしあなたがそういわなかったとしても，彼は
明日傷つくことになるでしょう。いずれにしても他に方法はないのです。
彼に話すためのまさに適格な言葉を見付け出す何か理想的な方法があるか
もしれないと思うのです。しかし，誰かそういうことのできる人はいるの
でしょうか。誰もできないのです。それはとても複雑になるので，彼にた
くさん言いすぎてしまい，その負荷のために傷つけてしまうでしょう。
「何か経験させて」という感じを彼は抱くでしょう。多分，彼は正当なの
でしょう。他に方法はないからです。

　幼児の要求に従っていくと，外傷的にならない関係性というものを見い
だすことはできません。もし，彼がどこにいて，何を感じているのかにつ
いて認識することができていれば，それで充分でしょう。すぐよい結果は
ないように思えます。しかしそこで，あなたは我慢しなくてはいけません。
あなたは，その同じ状況を，まるでそのことがかつてそこでは一度もなか
ったかのように，繰り返し取り扱わねばなりません。この特別な出来事が
外傷になるという特殊なニュアンスを折々に少しずつ探求しながらそれを
行うのです。

　私の古い論文に，内省と共感についてのものがあります（1959）。その
中で私は，多分，明白な精神病者で，かつて私が分析を試みた唯一の人の
ことを書きました。彼は朝の2時，3時，4時，に電話を何回もよこしま
した。彼から学んだ一つのことを覚えています。それは，クリスマスとか，

謝肉祭の休暇で，同じく休みを告げたことと関係していたのです。

　いつあなたは休暇を告げますか。休暇が実際に始まる時からどの位前が適切なのでしょうか。あまり長すぎると，患者さんに「どうか，この２カ月間混乱していて下さい」とお願いしているようなものです。なぜでしょう。彼を一人にしたままにする。彼は分析の作業を続けている。もし，前回に告げたら，衝撃は強すぎるのです。彼が，それを徹底操作する時間がないのです。どの位前が適切なのでしょうか。完璧に正しい時期というのはあり得ません。しかし何年間も特定の患者さんと一緒だと，どの位の時期がほぼ正しいのかについて知るようになります。おおざっぱに言うと，休暇の期間とほぼ同じ長さを取ることになります。しかし，その期間がとても短い時は，これは適用できません。あなたがいつも念頭におくべき最小限のことがあります。それは，たとえ失望がたったの10分間であっても，あなたが予約変更をした時のように，多くの日数がそこにいつもかかってしまうに違いないのです。もう一度繰り返しますが，恩にきせてはならないのです。仮に，あなたが誰かに１週間前に，今日から１週間，２時10分からではなく，２時にお会いしますと話すようなことがあれば，それは，侮辱であり，外傷になります。「私を何だと思ってるんだ。赤ん坊とでも思っているのか」と言われてしまいそうです。

　私が特別休暇を取る３週間前にそのことを告げたときに，この特別な患者から私が学んだことは，振り返ってみるとそれは早過ぎたということです。そのときは，私は知らなかったのです。そして，この患者は私とは比較的暖かい関係だったのが，それ以後，氷山のように，パラノイドのように，そしてきわめて猜疑的なものになったのです。私はまだその頃の恐ろしい，彼が橋の上に立っている夢を思い出します。下には流れがあるのですが，それはすべて糞便であり，強烈な怒りと退行を示すものでした。私に対する態度は，尊大で，冷たく，猜疑的で，脅しつけるようなものでした。私はできることは何でもしました。何度も繰り返して，私が去ること

第6章　賞賛する自己対象と理想化された自己対象 *145*

でいかに彼が失望したかについて解釈しました。彼は同じままでいました。何も変わらないようでした。ところで，このような状況で何が起きているかを理解するのには，私たちは全く無力なのです。その患者に尋ねてみることもできません。とういうのは，彼はあまりに感情を害していて，私たちを助けることができないからです。あなたが，絶望してみせることはできます。そして，あらゆることをしても，反応はないのです。その患者の態度は，「自分にしたことの償いのために，あなたは今動くべきだ」と言っているのです。たいてい，望みがあると少しは思います。そうでなければ，あなたもまたあきらめてしまいます。

　明らかに，希望を持つことにより，私は支えられてきました。そして，遂に意味を悟ったのでした。魔術のように，その鍵穴に合う鍵をみつけたのです。その患者が反応したのは，休暇の知らせでは全くなかったのです。彼が反応したのは，私がその知らせをしたときの声の調子 tone だったのです。私は，冷たく，非共感的にそれを告げたのでした。そして，その調子の感じからは，「さあ，またはじまるよ。これから毎晩，私の睡眠は妨害されるだろう。毎晩彼から電話がかかるだろう。彼は，一人になることに脅えるでしょう」という私の不安が簡単にわかってしまうものでした。それで私は自分自身を壁で囲むようにしたのです。というのも，彼からの電話は実際，つらいものだったからなのです。私は，ギッシリと詰まった仕事をこなしていました。私の息子はそのとき赤ん坊でした。眠れぬ夜と，彼がしてくるかもしれないことで悩むことは，本当につらいものだったのです。そうした状況では，彼の方も食べることをやめてしまうので，危険な状態にあったのです。彼はとても大男でした。そして，私も多少は，物理的な危害をいつも恐れていたことも事実です。彼がどんな情緒の反応をおこすか，予測できなかったのです。彼は暴力はしませんでした。しかし，暴力をふるうかもしれないという居心地の悪い感じがあったことも本当です。

それで，どうもこうしたことがすべて彼に伝わったのです。私の休みへの彼の反応に対して本当の意味で共感的に配慮する能力を欠いていたのです。自分自身のことだけを考えて「さあ，また始まるよ」と思ったのです。そして，彼が反応したのは，このことだったのです。そのことを私が気付くとすぐに，夢の中の川の流れは，再び水になりました。もはや糞便はなかったのです。それから彼は実際に怒りを表現することができたのです。

　婚約中の女性で結婚が待ちきれなくなった女性の症例について，フロイト（1900，p.157）が話した有名な話があります。まわりの人たちが，その求婚者は残酷だから，「きっと，あなたは結婚したらぶたれますよ」と話しました。ところが彼女いわく，「まずぶたれてみなければ」。そして私の患者の場合，とうとうその反応の理由を彼が私にわからせたとき，私の気持ちは「また話がかみ合ってきた」というものでした。彼の明白な攻撃を受けることの方が，まだしもましでした。つまり，「おまえは犬畜生だ。また僕を置き去りにしようとする」と攻撃してきました。むしろ，彼の冷たさと，パラノイド的な距離の取り方の方が，ぞっとするもので，私にとっては大変扱いにくいものでした。

　さて，このことは，実際に人格の変化を引き起こすために，理解すべき微妙なところを説明しています。言語化され得る洞察を通しての，増大する自己操作 self manipulation に加えて，こうした経験が，人間の内的構造を樹立するようになるのです。彼らは，本当に微妙な，自らの緊張を統制する能力を増大させていくのです。どのようにして，こうしたことが起こるのでしょうか。私はそれが，心理学的構造の成長発達と並行して生じるものと考えます。それは次のことを意味します。すなわちもし，ある人が，別の人がその人のためにしてくれることを，微妙なわずかの量ずつ，あきらめることができたら，その後で，その別の人の一部を自分自身の中に組み入れることになるのです[原注8]。そしてそれは，事実その人の内的装置の中心部分になって，永遠に心理的構造の一部になるのです。これは

第6章　賞賛する自己対象と理想化された自己対象　　　*147*

理論です。私にはほかに説明する方法はありません。そしてそれはあらゆる点で私が知っているものに合うので，正しい理論だと思うのです。

（原注8）　コフートは後に，この概念を純化させて，ほどよいフラストレーションが構造構築を刺激するときの様式について述べている。しかし彼は，それは「別の人の一部分」ではなくて，心的構造として獲得されたものであると，明確化することになる。つまり，自己機能 self function へと変容されるのは，自己対象機能である。(Kohut, 1971b, 1977, 1978, 1984)。

147

第7章

内在化された価値，理想，目標の獲得

　心的構造 structure の意味するところは，かつての外的機能を永続的に自ら所有するというだけのことです。そこでは外的機能が全体の機能に組み込まれることになります。これから私が洞察として非常に尊重していることをお目にかけたいと思いますが，つまり，この特別のタイプの内的変化が起こっているのです。その変化はどういう時に起こるかといいますと，理解されたい，賞賛されたいという際限の無い欲求をもった人間が，次のような治療者にひそかに直面する時です。すなわち，できるだけ彼の欲求を理解しようとしているし，いつも彼と共にいる，ないしはいようとしている，しかしながら，理解のし損ないが何度もおこってしまう，そのような治療者に直面する時です。これらのしくじり failures がもしもそれほどひどいものではなく，永続的なものでもなく，もし治療者がいずれは自分を立て直すことができるなら，そうした時にこれらのしくじりの一つ一つに伴って，次第にその人間は，この機能を少しずつ自らの内に引き受けていきます。「先生ならそれができる。でも私も自分でそれをやります」。こうした時，彼はだんだんに引き受けを覚えていくのであり，その構造は彼のものであって治療者のものではありません。

　ところでこうした状況に対して，治療者の機能との同一化がおこったのだ，という人がいるかもしれませんが，私は別にそれに反論するつもりは

ありません。ただ私は，広義の場合を除いてこの特別の術語の使用をあまり勧めませんが，なぜならそれは，別の人間の全体パーソナリティとの全面的同一化 gross identification と厳密に区別されなければならないからです。心的構造をもっていない人間は，このような全面的同一化に際限なく陥りがちですが，これは長続きしません。全面的同一化は緊急時に別の人間を借用しているだけのことですから，その他者との近づきがなくなるとたちまちそれは再び放棄されてしまいます。ですから全面的同一化は本質的にいって，小規模な同一化を妨げるものなのです。しかし，それは精妙な変形にいたる通過駅としては起こってよいのです。

　この見事な臨床例があります。私が第6章でお話しした混乱夢をもった例の人のことですが，その当時の彼は私のことをまったく冷たい先生だと感じており，私が彼にとってなんらかの意味があるなんて全然感じていませんでした。その彼が分析の休みの時に一着の洋服を買ったのです。だいぶ昔の話です。なんとも抵抗し難い気持ちに駆り立てられて買ったわけですが，買った後になって突然彼は，その洋服は私が着ていたものに似ていることに気が付きました。この種の全面的同一化は，治療関係の文脈を離れれば大して意味のないものですが，やはり私とのよりきめ細かい同一化に向かうにあたっては一つの通過駅ですし，しかもきわめて重要な通過駅であります。現在では，彼が私をどう利用しているかといえば，彼自身に備わっていて彼に適合しているものの活用のためでありますが，それは私のパーソナリティとはまったく適合していません。でも彼の中にも少しずつ私が入っていってます。彼は私の特質を見出し，それを彼自身の中で強化しています。しかしこの強化たるや，彼の職業が彼に課する特異な仕事に完全に調和したものです。ちなみに私とはまったく別の職業です。彼の頭 mind は私とは別の働き方をしますが，しかし，彼が私から借用して自分の中に強化しているものは，一種の同一化です。そこでは，私が真実あるところのものと，彼が真実あるところのものとが，双方ともより明確に

第7章　内在化された価値，理想，目標の獲得　　*151*

品定めされています。つまり，彼は自分が必要としかつ適合するものを取っていました。今では，私の中の彼が好きなものを，しかも少量ずつ，取り入れることができます。

　ところで彼には，こうしたことと並行してユーモアのセンス，相対性の感覚，叡知の感覚が発達してきました。現在では，自分に充分よく対処できるという感覚をもっています。そしてたぶん，そうしたできるという感覚といえども限度がある，と感じていることでしょう。というのも私たちはいつの日か，お別れすることになるからです。こうしてみると確かに，彼は理想的な児童期をもっていたらそうなっていただろうような，そうした種類の人間ではありません。しかしながら，私たちが初めに出会った時の彼とはすっかり別の人間になっています。

それは精神療法で達成され得るのですか？

　精神療法の意義と有用性については，過小評価すべきではありません。ここでもわずかの援助がきわめて大きな支えになり得るのですが，とりわけ，その病気と不均衡が，移行期の人生課題からくる過酷な要求の影響下にいる人々に発生した場合は特にそうです。

　青年から成人への移行期の学生たちを見る場合には，サポートを与えた上で，彼らがお互いに要求し合っているものについて，他方でお互いがバラバラになりそうな恐怖をもっていることについて，理解することです。こうすれば一時的にしろ，彼らが崩れてしまうことをくい止めることができます。この支持と理解があれば，彼らを正しい発達の道程に再び連れ戻すことができますが，それは全面的同一化によってではなくたぶん中規模の同一化 medium-sized identification によって可能になるのです。あなたは学生たちを識別しなければなりません。つまり，その特異な発達時期の課題が大きすぎるが故に分裂気質 schizoid のように見える学生たちと，その人格の中に広漠たる空虚 hollowness を，しかも長期の治療をしない

151

と治らないような空虚を，実際にかかえもっている学生たちとの間の識別であります。

これは大学生を取り扱う人々に与えられた良いチャンスと言えますが，それというのもその時期の課題要求 demand の強さが，実際のそれよりもずっと重症に見える混乱した姿をつくり出しているからです。同じ臨床病像が３５歳に起こったとするなら，実際に起こることもあるわけですが，１９歳の時よりももっと重症の意味合いをもつことでしょう。何回も面接を重ねて共感的な理解をしていくうちに昔の友情が復活して，学生たちはしかるべきところでサポートを探し出して，自分たちの仕事能力に自信をもっていきます。そうすれば彼らの仕事をする力は積極的な方向に戻ります。仕事能力 work capacity を回復させてあげさえすればよいのですが，たとえば，あなたを彼らの方に広げてあなたのサポートから強さを借りることによってもそれはできます。そうすれば彼らは再び，勉強や知的な活動に戻っていくことでしょう。ですから，こうしたサポートは大きなことをなし遂げることができるのですから，私は短期の療法の中でなされた仕事やそこでの洞察と理解の有用性を絶対に軽視いたしません。この洞察と理解に関してこれまで述べてきたつもりですが，さらにもっと詳しく話を続けることにします。

あるタイプの人々は，内的な構造が欠如している，ないしは自らの連続性と融合性の感覚が欠けているので，いつも他者のパーソナリティを身にまとい，人から人へと取っ替え引っ替え移ります。さっき述べましたように，あの全面的同一化が一時的に起こります。しかし，この際にけっして「私の真似をしないで下さい」と，敵対的に反応してはいけません。どんなに微妙な言い方をしても，それは拒絶になります。治療経過の中では，彼が成し得る最初のステップかもしれないのです。すなわち，こんなふうにあなたを大雑把に呑み込むこと，あるいはあなたが理想化された他者になることが出発かもしれません。ところで，ヘレーネ・ドイッチュ

第7章　内在化された価値，理想，目標の獲得　　*153*

Helene Deutsch（1942）はこれを，かのような人格　"as-if" personality
と述べて，たぶんもっと特異的に定義いたしました。患者たちがまるで気
持ち悪いくらいにその治療者の特徴に似てくることは，治療の当初，ほと
んどどんな形の精神療法であっても共通におこることです。それは感銘を
与える教師にもあてはまることで，多くの学生たちはその教師の外面的な
特徴を身につけます。これを拒絶することは間違いです。もっと堅固な心
的構造の成長へと向かう最初の積極的な動きだからです。もし彼がそこに
とどまるなら，それは確かに問題です。しかし，あなたがこれをただちに
抵抗と呼んだり，「あなたは自分を理解しようとしないで，そんなことを
やっているんですね」と彼に告げたりするなら，あなたは患者に対してと
んでもないこと injustice をしているのです。

　さて心的構造の付加ないし形成はきわめて重要な問題です。内在化の一
形式としての同一化という概念の根底にある原理は，映し返しや理想化の
ために使用されていた対象の喪失がおこったり，このような対象との情緒
的関係が中断されると，その後に引き続いてこの対象の諸側面を内的に，
すなわち精神内的 endopsychically に再建しようとする傾向がおこる，と
いうことです[原注1]。こうした例の極端なものはよく知られています。そ
の最初の記載はたぶんカール・アブラハムの著作（1927）の中に見られる
ものです。彼は長年連れ添った夫婦の症例をいくつか記載しました。夫婦
の一方が死亡すると，残された方には顕著な人格変化がきわめてしばしば
見受けられたのです。しかも，失った相手に備わっていた身体的特徴まで
も引き継ぐ例さえあったのです。しかしこれは極端な例です。重要な要素
は，周りの対象の諸特徴に関して，その心がこれらを取り入れる　incor-
porating 準備ができているなら，この諸特徴が発達経験の中で精神内的
に再建されるというところにあります。ここにも発達ラインの相互関連と

　（原注1）　自己対象によって遂行されていた機能は，もし外界が適切な撤収を行えば，その
　　変容性内在化の過程が促進されるが，その結果それは自己機能 self-function になる。

いうものがありますが，つまり，一定の特徴を再建するための内的準備が一方にあって，それに対する環境側の協力が他方になければなりません。

そこで，かつては外界によって供給されていた諸機能が子どもから撤収されようとするのを目の当たりにすることになりますが，それはまさに彼が充分に成熟して，こうした機能を自分で遂行する準備ができている時のことです。ここでは二つの要素が結びついていますが，一つはその機能を遂行するための成熟準備であり，他の一つは外的対象による機能の供給を撤収することであります。この二つがあれば，その個人の内部にその特異な機能を再建することが促進されます。ところで，最もよく研究され，たやすく観察できる機能といえば，抑制と禁止の機能 inhibiting and pro-hibiting functions です。ときどき目にすることなのですが，ある子どもは，重要な世話する大人が目の前にいる時だけ自分の特定の欲望を抑制することができます。後になって一種の移行時期になると，その子どもは対象の現存を能動的に空想することによって欲望を禁止できるようになります。この際，子どもたちが脅かすような父親の声色を使って，つぶやいているのを耳にすることがあります。「いいか，それをやってはいかんぞ！」いうなればそれは中間段階であり，（みんなが超自我と呼んでいる）内在化された機能と外的禁止機関の間にまたがっています。この段階の子どもはまだ，その外的人物が現存していることをいわば能動的に仮定しています。その子は内在化の過程にいるのです。どんな種類の禁止でも，広い意味では一つの対象喪失になるということが大事な点です。

子どもが抱く欲望の一つ一つは外界にある，愛情と希求が向かう何物かに関係しています。ですから外界から供給されないというだけで，子どもにとっては外界における一つの喪失と同じことになるのです。次にこうした個々の喪失は，なんらかの形で内的に再建され，保持されそして永続されます。これがいかにして，何故おこるのかはまださだかではありません。しかしながら，この事実はまちがいのないところです。子どもは時期特異

第7章　内在化された価値，理想，目標の獲得　　*155*

的に外界との結合を失いますが，この一つ一つに対応して，そしてここが
肝心なところですが，以前の失われた対象に並行した内的複製が精神内的
に再建されます(原注2)。

　前述のとおり，最もよく研究されかつ知られている大規模な内在化は，
超自我と呼ばれています。通常の状況下での超自我は，その本体はもっぱ
ら同性の親の精神内的複製からできあがるといってよいかと思います。つ
まり，超自我はその特定の親に由来する禁止だけでなく，その親が行なう
承認，積極的価値および目標をも取り入れます。さらに私が強調したいこ
とは，あの特別の威厳性，完全性，重要性の予兆 aura といったものです
が，これらはまさにその親自身が子どもに対して抱いていたものです。そ
してこれは元をただせば理想化された自己イメージであります。子どもが
まだきわめて幼いそもそもの初めにおいては，この重要な親ないしは親的
人物は，ごく大まかに言って子ども自身の自己愛の投影 projection です。
私は後ほど，この投影という言葉がなぜ間違っているかを説明したいと思
いますが，さしあたってこの過程は投影といくらか似ているともいえます。
もともとの言葉では一次的投影 primary projection とでもいいましょう
か，いずれにしてもそれはふつう理解されている投影とは異なるものです。
なぜなら，今問題になっている言葉は，私がここで使う意味に限っては，
内界と外界の区別がまだはっきりとしていない時期のことを述べているか
らです。ですからそうした理由で投影ということはできません。成人の観
察者なら対象が外界にあることを知っていますが，子どもによってはそれ
は彼自身の一部として知覚されています。あの威厳性，力および完全性が
高度に付与されるのは実に彼自身のこの部分に対してです。自己の他の部
分に対してはそれが保持されません。外の観察者の目にはそれもまさに彼
自身であることは明らかなのですが。

　(原注2)　自己対象によって遂行されていた機能の喪失が，自己機能に変形されるというこ
　　　と。

この点に関しては少し複雑ですが，後々になって太古的対象となるものは，最初いくらか分化した自己部分として発生します。その後，その個人におこる落胆(原注3)の影響を受けて自己の中へと取り戻されてきます。

私はここでは最初のおおまかな輪郭を描くだけで満足します。すなわち，以下のようなことが起こると思います。男の子にとってのこの力をもった理想化された対象を父親としておきます。(そう話が単純でないのは，母親もその養育の働きの中で理想化されるからです。ただし，超自我形成は同性の親にとりわけかかわりをもっているので，父親と男の子という線で続けていくことにします。) この父親は力強く，完全で，すべてを知るものとして理想化されます。エディプス期の終末と呼ばれている，この発達経路の最後から話を始めると，この時期に子どもは時期特異的にその両親から彼の幼児的情動の本体を撤収しますが，それは親が性生活をもっていること，親が不完全なこと，全知でも全能でもないことを知って大変に落胆して衝撃を受けるからです。言い換えると，成熟の準備が整ってまさにこの特定の時期に両親から幼児的情動が撤収されるわけです。競争的状況になってしかも母親との情動的結合が高まっているためにこの大きな落胆がおこるのですが，つまりエディプス・コンプレックス(原注4)と呼ばれる全ドラマをさしているのですが，これらはこの年代に決定的な役割を果たします。

いずれにしろ，理由はともかく，また知る知らないにかかわらず，エディプス期の終わりには，事実として，親は以前と違った取り扱いを受けるようになります。両親は自己からもっと分離するのです。両親はより一層，教育者として見られますが，同時に自らの権利をもった人間，自らの欠点もイニシャティブももった人間としてますます見られるようになります。

（原注3） これはコフートが初期の頃に公式化した変容性内在化の概念といえる。
（原注4） コフートは後の1984年には，これをエディプス期 edipal phase と呼んでおり，これは普遍的なものとしているが，エディプス・コンプレックスという言葉を病的発達を遂げたものに留保している。

第7章　内在化された価値，理想，目標の獲得　　*157*

ここから二つの帰結があります。その一つは自我に関することですが，子どもの自我はもはや欲動がめざす対象との交流の執行者というだけではなくなります。つまり，物差しが変化して，かつての自我のように幼児的野望 infantile aspirations の単なる執行者であることもなくなるし，また両親に対してあるいは家族構成に含まれている同胞に対して，その空想の中で巻き込まれることもありません。自我はその時，解放されたのです。

なぜ解放されるのでしょうか。理由は，その子どもを取り巻く大人や同胞の家族構造との間でもっぱら演じられていた葛藤と欲動が（むしろ欲求不満というべきでしょうが），内的な領域に移行するからです。これらの外的対象の複製が内的に再建されているので，今では支配は内的なものになるのです。内的欲動には内的禁止が応答するので，"私は何かが欲しい"という欲動に対して，"いいえ，それはできない"という外的応答がおこるわけではありません。

自我はもはや，環境からの供給を命ずる欲動[原注5]に振り回されてばかりいないし，哀願と説得を事とする自我ではありません。以前からも少しは行われている他の課題のために今では解放されるといってもよいかと思います。しかし，ここにおいても物差しが変化しているので，外から少しの波風がたっただけでも子どもは学習が可能になります。したがって，学齢期がエディプス期の終末に始まるのは，物差しのこの変化が内的に起こったという事実の自然な帰結なわけです。文化論者なら別の説明もあると言うかもしれません。そうかもしれませんが，文化的制度と成熟準備との間には一致があることも確かなことです。

自我は今や自律的機能のための自由を一層手に入れますが，直接的な幼児的欲動とその対象からの自律という意味です。子どもはその後も引き続

（原注5）　この時点でのコフートはまだ精神の三層構造論 tripartite structure，つまり欲動・葛藤理論にまだこだわっている。しかし，彼の理論公式には次第に変化がおこり，欲動に支配された行動および思考を，自己対象環境の共感不全に由来した解体産物として見なすようになる。

き両親に泣いたりわめいたりすることも時にはあるかもしれませんが，潜伏期と呼ばれる年代においては自我は，普通，比較的解放されます。つまり，幼児期に由来する近親姦家族の対象への要求と哀訴にただ一方的にわずらわされることが少なくなるのです。自我は，より一層性目標の阻止された愛情へ，学習へ，技量の習得へと解放されていきます。つまり，自我は多くの他の領域を意のままにできます。以前でももちろん意のままにしていましたが，ごく副次的にしか過ぎませんでした。その当時は学習が始まっているとはいえませんが，系統的に抽象化へと向かう5，6歳児の能力（すなわち，数字を読んだり扱ったりすること）は，自我が解放されたことによるきわめて重要な成果であります。

　次に，心的構造の形成については，あの大規模な内在化された構造である超自我を観察すれば，最もよく理解できます。子どもは父親に落胆するようになるし，しかもただ父親が存在するというだけで，動き出した幼児的欲動の最頂点を（すなわち，一方では母親に対する近親姦欲動，他方では父親に対する怒り欲動 angry drive があり，これは父親への途方もない賞賛と共存していますが），積極的に妨害したことになるわけです。こうした子どもたちはこれらのさまざまな態度の統合欠如を経験することになります。そのために非常に強い葛藤が子どもにはおこり，その結果として幼児期由来のこの親に対する強力な情動的結合を放棄するにいたります。そして二次的に，この親の像が内的構造として再建され，この内的構造をわれわれは超自我と呼びます。

　強調しておきたい大事なことですが，父親のこの内的複製 internal replica は父親でもその表象でもないということです。そこでこの過程が中断されたと仮定してみましょう。たとえば父親がいなくなるとか，死ぬとか，兵役に就くとか，精神や身体の病気になるとか，遠くなり手が届かないといった場合のことです。こうした例では父親の内的表象が存在しています。われわれはこれをイマーゴ an imago ないしは表象 a representation と呼

第7章 内在化された価値，理想，目標の獲得 *159*

んでいます。それは強く備給され，大いに切望 desired される，記憶の複合体のことです。

イマーゴという概念に立ち入って考えてみましょう。成人のわれわれがある人物から別れなければならないとします。しかもその人を愛しており，必要としており欲しい，あるいはきわめて身近であったとしますと，その別れに際してはこの人物の記憶イメージがわれわれの中に残ります。それは希求 longing の対象になり，われわれはこの人物について考えるでしょう。いずれにしろ，喪の過程 mourning process においても同様です。記憶過程がそこにあるのですから。事実，死者のことを考えつつも徐々にその故人の表象から撤収することは同一化 identification に対抗する力 counterforces の一つになります。故人は内的な愛情対象になり，その記憶 a memory からわれわれは徐々に撤収するわけです。したがって，この場合はわれわれの内部にその故人をわれわれの一部として再建する必要がないのです。言い換えると，喪と同一化は物差しの両端ということになりますが，必ずしもそうは言えないこともあります。この点については後ほど詳しく論じましょう。

私が現時点で明確化しようとしていることは以下のことです。もしある子どもがその人生のまさにふさわしい時期に，つまり子どもに分離の準備ができているし内的分離がもうその能力の届く範囲にあるような時期のことですが，エディプス的父親から分離する機会をもてなかったとします。この子どもは終生はてしなく，このような父親を求め続けることでしょう。言い換えると，父親イメージは内在化されないままの太古的対象 archaic object として留まることでしょう。

ところで，記憶は内在化のことであると言う人もいるかもしれません。いちおうそうですが，言葉の綾があります。こうした父親イメージの記憶はその人が現実にまだ欲しい人物のイメージであります。しかし，時期特異的にエディプス的父親との関係を絶っていたなら，その経験は違ったも

のになります。その際は彼をあきらめる機会をもつことになりますが，それは落胆によってか，禁止に耐え受容することによってです。それは過去のものになります。しかしこの特異な過程の残留物がありますが，つまり人が外界に放棄した諸機能を内界に再建したのが残留物です。そして太古的父親の記憶と超自我との間には決定的な差異があります。決定的といいましたのは，超自我はその個々人ごとに親の現実的特徴 actual features をいくつか備えているという事実を当然含んでいるのです。

　たとえば，ある親は自分の子どもに対して脅かしで事を運ぼうとするし，ある親は誘惑をもって，別の親は約束をもって行おうとします。そうするのは親たちの超自我です。その内的な物差しがいささかの買収に応じるという人もいます。良いことをするなら，ご褒美が自分に約束されているのです。また厳しいピューリタン的な超自我をもった人もいます。つまり，「これをしなくてはいけません。しかしご褒美はただそれをやったということだけであり，キャンディの追加はありませんよ」と命じています。

　人々が自分に教えこんだこれらの態度は，主要な親がその子どもに現実に行なったことの複製であることがきわめてしばしばあります。それも親が子どもにとってはまだ太古的な構造化以前の対象であった時のことです。しかし，そうした態度は内在化過程というにはいささか不十分といってよいかと思います。つまり，内在化過程の理想は全体パーソナリティとの統合につながっているからです。たぶん食物の同化と類似な何かがそこにはあります。つまり，牛肉を食べたからといってわれわれは牛になるわけではありません。牛の蛋白質がわれわれ自身の蛋白質になり，牛肉蛋白質から人間蛋白質へと変形するだけではなく，われわれの個々の特異な蛋白質へと変形するからです。

　ですから正しい内在化過程すなわちその完全な過程は，いわば少しずつ分留されます。子どもは父親のパーソナリティから自分のパーソナリティに特別必要なものを選択します。彼は父親そっくりの子どもかもしれませ

160

第7章　内在化された価値，理想，目標の獲得　　　*161*

んが，父親と瓜二つの鏡像というわけではありません。さまざまな遺伝素質をもっていますから，われわれはしばしば，親と結びつく多様な背景とは違っていることすらあります。息子は父親よりよけい攻撃的かもしれません。そのために息子はその超自我の中に攻撃性に対する一定の安全装置を必要とすることでしょうが，それは父親にとっては不要のものでした。しかし，父親もまた攻撃性をもっていたが故に，そして父親が我が子の攻撃性に選択的に応答したが故に，父親の中のこの独特な側面はまさにこの5歳半か6歳の子どもの超自我の中で特異な役割を果たすことでしょう。超自我は父親の鏡像ではなく，ひとつずつ選ばれた側面が全人格に統合されるようになったものです。

　そうは言っても超自我は，私が出会った何人においても，自我機能が獲得したようなあの全体的統合を獲得してはいないと思います。たまたま内部に起こってはいますが，常に外部から来た何かのようにも感じられるでしょう(原注6)。自分で選んだ価値や禁止であるのに，あたかも外部から来たかのようにそれにかかわるのです。完全は望むべくもありません。自分の超自我と喧嘩もします。外部の何かが強制しているかのように良心の痛みをおぼえもします。もし逸脱したらどんな思いがするだろうかと脅えて身がすくみます。すなわち，超自我が完全に統合されるということはないのです。

　超自我の形成に関するこのガイドラインにおいては，超自我の前駆として役立つのは禁止の働きだけではなく，承認の働きも，つまり親の中に取り入れられた積極的目標も，同時に役立つのだということを忘れてはなりません。われわれの超自我に取り入れられたその価値はわれわれが最大限に守るべき格別の意味をもつ，ということを銘記して下さい。

　われわれ自身の人生において，超自我の中の中心的価値にこのように高

　(原注6)　この"異物 foreign object"についてさらに検討するためには，以下を参照のこと。Kohut, 1984, pp.100-160, 1971b, p.49, および Kohut and Wolf, 1978, p.416.

161

い威厳を付与する能力は精神的健康にとって強力な安全装置になりますが，その価値の内容は変化します。すこしずつですが，変化するものです。多くの人々において，とりわけ思慮深い人においてそれは成熟します。彼らは彼らの価値の内容を変えることができるのです。価値無しではやっていけません。何かが常に彼らの価値であり，きわめて洗練された人々においてそうであるように，価値の相対性すらも最後には愛すべき価値になるでしょう。その時にはそれは他の価値および他者の価値システムに対する寛容な態度の中核になるのです。

　このようなきわめて重要な内在化の産物ないしは構造である超自我がエディプス期の終末に形成されて，その時おこる何かがパーソナリティを永続的に変え，パーソナリティの一部として残ります。こうしたことはすべて最早期の段階からエディプス期に至るまでごく少しずつ進行していました。しかし，この前期には超自我構造を作るのではなく，自我の基本構造を形成していたと思うのです。小さな個々の「いいえ」に応じて，内的な「いいえ」が樹立されます。小さな個々の「これではなく，あれです」に応じて，小さなゴールが自我の中に樹立されます。親の威厳喪失の小さな一つ一つに対して，自分の「いいえ」と価値に対する威厳が少しずつ増えて自我の中に確立されていきます。このようにして日々におこる無数の経験があって，親からの否定と遅れの一つ一つに応じて（遅れも一種の否定ですから），何かが内的に樹立されます。こうして自我はかつては母か父が外的に遂行していたものを内的に遂行するに至ります。ここでもまた，後になってもそうですが，心がその特定の発達時期に実際に遂行できる限度を超えているという意味でその喪失が外傷的なものだったり，あるいは喪失があまりにも大規模過ぎたりしたら，こうした時には喪失した親との大規模な同一化ないしは過去からの撤収が起こってしまうでしょう。この際は心的構造の欠如になるのです。

　治療の中で起こることは，かつては放棄されたこの同じ発達の領域が，

第7章　内在化された価値，理想，目標の獲得　　　　*163*

比較的に外傷的でないことを約束された設定の中で再び活性化されるということです。そしてこの特定の治療状況の影響を受けて，昔の欲動も再び動員されてきます。昔の欲求不満も再び経験されますが，かつてのような圧倒的な強さは今回はありません。かつてはそのために心は撤収せねばならなかったし，それに対して心は大規模な同一化という形でしか反応できなかったのです。今回それが除々に，非外傷的になされたなら，かつては完了せずに荒削りのままに残されていた諸々の過程がひとつに織りなされてきます。私の経験と理解によれば，この小さな変化こそが行動面でも経験面でも大きな利点をもっています。あなたがその人のパーソナリティを再建するというのでは決してありません。そうではなくあなたが行うことのできるささいな何かが違いをつくるのです。

　次のセッションでは臨床材料を挙げましょう。今日はここでちょっと休みますが，なにかわからないことがありましたら御質問でも。

　　抽象的シンボルの発達時期相応の学習という先生のお考えにすこし戻りますが，つまり読んだり計算ということですが，これは通常は潜伏期に起こりますね。しかし，才能のある子どもではもっと早い時期から興味が起こっているのではないでしょうか。たとえばトイレット・トレーニングの頃とか？

　確かに才能ある子どもなら，2歳半や3歳でも読んだり数えたりの要素的な技術を身につける力があると思います。そのお母さんは鼻高々というわけです。しかし，トイレット・トレーニング期には特異な葛藤があり，つまり能動性と受動性の葛藤ですが，そこから推測して，自分の子どもが早くから読み書きできるのを望む母親はどういう母親かというと，子どもの清潔と早くからのトイレット・トレーニングに対して非常に厳格であり，かつそれを自慢するような種類のお母さんだろうと思います。ここから子どもの中に一種の自律葛藤 autonomy conflict がおこるような気がします。

163

「ぼくがコントロールするよ」

「いいえ，ママがやるわ」

「ママ，ほっといてくれ」

「いいえ，ほっとけません」

「さあ，ウンチの時間だ」

「いいえ，まだウンチの時間ではありません」

　ある程度は母子間のこうした葛藤は成長過程の本質的な部分ですが，どの程度に厳しくどの程度に寛大にするか，世の中の習慣に馴染んでもらうために子どもの自律性をどの程度に抑え込むかが，いつも問題になります。

　ところで西洋文化圏の子どもは必ずといってよいほど，その長く続く成人期パーソナリティの形成に関して，われわれの社会文化の中に広く行き渡っている一定の教育方法によって多少なりとも影響を受けます。強迫性とか受動的役割でのグズグズした態度は軽度のものならば，反抗的態度と並んで，きわめて頻繁に見られるものです。しかし，早くから知的追求が教えこまれたとして，その教える時期を私は問題にしたいのです。つまり，括約筋の規律 sphincter morality とトレーニングをめぐる葛藤がまっさかりの時期で，自我はそれに専心すべき時期に教えこまれるならば，知的追求をめぐる葛藤が肛門ないしは尿道的な属性を帯びてしまうでしょう。こうした人々は他の人なら便秘するのと同じように知的制止 intellectual inhibitions をもつことでしょう。別の言い方をしますと，彼らは理解することを弾圧するので，この世の中の何物に対しても心を動かして理解しようとはしないのです。彼らは読み書きや生産性に停止 blocks をおこすでしょうが，その元をただせばこれらの早期の努力や技術がその子どもにすでに詰め込まれたあの特定の時期にまで遡るのです。その時期こそもっぱらの奮闘が肛門領域に集まっていなければならない時期でしたのに。括約筋に所属するものは括約筋に所属するしかなく，もしそれが精神に付与されるならば，精神は括約筋のように振る舞ったり反抗します。

第7章　内在化された価値，理想，目標の獲得　　　*165*

　とはいっても私の言葉の足りない所をさっそく補う必要があります。思うに，心理学のことはそれがなんであれ，ガチガチの法則になってしまったら，間違いを犯しやすいのですから。私が述べてきたことは原理的には正しいと思います。しかし，時には聡明な子どもがいて，その子は決して強制されたわけではないのに自発的に早くからお勉強をするということもあるかもしれません。ただ，私はある程度の仕事 work になった学習のことを言っているのであって，まだ遊びに過ぎない学習のことを言ってはいません。われわれは幼い頃でも一種のゲームとして読むことができますから。そこでは疲れても抵抗があってもやらねばならない，といったことは問題になりませんが，仕事としての学習ではそうはいかないのです。

　ここが大事なところです。私が言っているのは，その言葉の力，読む力，抽象的思考，がもっぱらからめとられて制止してしまう人たちのことです。知的な停止，読む力の停止がおこっているために，若い頃に大きな約束をされた人たちが後々になって不毛になり強い制止と闘うことになるのです。彼らは生産することと生産しないことをめぐっての，果てしない闘いに自らを消耗させてしまいます。

　ここで私は特に，この種のきわめて重症の知的障害をもったある専門職の女性のことを思い出すのですが，私は現在まで長年彼女を分析してまいりました。それは非常に困難な分析でした。彼女は長女だったのですが，弟妹の世話に関してごく幼い頃から責任が押しつけられていました。彼女は親の手助けなしでも自分を律する control ことができると思われていました。その親は彼女にはいささか不寛容であり，彼女もやはり問題を抱えた幼い少女であることを忘れていました。

　ところで，私の知っている症例の大多数ではたまたまそうなのですが，制止をもたらす時期尚早の知的要求が課せられるのは男性と少年です。これはただ単に，この種の知的制止は女性の生涯に対してよりも男性のそれに対しての方がよけいに破壊的なせいでしょうか。強迫的な女性はしばし

ば家族やその子どもたちを苦しめますが，自分で苦しむことは少ないように思います。それに対して重症の知的制止と停止をもった男性は，専門職ならなおのこと自ら苦しみますし，類似の性格特徴をもった女性よりも自分の病気をよけい感じるようです(原注7)。

表面の症状では，知的認識や生産性における制止があり，つまりは妨害が起こって何物にも心が動かないからその個人は知的に便秘しているように感じる時期をもつことになります。こうしたことの背景には，権威像との表層的な反抗に近いものが見出されることがきわめてしばしばあります。それはまさにトイレット・トレーニング反抗の反復なわけですが，そこでの母親は，いつかとか何をとか期限はとか，口うるさいものですから，いつもそこに対抗心がおこるのです。私が本当に言いたいことは，その発達時期に特異的でない技術が獲得されつつある時は，困った問題がこれらの技術の追求に混じり合ってくる，ということだけです。

たまたま今日の午後，私はかなり具合の悪い一人の男性を見ました。学位をとろうとして大変な重圧を受けていますが，彼は何をすべきかすべきでないかについての対話を聴く寸前のところでした。

彼自身の中にいわば行ったり来たりの闘いがおこっていますか？　そうたずねてみたら，その対話の両方を語れるでしょうか。そこで，どちらか一方に決断することができなくて，真ん中にひっかかっているのでしょうか。

(原注7)　同僚や学生からの質問に答えて，コフートは後に彼の理論公式を拡大して，古典的精神分析による性別　gender　の見方から自己心理学に基づいたそれへと展開した。Kohut, 1978, pp.776-779，782-792および Kohut, 1984. を参照のこと。
　　　このセミナーが行われた，1969—1970年当時には，労働人口と専門職への女性の進出がおこり，急速に増大しつつあった。コフートの言葉はここではその当時でさえも彼の主要な見解として解釈されるべきではない。強迫的な女性にあってはその不機嫌が，自ら苦しむ男性の場合とは違ってよけい子どもたちを苦しめると彼は述べているが，これは貧弱になった自己 self が育児以外のめざすべき目的を見出せないような，そうした女性のことを言っているのである。

第7章　内在化された価値，理想，目標の獲得　　167

　彼はとても混乱していました。重圧を受ければ受けるほど，何をやる
かの決断が彼にはできないのです。しかし，私がびっくりしているのは，
ひっきり無しに行われているその対話のことです。

　わかりました。たとえば私が知っている永遠の迷い屋さん eternal pro-
crastinator の女性みたいな方なんですね，彼女は実際にその仕事を完成
できないでいるのです。素晴らしいアイデアをもったとても才能のある女
性なんですが，物をキチンと書いて出版することは結局はできないでいる
のです。準備が全然できないんです。この人の場合にも同じ内的対話があ
りまして，一方の声は彼女が自己満足することを許容して，彼女自身の名
声を博し成功を手中にするための技術を身に着けなさいと命じているのに，
他方の声は文句をつけて，彼女は弟妹たちのために何かをしなければいけ
ませんとか実際に弟妹の面倒をみるべきだ，と語りかけてきます。こうし
た内的葛藤がありました。彼女は一つの事をやり遂げて充分にそれを楽し
むこともできなければ，かといって他のことも同じくできませんでした。
依然としてその母親に対してひどく腹を立てていましたが，その母親たる
や，弟妹の面倒を自分でみて彼女が必要としている自律性をできるだけ与
える代わりに，弟妹の養育の責任を彼女に押しつけてしまっていたのです。
この永遠の迷い屋さんにはそうした訳がありました。

　　これまでのところ，議論の中心は構造的葛藤 structual conflict を伴
　った仕事制止 work inhibition に関連してきました。しかしながら，自
　己愛固着の例においても，仕事制止を見ることができるかと思いますが。

　きわめて洗練された精妙なやり方で見た場合は別にして，病気の症状や
現象，つまり臨床像だけでは，確かになんとも言えません。症状の背後に
あるものを探して，その原因を力動的に診断しなければなりません。とこ
ろで，今日の人々が精神療法を求めてくる時は，特に学生相談室ではそう

167

なのですが，彼らが示す主要な臨床症状の一つは仕事制止なのです。その大部分は先ほどまでお話しした内在化された葛藤をもつタイプにはどちらかというと関係していません。むしろ，自己評価の調整に際しての自我障害に起因するものであり，したがって仕事イニシャティブ work initia-tive を楽しむ基盤の欠如に起因するものであります(訳注1)。

こうした制止をもった人々は機械のように働きますが，あの独自性 originality の感覚や自発的関与 spontaneous involvement の感覚はけっして伴ってはいないのです。こうした感覚は，「私は私ですし，これでいいんです。私は成功したい，自分を表現したいと望んでいます」という自己が広がった感覚を基盤にしているものです。言い換えますと，彼らはいささか遊び play に関連したような感じで，仕事をする能力をもっていないのです。この重要な鑑別点に関していつかどこかでお話ができればいいんですが。いい仕事はすべてある意味では遊びとして始まりますが，それを完遂するためには仕事の能力もなければなりません。それがもはやそのまま面白いとか満足を与えるものではなくなったとしても，人はそれをやり続けなければなりません。創造的かつ積極的な仕事は，それが科学であれ建築であれ管理であれいずれの分野であっても，それを計画するときに快感を感じ，新しいアイデアを思いつくし，自分がやっていることに夢中になっているからこそ，すべて創造的であり得るのです。確かにそれは楽しいし，愉快です。しかし，いつまでもそういうわけにはいきません。ゲームや楽しみという観念は最初のステップを踏み出す上では助けになるでしょうが，抵抗と現実からの圧力に抗してその仕事を結論までひっぱって

（訳注1）　構造的葛藤も内在化された葛藤もフロイトの提示した神経症モデルに対応している。そこでは健康な自我を前提として，三層構造をもった心の各システム間の葛藤の解決が課題である。それに対して，多くの仕事制止の例では自我そのものの障害のために自己評価が調整困難になっており，後のコフートの分類では自己愛パーソナリティ障害とか自己障害 self disorders に対応している。われわれ日本の最近の臨床の中で問題になっている登校拒否，出勤不能のケースにおいても重症の仕事制止が起こっているが，自己愛の視点は有力な示唆を与えてくれるかもしれない。彼らはまさに仕事イニシャティブを楽しむ基盤を失っているからである。

第7章　内在化された価値，理想，目標の獲得　　　*169*

行く上では不十分なのです。

　お母さん方はきっと言うでしょうが，ウチの子は自分から読み方を覚えようとして，「これは何という字，何という数字？」とたずねてきて，そうしたカタコトをつなぎ合わせたんです，と。その能力のおかげでこうしたことに早熟気味に好奇心をもつような子どもたちもいるのでしょうか，それともいつも微妙なメッセージが与えられているのでしょうか？　つまり，子どものペースに合わせてトイレット・トレーニングをさせていますなんてお母さんが言っても，どこかしらでその子が早熟な学習過程に関心をもつようにさせているのかもしれません。人から聞いたり雑誌で読んだりして，あまり早くから子どもにトイレット・トレーニングを強いるのはよくないと知っているものですから，それにかわってお母さんは学習過程の方へと気を移してこの種の野心的コントロールに精を出すことでしょう。

そうしたことはすべて起こると思います。確かにこの微妙なメッセージに応じる子どもたちもいることでしょう。しかし，利口でズバ抜けた頭をもった，知りたがり屋の子どももいることは想像できます。そうはいっても，この字は何かあの字は何かを知りたいと思うことと，読む技術を創造していく類の持続的作業との間には，とても大きな開きがあります。たくさんの言葉をほとんど自発的かつ遊びながら読める利口な子どもがいたとしても，だからといって彼がそのままよく本の読める子になるわけではないのです。大事なことは読むことが教育過程の本質的な部分になっているかということです。もちろんその子が手を出してやろうとすることを制止や禁止するのは，よくありません。教育過程というものは常に，何がしかの苦痛や葛藤，子どもがまだやりたいと思う以上のもの，疲労を少しは乗り越えること，物事への持続的なこだわりといったことにかかわってきますし，そうたやすくはできないことです。そうでなければそれは教育過程

169

とは呼ばないのです。それは単に遊びの過程になります。私が思うには，きわめて才能のある子どもにとってもこのような早期からの抽象的かつ知的追求は，発達年代にふさわしい phase-adequate とはいえないような気がします。

一定の物事は確かに発達年代にふさわしく，それは括約筋コントロールに直に関連しているわけではないがそこに波長が合っています。積み木の技術を習得する子どもはどんなに夢中になっているとしても，私にはずっとその特定の発達段階にふさわしいように思われます。積み木を積んだり組み立てたりすれば，そこにはなお身体的に楽しいことがあります。これは少なくとも括約筋を締めたり緩めたりすることに関係していますし，歩行で全身の筋肉を伸ばしたりとか，子どもがよじ登る時に習得する体操技術にも対応しています。すべてその一定の発達段階に波長があっているのです。しかしながら，算数や読書の持続に要求される，その種の静謐さ quietness というものは，そこでは長時間，ただ眼と精神で作業するわけですが，前エディプス期と早期児童期の多くにおいては発達時期相応とはいえないのは明らかです。例外もあるかもしれませんが，つまり才能ある子どもにとっては学習したいことを学習できないことの方がフラストレーションになるかもしれません。でもこれは全く別の話です。私が言いたいことは，どんな原理でもそれを極端まで押し進めてしまったら最善よりも最悪なものになってしまう，ということです。

ところで，肛門期とかの一定の時期に優勢である欲動に直に関係するような取り扱い技術 handling skills に子どもがいわばすっかり没頭していたとします。こうした時期に子どもの自我に対して，性目標の阻止された課題に専心せよ，と求めることはできません。このことが重要なのです。子どもは優勢な欲動領域から離れた何かを学習することができないというのではなくて，全体的に見ればこのような早期の学習は彼の欲動緊張に直接的に関連しているということです(原注8)。

第7章　内在化された価値，理想，目標の獲得　　　*171*

　さらに言いたいことは，この特定の時期に間違いがおこるならば，後で特異な仕事制止がその特定の欲動領域に関連してくる，ということです。後々になってその大人は知的領域における要求に対して，実のところ括約筋領域に所属するのと同種の内的反抗という形で反応することでしょう。これがまず明確にしておきたい点です。次に明確にしておきたい点は，こうした特異な内的葛藤に関連した仕事制止が，原理的にいっても，自己の全体的構成と自己評価にかかわる仕事制止とは異なっている，ということです。たとえばその仕事困難が分析されなければならない人たちがいます。しかし，私は何も精神分析でいう分析のことをいっているのではなく，力動的に正しい診断をつけるという意味で分析といっているのです。

　ある人が自分は仕事をすることができないと訴えたら，これはたくさんの意味があり得ることでしょう。しかし，もし彼の仕事の制止ないし困難の詳細を探っていく時には，権威に対する反抗的態度が含まれているかどうか，彼は過剰刺激 overstimulated を受けることを恐れてはいないかどうか，あるいは独立した人格の本質である自己伝達ないしは自己推進のイニシャティブをもてないでいるといった問題はないかどうか，について調べていくことになるでしょう(訳注2)。安定した人間は自由に実験して環境の中へと邁進していきます。この点に関してわれわれはみな浮き沈みはあるものの，イニシャティブが確立されれば，好奇心と学習意欲とは人々が抱く最大の自律した属性の一つです。それは他を犠牲にして一定の領域に偏っているかもしれません。しかし，もっと学びたい，見識を拡大したい

（原注8）　自己対象環境がその時期に優勢になっている欲動に対して，ふさわしい共感的応答をすることができなかったために，解体産物がその結果として発生してくる。その過程については，Kohut, 1977, pp.120-121, 171-173, を参照のこと。

（訳注2）　以下の論述は訳注1で挙げた2種類の仕事制止の鑑別診断に対応している。コフートが初めて公式化した自己障害では，誇大自己が過剰刺激を受けて自我が圧倒されることを恐れるあまり（垂直分裂），イニシャティブも熱意ももてずに，仕事制止がおこっている。そこにはフロイト的神経症とは異なって，権威に対する肛門期的反抗も希薄である。治療技法的には，自己対象転移の展開（"あなた自身の熱意を一時的に貸し与えて"）とその解釈が話題になる。

という感覚は年をとっても継続することでしょう。重い身体や心の病気があったとしてもそうなのです。

　言い換えますと，私はより厳密な診断の重要性を強調したいのです。仕事に制止がないのに，その人の制止を軽くしてあげようとすることはナンセンスです。また，熱意 enthusiasm の欠如が問題ではなく特異な物事に対する特異な制止が問題であるときに，あなた自身の熱意を一時的に貸し与えてその人を励ますことはナンセンスです。それに対して何か意味のあることができる前に，仕事制止は診断されて特定されなければなりません。ある程度の正確な力動的診断に対応して，その問題にわれわれがかかわる厳密な様式こそが役に立つのです。そうでなければ，意味のある方向性をもたない盲目的な試みに過ぎません。目の前に示されている困難を正確かつ敏感に診断する必要性があるということですが，あなたのクリニックを訪ねてくる学生たちを相手にするときにまさに直面するものです。そしてこれから後は臨床資料の吟味があってこそ，自己愛の発達ラインの中で心的構造が出来上がってくる際の微妙な変遷について，私は，みなさんがもっとよく理解するよう援助することができると考えています。

文　　献

Abraham, K.(1927), Contributions to the theory of the anal character, *Selected Papers of Karl Abraham.* London : Hogarth Press; New York : Basic Books, 1953.

——(1927), Contributions to the theory of the anal character, *Selected Papers of Karl Abraham.* London : Hogarth Press ; New York : Basic Books, 1953.

Burlingham, B., and Robertson, J.(1966), "Nursery School for the Blind." Film produced by The Hampstead Child Therapy Clinic, London.(Distributor in the U.S. : NYU Film Library, 26 Washington Place, NY, NY 10003.)

Camus, A,(1946), *The Stranger.* New York : A. A. Knopf and Random House.Originally published in french 1942, *L'Etranger,* Libraire Gallimard.

Churchill, W. (1942),*My Early Life.* New York : Macmillan.

Coleridge, S. T.(1907), *Bibliographia Literaria,* Chapter 14, P.6. Oxford : Clarendon Press.

Deutsch, H.(1942), Some forms of emotional disturbances and their relationship to schizophrenia. *Psychoanalytic Quarterly,* 11 : 301-321.

——(1965), *Neurosis and Character Types,* pp. 262-286. New York : International Universities Press.

Erikson, E. H.(1956), The problem of ego identity. *Journal of the American Psychoanalytic Association,* 4 : 56-121.

Ferenczi, S. (1950), On influencing the patient in psychoanalysis : *Further Contributions to the Theory and Technique of Psychoanalysis.* New York ; Brunner/Mazel, 1980, pp. 235-237.

Freud, A.(1963), The concept of developmental lines, *Psychoanalytic Study of the Child,* 18 : 245-265.

——and Dann, V. (1951), An experiment in group upbringing. *The Psychoanalytic Study of the Child,* 6 : 127-168.

——(1965), *Normality and Pathology in Childhood.* New York : International Universities Press.

Freud, S. (1900), The interpretation of dreams, *The Standard Edition of the*

Complete Psychological Works (hereafter referred to as S. E.). Vol. IV: 157. New York : Norton.

Freud, S.(1905a), Three essays on the theory of sexuality, *S. E.,* Vol. VII : 125 -231. New York : Norton.

——(1905b), Jokes and their relationship to the unconscious, *S. E.,* Vol. VIII : 229. New York : Norton.

——(1908), Character and anal erotism. *Collected Papers,* II: pp. 45-50. New York : Basic Books.

——(1910a), The psychoanalytic view of psychogenic disturbance of vision, *S.E.,* Vol. XI : 209-218. New York : Norton.

——(1910b), Wild psychoanalysis, S. E., Vol, XI : 219-227. New York : Norton.

——(1911a), Psycho-analytical notes on an autobiographical account of a case of paranoia(Dementia Paranoides), *S. E.,* Vol. XII : 3-82. New York : Norton.

——(1911b), Formulations on the two principles of mental functioning, *S. E.,* Vol. XII : 213-226. New York : Norton.

——(1914a), Remembering, repeating and working through, *S. E.,* Vol. XII : 147-171. New York : Norton.

——(1914b), History of the psychoanalytic movement, *S. E.,* Vol. XIV : 7-66. New York : Norton.

——(1914c), On narcissism : An introduction, *S. E.,* Vol. XIV : 67-102. New York : Norton.

——(1915a), Instincts and their vicissitudes, *S. E.,* Vol. XIV : 117-140. New York : Norton.

——(1915b), Thoughts for the times on war and death. *S. E.,* Vol. XIV : 273 -300. New York : Norton.

——(1916), The "exceptions," *S, E.,* Vol. XIV : 311-315. New York : Norton.

——(1920), Beyond the plesure principle, *S. E.,* Vol. XVIII : 3-64. New York : Norton.

——(1921), Group psychology and the analysis of the ego, *S. E.,* Vol. XVIII : 69-143. New York : Norton.

——(1923), The ego and the id, *S. E.,* Vol. XIX : 23-66, New York : Norton.

——(1926), Inhibitions, symptoms and anxiety, *S, E.,* Vol. XX : 87-174. New York : Norton.

——(1933.[1932]a), New introductory lectures on psycho-analysis, *S, E.,* Vol. XXII. New York : Norton.

文　献

——(1933.[1932]b), Dissection of the psychical personality, *S. E.,* Vol. XXII : 57-80. New York : Norton.

——(1933.[1932]c), Anxiety and instinctual personality, *S, E.,* Vol XXII : 81 -111. New York : Norton.

——(1937). Analysis terminable and interminable, *S. E.,* Vol. XXIII : 216- 253. New York : Norton.

Gittings, R. (1968), *John Keats,* Boston : Little, Brown, p, 152f.

Glover, E.(1956), The concept of dissociation in the early development of the mind, *International Journal of Psychoanalysis,* 24 : 7-13.

Greenacre, P. (1957), The childhood of the artist, *Psychoanalytic Study of the Child,* 12 : 47-72.

——(1960), Woman as artist, *Psychoanalytic Quarterly,* 29 : 208-227.

Greenson, R. R. (1967), *Technique and Practice of Psychoanalysis.* New York : New York University Press.

——(1965), The working alliance and the transference neurosis, *Psychoanalytic Quarterly,* 34 : 155-181.

Hartmann, H.(1958[1939]), *Ego Development and Adaptation.* New York : International Universities Press.

——(1972), *Der Grundlagen die Psychoanalyse.* Klett Verlag, Stuttgart.

Horney, K. (1934), The overvaluation of love : A study of a common present -day feminine type, *Psychoanalytic Quarterly,* 3 : 605-638.

Jones, E,(1957), *The Life and Work of Sigmund Freud,* Vol. 3 : 144-145, 246. New York : Basic Books, Inc.

Klein, M.(1932), *The Psychoanalysis of Children.* London : Hogarth Press.

——(1957), *Envy and Gratitude.* London : Tavistock Publication.

Kohut, H.(1959), Introspection, empathy and psychoanalysis. In P. Ornstein(ed.) *The Search for the Self,* Vol. I, Chapter 12. New York : International Universities Press, 1978.

——(1966), Forms and transformations of narcissism. In P. Ornstein(ed.) *The Search for the Self,* Vol. II, Chapter 32. New York : International Universities Press, 1978.

——(1968), The psychoanalytic treatment of narcissistic personality disorders, *The Psychoanalytic Study of the Child,* 23 : 86-113.

——(1970), Narcissism as a resistance and a driving force in psychoanalysis. In P. Ornstein (ed.), *The Search for the Self,* Vol. II : 547-561.New York : International Universities Press, 1978.

——(1971a), Thoughts on narcissism and narcissistic rage. In P. Ornstein (ed.), *The Search for the Self,* Vol. II : 615-658. New York : International Universities Press, 1978.

——(1971b), *The Analysis of the Self,* New York : International Universities Press.

——(1977), *The Restoration of the Self.* New York : International Universities Press.

——(1978), *The Search for the Self : Selected Writings of Heinz Kohut 1950 -1958,* Vols. I & II, edited by P. Ornstein. New York : International Universities Press.

——(1984), *How Does Analysis Cure?* Chicago : University of Chicago Press.

——and Seitz, P. (1963), Concepts and theories of psychoanalysis. In J. W. Wepman and R. W. Heine (Eds.). *Concepts of Personality. Chicago : Aldine.*

——and Wolf, E. S.(1978), Disorders of the self and their treatment, *International Journal of Psycho-Analysis,* 59 : 413-425.

Kris, E.(1934), *Psychoanalytic Explorations in Art.* New York : International Universities Press, 1952.

Krystal, H.(1969), *Massive Psychic Trauma.* New York : International Universities Press.

Ludwig, E. (1928), *Wilhelm II.*New York and London : G. P. Putnam Sons.

O'Neill, E, (1956), *Long Day's Journey into Night.* New Haven : Yale University Press.

Reik, T. (1953), *The Haunting Melody : Psychoanalytic Experience in Life, Literature and Music.* New York : Farrar, Straus and Young.

Schreber, D. P. (1903). *Denkwürdigkeiten eines Nervenkranken [Memoirs of a nerve patient].*

Spitz, R. A.(1945), Hospitalism : An inquiry into the genesis of psychiatric conditions in early childhood, *Psychoanalytic Study of Child,* 1 : 53-74.

——(1946), Hospitalism : A follow-up report, *Psychoanalytic Study of the Child,* 2 : 113-117.

Tolstoi, L. (1915), *The Death of Ivan Ilich.* Translated by Constance Garnett. London : Heineman.

Winnicott, D. W. (1951), Transitional objects and transitional phenomena, *International Journal of Psycho-analysis,* 34 : 89-97.

——(1968), *Through Paediatrics to Psychoanalysis,* Chapter 18. London : Hogarth Press;New York:Basic Books.

関 連 文 献

1) Gedo, J. and Goldberg, A.：Models of Mind. Chicago Universities Press, 1973.（前田重治訳：心の階層モデル. 誠信書房, 1982.）

2) 伊藤　洸：ナルシシズム研究（その1），発生的・構造的観点から. 精神分析研究, 26；47-71, 1982.

3) 伊藤　洸：コフートの自己愛論. 青年心理, 第73号, 金子書房, 1989.

4) 伊藤　洸：第5章自己とは何か　第3節コフートの自己について. 臨床心理学大系第2巻　パーソナリティ　金子書房,（近刊）

5) Kohut, H.：The Search for the Self. International Universities Press, New York, 1978.（伊藤　洸監訳：コフート入門・自己の探究. 岩崎学術出版社, 1987.）

6) 丸太俊彦：Kohut の自己（self）心理学. 精神分析研究, 26；21-29, 1982,

7) 丸太俊彦：第7回自己心理学カンファランス, 1984年, トロント, カナダ. 精神分析研究, 29；335-340, 1986.

8) Miriam Elson:Letters to the Editors. On Parenthood. A Dynamic Perspective. Int.Rev.Psycho-Anal.13;357,1986.

9) 小此木啓吾：精神分析理論. 現代精神医学大系第1巻B1b. 中山書店, 1980.

10) 小此木啓吾：自己愛人間. 朝日出版, 1981.

11) Spruiell, V.：Theories of the treatment of narcissitic personalities. 1972.（伊藤　洸訳：自己愛パーソナリティの治療論. 日本精神分析協会編訳：精神分析学の新しい動向. 岩崎学術出版社, 1984.）

あ と が き

I. 本書の位置づけ

本書「コフート　自己心理学セミナーI」(以下，本書と呼ぶ) は，

ミリアム・エルソン編集：

「自己心理学と青年期精神療法に関するコフートのセミナー」(以下，原書と呼ぶ)

Miriam Elson(ed.):The Kohut Seminars on Self Psychology and Psycho-therapy with Adolescents and Young Adults.

W. W. Norton & Company, New York, 1987.

の第一部の「理論編」の全訳である。引き続いてまもなく第二部の「事例検討集」が訳出される予定である。

原書のタイトルおよび編者の序文にも示されているとおり，原書は，シカゴ大学学生メンタルヘルスクリニックでの臨床実践に対して，コフートがおこなった一連の講義とスーパービジョンとが骨子になって作られている。こうしたクリニックでの実践はそのセッティング上，本格的な精神療法というよりは診断面接ないしはガイダンス，せいぜい週一回の精神療法という形になりがちであるが，こうした事情は日本の大学の学生相談室にも共通のことであろう。つまり，本書はコフートが自己心理学の視点から診断面接ないしは精神療法を論じた本である。それに比して，「自己の分析」(1971) を代表とするこれまでの数冊のモノグラフがすべて，精神分析を志向しその臨床実践を踏まえて書かれているのと好対照をなしており，その意味で本書はコフートの著作の中でもきわめてユニークな位置を占めている。そして，多くの精神療法が週一回の面接という形態で行われざる

を得ない事情にある日本の臨床実践，すなわちコフート流にいうと「頻度の少ない精神療法」（63頁）に対しても，多大の示唆と刺激を与えるはずである。

　ところで，コフートの自己愛論および自己心理学に関しては，巻末の関連文献にも示されているとおり，日本に紹介されて既に約十年の歳月が流れており，各種の学会でコフートの名前が引用される機会が増大しつつあるように思われる。しかし，理論はともかく実際にどのように治療したのかについては，彼の主要な著書がまだ翻訳されていない実情も手伝って，われわれがまだ充分に咀嚼したとは言い難い状況にある。その点，本書においては彼の臨床感覚，すなわちいかにクライアントを理解し治療的に援助し彼の理論を構築していったか，とりわけ実践と理論化の往復運動をよく見てとることができる。特にセミナーという肩の凝らない（？）発表の場であるせいもあってか，治療における彼の文字どおりの阿うんの呼吸（102〜103頁），触覚的ともいえるその共感性（90〜91頁），そしてとりわけ「かくいう私自身もその例外ではない」と言い切る時のコフート自身のセルフおよびその傷つき（45〜46頁）が，驚くほど率直に表明されているのは興味深いことである。

2．自己心理学について

　コフートの略歴およびその自己心理学そのものについては，関連文献とりわけ関連文献5の第8章および解題に要約されているから本稿ではあえて詳述しない。とりわけこのセミナーがおこなわれた年代は1969〜1970年の間であり，この「コフート入門」の諸論文が書かれた年代と重なっており，実際のところは自分の理論をこのセミナーで確かめながら，主著「自己の分析」（1971）の刊行を準備していたようである。

　このあとがきでは，本書を読むにあたってどうしても必要なキーワードのいくつかを解説するにとどめたい。まずコフートが臨床のどういう対象

あとがき

領域にねらいをつけていたかが問題になるだろう。読者は本書を一読して，精神医学でいう心気症ないしはセネストパチーともいうべき精神病理の考察が頻繁に出てくることに最初に気がつかれるだろうが，この身体自己 body-self の問題にこだわるのは，きわめてフロイト的な出発点に彼が立っていることを示している。言うまでもなくフロイトは「ナルシシズム入門」(1914) において，対象から撤収されたリビドーによって自我が中毒をおこすことを精神分裂病や心気症の発生要因としているからである。そして身体化ともいえるこれらの病状は，本人以外には理解しがたく，小此木啓吾先生がしばしば言われるようにそれは妄想にも近似している。心気症者は空想に乏しくただ同じことを繰り返して訴えるのみで，しばしば治療者を辟易させることは臨床家のよく経験するところである。コフートはこの困難な問題領域になんとか切り込もうとして，自己の全体性ないしは融和性が保持されているヒステリーとの対比において論じている(67〜69頁)。結局，本書の結論としては，健康な自己概念にとっての身体の重要性が強調されている。

　次に融和性ないしは融和化の概念であるが，これはそれが崩れた断片化の方から論じるとわかりやすい。抽象的にいうと断片化とは自己評価の低下した状態をいうが，臨床的には自分が抑うつ的だ，生き生きしていない，バラバラだ，現実感がない，自分が何かわからなくなった，無価値である，といった幅広い体験に対応しており，アパシー，離人症，アイデンティティ障害によく見られる症候学である。断片化という語感からややもすれば精神病性の解体不安をイメージしがちであるが，もちろんそうした強烈な不安も含むが，それだけではなく神経症性の高所恐怖や乗り物酔いなどにも起こる不安，つまりは自己の基盤が動揺する経験を示している。

　イニシャティブの概念はわかりにくい。意志とか主体性という含蓄であるが，「私がやります」という決意や「一緒にやりましょう」という呼び掛けを内包している概念でもある。赤ん坊は母親を別個のイニシャティブ

をもった存在としては認識していないから，赤ん坊がお腹が空いたらミルクが口に入ってくるのが当然だと確信している。コフートによればこうした母親は赤ん坊にとっての自己対象である。反対にみずからのイニシャティブの中心をもっていることが自己の自己性の印であり，自己が空間的には融和しかつ時間的には連続していることを保証する。ところが自己愛人格障害者など自己に障害をもつ人は，他者が別個のイニシャティブをもつことを認識していないから，他者が自分の手足のように動かなかった時に自己愛的憤怒をむける。逆に「かのような人格」は自己のイャシャティブ感覚が希薄であるから，第三者の目には他者の模倣をしているのに過ぎないのに，本人は自己のイニシャティブで行動していると主張する。

　理想化転移や鏡転移についてはむしろ本書の中身にこそその詳細な解説を求めるべきである。そこでは逆転移も含めてコフートの臨床経験を材料にして生き生きと記述されており，さらに後に続く「事例検討集」においてはスーパービジョンの中で具体的に論議されることになる。

　ところで，コフートは自己愛と対象愛の発達ラインを分離することに執拗にこだわっており，その論述の仕方が時には挑戦的かつ感情的に思えることすらある（たとえば6～7頁，17～19頁）。なぜなのか。単に自己愛という言葉に歴史的にまとわりついてきた否定的な価値判断を払拭（ふっしょく）するためだけではあるまい。またフロイトのリビドー論が生物学主義だから時代遅れだ，などという月並みな批判を展開したいためでもあるまい。彼が最も批判の矛先を向けているのは，精神分析的な発達論がしばしば陥りがちな陥穽（かんせい）である成熟神話ないしは健康道徳（18頁）に対してである。発達しないこと・成熟しないことの方にひょっとしたら価値があるのかもしれないという視点は，単に逆説的に奇をてらっているのではなく，人間の実存の次元を見据えようとしているかのようである。これこそがコフートの自己であり，自己がいかに変わったかではなく，いかに変わらないかを納得することが自己の融和性を獲得することの意味ではないだろうか。

あとがき

3．むすび

　編者のエルソン女史については寡聞にしてよくは存じあげない。ただ関連文献の8に見られるように，コフート亡き後の自己心理学派の有力な推進者の一人であることは確かなようである。本書の発刊にあたり日本版のための序文をいただいたことはわれわれ訳者一同の大きな励みになったが，本書のむすびにあたって厚くお礼申し上げたい。

　翻訳のすべての責任は伊藤が負うが，いちおうの訳出の分担は，伊藤が序文と1章と7章，藤原が3章と6章，山田が4章，中西が2章と5章という構成になっている。

　最後になってしまったが，金剛出版の中野久夫氏と山下博子氏には，必要な文献を取り寄せていただくなど，大変に御世話になってしまった。深く感謝する。そして，訳者一同，これに続く「事例検討集」の訳出にあたっても，これまでのような共感あふれるサポートが得られるだろうことを信じて疑わない。

　　平成元年9月6日

　　　　　　　　　　　　　　　　　　　　　　　訳者代表　伊藤　洸

人名・事項索引

■あ行■

アイデンティティの危機　17

アイデンティティの拡散　17

赤ん坊

　——崇拝（→子褒め）　95-97, 110

　——におけるエディプス期の自己愛的
　　　側面　51-53

　——における自己愛的欠陥　51-53

　——における自己愛平衡　94-97

　——における自己確証　58

　——における自己の発達　48-51

　——における自己評価　48-51

　——における男根期的自己愛　51-53

　——における露出的欲動　95

　——の両親からの外傷的分離　59

アブラハム（Abraham, K.）　153

移行対象　85-87, 89

　フロイトと——　87-88

移行段階　17

一次的自己愛　14, 19, 29, 78, 81-83

一次的投影　155

イド　122

イマーゴ　159

隠蔽記憶　105-106

ウィニコット（Winnicott, D.W.）　85

ヴォネガット（Vonnegut, K.）　48

ウォルフ（Wolf, E.）　161

動き出した幼児的欲動　158

運命神経症　117

エディプス・コンプレックス　52, 116,
　156

エリクソン（Erikson, E.H.）　7

■か行■

価値判断

　——としての健康　10

　——としての成熟　3

　——としての適応　3, 7

　——としての評価　17

　——としての病気　10

括約筋の規律　164

かのような人格　153

記憶は内在化のことである　159

境界例

　自己愛と——における性格障害　127
　-129

共生　103

鏡転移　98, 101

　——と精神分裂病　100

　——の諸段階　99-102

恐怖症型の記憶　136

クライン（Klein, M.）　49

クリス（Kris, E.）　28

クリスタル（Krystal, H.）　21

グリーンソン（Greenson, P.R.）　103
　-105

グローバー（Glover, E.）　84

原光景体験　116

健康道徳　18

口愛サディズム的固着　18

構造形成

　——にいたる過程　115

　子どもにおける——　157-158

誇大自己　110, 112

　——の出現　127

　共感的環境と——　71-92

185

治療状況における―― 112
理想化対象と―― 123
固着 6
価値判断としての―― 8
子ども
――と母親 56-59
――と母親の映し返しの関係 56-59
――における鏡転移 98
――における自己愛的人格障害 66
――における仕事制止 167-172
――における自律葛藤 163
――におけるトイレット・トレーニング
163
――における理想化された超自我
60-62
――の空想性 72
――を世話する大人の共感 79
コールリッジ（Coleridge, S.T.） 2

■さ行■

自 我 122
――と超自我 155
――の構造 162
――の自由 157
――の自律的機能 157
交代―― 100
純粋快感―― 121
自 己
――確証 52-54
――対象 76
――中核 65
――と誇大空想 122
――評価 93
自己愛
――性格障害と境界性格障害 128
-129
――（的）平衡 78-79, 94, 110
――と精神療法家 111
――についての言わずもがなの仮説

3 - 4
――についての仮説的な理論 2
――についての公理的な考え方 2
――についての理論的な仮説 2 - 3
――の核 129
――の諸形式 9 -10, 12-13
――の漸成的継起 12
――の発達ライン 25-43
――の非適応的なかたち 10
――の病理 15
――の崩壊 28
――への打撃 88, 90, 107-109
――リビドーと対象リビドー 27
愛他主義と―― 11
異性愛と―― 41-42
一次的―― 14, 19, 29, 78, 81-83
贈り物をすることと―― 39
価値判断と―― 1 -24
客体に結合した―― 53, 61
共感と―― 42
共感は――に端を発する 42
精神分析的方法と―― 32, 33
精神療法における――の出現 151
成熟と―― 3
対象愛から――への退行 28
対象愛対―― 11, 13, 23-24
対象関係と―― 13
男根的―― 52
治療者と――の平衡 110
適応としての―― 3, 8
同性愛と―― 41-42
備給（カテクシス）対―― 13
融和化された太古的な―― 67
リビドー発達と―― 34-37
自己愛的な支え 15-16
「自己愛パーソナリティ障害の精神分析
治療（コフート）」 94
自己愛平衡 78-79, 106
――の回復 91

——の失敗　79
——の度合　106
赤ん坊における——　94-97
幻覚的願望充足と——　99
子どもにおける——　79
治療者と——　110
自己対象　76
賞讃する——　119-147
太古的——　156, 159
万能の——　122
理想化された——（としての神／国家）
　119-147, 123
両親の反応と——　125
自己備給（カテクシス）　72
子どもにおける——　72-92
自己評価
——と身体的暖かさ　73
——の形成　45-69
——の挫折　47
——への突然の刺激　73
——を調節する心的構造　93-117
緊張状態と——　72
子どものゲームと——　74-76
自己愛人格障害と——　66
自己評価を支える関係の喪失と——
　63
社会病理と——　54
心的経済と——　75
成功と——　38
精神分裂病の退行と——　67
直接的満足と——　58
水治療法と——　73
ユーモアと——　114
理想化された超自我と——　61
自体愛　36-37, 65, 68
——的リビドーと精神分裂病　68
——と精神分裂病　83-84
——とフロイト　36
死の恐怖　96

フロイトの——　96
——と自己愛平衡　96-98
心気症　33
——と精神分裂病　85
精神分裂病者の——　85
身体症状群　67
心的経済　10, 73-75
シュレーバー症例　92
ジョーンズ（Jones, E.）　20, 99
スピッツ（Spitz, R.A.）　14, 51
性器期　19
制　止
——の症状　167-169
過剰刺激と仕事——　171
子どもにおける仕事——　167-172
自己推進的人格と仕事——　171
仕事——　167-172
知的——　164
読み書きの——　164
成熟　3, 6
精神病
——の核　128
潜在性の——　63, 66
精神療法の妨げまたは進展としてのユー
　モア　114
精神分裂病
——者と母親の映し返しの関係　56-
　58
——と鏡転移　100
——と自体愛的リビドー　68
——と退行　49-50, 66
自体愛と——　83-84
人格化された応答と——　54
身体変容と——　68
体温と——　90
性欲動　95
切断不安　97
空を飛ぶ空想　122

■た行■

退行　6, 132
一次的退行　128
　　価値の下がった──　11
　　価値判断としての──　10
　　誇大的態度への──　112
　　孤立化した身体感覚への──　84
　　睡眠における──　19
　　精神分裂病と──　84
　　不眠症と──　19
対象
　　──という言葉の使用　4
　　──リビドー　27, 40, 82
　　──リビドーと自己愛リビドー　27
　　偽りの──　5
　　自己──　76
対象愛
　　──と接触能力の証拠としての苦しむ
　　能力　5
　　──の諸形式　11
　　──の発達ライン　25-43
　　孤立と──　5
　　自己愛対──　11, 13
　　自己評価と──　27
　　情緒的成熟と──　5-6
対象関係
　　──における心的外傷　5
　　──の浅薄さ　5
　　──の自己愛的目的　38-39
　　自己愛と──　13
ダーウィン（Darwin, C.）　12
他者志向性　4
断片化された自己
　　──と回復　76
　　──と融和された自己　65
　　精神分裂病者の──の感覚　48-49
チャーチル（Churchill, W.）　8
超自我　122, 155

　　──と自我　156
　　──としての両親の姿　157-161
　　──に対する太古的な父親　159-161
　　──の形成　62, 161
　　エディプス期における──　161-162
　　子どもにおける理想化された──
　　60-62
　　理想化された──　61
適応　7
　　──と幻覚　21-22
徹底操作　115-116
　　構造形成にいたる──の過程　115
転移
　　──と鏡　99-101, 109
　　──における理想化　131-139
　　理想化──　119, 131-139
ドイッチュ（Deutsh, H.）　152
同一化
　　──の概念　153
　　一時的な全面的──　151-152
　　全面的──　150-151
　　大規模な──　163
同性愛　41-42
　　フロイトと──　41

■な行■

ナルキッソス　13
内在化
　　超自我形成における──　162
　　不充分な──過程　160
　　分留される──過程　160

■は行■

発達の可能性　65
バーリンガム（Burlingham, D.）　56,
100
ハルトマン（Hartmann, H.）　7, 28,
42
万能　122

科学—— 122
備給（カテクシス）
　　——対自己愛 13
　　自己—— 72
ヒステリーの空想 67-68
　　分裂病の退行と紛らわしい—— 67-68
不安発作 136-137
不信の自発的棚上げ 2
双子の経験 101, 104, 107-109
フロイト（Freud, A.） 12
フロイト（Freud, S.） 14, 18, 20-22, 34, 36, 91, 95, 98, 115-117, 122, 128, 146
フロイト
　　——と移行対象 85, 87-88
　　——と一次的自己愛 81-83
　　——と同性愛 41
　　——とユーモア 114
　　——における鏡転移 98
　　——の「快感原則の彼岸」 85, 87
変容性内在化 114, 126
　　——の過程 115
ほどよいフラストレーション 142

■ま行■

ミッチャーリッヒ（Mitscherlich, A.） 127

目標の獲得 149-172

■や行■

融 合 100-103
　　——空想 40
　　——におけるため息の経験 104
　　一緒にいるという—— 104
　　神との—— 123
　　病理的な—— 131
融和化された自己 36-38, 46, 48, 62-64, 65
良いものと悪いもの 13

■ら行■

「『乱暴な』分析について」 116
理想化された親のイマーゴ 125, 127
理想化された自己対象
　　——としての父親 138, 156
　　——における失望 125
理想化された対象
　　——と誇大自己 125
　　——としての母親 76, 125
リビドー
　　——分散 82
　　対象—— 27, 40, 82
歴史的方法 31
露出症 15-16
ロバートソン（Robertson, J.） 56

189

■訳者略歴

伊藤 洸 (いとう こう)
1943年 パラオ島に生まれる
　現職 武田病院勤務
　　　国立東京第二病院精神科 (非常勤)
著訳書「青年の精神病理2」(弘文堂，共著)
　　　「臨床社会心理学，統合と拡散」(至文堂，共著)
　　　「自己と対象世界」(ジェイコブソン著，岩崎学術出版社)
　　　「増補版・精神医学事典」(弘文堂，共編著)
　　　「こころの精神医学」(東京美術，共編著)
　　　「コフート入門」(コフート著，岩崎学術出版社)
　　　「3000万人のメンタルヘルス」(予防健康出版社，共著)
　　　「トラックドライバーのためのメンタルヘルス」(全国トラック交通共済
　　　共同組合連合会，共編著)

中西悦子 (なかにし えつこ)
1958年 兵庫県に生まれる
　現職 帝京大学医学部付属溝口病院精神神経科勤務
　著書「キャンパス・トピックス，こころ探し──入学から卒業まで」(誠信書房，
　　　共著)

山田耕一 (やまだ こういち)
1949年 金沢市に生まれる
　現職 国立療養所久里浜病院勤務
著訳書「アルコール臨床ハンドブック」(金剛出版，共著)
　　　「健康医学とペイシェント・ケア」(ライフ・サイエンス・センター，共著)
　　　「コフート入門」(コフート著，岩崎学術出版社)

藤原茂樹 (ふじはら しげき)
1955年 山梨県に生まれる
　現職 神経研究所付属清和病院勤務
著訳書「コフート入門」(コフート著，岩崎学術出版社)

コフート 自己心理学セミナー 2
〈症例編・Ⅰ〉

ミリアム・エルソン 編

伊藤 洸 監訳

金剛出版

コフート　自己心理学セミナー 2　　症例編／目次

第 8 章　自己評価の調整における，他者の賞讃に対する
　　　　嗜癖的な欲求……………………………………………　3

第 9 章　自己評価欲求を反映する身体症状 ………………… 37

第10章　移行期における身体症状の出現と後退について
　　　　の理解をすすめるために………………………… 69

第11章　家族からの分離と，理想と目的を強化するため
　　　　の苦闘 ……………………………………………… 97

第12章　共感的な理解を広げ，一つの態度を共有すること 129

　あとがき　155

〈症 例 編〉

第8章

自己評価の調整における，
他者の賞賛に対する嗜癖的な欲求

K：今日は私たちにとって，少なくとも象徴的な意味では，新しい年代の
開始になります。すなわち，エディプス・コンプレックスの項目は終了し
て，この最初の症例提示において潜伏期に入るからです。

P：教育学を専攻する22歳の大学院2年のある女子学生は，ボーイフレン
ドとのある別れに際して大変に苦しんでいました。彼女は過去数年間の間
に一定のパターンがあることに気がついていました。すなわち，最初は大
変に熱烈な関係をもつのですが，やがて自分を助けてくれとの無理な要求
を彼に押しつけてしまって，その結果，彼を遠ざけてしまうのです。彼女
はそのまずい副作用，すなわち抑うつ感，極端な自己評価の低下と罪悪感
のせいで悩んでおり，また，同じタイプの関係を将来とも反復するのでは

（編者注）以下の各章において，各症例を提出するのは，学生メンタルヘルスや大学精神医学
　　教室のスタッフである。個々の症例提示は，その提示者のコメントも含めて，すべて太字
　　で示されている。セミナーの参加者からの質問はイタリック体で表されており，それは本
　　書に共通である。
　　　われわれのクリニックでは，次のような症例が様々な形をとってあらわれるのが常であ
　　る。男女を問わず，そうした学生は，自分が行った厳しく幼稚な要求のために，人間関係
　　を破壊しつつある，ということを自覚してはいる。しかしながら，彼は自分がその行動を
　　続けるならやがてはその関係が終わりになる，ということを知っていながら，自分の行動
　　を止めることができないでいる。
（訳者注）本訳書においては，コフートの発言部分をK，症例提示者（原書太字部分）をP，
　　セミナー参加者（原書イタリック体）をFとして表示した。

197

4

ないか，と心配していました。彼女が他の大学にいた時，ある仲間の学生とつき合いましたが，彼との関係が彼女の人生における一つの転回点になったように思われました。すなわち，その時点までは，14歳から19歳までの約5年間，彼女には一人のボーイフレンドがいましたが，その彼とは結婚するだろうと，誰もが思ったくらいの恋仲でした。ところが彼女は，このままでは自分が"ベルトコンベア式の郊外生活者 a conveyer-belt suburbia"になってしまうと感じて，その関係は終わったのでした。それに引き続いて大学のある学生とのきわめて熱烈な関係が6カ月あって，そこで彼女は初めて性体験をもちました。彼女は常々，自分の家族とは非常によい関係だったのですが，両親はそのボーイフレンドに会ったことがないにもかかわらず，この学生に立腹するようになり，二人の関係を壊すためにありとあらゆることをしました。この時以後，彼女は家族に対して以前のような気持ちをまったくもつことができなくなりました。

　彼女は，これらの関係が壊れた後にも"馬鹿げたこと"をやった，と語りましたが，つまり，関係が終わったにもかかわらず変な時間に彼に電話をやって，彼女のもとに戻ってくるようにしつこくせがんだのです。それからすごく腹を立てて，電話しても無駄だってことぐらいわかっている，と言うのが常でしたが，彼女に電話したい気持ちをどうしても押さえることができないのでした。

　彼女は，今のところ，子どもたちに教えています。そしていささか責任を感じて，もっと良く子どもたちを教育するためには，彼女自身の"とらわれ"から解放されなければいけない，と考えています。彼女がわれわれのもとに来たのは，ボーイフレンドとのこうした関係を繰り返すのが苦痛だったからだ，と私は思いました。

　初回面接の大部分，彼女はそのたくさんのロマンスとそれが終わってからの抑うつの時期について語り続けました。22歳にして彼女は老けてしまったと感じ，おそらく幸せな結婚ができないのではないか，と不安になり

第 8 章　自己評価の調整における，他者の賞賛に対する嗜癖的な欲求

ました。ボーイフレンドとは掛け値なしの関係に浸りたいと言い，しかし，彼女のボーイフレンドたちは，こうした条件をお互いに受け入れてくれるのを嫌がる，と語りました。「私は男性になんでもしてあげたい。お望みなら四六時中見守ってあげるわ。いつもいっしょにいてあげる。こうした私を受け入れてそのお返しを十分にしてくれる男性を私は求めているの。それが人生に望むすべてよ」。

　彼女の両親は五十代半ばの知的な人物です。父親は教師であり，母親は主婦です。彼女によれば二人は感受性豊かな，知的な人物であるから，以前のボーイフレンドを批判するなんてまったく柄でもない，とのことです。それ以後，二人はいつもの受容的でもの分かりのよい両親に戻りました。彼女は30歳の姉を羨ましく思っていますが，姉は幸せに結婚しており，二人の子どもの母親でした。高校生である17歳の弟が一人います。彼女の子ども時代は幸福でした。子どもたちに教えながら彼女は，最近，自分自身の子ども時代や青春期を点検してみましたが，たいして問題点を挙げることができませんでした。

　私がこの事例を選んだ理由は明らかです。彼女は友達の批判に対していくらかの洞察を示していましたが，その批判たるや，彼女みずからこうした心痛のお膳立てをやっている，だからそうした結末は避けられないのだ，という風のものでありました。彼女は最初に，性的活動にまつわる罪悪感について語りましたが，それはそうした関係が続いている時に起こりました。しかし，この罪悪感は関係が進行中の時には起こらず，関係が終わった後になって初めて悪いことをした，自分はもう使い古しだと感じたのですが，それは彼氏が自分を使い古したという意味でありますし，また同時に，やがて出会うはずの完全な彼氏は彼女の以前の関係のせいでもはや彼女を好きになってはくれないだろう，という意味の使い古しでもあります。私がこのケースを提示したもう一つの理由は，伝統的にいってこうした症例はヒステリー人格とみなされるだろうと思うからです。しかしながらこ

199

6

のセミナーの性格からいって，もっと別の考え方があるのだろうと思います。私は彼女を5，6回見ました。ところで，私はここで話をもっと細かいところに進めていきましょうか，それとも少し止めてコメントや質問をいただきましょうか。

K：この時点で私たちにわかったのは，彼女がそのボーイフレンドに切実に求めている関係のタイプは，途方もなく包括的かつ広範囲な関係である，ということです。そのうちにボーイフレンドはこうした途方もない要求の圧力に閉口して身を引いてしまいます。そして，自分の行動を恥ずかしいとは思っても，彼女は自分の心が大変に貧しく感じてならないので，お返しをどうしても求め続けてしまいます。だいたいこういったお話でしたね。また彼女は一定レベルの家庭の出身で，姉と弟がいることも知りました。

P：最初に彼女の話し方についてすこし詳しく述べてみます。どちらかというと可愛い女性なのですが，自分の感情について語るときの彼女は，大変に当惑して振る舞うのが常でした。「こんなことを話すのはためらわれるのですが」，と言うのですが，実際にそれを言うときにためらいがありますし，ひどく恥ずかしがった末に，「私はハンサムな男の子が欲しいの。それも並な子では絶対にだめ」，と言ったりもしました。彼氏のことを男の子と呼ぶこともしばしばです。「これじゃまずいことも知っているわ。いかにも女学生っぽいもの。でも私は，心から賞賛する admire ことのできる人が欲しいの。その人はとてもハンサムで，みんながなるほどハンサムだと認める人でなきゃだめ。普通の子だったら要らないわ。でも，頭も良く，経済力もあり教育もちゃんと受けた男性を見つけた方がよいことは，私にだってわかっているわ。大人の自分がいるもの。でもどうしても惹きつけられてしまうの。スタイルがよくって，すごくユーモアのセンスがあって，女学生がいかにも好きになりそうな，まさにそういった男性に」。

第 8 章　自己評価の調整における，他者の賞賛に対する嗜癖的な欲求　　7

　彼女は意気阻喪した気持ちを語りましたが，その一部は自分はまた馬鹿
なことをやってしまった，という恥ずかしさから来ていました。なにしろ
5 回もやってしまったものですから。またその一部は，月並な言葉ですが，
こうした男性が回りにいないと，彼女はまるで餓死寸前といった状態にな
ったからです。

K：でもそれは彼女の言葉ではなく，あなたの言葉ですね。

P：そうです，私の言葉です。その場に誰かがいないと，人生は八方塞が
りで，お先まっ暗になってしまうのです。彼女の言葉ですが，「もし彼が
傍にいて，"よかったね"，と言ってくれないなら，試験の成績がＡだって
何がよいもんですか。彼が，"良くやった" と言ってくれるなら，ＢやＣ
の評価の方がましですわ。彼がここにいて私を可愛いと見てくれないのな
ら，私は自分が可愛いと感じることができないんです」という具合です。
つまり，こうした役割を果たす男性に共有されなければ，何を成し遂げて
もまったく意味が無いわけです。

　家庭について詳しく見てみますと，彼女が言うには，59歳の父親はまだ
母親を大変に愛しており，母親の方も十分にその愛情に報いています。こ
の家庭はとても居心地がよかったのですが，なぜかと言うと二人はお互い
に輝いていたからです。彼女の姉とその夫も同様の関係をもっていました。
母親も姉も結婚した時には，どちらも18歳でした。こうした環境ですから，
彼女は子ども時代どころか今の今になっても，これは当然の人生コースで
あると感じていました。すなわち，自分も18歳頃になったら，ロマンチッ
クな男性とめぐりあって，その彼と熱烈な恋愛をして，一生，文字通りま
た比喩的な意味でも，彼の手にしっかりとつかまって生きていく，といっ
たコースです。ですから彼女の家庭にとっては，22歳は年寄りであり，す
でに 4 年前に結婚しているはずだったのです。しかし，彼女が語るには，

201

8

こうした結婚の例は彼女が住んでいる郊外の級友たちの間では珍しいこと
ではなく，しょっ中，起こっていることだそうです。

　私たちは，こうした結婚のすべてが必ずしも牧歌的でのどかなものでは
ないだろう，と初めて話し合いました。つまり，18歳で結婚しようとする
人々がみな花の生涯に旅立つわけではない，ということです。しかし，彼
女はこれまでこうしたことをまったく考えたことがなかったのです。彼女
がこれまで見たり，あるいは見るのを選択してきたことはすべてこうした
ことですから，彼女には当然，こうした期待がおこりました。自分の家庭
や友達仲間の間では，実際にそんな風なことがおこっていたのですから。

　ある面接の中で，彼女は自分がとても関心をもっている一人の男性のこ
とを語りました。彼と一緒にいて楽しいのですが，彼は彼女の結婚計画に
はピタリとはあてはまりませんでした。つまり，彼の方は結婚する気持ち
がないのですから，彼女のイメージには合っていないわけです。しかし，
彼と一緒にいることは楽しいことでした。彼は近所に住んでいて，彼女を
外出とかパーティによく連れて行ってくれました。それはとても楽しいこ
とでしたが，二人の仲は，例の3，4カ月型の恋愛関係にも発展しないだ
ろうと思われました。

　また彼女は，こうした問題で自分がここに来て先生のお時間を浪費して，
どんなに恥ずかしいか，と語りました。そして，私がしっかりしていない
からです，と言って自分を責めました。こうしたことに対処できないのは
自分が未熟なせいであり，本当に先生の助けを必要としている人の時間を
奪っているのではないでしょうか，という調子です。これは健康とか苦痛
というよりも自分の弱さの問題だと言いますが，彼女が苦痛を感じている
ことも一応，認めてはおります。彼女の家庭についてさらに述べた時，わ
が家の基本方針は，他人のことをまず思いやる，人に尽くす家庭
service-oriented family だ，と表現しました。たとえば，父親は職業柄，
他人を助けることに専心しています。母親も様々の慈善組織にかかわって

第8章 自己評価の調整における，他者の賞賛に対する嗜癖的な欲求 9

います。自分のためよりは皆のために何かをすることがよけい褒められることを，子ども心にも彼女は感じ取っていました。

彼女は一例を挙げましたが，それは家族が旅行に出かけようとしていた時のことです。その時，他の子どもたちは既に荷物を一階に運び終えていたのに，彼女のはまだ二階に残ったままでした。母親は，「あなたの荷物を下まで運んでくれるのをあてにしているの？」，と言いました。その後の人生において，自分の仕事を他人にやらせようとしたり，皆のために自分の持ち分を果たそうとしないといった時には，彼女は恥ずかしさにつぶれる思いをしました。ところが，大学周辺の人々はその生き方に関して，彼女の家庭がもつ文化的背景とはまったく違っていました。彼女の友達仲間がもつ目的や目標と，彼女の親が物事に対処する際の感じ方との間に，彼女は一つの葛藤を意識し始めました。私たちは二人で，彼女はそうしたいわば自分なりの感じ方を何時からするようになったか，を明らかにしようと努力してきました。

彼女は，マリファナをちょっと吸っていたずらしてみたことをどうしても母親に話してみたい，そしたら母親はどんなにかびっくりして怒り出すだろうな，と語りました。私たちはその彼女の気持ちについて話し合って，いくらか理解し合いました。母親を怒らせることがわかっているのに，なぜ彼女はそれを告げたいのでしょうか。彼女が探していたものは母親の承認 approval だったのです。それがあれば郊外型の価値基準と，仲間の価値基準のいくつかが結合することになるので，二つの間には何の葛藤もなくなるはずです。また，男の子が傍にいれば，いくらか彼が承認の手をさしのべてくれるので彼女の葛藤は後退したかに見えること，そして，「君のやっていることは正しい」とか「ぼくは君を信じている」といった彼の承認と返答こそは実に彼女が求めていたすべてである，といったこうした考え方についても私たちは話し合いました。その場合は，親が彼女のやっていることを信じてくれるか否か，承認してくれるか否かということは，

203

切迫感をいささか失うことも確かでした。代りにその男の子がこれを与えるからです。彼は必要にして十分であり，それこそが彼が満たしてくれていた機能の一つだったのです。

　私たちはまた，彼女の人間関係には二つの段階があることを見出しました。その関係の中で事態が固まり始めるまでは，あの極度に困窮した自己needy self はまだ姿を現しません。つまり，彼女は最初，それほど要求がましくありませんが，彼女がその男性のことをよく知りかつ彼も彼女のことをよく知るようになると，その段階で彼女は自分の要求をつり上げてしまいます。最後にとうとう，こうした男性の何人かは，「二人が出会った時にぼくたちが求めていたものは，こんな風ではなかったと思う。何でもやってくれとか，君が求める時はいつも一緒に居て欲しいとかいっても，そんなことはとてもぼくにはできっこない。もう二人が会うのは止めるべきだと思うが」と，ここまで言うようになってしまうのです。しかし，これは彼女にはとてつもない打撃になってしまうのが常であり，その次に，男性が手を引いた後でも彼女には，なんとかして彼を取り戻そうと努力する時期が続くのです。

K：そこがちょうど良い区切りになりますね。これまで彼女に何回，会ったのですか？

P：7回です。

K：どんな間隔で？

P：毎週1回です。

K：言い換えますと，約2カ月前に始めて，治療は今も続いているという

第 8 章　自己評価の調整における，他者の賞賛に対する嗜癖的な欲求　　*11*

ことですね。この症例についてフロアーから何かご意見がありますでしょ
うか？

F：彼女はそもそも，対象への愛と憎しみの水準で動いているのでしょう
か？　それとも，あくまで自己愛的な愛と憎しみのレベルですか？　あれ
やこれやと思いを巡らしてみるんですが，これまでの材料からはどんな種
類の手がかりが得られるでしょうか。

K：ただいまのご質問は，彼女の愛情要求 love demands の性質を知りた
いということですね。ここでまず，彼女のパーソナリティを評価してみた
い気がします。主訴として出ているものにそれがはっきりと現れているの
ですから。最初に，ボーイフレンドに求める例の要求があって，やがては
破綻に終わるんでしたね。ここには，目の前に現れている症状から彼女の
パーソナリティ構造にまつわる中心問題へと，ただちに入っていける通路
がありそうです。ところでご質問のあなたは，なにか行動面か，現象面の
手がかりを知りたいということでしたね。それがわかれば，彼女の要求が
ご指摘のとおりの自己愛的なものなのか，それともやはり対象愛の強烈な
一形式なのか，または一種の内的葛藤があって無意識的罪悪感のために失
敗に終わるような関係をお膳立てしてしまうようになっているのか[訳注1]，
こうしたこともはっきりするわけです。いや，私はどんな方向に考えを膨
らましたらよいのか，いろいろと描いてみただけなのです。今しばらくの
間は，ご指摘下さった点に集中しましょう。彼女の要求の一風変わった特
異な性質について，もっと詳しく検討してみましょう。

（訳注1）フロイト（1915）のいう「成功した時に破滅する人物」のこと。このタイプの人物
　　の自我は願望が空想にとどまっている間は承認するが，願望が充足されそうになると自我
　　と願望の対立がおこって神経症がおこるとされている。シェークスピアの悲劇の主人公の
　　マクベス夫人がその例として挙げられている。

12

F：私には一つだけ，重要な手がかりの所在が感じられるのですが，それをどう評価してよいかわかりません。彼女は母親とのエピソードを，「私たちが引き返してあなたのためにしてあげるなんてことを，いったい全体期待しているの？」という形で述べているのですが，ここには治療者に対する彼女の感情があらわれているとは受け取れないでしょうか。そんな形で，最初の転移性の恐怖と期待があらわれていると，私には感じられますが。

K：しかし，それは今のわれわれにとって大して重要なことではありません。つまり，治療状況の推移は今ここで検討していることではないからです。さしあたっては彼女のパーソナリティの中心問題を評価しようとしているのですが，それは彼女の治療者や，恋人やあるいは彼女の両親とかかわりをもっているかもしれませんが，まずその深層をさぐって to investigate it みたいのです(原注1)。最初におたずねになったように，彼女の独特の愛情要求の性質をどうとらえたらよいでしょうか。

　ここで少し考えてみましょう。その要求はどういう点で風変わりなのでしょうか。どういう風に彼女の邪魔をするのですか。私たちはその要求の特徴をどう理解したらよいのでしょうか。

　（私たちの言葉を使えば）彼女は全面的な融合 total merging，打てば響くような承認 mirrored approval を求めているようです。なぜかというと彼女は，いついかなる時でもその男性が傍にいて欲しいとか，彼との関係でしか自分を考えられない，と言っているのですから。成績がAであってもなんにもなりません。もしつきあっているその彼が，「成績がBだっていいじゃないの。君は素敵だ。可愛いし，美人だよ」と言ってくれるなら，

———————————

　（原注1）症例の提示に際して，コフートがよく行う応答の特徴が出ている。つまり，彼は特定の部分とか症状とかよりも，その全体の個人にまず応答しようとする。彼がその注意を向けるのは，もがいている人間の全体である。

第8章　自己評価の調整における，他者の賞賛に対する嗜癖的な欲求　　*13*

成績Bの方がもっといいのです。つまり，誰かが自分を見て美人だと言っ
てくれないなら，彼女は自分を美人だとは感じられないのです。

　ところであなたが言われたことは全く正しいのですが，私がまず抱いた
共感的反応は少しちがいます。つまり，彼女の対人関係にはなにか嗜癖的
な性質 addictive quality がある，と感じたのです。彼女の愛情 love ない
し欲望 desire の性質は，22歳の成熟した女性にふつう期待するものから
見れば，あまり分化していません。通常なら，もう一人の人間に対する好
み fondness と愛情，あるいは情熱 passion が期待されるわけでしょう。
しかし，彼女の場合，そこには何か嗜癖によく見られる類の，いわく言い
難い切迫感 urgency があります。それが薬物に対する嗜癖であるか，人
間，食べ物，アルコール，自慰であるか，あるいは倒錯的追求であるか，
それはどちらでもかまわないのですが。そこにはいろいろの特徴を見出せ
るわけですが，何と言ってよいか嗜癖に特有の性質がありまして，つまり
切迫感とか，遅れを許さないといった性質があるために，個々の区別はす
っかり消し飛んでしまいます。たとえば，アルコール症の人にとってはア
ルコールは切実なものです。しかし，それが良いバーボン・ウィスキーか
悪いバーボンか，あるいは良いワインか悪いワインかは問題になりません。
その背後に何があるかです。その意味するところは，対象の吟味によって
決まるのではなく，自己の必要性 the needs of the self によって決まると
いうことなんです。請い求められる供給物があまり重要でなくなるのはこ
のためです。重要なのは目標の切迫感，充足を求める切迫感であり，何か
空虚があってそれを埋めるのに必死である，といった感じです。

Ｐ：その言葉も出てきました。その言葉を使って彼女と話し合ったのです。
あなたはまるで，何かを探し回っている嗜癖の人みたいだね，と。

Ｋ：では，あなたも似たような感じをもったのですね。私のは暫定的な推

測ですが，こうしたことに経験を積んでいるあなたが行った 7 回の面接が基礎にあるわけですから，あなたの場合今ではそれほど暫定的とはいえません。つまり，これはわれわれが大まかな推測を行う時の基礎にする 1 回だけの初回面接ではありませんし，われわれは既にいくらかの手がかりをもっているのです。問題はこの対象への欲望が嗜癖的な願望 wish をもっているのか，それともその自己愛的な側面なのか，ということです。それは内的な空虚を満たそうとしているのでしょうか。もっと何か言えますか。さらに推測をすすめてみましょうか。

　私が臨床材料に耳を傾ける時は，二つの方向をいつも頭においています。まず目の前にある症状についての理解を深めたいと思いますが，私は普通，その症状の中に重要な手がかりを見つけたい，しかも深いところでの共感によって見つけようとします。彼女がその少年を絶対に手放せないと言う時に，いったい患者は何を感じているのでしょうか。できるだけ深く理解したい，彼女と共に感じたい，と私は思いますが，それが可能でしょうか。それとも方向を変えて，発生的な手がかり original clues を探しましょうか。この特別な感情や行動のタイプにあてはまるような何かが，過去の子ども時代にあったのでしょうか。よくわからないことが普通なのですが，時には最初から良い手がかりをつかむこともあります。つまり，多くの疑問の末にだいたいは正しかった，と最後には証明されるような，そうしたストーリーにつながる手がかりのことです。これらが私の言う二つの方向であり，これに沿ってこのような最初の材料を追求しようとするわけです。

　しかし，彼女の欲求についてこれまでにわかったことに基づいて，さらに語ることもできます。すなわち，この空腹感というか，飢餓，嗜癖というか，空虚を埋めたい欲求，他者にしがみつきたい欲求があって，その他者はあたかも彼女の一部分であって，彼女自身に対しての良い感情を引き出すために存在するかのようです。つまり，彼女自身だけが重要だってことです。彼女が出す一定の条件というのは，その相手は顔が良いというこ

第8章　自己評価の調整における，他者の賞賛に対する嗜癖的な欲求　　15

とだし，その他のある特性も兼ね備えていなければなりません。どんな種類の麻薬 drugs が最高に興奮させてくれるか，といった問題と似たり寄ったりです。でもたぶん私は話を少し誇張しているのかもしれませんが，これが第一印象です。

　少なくとも暫定的な仮説としては，確かに，あなたが言われた自己愛調整力を彼女はまだ内在化していません[原注2]。ですからいつも不均衡 disequilibrium ですし，あるいは不均衡の脅威にさらされています。外からの自己愛供給がこなかった時に，いったいどんなことが起こるかと，彼女の現在と過去について私は思いをめぐらしているのですが。つまり，自己愛の均衡を保つために必要とされるのがこれらの対象なのです。

　この女性にはかなりの自己愛脆弱性がある，というあなたの発言に私はまったく同意しますが，そこで，彼女がおこなったという幼い頃の失敗の記憶の中に既に何かを読み取ることができるか，という話に戻りましょう。この小さなエピソードの中にちょっと思いを馳せてみて下さい。もしある患者がこうした話をもってきて，しかもあなたは，告げられたたくさんのことの中からそれを覚えているとしたら，それはとても大切なストーリーを語っているにちがいありません。その時の彼女は小さな失敗をしましたが，つまり，自分の荷物を自分で階下に運び降ろさなかったのです。母親からの反応は，現実にはそんなに厳しいものではなかったのでしょうが，しかし，微妙に破壊的なものでした。「私があなたの代わりにそれをやれっていうの？」と，言われたのです。でも彼女はすぐ忘れました。彼女は，「二階に上がって持って来なさい。さっさと急いでですよ！」と言われたのかもしれません。しかしながら，彼女の反応は自己評価のとてつもない低下でありました。もっともこれは大きくなった後の記憶です。彼女が4歳か10歳かわかりませんが。

―――――――――――――――――――――――――

　（原注2）コフートは後になって，これを，自分を鎮めなだめる自己機能 self function による自己評価の調整，融和 cohesion の回復と表現するようになる。

P：たぶん8歳か10歳の頃かと思います。

K：彼女が4歳だったとしてもたいした違いはありません。これは後期記憶 late memory であり，彼女の障害の原因ではありません。それは一つの象徴，早期の経験の一つの結果であり，彼女がいかに傷つきやすかったかを示すものです。ところで彼女は母親の非難に対して怒りの反応は見せていません。つまり，「どうしてそう私を責めるの？　ちょっと忘れただけなのに」とは言わなかったのです。また，「ママ，わかったわ。上がってもって来るわ。世話を焼きすぎないで」という反応もありませんでした。しかし，恐ろしく沈む感覚と自己評価の喪失が起こったのです。彼女はものすごく恥ずかしかったということです。深い恥の感覚と自己評価の喪失がありました。ところで普通，とてつもなく恥ずかしいのはどんな時かと言いますと，その人がピカピカに輝きたいと思ったのにまさにその正反対のことにぶつかったような時です。よくわかりませんが，彼女は褒めてもらおうとして素敵な洋服を着て降りてきたのでしょうか。家族は外出しようとしていたのですか。

P：みんなで旅行に行こうとしていました。

K：彼女はずっと楽しみにしていた旅行に行こうとしていて，まさにその瞬間に恥をさらしたわけです。こんなふうに期待をもたせておいて，突然に足元をすくうようなやり方は，たぶん，彼女の親たちに典型的な何かを物語っています。ここでの課題はこの不思議なパズルを解くことですが，私たちがもっと深く調べていけば，それほど不思議でなくなるかもしれません。

　善意と情熱と友情に満ちたこのような温かい家庭にいったいこうしたこ

第8章　自己評価の調整における，他者の賞賛に対する嗜癖的な欲求　　*17*

とがどうしたら起こるのでしょうか，しかも立派な理想があふれているかのように見える家庭なのに。またこの家庭においては，姉は既に自分の人生に対してある種の情熱を手に入れており，しかも彼女はとても温かくて付き合いも多く，他人に対するサービス感覚もそなえています。このような家庭において，自己評価の低下がどうしたら真ん中の子どもに起こるのでしょうか。真ん中の子どもという立場には何か特別なものがあるのでしょうか。この家庭には何か偽善的態度があるのですか。たとえば社会的なことには温かいのに，身近かな家族関係にはそうでもないといった家庭なのでしょうか。こうしたことは，男子が望まれていた家庭の中に二番目に生まれた女子に関係があるのでしょうか。私たちにはわかりません。これらの疑問はいずれはっきりするでしょうし，私たちがもっと詳しく調べていくときに重要になってきます。

　ここらで何か検討したいことがありますか？　みなさんはこのケースについての感じをつかまれましたか？　私たちの最初の見立てがもっともだと思われますか？　ではこの最初の見立ては何を意味しているのでしょうか？

　これまでに得られたわずかの資料を基にして，臨床内容にもっと入っていく以前でも，それだけでもたくさんのことが言えるかと思います。たとえば重要な点が二つあります。相手の男性たちを逃げ腰にさせてしまうような彼女の人間関係の持ち方の中に，いったい何があるのでしょうか？私の想像では，それはまるで他者に対する嗜癖のようです。でも嗜癖とは？　ともかくそれはよくわかる言葉であり，ある明白な一つの感情を直接的にかもし出してくれるし，あらゆる種類の曖昧さを断ち切ってくれるように思います。みんながよく知っている言葉でもあります。しかし，他者に対するその関係性がまるで一つの嗜癖のようだといっても，それは何を意味しているのでしょうか？　それは自己愛的な関係でしょうか，愛情関係でしょうか？　これはとりもなおさず，同じ設問を別の言い方でして

211

18

いることになります。そして，これまでに聴いたごくわずかの資料から，これらがすべて関連しているとするなら，それはこのある種の不安定な娘についての私たちの最初の推測とどのように関係しているのでしょうか？

　批判されるとごく簡単につぶれてしまってたちまち沈みこむように感じてしまうのに，それでも恥も外聞もかなぐり捨てて男性たちを追いかけ回し，彼らがもうつき合わないと宣言してもなおもしがみつこうとするわけですが，あたかも彼女の生命が危機に瀕しているかのようです。この点をもっとつっこんで調べてみましょうか？　この種の思考実験を行うと，いろいろとコツが身についてきます。思考実験というこの種の自由は，臨床的証拠に対する細心の注意および最大限の敬意とまったく矛盾しないと思うのです。つまり，こうしたやり方で，仮説を支持するある証拠とそれに相反する証拠とを識別することを勉強できるからです。しかし，目の前に提示された早期の資料でもそれに対してなんらかの触手を伸ばさないならば，将来の資料の流れを設定すべきよすがをまったく持つことができません。それをつき合わせてあたっているとかいないとかの検討ができないのですから。

　でも，注意しなくてはいけません。人によってはいったんお気に入りの理論を手に入れるとなんでもかんでもそこに当てはめてみようとする人たちがいます。人間の行動や症状や伝達は複雑ですから，そこに当てはまるものを見ようと思えばいつも見られるわけです。しかし，これは素人のやることです。そんなことにはならないように勘所を勉強しなければなりません。そうはいっても，私たちがこれまで思い巡らした点に関しては，見当はずれのそしりは免れるかと思います。彼女の話から考えてみると，彼女は見かけ上は嗜癖者のようであり，しかもそれをとうていやめられそうもありません。しかし，その男性たちは彼女のもとを去ってしまいます。もっと詳しくそこを知りたいところです。みなさんにも何かお考えがありますか，これまでの私たちの推理が間違っているでしょうか？

第 8 章　自己評価の調整における，他者の賞賛に対する嗜癖的な欲求　　*19*

F：病像は実際は変化しているのではないか，という点に関してはいかが
でしょうか？　それはともかく彼女の一部であるはずですから。彼女の来
談の時までにそれは歪められてしまった，なぜならその自己愛の打撃があ
まりにもなまなましいために，実際以上に傷つきやすい人，それでもなお
男性たちを追い掛け回す人として，彼女は自分のことを示しているという
事実はないでしょうか？　これまでのところは，彼女が喪失した特定の人
物の性格について，私たちはあれこれと聞いてはおりません。彼女はすべ
ての喪失を一緒くたにしようとしています。ですから新しい男性とかかわ
っている時の彼女を見たとしたら，彼女はその人に強い関心を抱くことが
できないでいる，とは必ずしも言えないと思います。

K：それはまったくもっともなご意見です。ここではあてはまりそうには
思いませんが，そのご意見はとても大切な点を注意してくれています。と
ころでそれは抑うつ的な人にはなおのことあてはまります。急性のうつ病
の人がその過去について語ることにもし耳を傾けるなら，彼はすべてを暗
い色で見てしまうことがわかります。幼児期の記憶はすべて真っ暗という
わけです。彼の人生はいつも真っ暗だったのかという感じをもってしまい
ますが，それはけっして真実ではありません。この同じ人が抑うつ的でな
かったとしたら，その過去についてもっとバラ色に楽観的に語ることでし
ょう。でも本例にはあてはまりません。彼女が物事をこしらえ上げたとは
思えないからです。結局のところ，こうしたことはこれまでに何度も起こ
ったのです。その時点での彼女は実際にある抑うつ反応のどん底にいたの
でしょうか，それとも一定の反復的パターンが起こったというべきでしょ
うか。その時点で彼女がうちひしがれて参っているというのではなく，彼
女は次のように述べているということです。すなわち，「こうしたことは
あまりにも何度も起こりました。私はその奥に何があるかを見たいのです。

何かおかしなことが私の中で進行しています。それに対してなんとかしたいのです」。これは「助けて！」といっている状態とはまったく違いますね，その時はすべての事態がその感ずるままに見えているわけですが。

P：その両方があります。彼女が「もしなすがままに任せたら，私は感じるがままになってしまいますが，それを起こるがままにはしていません」と言うとき，そこには一定のコントロールが働いているわけです。彼女はある男性と一緒にいて，しかもその際それほど灰色でもなく，むしろとても素敵だったことを覚えていることもあるのです。

K：私は長い臨床経験から，しかもやっとのことで学んだのですが，つまり，もし患者を信じるならあなたはいつも最善のことができるでしょう，ということです。彼らがあなたを欺こうとしているよりも，真実を告げようとしていることの方がずっとありそうなことです。いずれ事態はバランスがとれて明白にされるでしょう。たとい抑うつ的な人がその過去をあまりにも暗く描き出したとしても，彼を信じることについてはその時点でも私はなんら危惧の念を抱きません。彼はその過去のプラスとマイナスのすべてについてバランスのとれた全体像を提供するよりも，過去のある重要な局面に関して，それがことのほかうつ病に関係しているかのように語るかもしれません。心理学的にまったくそれでいいのです。私はすすんで患者を信じてきたし，彼が自分の過去について語ることを真剣に受けとめてきました。事態はいずれバランスがとれてはっきりするでしょう。しかしながら私は，最初から，彼の語ることがもっぱら防衛であるとか，何かを否認したり真実から逃げる一つの方法であるとは受け取りません。これは誤解です，しかも，防衛は欲動に対抗してバランスをとろうとするという力動的観点についての，いささか素人的な誤解だと私は思うのです。

　新しい治療状況の圧力下にあってみれば，また通常でも他人についての

第8章　自己評価の調整における，他者の賞賛に対する嗜癖的な欲求

第一印象が及ぼす影響下においては，この第一印象の背後にあるものを詮索しようとするよりも，それを信じる方がより学ぶことが多いように思われます。

ところで精神科の経験の初歩の頃は，患者とはこちらを欺こうとしたがるものだという感情に，いつもつきまとわれるものです。これはありそうもないことです。一般的にいって患者はあなたを欺くことを望んではいませんし，とりわけ初期の面接においてはそうです。そして，あなたが彼を疑い，敵のように扱い，物事をあなたから隠すように仕向ける，などといったことをあなたが始めなければ，長い経過においても欺かないのが普通です。そんなことをすれば，彼はたちまち敵のように振る舞いはじめます。しかし概してこうはならないと思います。とにかくたといそんな素朴な間違いをおかしたとしても，それほど特別に害があるとは考えられません。長い目でみればいずれバランスがとれてくるものです。始めに言いましたように，ここで私が感じていることは，この最初の仮説すなわち彼女の男性関係には嗜癖に似たところがあるという仮説は，先ほど述べたあの思考実験の中で追求してみる価値が十分にある，ということです。

さてそのことを考えてみるのですが，この患者は他者に嗜癖的になっているという時，それはどんな意味なのでしょうか。彼女はきわめて傷つきやすくすぐつぶれてしまうという時，何を意味しているのですか。他者への嗜癖性，および脆弱性のあらわれであるつぶれてしまいやすいという事実，この二つはどう結びついているのでしょうか。これは嗜癖的パーソナリティに傾きやすい人々に共通の特徴なのでしょうか。

その答えはイエスだとしても，いかにして，なぜこうなるのですか。ボーイフレンドが逃げ出すということとそれはどう結びつくのですか。つまり，何があるから私たちは嗜癖をもった人たちから逃げ出したくなるのでしょうか。

P：私は思うのですが，嗜癖的パーソナリティに時々見受けられる特質の一つは，自らの努力で真剣にかかわりをもたないのに，快感を得たいあるいは苦痛から解放されたいという欲求を中心にしています。しかし，この少女の過去からは少しもそんな感じはいたしませんが。

K：あなたが言われたことは確かに正しいと思います。しかし，私の考えではそれは出来上がった嗜癖者に見られる二次的な自我変化，二次的なパーソナリティ変化の中心部分を示しているに過ぎません。それはまたある程度は，嗜癖的ないしは嗜癖可能性をもったパーソナリティに見られる二次的特徴でもあります。

　ここで私が述べているのは，嗜癖可能性をもったパーソナリティのことであって，人生の一様式としての嗜癖のことではありません。では嗜癖に向かう傾向をもったパーソナリティの特性とはなんでありましょうか。そもそも嗜癖とはなんですか。他者を愛することと他者に嗜癖することとの違いは何ですか。

P：魔術だと思います。

K：どんなふうに？

P：つまり，この患者は大部分の私たちなら青春期を通過していく過程において，放棄しているところの子どもじみたある魔術的観念に，ずっとしがみついているからです。これは努力についての考えに部分的には関連すると思います。前嗜癖的人間は，永続的な快感がごく安易に手に入るという信仰をもっていると私は思いますが，たとえばこの少女は生涯ずっと幸福に生きることを語っています。彼女にとっては，結婚の問題性などは思いもよらないことであり，結婚も場合によってはうまくいかないことがあ

第8章　自己評価の調整における，他者の賞賛に対する嗜癖的な欲求　　*23*

るなんて，考えたこともありません。彼女の経験はその母親，姉，二，三人の身近な友達にごく限定されているからです。

K：私の印象では，二つのコメントとも子どもっぽい，幼児的なパーソナリティの特徴を語っているようです。その両者が併存することもあるでしょうが，しかしそれは嗜癖の本質ではありません。少なくとも私の考えではそうなりますが，このケースにあてはまるかはまだ定かでありません。とりあえず一般論を申し上げているのです。

嗜癖者は彼の嗜癖の対象を絶対的な切迫感の中で必要としていますが，その強さたるや絶対的なものであり，激しい情熱的な恋愛に見られるあの相対的関係とは比較にはなりません。それは彼を包み込むパーソナリティ全体の成熟とは何のかかわりもありません。とりわけ長期経過の嗜癖者においては一般的にみても幼児的特徴は確かにありますし，恋愛する能力にはある程度の成熟さが要求されますが，これは否定すべくもありません。しかしこれらは二次的な特徴です。私が思うには，嗜癖パーソナリティにはもっと違った本質的な何かがあります。かつて私が公式化した言い方ですと，嗜癖は思うに，私がここで何回も申し上げたタイプの心的機構に関連しています。すなわちふつうに成熟した人間なら自分で遂行できる諸機能をある人々は自前では遂行できないのです。彼ら自身の心理構造の中の何らかの側面が欠けているために，外的供給が必要とされるわけですが，他の人々はそうした外的供給を必要とはしていません。

最もわかりやすい例は自己をなだめる能力 self-soothing capacity です。自分を鎮める calm 能力はけっしてひとりでに出来上がるものではありません。その他の内的構造化と同じことですが，出発点において外的環境が存在し彼のためにそれを行ってくれた，という事実にその基礎があります。言い換えますと，あなたに毛布をかけて暖めてくれ，濡れたおむつを交換してくれ，空腹のときにミルクを飲ませてくれた誰かがいたことはもち

ろんですが，それだけでなく，不安になったときに抱き上げて余裕のある
その穏やかさの中に包み込んでくれた誰かも同時に存在しました。その過
程の中に身を寄せることによってあなたは気持ちを鎮めることができたの
です[原注3]。外側からこれを最初に行ってもらったことがあってこそ，や
がてはごくゆっくりとこれを放棄していくわけで，そうしてこそ自分で引
き受ける力を少しずつ獲得していきますが，これは他の技術でも同じこと
です。つまり，まず最初にあなたに代わって行ってくれる大人の環境の中
に包み込まれることから始まります[原注4]。その次に，ゆっくりと突然に
ではなく[原注5]，あなたがその機能を自分で引き受けるのです[原注6]。こ
うした支持を受けることがなかったり（もっとも，人間が物理的，生物学
的に生存している以上，これはあり得ないことです。生物学的な存続のた
めにある程度の支持は不可欠ですから），あるいはその支持が突然に，時
期不相応に撤去されたりしたら，そのいずれの場合でも，これらの諸機能
を内在化する能力を発達させていく上で妨げを受けるでしょう。

　このことは積木のような簡単な技術 skills にもあてはまります。積木あ
そびをする子どもは，生まれながらにして積木の知識をもっているのでは
ないでしょう。子どもは親が自分といっしょにやるのをじっと見ていて，
一番大きい積木を下に，小さいのを上に置くことを知ります。賢い父母な
ら子どもに代わって積んでやっても，やがて真似をさせてそのうちしだい
に自分の力でさせるでしょう。しかしその父母がせっかちで「こっちによ
こして！　いつまでかかっているの」などと言って親の手でやってしまっ
たなら，子どもは自分ではやらないでしょうし，それどころか，この全能
の積んでくれる親 omnipotent block-building parent のイメージに結びつ
いたままになり，空想の中ではその全能の積んでくれる親に常に結びつく

（原注3）これはコフートが変容性内在化と呼んでいるものの基礎である。
（原注4）自己対象機能。
（原注5）ほどよいフラストレーション。
（原注6）変容性内在化。

第8章 自己評価の調整における，他者の賞賛に対する嗜癖的な欲求　25

ことを願うことでしょう。もちろんこうしたことはもっと複雑な技術にも
翻訳できることなのですが，要するに子どもはその技術を自分で創造した
り学習することがないだろうということです(原注7)。

　一例として眠りにつく技術を取り上げてみましょう。実に睡眠障害は二
十世紀の子どもの神経症です。ところが，寝つく方法は学習された技術で
あるなんて，ちょっと聞いただけではおかしな話だと思うかもしれません。
眠りに落ちるのに学習された技術が要るんだって？　じつにお笑い草です
よ。それはまったくの本能じゃないですか。あなたは疲れて眠りに入りま
す。なにも学習する必要はないでしょう。空腹になって食べることを学習
する，というのとほとんど同じことです。確かにそのように単純化してし
まえば，笑止千万な話です。しかし，ではどこに技術があるのですか。技
術は常になにかを抑制することにあります。つまり，眠りにつくためには
覚醒したいという別の本能を抑制 suppress しなければならないからです。
眼前の世界のすべての素敵なものといっしょにずっと起きていたいという
のは本能に結びついています。まず大好きなお母さんがいます。子どもが
一緒に遊びたがっている帰宅したばかりのお父さんもいます。その子には
刺激がいっぱいあり，楽しい時間を過ごしてきました。ところで私たちの
何人が夜寝つくのに困難を覚えますか。この非常に重要な点をもっと詳し
く明らかにするために，すこしばかり検討してみます。

　ここで獲得される自我の技術とは特定のテクニックのことをいいますが，
つまり，外的世界から次第に脱備給していって，睡眠状態の心理的前提条
件であるあの退行の方へとだんだんに少しずつ備給を向け直していくテク
ニックのことです。寝つきを助けるのが上手な人はそれを子どもに対して
どんなふうにするのでしょうか。まず子どもに十分な対象備給を与えて，
その子が突然に世界を失って寂しくならないようにします。別の言い方を

――――――――――――――――――――
　(原注7)　その子どもは，ほどよいフラストレーションと変容性内在化の過程を経て自己対象
　によって遂行されていた機能を自己機能に変容することができない。

しますと，素晴らしい興奮の時間のただ中から，いきなり「さあ，寝なさい」，いきなり「電気を消しなさい」，いきなり「お休みなさい」と命じても，子どもには期待できないことです。大人だってそんなことができる人は少ないでしょう。ある人は寝つくのに疲労困憊しなくてはなりませんが，そうなるとこれは技術とはいえません。その人はあの自我構造を欠いているにもかかわらず，眠りにつくトリックを学習したにすぎません。つまり眠りつく技術を彼に教えてくれる自我の構造のことです。ところで巧みな母親なら子守歌をすこし歌うでしょうが，あまり大きな声は出さないでしょう。また，すこし本を読んであげるでしょうが，もちろんエキサイティングな本ではなく，眠りに誘う類の例のいささか単調な話にするでしょう。少しばかり体に触るでしょうが，目を覚ましていたいと思うほどには身体的刺激は与えないことでしょう。

　そこで，子どもが放棄しなければならない世界の少量を与えられ，また眠りにつくのを助けてくれる十分な安らぎ，静寂，穏やかさ，暗さを提供されるならば，自我は環境を放棄して睡眠という特殊な自己愛的退行状態にある内的世界へと向かっていく，あの特異な技術を学習することができます。その際，そうしたことを行ってくれるよい母親がいるならば，子どもはいずれは必ずや自分でやるようになるでしょう。つまり，子どもはちょっと絵本を見たり，ちょっとラジオを聴いたりした後，魅力に満ちたこの世界から気持ちを少しずつそらしていくことを学習することでしょう。疲れ切っていなくてもこれができるようになるわけです。別の言い方をしますと，自分をそんなに消耗させなくてもいいのです。

　ここでその人が自己をなだめるこの特異な心的構造をまだ獲得していなかったとします。この際，眠りにつくというこの特異な限局した技術だけを私が話しているのでないことはみなさんはもちろんおわかりのことと思いますが，その他のいろいろの場合もあるわけで，その人はそれぞれ，日常生活の諸々の興奮と不安から気持ちを切り換えて，リラックスできるよ

第8章　自己評価の調整における，他者の賞賛に対する嗜癖的な欲求　27

うに学習しなければならないのです。そこである人がこの特異な心的構造を獲得していなかったら，彼は外的援助に嗜癖するようになります。その理由として，彼はその固有の人間としての外的援助を愛しているからではなく，自分では充足することのできない機能そのものを借用できるからなのです。やがてはこうした人たちは眠るために薬に嗜癖するようになります。この種の人たちが精神療法を受けると，精神療法家や精神療法過程に嗜癖するようになります。それが悪いと言っているのではありません。そうならざるを得ないのは，彼らにはまさに必須の心的構造がその時点では欠如しているからです。彼らがあなたに要求するものを与えるなんてとてもできないと思うでしょう。確かにあなた自身の代わりに薬を与えることはできますが，そんなことをしたら，自分では充足できない諸機能を彼らに代わって充足することによって子ども時代をある意味で反復するような，そうした形の状況を作り出せないことになってしまうでしょう。そこからやがては次第に彼ら自身でするようにもっていくのですが。すなわち，彼らが心的構造を形成することを可能にするわけです。

　ついでに言っておきますが，これはすっかり出来上がった薬物嗜癖の実際の臨床治療とは関係ありません。彼らには深刻な心理学的欠損があります。薬物嗜癖者やアルコール症者には二次的なパーソナリティ変化が錯綜してからまっていますが，これは問題のまったく別な次元です。というのは，こうした嗜癖者では欲求をもう一人の他者に移し変えることすらできないのですから。先ほど述べましたように，ごくわずかの緊張にも耐えられないし，たといその人が構造形成前の太古的対象をあらわしているにしても，どんな形であれ他者に頼ることが彼には我慢できないのです。ですから本物の嗜癖者においては，その嗜癖物を奪い取るとか，毒物を排除するための一種の強制力ともなる様々な拘束的手段を講じるといった力づくのやり方で治療につとめなければなりません。しかしながらこれは私たちが今検討しているあの原理とは関係ありません。

221

28

　ここで私が言いたいのは，この特別な女性はこれらの男性たちを必要と
しているという感情がどうしてもおこるということですが，当否はともか
く，それが私たちの最初の空想とイメージです。彼女は自分の道徳，美学
や誇りにはおかまいなしに，男性たちにしがみつきますが，というのも彼
女は誇りを見失っているのですから。もちろんこれは正しい仮説ではない
かもしれませんが，可能性としてはあります。思うにこれはもう一つのこ
とと連動しています。つまりどうして他人は彼女から逃げて行くのか，と
いうことです。嗜癖の対象になるなんてことはまったく難しいことですが，
なぜならこうした対象でいるためにはその人は人間ではいられなくなる
depersonalized からです。人間が人間でなくなるのです。頭にあるのは，
その人が何の役に立つか，ということだけですから^(原注8)。

　繰り返しますが，どんな原理でも極端はいけません。それは常に最善お
よび最悪の意味をその要素としてもっています。つまり最も成熟した人間
関係においても，その愛の対象が求められるのは，自分では充足できない
機能を充足してもらうため，ということは時にはあることだし，その愛の
対象も一時的にはそれに応えてくれるものです。しかし，たとえば性的倒
錯者の場合がそうですが，それが二人の関係性の唯一の特徴になるなら，
親しい二人がわかち持つ各種の刺激，楽しみ，経験と実験へのまったく偏
狭な接近法になってしまうので，その関係性は貧弱なものになってしまい
ます。どんな洗練された人でも，ピンからキリまでいろいろ様々な性生活
をもつことが可能であると私は思います。これは性的倒錯ではありません。
もしその人が一つにだけ固執するならそれは倒錯です。つまり，その関係
が一定形式の偏った性行動からのみ成り立っているとしたら，これは別の
話だということです。

　これは嗜癖のようなことにもあてはまると思います。その人がとても調

─────────────

（原注8）自己対象機能のこと。

第8章　自己評価の調整における，他者の賞賛に対する嗜癖的な欲求　　*29*

子を崩しておりしかもその時の荷が重すぎるなら，他人を格別に思いやる
ことができないのは当然です。自分の欲求のことばかり考えるし，他人が
その欲求に応えてくれるのを求めるばかりです。この際，二人の関係のあ
り方においては，その時点で一人だけがダウンしているならまだしもいい
のです。しかし二人ともダウンした時はふつう困ったことになりますが，
つまり二人ともお互いに相手から援助を期待するし，しかも相手が与える
ことのできる以上のものを求めるからです。ところで問題の例の女性にお
いては，次から次へと関係をもつことがきわめて切実な要求になっている
ので，その相手が誰でもまったくおかまいなしだし，そうなるとその彼は
荷が重すぎると感じて身を引いてしまうのです。

　かつて「コレクター」という映画がありました。私はその映画を見ては
いませんが，私の患者たちからよくその話を聴いているので，見たと同じ
くらいによく知っています。この映画はその種の関係性をよくあらわして
いると私は常々感じてきましたが，つまり，あの蝶のコレクターのように
他者の完全な所有をめざしているのです。この当のコレクターはやがては
少女をつかまえて一種の檻にいれてしまうのですが。

Ｆ：すこし追加しますと……。

Ｋ：私の話に追加したいということですか，それとも話を少しもどすとい
うことですか？　最初の方ならいいんですが，後の方はあまり好きではな
いのですが。でも，後の方でも我慢して質問をお受けしましょう。

Ｆ：二つの大きな方向性のどちらであるかを鑑別診断するために，彼女の
問題は自己愛的なものか，構造的なものかという設問から接近してみるの
も興味深いと思いますが。

K：内的葛藤の問題。そのとおりです。たとえば，最初にこのケースを聴いたときは，この女性に関して知っていることといえば，彼女は一連の男性関係をもっているということぐらいなものです。しかし，その関係がしだいに激しいものになっていって，男性たちは逃げていきます。ところで，もし私たちがこれ以上のことを知らないなら，内的葛藤モデル internal conflict modelとして考えを進めるでしょう。これらの男性たちは彼女が強く引きつけられている父親像をあらわしている，やがて彼らは怖くなり身を引いてしまう，とこう考えてもおかしくはないのです。

P：私がこのケースを出したのもそのためです。

K：まったく正しいと思います。そのことに異議はございません。そうではないなんて私には言えません。ただ私の言いたいことは，私が臨床資料を検討する時は，私の臨床経験を元にした推測を楽しむのですが，しかし後々には訂正できるようにしておく，ということです。ところであなたもとても慎重な言い方をして，「もし私たちがこれ以上は聴かなかったとしたら」とおっしゃいましたね。しかし，私たちはもっと多くのことを既に知っています。たとえば，この男性たちが彼女から逃げることを知っています。ではなぜ彼らは彼女から身を引くのでしょうか？　内的葛藤があるのなら，男性たちに過大な要求を押しつける代わりに，彼女の方が身を引くのではないでしょうか。彼女は駄々っ子なのかもしれませんが，まだよくわかりません。これまでにわかったことから私が言えることは，ここに一人の女性がいて彼女は傷つきやすい人である，プライドをかなぐり捨てても男性関係にしがみつく，やがては男性たちは逃亡する，ということのようです。これは何回も繰り返しています。しかし私たちの最初の仮説がまちがっていることだってあるかもしれません。どれだけ価値があるか試してみたわけですが，つまり私は常々，「完全な臨床像がこの思考実験で

第8章 自己評価の調整における，他者の賞賛に対する嗜癖的な欲求　*31*

どれだけ描けるか，やってみましょう。その次に，さらに話を聴いて資料を求めていきましょう」と，みんなに言っているものですから。しかしあなたの仮説がまったく正しく妥当であるかもしれませんので，その裏付けとなる資料を探していきましょう。もうすこし資料を出してもらえるのでしょうか？

P：今日の面接からいくつか選んでみました。というのもその資料はまだ新鮮ですし，たまたま私たちがここで検討している諸問題と非常にかかわっていると私は思うからです。

　まず彼女は，その日はずっと調子がよい，と話を切り出しました。仕事もうまくいっています。抑うつ感もあまりなかったのですが，ただ，彼女の上司が，あなたは扱っている子どもたちにとって自分がどんなに大きな意味をもっているか，気がついていないみたいですね，と言った時は別でした。彼女は子どもたちにとっての彼女自身の重要性を過小評価しているというのです。次に彼女は一つの出来事を語りました。

　だいたい夜は調子が悪いのですが，昨晩はとりわけ悪かったのです。彼女は自動車で三人の女性たちと家に帰りましたが，彼女たちは所得税の話をして，そのうちの一人は"私は心配いらないわ。夫がいつも税金を計算してくれるもの"と言いました。その時彼女は，この三人の女性は所得税を計算してくれる夫をもっているのに彼女は自分でしなければならないことで，ものすごく恨めしく感じたのです。しかし彼女には所得がなかったのですからこれは奇妙です。その女性たちに腹が立ったのも変な話だと彼女も感じました。

K：その女性たちは仲間の学生ですか？

P：年上で，上司だと思います。その後，彼女はルームメイトと夕食を取

りました。食後に二人で皿を洗いましたが，彼女もできるだけ早く洗った
ものの，ルームメイトの方が片付けが早かったのです。ところが彼女は怒
ってしまって，部屋の隅にフキンを投げつけてスタスタと台所から出てし
まい，自分の寝室に駆け込んでバタンと戸を閉めました。ルームメイトが
駆けつけて，「どうしたの？」と言いました。

　そこで私は，結婚をしないってどんなことだろうか，と再びあれこれ考
えてみました。その際は望んだ人生はけっして手に入らないだろうなと思
いました。そこで私は彼女の関心事を声に出す意味で，「私は先生の家に
来たくなかった。男性のところに行きたかった」と口にしてみました。そ
うしたら彼女は，「ここでは "今・ここ here-and-now" の話をすることに
なっているんでしょう？」と語りましたが，ここが短期クリニックである
ことについて，彼女は何か感じているようでした。そしてさらに，「もし
私が私自身の精神科医 my own shrink をしばらく演じて，私の過去につ
いて先生にいくらかお話ししてもかまわないでしょうか？」と付け足しま
した。私は「もちろんですとも」と言いました。ところで，私はこれまで
だって，彼女が過去の話を持ち出すのを積極的に制止したなんてことはな
かったのですが。

「私の家庭には次のようなことがありました。祖母は私の生まれる２カ月
前に亡くなりましたが，私は祖母に育てられたようなものです。なぜかと
いうと，祖母は聖人君子としてたえず褒めそやされており，すごいことを
やってのけた人として母から聞かされてきたからです。私の誕生前に亡く
なっているにもかかわらず，私は祖母を知っているように感じてしまいま
す」。

　とりわけ彼女が挙げた事実は，この祖母はそのたくさんの親戚たちから
何かにつけて頼られせがまれても，長年にわたって一度も不平を言ったこ
とがなかったということです。祖母のこの模範は母親を通して彼女に伝え
られてきました。患者が言うには，「この話を何年も聞かされてきたので

第8章　自己評価の調整における，他者の賞賛に対する嗜癖的な欲求　　*33*

すから，きっとこれは私に影響を与えていると思うわ」というのでした。

　さらに彼女が言うには，彼女の生後6週間は生死の間をさまよいながら入院していました。ですから親戚中が次のように言うときがよくあったのです。「あの子が生きているなんて，なんと運がよいのでしょう。死んだも同然でしたもの」。実は，彼女を身ごもっていた後半のころ母親は，ガンで死にそうになっていた祖母を看病するために，北の町と南の町の間を飛行機で行ったり来たりしていたのです。

　母親には頑張りのできるそうしたすごい力がある，と彼女は語り，物事がうまくいかない時こそ強くなければいけない，と力説したのも母親でした。たとえば，姉は婚約した時に，婚約者が週末にはいつも遊びに来て欲しい，とせがみました。しかし母親は，「それは無駄遣いだわ。あなたのお父さんは戦争で3年間も家にいなかったけど，私は苦しかったけど会わずに過ごしました。婚約者に2，3カ月会わなくたって暮らせるはずです！」。母親はそんなタイプの人間でしたから，患者が病気のときも，「ちゃんとガウンを着替えて，髪をとかし，枕に寄り掛かって本でも読んでいなさい。お願いだから，いかにも弱っているとか助けて欲しいなんて顔をしないでね。おばあちゃんのようにしっかりしてて！」というのが常でした。母親自身はいつもそうでしたし，けっして愚痴をこぼしませんでした。母のメッセージたるや，"いつも人のお世話をしなさい。けっしてお世話を受けてはなりません"というものでした。

　私は次の事実に言及しました。つまり私は，あなたのお母さんは祖母についてはすごいやり手という感情は伝えてくれたようですが，死にかかっている祖母を看病した時のつらさといった感情は，まったく押しつぶしてしまったようです，と言いました。すると彼女は，言葉にすると実に先生が言われたとおりです，と言いました。祖母はそんなに完全ではなかったかもしれません。母はしかし，そう考えたことはなかったのです。そして，その完全な女性が存在した，という信仰が家族の中に受け入れられていま

34

した。

K：わかりました。しかし，今日はこのケースについてこれ以上やることはできないでしょう。彼女がどんなパーソナリティかについてもっと情報がなければ，一定の限度以上の話はできないからです。これまでのところ私たちは，ほんのわずかだけ探りをいれてみた主要な徴候を元にして，練習みたいにして大まかな想像をめぐらしてみました。このケースをもっとよく知りたいなら，そのパーソナリティの香り flavor をとらえなければなりません。先ほどあなたが話してくれた二，三の言葉によれば，彼女は見かけ以上に強い人間であり，攻撃的かつ自己主張できる人という感じもします。きわめて闊達に彼女は，「自分の精神科医になるわ」と語っていますね。それなら恐れおののいている類の人間ではありません。そうすると，私たちが当初に推定した事柄は疑わしいものになるかもしれませんが，しばらく様子を見ることにしましょう。

　対象が化学物質であれ人間であれ，嗜癖が発展する方向に傾きやすい個人のパーソナリティ構造について，若干振り返ってみましょう。ここでは，後々にしかも二次的に起こるところの人格変化と混同されるべきではありません。そうなった人々においては，薬物嗜癖のライフスタイルが一つの生き様になっているからです。

　その人が嗜癖の対象を必要とする様子は，彼が愛情の対象を必要とするのとはまったく様相を異にしています。嗜癖の対象は，彼自身で元来は遂行していた重要な心理学的機能を遂行するために必要とされる点に，その違いがあります。つまり，このケースでもそうですが，自己をなだめ自己評価を維持する機能のことですが，本来なら発達過程の中で自らの心的構造の一部として内在化されているはずのものです。それとは対照的に，愛情の対象はその自身の欲求を備えた固有の権利を有する一人の人間として，かつ独立したイニシャティブの中心として見なされています。しかもその

第8章 自己評価の調整における，他者の賞賛に対する嗜癖的な欲求 35

人間はあるがままの相違点をもった独自性ある個人として愛されるのです。嗜癖的関係とは異なって，こうした愛情関係の存続は，その愛情対象が自分の自己愛的欲求にこたえてくれるかどうかには依存してはいません。なるほど時には愛情対象が自己評価の維持を助けるために使用されることもあるかもしれませんが，そうした必要性はほんの一時的ですし，嗜癖者がその対象を求めるのに比べれば，その頻度も持続も激しさもずっと少ないといえます。こうした目で見ると，この患者の対象関係の嗜癖的性質は，男友達からの別れ話の度ごとに容易に押し潰されてしまう自己評価と連動しているのです。

　自己評価の維持を助けるにあたって，この患者は賞賛してくれる他者 an admiring otherを必要としているわけですが，そこにはこの機能を十分に内在化するにあたっての彼女の失敗があらわれています。発達の視点から見ると，子どもが自分ではできない時に子どもに代わって最初は遂行してもらう機能があるわけですが，これはいずれ内在化されて子どもが引き受けていきます。なぜなら，世話をする母親はふさわしい時期に，徐々に徐々に，彼女の遂行を減少させていくからです。外的供給が，適切な時期にしかも外傷的でなく徐々に喪失するというこうした過程を経てこそ，私たちはその機能を私たち自身で遂行することを覚えるようになります（原注9）。しかしもし内在化が起こらなかったなら，その個人はこの機能を実行してくれる他者や薬物にすっかり寄りかかってしまうかもしれません。

　ここは継続的なケースセミナーの場ではありませんから，私たちは人間理解に到達するための私たちの方法を吟味するために，たくさんのケースを使うつもりでいます。そしてその理解たるや，自己愛を一つの発達ラインと見なすことによって刺激を受けて得られた洞察なのです。次のセッションでは別のケースを扱います。

（原注9）変容性内在化のこと。

第9章

自己評価欲求を反映する身体症状

　次に示すケースの学生の性的機能障害の症状の理解には，その目立つ特徴に目をうばわれるよりも自己愛の発達ラインを使って考えることのほうが重要です。

P：この若い男性はもうすぐ23歳になります。彼はイースタン・カレッジを卒業し大学院へ進んだところです。身体検査の時，勃起しないという問題で学生健康相談室からメンタルヘルス・クリニックに送られてきました。

　学生は面接の予約をする前に簡単な質問紙に書き込むことになっており，以下がその質問と彼の答えです。

(1)ここにいらした理由をくわしく書いて下さい。

　　　6カ月前から性交の時に勃起しなくなりました。医者に診てもらったところ，生理学的な気分の波があるとのことでメンタルヘルス・クリニックを紹介されました。さらに，最近神経過敏な彼女とうまくいかなくなっています。自分の生活を律することにもフラストレーションを感じています。うまくいかなくなったのは基本的には収入や支出といった金銭的な問題のせいだと思います。

(2)ここで相談したい一番困っている問題は何ですか。

　　　勃起しないということは根底にある重要な疑惑を意味していると思

38

うので，今はそれが一番心配です。

(3)この時期にここへいらっしゃるきっかけとなった出来事が最近あなた
の生活にありましたか。

　　医者に言われたので，たまたまここに今朝来ることになりました。
近いうちに来るつもりではいました。ここへ来ることはある女性から
すすめられましたが，彼女はバルビタールを過量に飲んでとても私に
心配をかけた人です。

(4)ここへいらっしゃる以前にその問題でどんな援助を受けられましたか。
ありません。

(5)援助を受けるために他の機関を考えられましたか。それはどこですか。
はじめに学生健康相談室に行きましたがここを紹介されました。

　私はこれまで2回彼に会いました。彼は外見が変わっています。ひどい
にきびがあったのか顔の肌がでこぼこで，彫りは浅く，わし鼻で太い首で
す。ネクタイもせず，10年か15年昔の大学の職員のような格好をしていま
した。もう一つちょっとした情報は，私は彼が要求した予約時間にきわめ
て近い時間を言いましたが，彼は授業があるからと断わったことです。し
たがって，私がはじめに言った時間よりも遅く彼はやってきました。彼の
問題は彼が言うほど切迫したものではないことを示していると思いました。

　彼が席に着くと私は彼の書いたものを読んだことを話し，それについて
さらに話してほしいと言いました。要約すると，彼は説明を繰り返し，性
的活動はうまくいっている，しかし，ペニスに何か問題があって彼を悩ま
していること，つまり以前のように大きく硬くならないということを私に
明確化したがっていました。また彼は遊び人であり，過去に女性経験もい
ろいろあるので，今度の体験はこれまでと違うことを強調しました。この
時に内気そうに，ニヤッと笑いました。やっと私は，この辺りで，彼は私
に下駄をあずけようとしていると感じたように思います。私はいくらか早

第9章　自己評価欲求を反映する身体症状　　39

ロで尋ねました。「それについてどう思いますか？」

　彼が今度の体験で考えたことは三つありました。一つは彼が昨春，以前のカレッジで身体検査を受けたとき，医師に性交の時に問題がないかどうかを尋ねられたことでした。彼のペニスには確かに発達的に異常があったのです。もう一つは二人の女性とつきあってきたことが彼の問題に関係があるのではないかということでした。一人は彼よりも彼女の方が熱心ですが，どういうわけか彼のほうはそれにつけこみたくはないのでした。彼の他者に対するこういった関心の持ち方は繰り返される傾向があるようです。もう一人彼がつきあっていたのはバルビタールを過量に飲んだ女性で，彼女とはとてもむずかしい関係です。彼らは行きつ戻りつの間柄で，喧嘩もします。彼女は自分にとって良くない女性と思いながらも，彼は強く魅かれています。

　私は彼にそんなことがあれば確かに落ち着かないだろうけれども，このことでどうして彼が悩んでいるのかわからないと言いました。この時点で彼は故郷にいる女性とのある夏の出来事を振り返りました。彼女との関係は外見上は何年にもわたって続いていたようです。彼らは結婚するかどうかでぶつかり合っていました。彼ははっきりしないある理由でここ２年間学校に行っている間は彼女とは結婚できないと思っていたからです。彼女が彼に別れてくれと言ったわけではないと思いますが，彼はいつまでも引きとめておきたくないとにおわせて，二人の関係を壊すように持っていきました。夏の終わりが近づくと彼は彼女と以前の関係に戻れなくなったためにふさぎ込みました。彼女はつきあいの解消を受け入れましたが，彼にはできなかったのです。面接の最後に彼は，この大学でも落ち着いてやっていくのはとても難しいことだと語りました。つまり彼は，大学院で一生懸命やっていたようにはもはや勉強できないと感じたからです。彼はまた徴兵につくかどうかで心をうばわれていました。大学在学中，予備役軍隊に登録していたのです。この徴兵はかなり彼の時間をとりましたが，勉強

に影響を与えてはいけないのです。この時，彼の大学院進学は間違っているのではないか，徴兵に行く機会があるのならその方が良いのではないかと考え込みました。

このようなことを彼が話していくうちに，私はそれらの出来事が彼にとって本当の問題なのではなく，彼さえそれらをただの徴候に過ぎないと考えているように感じました。

そこで私は聞いたのです。「さて，これまでのお話はあなたがここにいらっしゃるまでの不安定な時期についてのお話のようですね。ほかの時期もこんなふうだったのでしょうか。」と。

すると，彼は17歳か18歳の時，大学の1年と2年の間に母親が死んだことを話しました。彼女は重い関節炎で，彼が12歳ぐらいの時に身体がしだいに不自由になったのでした。母親は車椅子を使っており，夜になると彼と父親が彼女の身体の世話をしていました。車椅子の母親は彼にとって恥ずかしく，特に母親と外出するときに仲間に見られるのは恥ずかしいことでした 彼はこれまで父親と親密になることはなく，母親が彼と父親の緩衝作用の役目をしていたという印象があります。母親がお金を彼に与えていましたし，彼に関しては母親がなんでもやっていたようです。父親はいくらか遠い存在です。しかし，とても遠いわけではありません。母親が死んだとき彼は途方に暮れてしまったようですが，父親に近しくなることはできませんでした。現在彼は父親に金銭のことでつらい思いをさせられていて，父親は彼が浪費家か何かのように言います。患者自身はそれは事実だけれども，まったくの浪費家だとは思っていません。つまり，彼はお金をたくさん必要としていますが，父親は彼の必要なほどには与えたくないのです。これは現実に本当のことなのかどうかわかりません。確かではありませんが，母親の実家はとても裕福に違いなく，父親はいつも稼ぎの多い人であると私は推測しています。金銭のことで最近の例では，彼は車のスノータイヤを買うために父親に電話して，父親は台所は火の車だと言いま

第9章　自己評価欲求を反映する身体症状　　41

したが，彼にお金を送っています。1週間かそこらしてまた彼は電話をして「授業のためにお金が必要だ」と言い，父親は「すぐに送るよ」と言って，彼に小切手を送るといったぐあいです。この時，彼は自分を正当化するように「去年の夏は兵役訓練をやっていたために実際にお金を稼げなかったのです。それを父には理解してもらわねばなりません」と言いました。

　私は彼が衝動的な子どもであるような印象を持っています。彼は友達とお酒を飲んだりして遊び回っていました。そして彼が母親との関係を話したとき，母親が彼を溺愛し，子どものように扱い続けていたのかしらと私は思い始めました。彼はいかに彼と母親が親密な関係であったか，それに比べて父親とはいかに疎遠な関係であったかを強調しました。母親はいくつか父親より年上で先の結婚で三人の子どもがいました。姉は重要な人物です。彼女は20歳も彼とは年がはなれており，彼と同い年の息子がいます。のちになって彼は，慰めてもらい，支えてもらうために自分が最近近づくようになったのは実にこの姉なんです，と語っています。

K：しかし，彼は現実的にも情緒的にも一人っ子なのでしょうか？

P：そうです。つまり，姉はいつも家にいなかったのです。この時点で私は彼の生活史の断片をつなげていくことに興味を持ちました。彼は東部で生まれ，彼がほぼ6歳の時に別の町に移り，そこで1年ほど暮らしました。さらに，6歳から12歳まで彼らは東部のまた別の町に住んでいます。

　明らかにこれは輝かしい彼の人生の一時期です。そのころ，彼はとても活躍しています。生徒自治会の会長に選ばれたり，競技会にも出たり，といったぐあいで非常に人気者でした。それは小さな学校でしたが，彼の家にある池の話などを聞くと，まあまあ豊かな近郊の住宅地域だったようです。彼が12歳になったとき家族は母親の関節炎のために西部に引っ越しました。彼が憶えているかぎりでは，それ以前の母親は関節炎のために体が

235

不自由だということはなかったようです。彼が幼い子どもの頃は，母親は彼を抱き上げて，遊んだりすることはできたからです。ただ母親が泳ぎに行かなかったことだけはよく憶えています。ですから，12歳までは母親の身体の障害に関しては際立ったことはありませんでした。しかし，彼には友達をつくったり，学校でうまくやったりといったことがひどくむずかしい時期でした。これに加えて，母親の病気がひどくなっていったのです。

　父親は東部では大きな会社で化学者をしていましたが，その自分の地位を捨てることに，とても不満を持っているようでした。彼は化学研究者としてはそこそこに名を上げていましたが，以前のような地位は持てませんでした。しだいに母親に不自由なことが多くなり，昼間は看護婦がいるようになりました。しかし，夜になると彼と父親が母親の世話をしました。

　彼が高校の1年生の時，ペニスの先天性の障害のため手術を受けました。そのおかげで排尿が楽になりました。あとになって，彼は排尿の時，放尿が悪いために時折しゃがんでしたこと，さらに公衆便所で排尿を始めることができないこと，このためにいつも恥ずかしい思いをしていたことを話してくれました。外尿道口の切開手術を受けてから，彼は学校の成績を上げて父親を喜ばそうとしました。確かにそのときまで彼の成績は悪かったのです。少なくともそのころには，家族はすでに西部に移っていました。

　大学の1年目は彼が考える限りは楽しいものだったようです。彼はお酒をたくさん飲み，遊び回る学生の一人でした。2年目になって，彼は同い年で物静かで勉強熱心な同級生にべったりと親しくなりました。彼らは非常に親密な関係だったようです。その事実は私が母親の死による影響を尋ねたときにわかったことです。大学の後半の2年はその友人とだんだん疎遠になりました。それは彼がそれほど友人を必要としなくなって，昔の彼のやり方に戻ったということを示しています。

　この時点でたくさんの情報を得ましたが，なぜ彼が今クリニックに来ているのか，何が彼を混乱させているのかという理由がわかりませんでした。

第9章　自己評価欲求を反映する身体症状　　43

ですから，私は「その話にもどりましょう」と言いました。この時彼は途
方に暮れてしまった感じ，彼の不安定な感じを強調しました。彼が自分の
大きくて強いペニスについて語り始めたとき彼は確かに自分のことを語っ
ているのですが，以前のように熱心に話していないと彼自身が感じている
のがわかりました。明らかに彼の現在の性生活での問題は行為ができない
のではなく，行為にかかわれないこと，あるいは楽しむことができないと
いうことです。彼はただ型どおりしているだけのようです。初回の1時間
はおおまかに言ってこのような流れでした。

　初回の1時間で私は困ってしまいました。あるいはよくわからなかった
というのが本当のところだと思います。漠然としていたのです。2回目に
彼がやってきたとき，私は「今日は何について話したいですか？」と尋ね
ました。彼はそれほど考えてきていないと答えました。彼は前回ここを立
ち去ったときより良くなったと感じており，週末に再び押さえが効かなく
なり，自己嫌悪を感じたのですが，それまではすべてうまくいっていたの
でした。彼はボーッとテレビをみている自分に気付いて，独力でなんでも
やろうと思い別の男性や女性と出かけたりしました。しかしやはり，週末
に，特に彼のルームメイトが出かけてしまってから，自分がたいしたこと
もしていないことにうんざりしてきました。彼はこれまでしてこなかった
ことのすべてがやり方によってはできたように思えてきました。彼は「と
ころで私がお話しした女の子は火曜日に自殺を図りました。でも今は良く
なってきています」と付け加えました。

　彼はその女の子が彼には良くないことがわかっていたので，心を鬼にし
て彼女を諦めようとしましたが，彼の心の奥では彼女を求める強い気持ち
がありました。彼が私に会う前にも彼女は薬を飲んで自殺を図っており，
これが二度目でした。一度目の時，彼は彼女の家に彼女を連れて帰り，家
族と話をしました。彼女の家族は自殺企図を簡単に考えていましたが，彼
は彼女が神経症だと思っていました。重要なのは彼はこういうことが良く

237

ないことで，そこから抜け出さなければならないとわかっているのにそうすることが未だにできないでいることです。彼は彼女の二度目の自殺企図には何の反応も示しませんでした。しかし彼の関心はすっかり他のことに移っていました。彼は彼女のルームメイトが悲しんだり，取り乱したりしないように願いました。彼は私に会いに来る前，一晩中彼女のルームメイトと過ごし，次のような夢を見たのでした。

夢の中で彼のペニスはありませんでした。膝から下にもうひとつの脚があり，その脚はどうしたことか手になり，その指はイソギンチャクの触手のようでした。それを彼はとても恐れました。

私は「何か思いあたることがありますか？」と尋ねました。彼が一つだけ挙げたのは，子どもたちはペニスのことを三番目の脚とふざけて言うということです。私は彼の話に出てきた人たちや出来事を古い順に並べようとしました。そうしたら二つのことが並行しているのでびっくりしました。つまり，彼女が行った行動と彼の母親の死を予測するにあたって，彼は実際に同じ言葉を用いたのです。彼女が何かをやるであろうことは彼の頭にはあったのです。母親の時も列の女性の時もともに彼のかかわり engagement が欠落していたことが重要です。彼は正しく物事をこなしますが，いつもかかわってはいないのです。

残りの面接時間では，彼は家に逃げ帰るよりも，むしろこのことに直面することに身を入れていると強調しました。また，これまで時々，心理学的な事柄に興味があったとも話しました。大学の時，彼には大学の健康相談に通っている友人が何人かいましたが，そのことは特に彼らにはたいして助けにもなりませんでした。ですから自分は経済的に余裕があれば，個人的な治療を受けたいと思っていました。彼はそういった場所での援助によって，友人たちには言えないと感じていることを話せると思っていたのです。

だいたいこんなふうに 2 回目は経過したと思います。しかし，混乱した

第 9 章　自己評価欲求を反映する身体症状　　45

感情や失望感，自己への関心は以前の面接の時よりもずっと表面にあらわれていました。

K：本例においては，この年齢の人たちやこのような環境にいる人たちが直面する典型的な問題を，様々な形で示していて興味深いと思います。いたるところでこのような人に会いますが，この症例が示す臨床像は学生相談に特有のものだと思います。ところでもしこの症例の詳細な部分や過去の出来事をすっかり忘れて考えをめぐらすなら，たとえばどんな全体像が得られるでしょうか[原注1]。

F：私なら多くのことに関して，漠然としているという感覚を持ちます。困惑した感覚，あるいは何かをさがしている感覚です。彼が同じくそういったものを感じているかどうかはわかりませんが。

K：漠然とした感覚とはどのようなものでしょうか。みなさんはこの人が漠然としてまとまりのない人間と思いますか。それとも彼は外界を漠然と混乱した方法で見ているのでしょうか。それとも自分自身を漠然とした方法で見ているのでしょうか。あるいはそれらすべてなのでしょうか。

P：彼は漠然としかも混乱した見方を自分に対してしていると私は思います。

K：彼が悩んでいるのは何か新しく起こったことでしょうか。最近の急性のものでしょうか。それとも慢性のものでしょうか。あるいは繰り返し起こるものでしょうか。

（原注1）これは個々の症例に対してコフートが最初に示す典型的な反応である。

P：私は慢性的なものだという感触を持っています。今回新しく起きたものではないと思います。

K：私は新しく起きたものでもなければ，慢性的なものでもないと思います。それは繰り返し起きるもの recurrent です。それが重要です。初めて話を聞いたときに持った印象というのは，基本的にその人のこれまで持続してきたパーソナリティに関係している，ということで，そこに注意を払ってほしいと思います。そしてこの症例についてもそれはあてはまるとみなさんも感じていることでしょう。ところがそうでなかった時期があったと聞いて，オヤと思ってしまいます。6歳から12歳まではそうでない時期でした。そして，その時期について彼が話してくれたことは，それ以外の時期と違っているのがとても印象的です。つまり，彼には友人がいましたし，受け入れられていました。社会につながりをもって付き合いの場もありました。重要な6年間に，彼は確かに学校の生徒会で重要な地位にあったのです。運動もでき，よく活躍しました。これらが事実かどうかということはそれほど重要ではありません。コミュニケーションの手段です。つまり，それが歴史的に正しいかどうかはたいして問題ではないのです。彼にとってはそれが正しいのであって，彼がその時期，今よりも過ごしやすかったことを告げるとき，彼は私たちに何かを伝えているのです。具合いが今よりももっと悪く感じた時期があったこともわかっています。しかし，彼の人生のほとんどの時期は現在のように感じていたのです。

P：彼は今の気分は母親が死んでから再び西部へ引っ越した時のようだと言いました。

K：つまり彼は何か変化があるときにこのように感じるのです。これは一

第9章　自己評価欲求を反映する身体症状

定のパーソナリティ構造の人，つまり，自己の融和性と，外界への確固たる見方が不安定になった人によく起きることです。そのような人たちはどんな変化にも敏感です。この若者は6歳から12歳まではよい状態にあったと言いましたが，それからのち，彼が西部に引っ越してからは二度と楽な状態にはならなかったのです。彼が言うように，比較的頼りになる学校社会という組織の網の目から追い払われたのだと思いますが，父親のことに関しては，その引越しの前には彼自身のことをうまくいっていると感じていたのではないかと推測します。たぶん，これは重要なことです。この学生は父親との関係は良くないと言っていますが，彼は父親が父親自身のことをどう感じているのかということに大いに影響を受けているのかもしれないのです。その頃，父親は名声のある職を失っています。彼が父親について語るときは，自分自身について語るときと同じようにいくらか沈んだ調子になります。父親が西部でお金を稼いでかなり成功しても，東部にいたときの大きな会社ほどではなかったのです。

したがって，父親の安定した自己評価と息子の安定した自己評価は対応しているように思えます。その対応が何を意味しているのかはわかりません。単に，安定している父親がいれば，自分を立派に感じるということに関係しているだけかもしれません。あるいは父親自身が安定していると感じるときの息子への接し方に関係しているのかもしれません。彼は息子に対してかなり受容的に反応していたかもしれませんし，それによって息子の自己評価は引き上げられていたのかもしれません。父親が不安定な自己評価を持ち，受容的でなく，成功していなければ，彼は息子を批判し，軽視する態度をとるようになり，そのために息子のほうも自分は軽視されていると感じ，自己評価も不安定になるでしょう。この父親は自分よりも，かなり年上の女性と結婚しました。そしてこの女性はお金持ちでした。父親は高い収入を得ていたと聞いていますが，母親が身につけている金やバックグラウンドはそれとは全く異質のものです。それが何を意味している

48

のかはわかりませんが。

F：高校1年の時のペニスの手術にはどんな意味があるのでしょうか。また，症状はいつまであったのでしょうか。私は，この年齢の少年にとってそれは重要なことだと思いますが。

K：確かにそれはもうひとつの重要な領域です。この特別な出来事については私はくわしくは知りません。ある役目を果たしているのかもしれないし，そうではないのかもしれません。しかし，彼の身体概念とその障害は明らかにある役割を果たしているでしょう。それは象徴としてではなく，実際の事実としての役割です。確かに性器やペニスへの関心は重要に違いありません。ですから性器については理解したり，検討すべきものだと思います。さらに，彼は外見上はどう見えるのでしょうか。ハンサムで，背は高く，体つきもがっしりしているのでしょうか。

　察するに彼は，見た目がよく，女の子にもてる男性という印象があります。性腺の障害はないんでしょうか，声も低く，髭もありますか。その意味では彼の場合，外見上は問題なく，ただ彼の身体自己（body-self）の感覚が彼を悩ましているのです。前にお話ししたように彼には6歳から12歳まで運動で活躍し，少年たちに受け入れられるという特別の時期がありました。当然のことながら，12歳は思春期です。性器に対してそれまでとは違った態度をとる重要な時期です。それは自分だけでなく，仲間もどういうふうに見て，どのように反応するのかといったことが違ってくるのです。性器の異常がどのような影響を持つのかわかりません。狭い尿道は別に害にはならないのでは？

F：手がかりが少しあります。健康診断の時に医師は彼に性交の時，特に勃起に関して問題がないかどうかを尋ねました。しかし，体育館のロッカ

第9章　自己評価欲求を反映する身体症状　　*49*

ールームとか，ほかの場所でも以前は問題がなかったと答えています。

K：しかし，彼は，問診表には受診のきっかけになった症状は，ペニスが
あまり大きくならず，硬くならないと書いていますが，どうでしょうか。

P：しかも彼はそれを6カ月前からだと明確に記しています。

K：言い換えると，東部からシカゴに引っ越したときですね。さて，みな
さんはそれをどのように考えますか。いつもインポテンツなのではないと
彼は言っています。彼は性経験が多い人でした。いわば遊び人で，それを
誇りにしています。普通はうまくやっていたのが，今やうまくいかなくな
ったのです。どこに因果関係があるのでしょうか。彼は不十分な性交のた
めに悲しんでいるということでしょうか。それとも，性交がうまくいかな
いのは，彼が精神的にも感情的にも不安定な状態であることの指標なので
しょうか。私たちにはわかりませんが，推測はできますし，検討してみる
ことはできます。

P：私はインポテンツも確かに主要な症状だと考えています。しかし，本
当の問題は，新しい変化，おそらくシカゴに来たことに関係していると思
います。変化は彼にとっては一般的にいって不安定な経験であり，この不
安定さのためにインポテンツになったのです。

K：しかし，今になって性交がうまくいかなくなってきたのは何を意味し
ているのかという疑問が残ります。私にはわかりません。みなさんの考え
に当てはめてみることはできますし，それは正しいのかもしれません。性
交は彼の中に湧き起こってくるなにかの葛藤のせいではなく，自己評価の
低さ，イニシャティブのなさ，自己感覚がとぼしいこと，あるいは特異な

243

50

疎隔感があってそれらのせいかもしれません。これは全般的なパーソナリ
ティの退行で，途方に暮れたことのあらわれなのかもしれません。いわば，
彼は性の面でも途方に暮れてしまったのです。

性交は男性にとっては，明らかに感情状態を示すきわめて敏感な指標で
す。女性にはペニスの勃起のようにはっきりとした感情状態の指標はあり
ません。ですから感情状態を隠すことは簡単です。彼の性交がうまくいか
ないのは，途方に暮れており，疎隔感を持っている，行為に集中していな
いとか，没頭できないとかいうことのまさにあらわれで，そのために，ペ
ニスは機能しないのです。

しかし，一方，性はある程度まで自律的なものであることも忘れてはな
りません。初めは低い自己評価を持っていても，満足のゆく性行為ができ
て，しだいに自己評価を回復してゆくことができる人も大勢います。この
ケースの場合，私はこの両方が少しずつあるのだと思います。彼の性器は
もともと敏感な器官になっていて彼が小さいときの一番困った障害でした。
ですから，現在の障害にそれが合流してきているのです。私がお話しした
ように，ある人は自己評価が低いかもしれない，イニシャティブがないと
その人は感じているかもしれませんが，自己評価を上げるためにその人は
何かはできるのです。できる良いことのうちに，性行為を上手にするとい
うことも入っています。それができれば，突然自分に対してよい感情を持
ち，もっと満足のゆく方法で生活できるように回復していきます。相互に
影響を与えているわけです。しかし，この症例の場合，ペニスに対して不
確かさを長い間持っていて，その上手術も受けているので，果たしてそう
うまくいくかどうか……。

でも，私は他の経験を元にして推測をしているだけです。自己評価は，
性行為より排尿行為のほうにもっと関係しているという意見にも賛成でき
ます。それは押さえ込まれ抑制されるようになるので，成人した男性はこ
の関係をもはや気づいていませんが，少年の時に，大きくて目に見える尿

第9章　自己評価欲求を反映する身体症状　　　*51*

の流れに対して誇りを持つという体験は，身体の自己評価に重要な要因なのです。同様に，それは女性のペニス羨望や劣等感と言われているものの重要な要因になります。なにも女性は勃起したり，簡単に見ることのできる性器を持っていないことに対してではなく，男性のように排尿を見ることができて，しかもそれで曲線を描いたり，方向も思いのままにできる能力をもっていないためにペニス羨望を持ったり，劣等感を持つのです。これらは男女間の重要な心理性的な相違であるのに，あまり注意が払われていません。

P：この男性は排尿時，座らなければなりません。公衆便所で排尿できずに困っていると訴えていますが，少なくとも意識的には，彼のペニスが以前ほどうまく機能しないという奇妙なことよりも，そっちの方がずっと彼を悩ましているように思えますが。勃起の問題は時たま起きるのですが，私には彼が関わっている二人の女の子に対するアンビバレンツを示しているように思われます。つまり，彼のペニスみたいに中途半端なのです。しかし，公衆便所で排尿できないというのは構造的問題なのでしょうか。それとも，葛藤的問題なのでしょうか。

K：彼はシカゴに引っ越して来て，いくらか気分が沈んだときに，以前の経験からペニスに気をとられたのではないかと思います。しかし，わからないのは，この女友達に対して以前に比べれば，ほんの少しばかり，性行為の調子がわるいことに彼のこだわりが向いたことです。これについては私たちはまだ検討してきてはいませんが，これからの厄介な問題です。さて，これまで2回自殺を試みた女性とつきあっていく上で，どんなふうであったかを描いていきたいと思います。

　もし，彼が二人の関係の中で彼女に対する何らかのまずくなった感情を，ほんの少しばかりペニスの調子がわるいということによって表現している

のなら，彼ら二人に何が起こっているのかということを考える代わりに，
置き換えとしてペニスにこだわる別の理由が彼にはあるはずです。そうい
った話がどの時点で誰から出てきたのかは，考えてみなければいけないこ
とだと思います。

　彼はこの特別な時期にわざわざこの特別な女性を選んだのでしょうか。
どのような女性を選んだのでしょうか。どうしてそんなに混乱した人を選
んだのでしょうか。そしてこの特別な関係の中で何がきっかけになって満
足のゆく性行為ができなくなったのでしょうか。疑問を出すことはできま
すが，それ以上はわかりません。なぜなら私はその女性については何も知
らないからです。私たちはもっと彼女のことを知らなければいけません。
そして，治療が進むにつれてみなさんにはもっと彼女のことがわかってき
ます。

P：彼には同時に別の女性がいましたが，彼が関心を持っていたのは自殺
しようとした女性でした。

K：彼は両方の女性に対してセックスは同じように調子が悪いのでしょう
か。

P：ええ。彼は一人は好きでないこと，もう一人は彼にとっては良くない
女性であると，口実を挙げています。しかし，その彼女はその他の面では
可愛らしくて知的な女性であり，二人はたくさんの時間を一緒におしゃべ
りしたりして過ごすことができるのです。

K：いろいろと様子を聞きたいのですが，私の印象ではその女性との交際
に関する限りでは，何にもまして，彼の切り離し detachment がもっとも
重要なように思えます。最初に私が考えたのは，彼はおそらく，彼女の自

殺企図に対して抱く興奮や不安などの感情すべてを防衛的に切り離しているのだということです。私の直感では，彼は自分にとってたいして価値もない二人の女の子を選んでいるだけなのです。確かめることはできませんが，これが私の印象です。

　彼はすっかり途方に暮れてしまうのです。徴兵をどうするかについても，女性たちについても，勉強の習慣についても，いつもそうです。彼はもがいてはいましたが，現実には何もかかわってはいないのです。彼の女性たちに関して，つまり，彼が同時に二人の女性とつきあっているのをみると，こんなふうに思います。彼が不満に思っているのは女性のことではないのです。彼が不満に思っているのはうまく働かない彼自身であり，彼のペニスであるのです。おそらくこれは正しいでしょう。

P：カミュの『異邦人』の主人公は物事に対して表面的にとらえる傍観者で，ぞっとするようなことでも，実際には心を動かされることはないといった人間ですが，それに当てはめて考えてみるのが適当でしょうか。

K：その比較は次の点を除けば適当でしょう。つまり本例では，私たちは，彼が世界とどうかかわれないか，体格の不確かさ，行動の基礎の不安定さといったことに関して，心理学的により特異な手がかりを持っているということです。

　ところで，彼にとって安定した，持続する環境やある種のサポートが与えられれば，何事ももっとうまくでき，自分についても良い感情が持てることがはっきりとわかっています。治療上，予後を判断する上でも，このことを知っておくのは非常に重要なことです。何か彼の助けになるものが過去にあったことを知っていれば，それも機械的に知るのではなく，彼にとっての意味を知っていれば，少なくともそれも基礎にしてある程度の助けはできるでしょう。たとえば，彼には活動の安定した基礎を与えてくれ

る姉がいます。また，おそらく東部にいた頃，父親は自分の仕事に対してよい感情を持っており，それが患者にプラスの働きをしていたのだと想像できます。さらに，彼には支えてくれた仲間がいましたし，その仲間に加わっていたことは，彼の安定のためには大切なものだったでしょう。性的機能が問題ではないのです。しかし，一方ご承知のように環境の変化，母親やガールフレンドを失うといった喪失体験は彼を不安定にしました。彼の自己評価は下がり，もがき苦しみ，助けを求めてここへやって来たのです。

P：興味深いことは，クリスマス休暇中，彼は姉に励まされ，意を決して早めに戻ってきたことです。しかも，ガールフレンドは彼が戻った最初の週に薬を飲んだのでした。

K：母親の役目についてはどう考えられますか。はっきりとはわかりませんが，推測してみることはできます。彼は，小さい頃に母親の関節炎があったとしてもただそれだけでは自分に不都合を生じたことはないと強調しました。彼は普通に抱っこされ，抱きしめられ，普通に面倒を見てもらっていたのです。一見本当らしく聞こえます。しかし，実際，彼は自分の性行動に不安定さを感じる人間になっているのです。もちろん幼い頃の温かい養育がなければ彼はもっと悪くなっていたともいえます。それは確かに考えられることです。

F：おそらく母親の病気は突然悪くなったと思われ，そのために養育から急に手を引いてしまったことが原因だと思います。

K：母親は彼が12歳の時に悪くなりました。つまり，温暖な気候を求めて家族が西部に引っ越さなければならない時期でしたね。

第9章　自己評価欲求を反映する身体症状　　55

F：母親の身体の世話は，少年の経験としてはとても強烈なものだったに違いないと思いますが。

K：その指摘は適切です。よい観察だと思います。さらに，そこで何が起こっていたのかを確かにしましょう。世話をすること自体が重要だったのでしょうか。それとも父親と一緒に世話をするということが重要だったのでしょうか。それはこの二人が一緒に何かをするという数少ない機会でした。

P：彼の話から，母親は父親に対する緩衝剤だったという印象があります。つまり，患者は母親の世界の中心であり，母親は彼の世界の中心だったのです。

K：それでは，父親はその外にいたのでしょうか。彼が生まれたとき母親はいくつだったのでしょう。

P：彼女は45歳だったと思います。

K：彼が赤ん坊の時，彼女は45歳で，ご存じのように関節炎があったかなかったかの時期です。45歳の母親の赤ん坊に対する応答の仕方を考えてみると，もっと若い母親がするであろう応答に比べて何かが欠けているのではないでしょうか。

　まだどなたも取り上げていないことが一つあります。それは彼が夢を見たことです。どんな夢だったでしょう。全部お忘れでしょうか。私がその夢を正しく理解しているとすれば，その夢では，いわばまん中が空白でした。つまり，何かが夢に出てこなかったのです。代わりに脚が出てきて，やがて何かを摑もうとする手になりました。その手は柔らかく何かを摑も

うとする触手をもったイソギンチャクでした。彼の夢の始まりはペニスが
あるべきところにないということでしたね。しかも，膝から下だけの脚を
持っているのです。さてみなさんの想像はどんなものですか。

P：最も印象的なのは，何かが欠けているということです。脚の上部があ
りません。ペニスのかわりに脚の半分があります。夢の中で彼はおびえま
した。その夢を見たのは彼女が自殺を試みた日の夜で，彼は彼女のルーム
メイトを支えるという名目で，彼女とその夜を過ごしていたのでした。

K：そこであなたは何を想像なさいますか。もちろん，その夢に対してあ
まり連想は湧かないかもしれませんし，実際，あまり勝手な想像もいけな
いのでしょうが，誰かお考えのある人は？

P：彼の連想を聞いてみたら，まさにフロイディアンでした。

K：それについてあなたは何を想像されますか。

P：何かが欠けていたというテーマに戻りますが，この人はその女性を失
うことに気を取られていたのです。つまり何かの半分が，この脚と一緒に
消えてしまったのです。私たちは彼がペニスのことで気に病んでいたこと，
何かがなくなりつつあるかもしれないこと，彼女が死ぬのではないかとい
う恐怖，そういったものは何か彼から消えてしまったものを象徴している
と推測できます。

F：この人は私が診ている男性患者のことを思い出させます。その患者に
目立つのは切り離しの感情と人とかかわることへの恐怖で，性交の時，文
字どおり自分の本体 substance の自己愛的な喪失がおこることがわかっ

第9章　自己評価欲求を反映する身体症状　　　57

てきました。私の患者を思い浮かべて，この夢を考えてみると，その女性は鏡あるいは双子として体験されていたのではないか，そしてルームメイトと過ごさなければならなかったのは，完全を求める気持ちのためだったのではないか，つまり身体で彼女と満足のゆく体験を持っていないとすれば，完全なものにはならないのではないか。それが私の空想です。

K：ご発言は私の考えに近いのですが，ちょっと別の言い方をしてみましょう。まったく仮設として推測するのでしたら，あまり問題ないと思いますし，それに今のご意見は私たちがこれまで推測してきた多くの点にぴったりと一致しています。この夢は彼のインポテンツの治療に関しては，有益な糸口ではないかもしれませんが，なぜ彼は部分的にインポテンツなのかを考える最上のヒントを与えてくれるかもしれません。

　その夢のことで彼が話してくれたことを，大ざっぱに文字どおりに翻訳すれば次のようになると思います。「私のペニスは性交の時，通常の目的に役立っているものではないのです。つまり，ペニスは私にとって別の意味があります。イソギンチャクの触手のような意味です。何かを吸い込む，何かを取り込む，何かを摑む，つまり何かを得たがっているのです。触手のような性質，つまり何かを求めて，摑むという性質を持つのです。性交時において，男性の身体の部分として無条件に何かを与えるといった，男の性交における基本的な性質は持っていないのです」。それは摑む願望ということであって，自己評価という言葉を使って考えると，まさに自己評価を摑む，というのが適切なのです。彼は女性たちに何を求めていたのでしょうか。これまで何度も話してきたことに戻りますと，彼はその女性が固有の自己を持っているという理由のために，彼女を愛しているのではありません。しかし，彼は世慣れた男性としての誇りを持っていました。彼は自己評価を上げるために性交を利用していたのです。この特別な目的のためにペニスが使われていたために，彼の自己評価が低いときには硬くな

らなかったのです。なぜなら，そのときのペニスは摑むためのもの，何か
をとりたい，しがみつくといった類の道具にすぎないのですから。

　この考えは正しいのかどうかはわかりません。しかし，西部にいる女性
が彼を振ったあと，彼がうつ気分になったことにも符合します。現在の彼
の自分に対する一般的な見方にも，さらにはのちの主な症状にも符合しま
す。彼はペニスが硬いもの，強いものにならないと言い，そしてペニスが
ない夢をみます。かわりにイソギンチャクのような触手を持った摑む手が
あるのです。イソギンチャクとはどういったものでしょうか。もしみなさ
んがイソギンチャクに指で触れたことがあるなら，それが吸い込もうとす
るものであることはおわかりでしょう。彼もそれを知っていたのに違いあ
りません。彼はイソギンチャクをよく見かける地域に住んでいますから。

　この人の主な症状は，ペニスを本来の意味とは違う目的で，感情を処理
するのに利用しているということです。つまり，彼のペニスはイソギンチ
ャクのような柔らかい摑む手なのです。しかも，彼の胴体にしっかりとつ
いてはいません。しかし，私はこれまで，夢の顕在内容を少しいじくり回
しているようですが，余りに多くのことがこの推測に当てはまることから
許されると思います。

　フロイトの初期にある一つの学説があり（1910a，217-218頁；1914c，
83-84頁），これはいくつかの点でのちの心身医学の大きな基礎となった
ものです。すなわち，身体のある器官は，もともとそれが用途にはなって
いない感情処理ということのために慢性的にその器官が使われると，その
器官は病気になる，という学説です。彼はヒステリー性の身体的な機能不
全と，現在では器官神経症と呼ばれる疾病因性神経症 pathoneuroses を
区別しました。そして後者は器官を感情処理のために，しかも慢性的に使
うことによる結果だとされています。

　ご承知の通り，子どもの情緒の発達では，ペニスはいくつかの主な器官
領域の最後にくるもので，誇りをもたらし，自己愛的な投資をひろげ，つ

第9章　自己評価欲求を反映する身体症状

まり自己の象徴になる，いわば心身自己の主要な側面になります。もちろん，これはペニスそれのみを切り離してみてはいけません。前に戻って考えてみてください。ここでの私たちのセミナーの最初のところで，私は自己の形成の初期の二つの時期についてお話ししたとき，自己中核 self-nuclei，すなわち自体愛の時期について説明しました（本訳書第1巻第3章）。自体愛の時期には，個々の機能や身体の各部は，それぞれの瞬間に使用され刺激を受けている限りにおいてのみ重要になっていますが，それは名前をもった一つの全体自己の諸部分ではないのです。

　ですから私が人格ないし自己の主要な領域について語るとき，私はそれを全体から切り離して言っているのではありません。それを集合したものとして，自己における良いもので，正しく，健康的で，進歩的で，前向きで活動的なものすべての焦点として言っているのです。うまく機能することによって得られる誇り，例えば，口と乳首の単位 lip-nipple unit について考えてみましょう。退行を経験することから再発見できる初期の自己であれ，赤ん坊を共感的に観察して，お腹がすいたときに乳首を吸って，お腹一杯になったときには楽しんで，といった健康的な方法に見られる初期の自己であれ，口は初期の自己の主要な部分になるのです。しかし，この初期の自己にこそ，その自己にかかわる一連の経験の融合したまとまりがしっかりとくっついていくのです。

　のちに経験される，子どもが歩き始めるときの筋肉の領域についても同じことがいえます。また，子どもが自分のたてる音に喜んだり，両親が賞賛しながら聞いてくれて，適切に応答してくれるような，片言を話すようになる領域についても同じことが言えます。地球へくる人間以外の訪問者にとっては奇妙に見えるであろうことが，つまり赤ん坊をとりまいて大人たちが褒め合っているわけですが，こうした出会いは，とても時宜に適切で，生命を維持するためには必要な反応なのです。つまり，それらの反応は，子どもを支え，成長しつつある子どもの欲求に沿うものなのです。大

切なのは，適切な時期 phase-appropriate に行うということです。

　患者の夢では，口と脚の経験と残りの心身の経験にはギャップがありませんでした。つまりそれは主要部位にすぎません。重要なのは男根的自己愛は男根期に適切な自己愛であるということだけでなく，男性にとっても，女性にとっても，体全体の筋肉系をまっすぐに伸展することにかかわる自己愛でもあるのです。少年は排尿の流れを見たり，自分のペニスを勃起させることができますから，空間を制圧した感覚を持てます。少女は排尿の流れで空を切るなんてことはできませんから，男の子に羨望をもつのです。これらがいわば，健康な少年と少女が自分たちのことを見て，そこに大きな違いを見つけるのであり，また性格形成にも大きな差が出てくるのです（Greenacre, 1957, 1960）。男根的自己愛とその反映が重要なのは，ペニスがただ単に主要な身体領域の一つであるということだけでなく，的確な両親の反応を依然として必要とする最後の領域でもあるということです。幼児性欲が人格の中心的なテーマである時期であることには変わりがないのです。そのあとに，いわば，カーテンがおろされ，自我の自律的な学習やその活動が，リビドーあるいは子ども時代の攻撃性に色づけられた活動や誇りのあとを引き継ぐのです。これは少年少女の両方の性に起きることです（原注2）。

　自分の限界をこの特定のしかるべき時期に，経験しなかった人は悲劇です。これを理解するためには，少年にはペニスや男根がある，また少女にさえ男根的に優勢な領域がある，ということ以上のことを知らなければなりません。さらに，家族の状況に関連した一連のつながりをもった空想 a set of cohesive fantasies があることも知らなければなりません。この特異な一連の空想は，ある程度失望させられなければならず，その特異な失

（原注2）コフートはのちにこの見解に変更を加えたが，そこには，適切な時期にそのような経験に対して共感的に反応してもらえたら，子どもの誇大性は変形する，という彼の考えが反映している。こうしてエディプス期はうまく乗り越えられる。

第9章　自己評価欲求を反映する身体症状　　　*61*

望を通して次の大きな段階が支えられるのです。適切な時期を経た子ども
はこれらの大望を諦め，興奮も少なく，直接に快感を与えてくれることも
ない諸活動に向かい，しだいに抽象的な象徴，勉強の課題といったものに
夢中になります。精神分析において，私たちが二次的過程，思考過程，あ
るいは心理学的過程と呼ぶようなものすべてがそこから現れてきます。欲
動の直接的な支配下にあるのが一次過程です。二次的過程では，理論的，
抽象的に考えていくなかで，課題の遂行を延期したり，綿密に課題を考え
たりすることによって，人間しか持たない誇りが出てくるのです。

　人間は基本的に誇りを持つもので，それは当然のことでしょう。二次的
過程の助けを借りて行う課題は，直接的な欲求のなすがままで行われる課
題よりもはるかに価値のあるものだからです。もちろん両方を統合するこ
とは重要ですが，それはまた別問題です。

　こうして，子ども時代最後の段階で，男根的誇り，男根的器官を用いて
の男根的行為といったリビドーに色づけられた望みに失望させられ，その
いくつかの失望の助けを借りて移行が生じるのです。

　私がここで強調しているのは，男根的という意味です。男根的というの
は顕示的な態度を意味する器官をあらわしています。器官が膨れ上がった
り，排尿の流れが空を切るといった行為を誇らしく思いますし，もちろん，
そうした行為は強烈な感覚を伴っています。これらは征服感，自慢の気持
ちと結びついており，身体の一部分に対する誇りから身体全体の誇りへと
移行していくのです。誰にでも子どもの時，自分の期待に対して精神的な
打撃を受けた経験があると思いますが，それは今日では，エディプス・コ
ンプレックス，エディプス的な失望，エディプス的な欠損といった言葉で
まさに呼ばれていることの意味です。しかし，私が強調したいのは，男根
的な自己愛を放棄することによってこそ様々な形で重要な移行が生じてく
るということです。膨れ上がる特徴を持つこの器官に対する誇りは，自我
活動の広がりへと移行してゆくのです。初期の情緒的発達の領域で最後に

あたる器官，つまりペニスに集中した直接的で抑制のない誇りを放棄することによって，世界を探求したり征服しようとする態度，仲間うちで力を発揮したり，社会場面で自説を主張する態度が一般的に優勢になってくるのです。しかし，そこでは独特の偏った体験をする人もいるかもしれません。たとえば，母親が父親よりも子どものことをずっといつまでも持ち上げるために，子どもが自分は母親にとって父親よりも大切な存在なんだと感じてしまうために，あまりに高く備給された幼児期の空想が残ってしまう場合などです。その場合，父親には体力的にはとてもかなわないとはっきり知っていながらも，父親を偉大な勝利者とは見ないで，幼い少年である彼自身が父親より偉大であると思ってしまうのです。したがって，この時期に経験されたどんな欠点があったとしても，その子どもはいつまでも元の男根的自己愛にとどまり，自我自律性がさらに発達して，性目標の阻止された行為が増えていく状態，つまりはのちの人生の成功の基礎を形づくる段階へと，誇りが移行してゆかないのです。

　私は今エディプス期の終末の話をしているのであって，初期の話をしているのではありません。母親が子どものペニスを恐れたり，子どもが自分の独立した感覚を持つことを許さなかったり，母親自身が幼い弟を持ったために妬ましさが出てくるとか，どういう理由であれ，母親は子どもが自分のペニスや小さな男性の身体全体に対して誇りをもつことを許さないといった態度をとれば，移行していく以前に，子どもの誇りの中により基本的な障害を作ってしまいます。この時期の初期の障害と後期の障害とでは，それぞれ全く意味の違ったものになります。初期では子どもは誇りを堅固にしなければいけませんが，後期では誇りを放棄するために助けてもらわなければなりません。これは4歳あたりから6歳までのかなり長い期間のことですが，この時期の細分化については詳細に研究されなければなりません。

　今回，私たちが話し合っているのは男性の患者ですし，彼の問題は男性

第9章　自己評価欲求を反映する身体症状　　63

の発達上のことなので，女性の心理についてこまごまと触れる必要はない
と思います。しかし，ここで私がお話ししておきたいのは，正常な発達で
は，男根的誇りを捨てて性器の領域に夢中になることから次の移行へと向
かうのは，両方の性においておこるということです。言い換えますと，典
型的な男性の発達では，男性に特有な男根的，顕示的行為，たとえば，前
に進む，空間を征服する，新しい方向に出て行く，といった心身の全体的
なイメージの発達への移行が見られます。と言いましても，何も女性の心
理に対して私が男性的な偏見をもって話しているわけではありません。安
易な分析の多くは，そのように言われてしまいますが。しかし，私には，
逆にこの特有な性器の発達が，実に男性にとっては女性とはいくらか違っ
た知性の利用を可能にしているということについて，その反論が見つから
ないのです。男性の心理では，身体のこのような初期の経験を基礎として，
新しい洞察へ向かう，まだ行ったことのない方向へ向かう，空間の征服感
をさらに目指す，ということがあると思うのです。これに関して，
Phyllis Greenacre（1952）という女性が男根期の説明をしていますが，
これほどよい説明が，女性の著作でしか見つからなかったのも興味深いこ
とです。

　女性の場合，この最後の移行ではその領域への誇りを放棄して，脱備給
を行い，学び征服し維持する単位としての心身として，内在化されたイメ
ージの単位として心身を利用するわけです。しかし，これ以前でも，後々
の身体の使い方（たとえば妊娠）と，すでにエディプス期末期に向かう女
の子にできあがっている心との間に重なり合いが存在しています。確かに，
小さな女の子と男の子を比較してみると，女の子は目に触れやすい性器を
持っていませんし，排尿の流れを見るといった体験を持っていないために，
移行が早くあらわれます。それは心と身体の自律的な使用，そして自己が
包み込まれる self-containedness 喜び，保護してもらう喜びを反映してい
る身体の全体的な使用という最後の移行に至る前でさえも起こるのです。

257

64

一般的に，少女は少年よりも熱心に勉強すると思います。彼女らは知識をより多く蓄え，より多く取り込み，書物やノートから知識を集めることに大きな喜びを見出します。ここでは小さな子どもについて話しています。一方，少年は無性に新しいことに向かい，既知のものを蓄えておくことには忍耐も喜びも持てないかのようです。これは私の印象ですが，当たっているでしょうか。みなさんが少年や少女の勉強の仕方を見てみると，少女たちは幼い時期には，少年たちよりも成績は良いのです。一方少年たちはというと，知らない考えに挑戦するときには優れています。もちろん，これは一般的な傾向であって，個々の少女や少年に当てはまるものではありませんが，全体的にはこういうことが言えるのではないかと思います。

ここで私がお話ししていることは，男根期に決定される女性の心理と比較してみた男根期の男性の心理であり，全体的な配置が可能になり，誇りが内側におさめられた自己が成立するエディプス期における早期の移行についてです。身体の使用に関して言えば，エディプス期後期の女の子のコケティッシュな媚びとその頃の少年の態度とは非常に違うことには異論がないでしょう。しかし，私は，それらは単に，文化的影響を受けやすいことからくる，両親が持つ大きな期待の反映に過ぎないとは思いたくありません。文化と生物心理学には相補い合うものがあります。ですから，逆にある文化的な発展の特異さは，根底にある心理生物学的な傾向をおおい隠すこともあるでしょう。ある文化の中で，表面にあらわれている行動が何を意味しているのかを見極めることは，その文化の外部の者にとってはとてもむずかしいことだと思います。まず初めにその文化の感情をあらわす言葉全体を学ばなければなりません。しかし，ある程度は心理学的に理解できるとも思うのですが。

さらに両方の性において，このまだ直接的な身体行為に結びついた心理学的態度の後に，一層の移行が起こり，早期に優勢であった欲動支配を後退させます。エディプス空想とは女の子の場合の，父親のペニスを自分の

第9章　自己評価欲求を反映する身体症状　　65

ものにし，赤ちゃんを得るという大きな贈物を受け取ることができ，また父親にも贈物を与えることができるという空想であり，男の子の場合は，父親を追放して，前向きな態度をとり，母親に対して自分のペニスを使うといった，攻撃的な贈物を与える人になるという空想ですが，このエディプス空想は終了し，やがて粉々に打ち砕かれます。この後になって初めて健康な発達へとさらに向かい，自己への信頼感 self-confidence は揺るぎないものになります。移行が起こるのです。その後，勉強においても性目標を阻止された技術においても，理解のある環境の助けを借りてその子の性ないしは性別に見合った形で，潜伏期の少年少女の自律的活動へと移行していくのです。

　学校の教師は，自分で気付いているかどうかわかりませんが，女子生徒と男子生徒に対する態度がいくらか違うと思います。教師は彼らに違う優秀さを求めます。彼らの優れた点が異なっているのは当然だと思っています。少年たちには，勉強が飽きやすくても我慢してくれますが，少女たちが勉強に飽きやすかったらそれほど寛容ではありません。言い換えると，男女それぞれの発達に見合った期待があるのです。

　どうしてこれは重要なことなのでしょうか。みなさんは潜伏期の子どもを診てはいないと思います。思春期の子どもも扱っていないと思います。みなさんの中の一人や二人はとても若い青年との面接の経験があるかもしれません。しかし，全体的にみなさんは初期移行期の末期にいる人たち，つまり青年期から，通常，環境の変化が大きい状況にある成人初期へと向かう変換の時期にいる人たちを扱っているのでしょう。その際，外的な変化，たとえば家を出るとか，仲間から離れるとかが起こるわけで，それは高校を卒業して新しい環境に入るためだとか，今までとは全く違う性質の課題につくためだとかいろいろ理由があるでしょう。そうしたことは専門的な経歴を身につけ，大人としての目標を確立していくことに直結し，しかも家には二度と戻らないことになるかもしれません。しかしそうした変

化に伴って，それなりの反響というものがあらわれてきます。人生の後々のどの移行期がやってきても，早期の移行期の様々な反響をよみがえらせます。そして初期におけるいくつかの移行で不十分だったものが，後に同様の段階にとりかからなければならない時に，再びよみがえってきやすいのです。

したがって，この22歳の青年について考えてみると，重要な勉強の第一歩にとりかかったばかりの大学院の1年生で，後の人生で重要な地位をめぐって競争することになる可能性のある人たちと一緒に過ごしているわけです。そしてこの青年は，エディプス期の終わりから潜伏期の初めを含む昔の移行期の複製を体験しているのです。ですから，自己の主要な領域に関しての以前の葛藤が現在の象徴的な担い手になり，今になってはパーソナリティおよびその主張に広範に結びつくようになっている，としても何もおかしくはないのです。自己への信頼感をある程度得るためにペニスを利用する，つまり自己評価を上げるためのエネルギー源としてだけ女友達を必要とし，彼女によりかかるためにペニスを利用するというのは，22歳の人にふつうのことではありません。しかしヤングの青年には特徴的なことかもしれません。

ヤングの青年にとって，若いときの性体験は恋愛経験にはなりにくいようです。むしろ自分の男性性を確立する体験になりやすいようです。そうした体験は誇らしげにあちこちで語られます。しかし明らかに恋愛経験は増えていないのです。私は恋愛を過剰に理想化したいのではありません。確かにどんな年齢の人間でも性的にも心理学的な意味においても恋愛を成就させる能力によって自己評価は高められるのです。一歩すすんで，人に愛情を要求することができたり，自分の満足のゆく性行為によって人に喜びを与えたりできることは一つのおまけです。それらはもっと広がった人間関係に付随して起こるものです。

しかし，青年にとってその重さは非常に違っています。青年初期には，

第9章　自己評価欲求を反映する身体症状

恋愛経験が大きな役割を果たすことになる人たちもいます。しかし，私たちの多くはそれを幼い恋と思うでしょうが。

　これは，性にかかわる症状の意味を理解する上で一つの基礎になりますし，しかも，新しい心理社会的状況に広く適応していくときだけでなく，特に性的な症状がないときにもあてはまります。つまり，ある時期から次の時期へと移行するときにあらわれる問題の型を評価する上での基礎になるわけです。

第10章

移行期における身体症状の出現と
後退についての理解をすすめるために

K：移行期は特に大学や大学院に入るといった年齢が特定される，典型的な時期である必要はありませんが，人生の大きな変化によってもたらされます。私たちが検討した症例では（第9章の最初に出された症例），その学生は住み慣れた住居が少し変化しただけでも，出立をめぐる昔から続いている不安が出てくるというものでした。というのは，彼は自分の自己評価の維持のためには，彼を理解してくれ，彼の存在を確かにしてくれ，彼に応答してくれる安定した環境にとても依存していたからです。この人が治療者に二度会っただけで改善したのは，この学校にはある種のセンターがあって，自分はそこに相談できるという感覚を体験できたからです。そこは彼の話を真剣に聞き，名前を持ったひとりの人として理解し，絶え間のない特別な注意を1時間も払ってくれるのです。しかも，治療者は大学の中では重要な，権威をもった人物でもあります。

そうした理由で私は学生精神衛生センターは一定の役割を果たしていると思います。学生が学校当局の，しかも大学で権威のある階層に属している人のところへ自分から相談に行くのは，悩みを持った人たちのための街の相談所へ行くのとはわけが違うと思います。大学で第一歩を踏み出す，初心者の心理療法家であっても，あらゆる資格問題とは無関係に，学生にとっては，それがたとえ経験豊富な街の心理療法家と比べても，大学の階

層に関係している人間からの助けの方が直接的な影響を及ぼします。また，そのほうが大学環境の網の目の外に助けを求めなければならない場合よりは，はるかに治療的なのかもしれません。これは簡易療法の場合，転移関係の中で病理により深くかかわることはしませんから，特にそうかもしれません。では，この症例の話を続けましょう。

P：3回目の面接では，彼の足取りは軽やかで，目にも少し生彩があるようでした。彼が初めに話したことは，前回ここを出てから気持ちが楽になったということでした。彼は姉の家に電話をかけ，昔，彼のよい友人でもあった従姉妹の電話番号を聞きました。従姉妹とは最近疎遠になっていました。というのは彼女のほうがずっと彼よりリベラルになっていたからです。彼は自殺しようとした女性のルームメイトとその夜食事に出かけました。ところが彼女の両親もそこにいたため，彼はビクビクして食事がとれず，黙ってしまいました。家にたどり着いたときには彼は泣きそうになっていました。彼はいわば胸がいっぱいになり，顔は涙で濡れ，鼻をさかんにすすったそうです。しかし，彼が実際に泣いた，というのとは違うようでした。彼は姉に電話をかけましたが，彼がどんなに気分が良くないかを彼女に伝えることはできませんでした。彼が実際どんなふうに感じているかを姉に知らせたら，自分は姉の目には欠点のある人間に映ってしまうからです。彼は姉にとって特別に立派な人間のはずです。つぎに彼は姪であり友達でもある，彼女の娘にも電話をかけました。どちらかというと彼女には彼の本当の気持ちを知らせても安心なのでした。結局，その夜，彼はその二人に電話をしたのでした。

　前回，彼は私の部屋を出てから罪悪感も持ったのでした。それは二つの罪悪感で，一つは彼が生き生きとしなかったこと，もう一つは一切話さなかったことでした。したがって，彼は姪と話してから再び姉に自分は大丈夫だと安心させるために電話をしました。彼は姉自身，自分のことで手

第10章　移行期における身体症状の出現と後退についての理解をすすめるために　*71*

いっぱいとわかっていたので，彼女を悲しませたくなかったのです。罪悪感の問題はこの時間中何度も話し合われました。そして彼は次にやって来る時まで不眠に悩まされます。床につくと，彼はその日一日について思いめぐらせるのでした。たいていは彼がいかに学校の勉強で遅れているかに関することでした。その上，朝早くにも目覚めてしまうのでした。

私が彼になにかそれに関係のある夢を見たかどうか尋ねると，彼は「いいえ，前回お話ししたような夢は見ません」と答え，以前より眠りがずっと浅くなり，物音で目覚めるようになったという話に変えていきました。そして次のような1週間を送ったことを話しました。

まず，彼と彼のルームメイトは土曜日にパーティーを開くことに決めました。そこでデートもしましたが，相手が決まらずお見合いデートになってしまいました。そのデートをやったり，急に別のパーティーに参加したりしているうちに，自分が元気になったように感じました。日曜日には勉強に取りかかり，一つ授業を落として，ほかの二つの授業に専念することに決めました。月曜日に彼は学生部長に会い，履修の変更を伝えました。さらに彼は父親に電話をかけ，気分が悪いとか勉強が遅れているとは言わず，今はなにごともうまく運んでいると伝えました。そのときまで彼は実際に比較的落ち着いた気持ちになっていたのだと思います。

この面接では別のいくつかの情報も語られました。それは初めの3カ月の間に例の女性と関係を持ったということでした。機が熟していたのでしょうし，お互いに相手には多大な期待があったのだと思います。クリスマス休暇の直前になって彼女は婚約について前向きに真剣に考えるようになりました。しかし彼の方は彼女が「神経症」であるためにためらっており，保留にしていたのでした。彼は用心していました。休暇になって彼は彼女と一緒に家に戻りましたが，ひとりで先に大学に戻ってきました。そして彼女は休暇から戻ってきてすぐ，初めての自殺を試みたのです。彼が関わっている限りそういうことが起こるのですから，彼には荷が重すぎるし危

265

険なのです。彼は別れたいと思っていますが，よい青年でもいたいのでした。

　病院から何度か無断離院したあと彼女は二度目の自殺を試みました。この騒動で彼は彼女から離れなければならないと確信しました。もし彼女との関わりを続けたら自分が傷つくだろうと考えました。それはまるで今回傷つくと，将来誰ともかかわることができなくなって，それどころか彼自身をも守ることがまったくできなくなり，なにもかもが終わってしまうような感じでした。もし彼の母親が生きていたら，母親は彼をまだ幼い気持ちの男の子として見てくれるでしょうから，彼は自分がどのように感じているかを母親に言えたでしょう。しかし，彼には本当の「母親」のような姉がいますが，姉は彼をそのように見てはいないため，彼は強い男性でいなければならないのです。

　以前の彼のふさぎ込みに関しては，その一部は，ここで話し合っている事柄に関係しているようです。以前の大学では試験のために詰め込み勉強をしていて，またそれが可能な環境でもありました。2週間の準備期間があり，試験には間隔がありました。彼は友人と図書館でおち合い，9時から12時までそこで過ごし，昼食をとりに学生会館に行き，そこでちょっと馬鹿話をして午後にはまた図書館に戻り，夜もまた同じように過ごすといったぐあいでした。彼は勉強にたくさんのエネルギーを注ぐことに誇りを持っていました。

　しかし，ここでは彼は同じようにふるまうことができませんでした。一つにはそういったことを一緒にする親友がいればできそうにも思いましたが，ここではひとりでやらなければならなかったためであり，もう一つには何かを一緒にやる友人がいなかったためでした。彼には例の女性たちがいるだけでした。しかし，彼女たちといるときは，彼はふさぎ込んではいられず，強い男性でいなければなりません。この夏の初め，自分は強い男ではなく，要求がましい男ではないかと気づき，かなり落ち込んだのでし

第10章　移行期における身体症状の出現と後退についての理解をすすめるために　73

た。

　彼の涙もろさに関しては，かつてこのようなことがなかったかと私が質問すると，母親が亡くなったあと，遺品を叔母と整理していたときのことを思い出しました。そのとき彼は胸がいっぱいになって外出し，バーボンウイスキーを一杯飲んだのでした。そうすることでやっと落ち着けたのでした。以上がこの面接時間の要点だと思います。

K：もちろんまだ多くのことがはっきりしていませんが，この患者に明確な問題もいくつかあると思います。どなたか発言なさりたい方はいらっしゃいますか？

F：この患者の改善した点で最も私が驚いたのは，彼が履修科目を固めたことです。つまり，彼はいま自分のとっている講義の負担を見直して，講義をひとつ落とし，ほかの二つに専念することに決めました。

K：それは何を意味しているのでしょうか。私には自我の支配力やイニシャティブがふたたび活発になってきたように思えます。彼は将来を計画しながら能動的に行動しています。彼は現実に直面しており，過去のことは過去のこととしています。覆水は盆に返らずです。彼の現在はこのような状況であり，今から新しいことが起こりつつあるようです。

　状況を積極的に掌握するということが起こっています。つまり，いうなれば自我の自律的な態度が再び活発になったということです。憶えていらっしゃるでしょうが，これについて私は何度もこれまでお話ししてきました。これが起きるときにはいつでも悪環境の反対側にいます。つまり，こういうことが起きると，掌握することによって彼はいっそう気分よく感じるのです。問題は，そもそも最初に彼の自己評価を上げたものは何かということであり，その結果として彼は元気になり，困難な現実の状況を掌握

267

しようと能動的になっていったのです。

みなさんの論議の材料になるかと思いますが，彼が自分の自己評価を上げるにあたっては非常に興味深い，重要なことがあります。それは20歳違いの姉への最初の電話です。次に姪に電話しましたが，情緒的な意味では姪も姉です。姉からはなんの助けも得ませんでしたが，姪からは大きな助けを得たようでした。なぜなのでしょうか。それはとても簡単に理解できると思います。この彼ときたら，子ども時代に，はるか年長でかつ問題を抱えた親にずっと直面させられてきた人だからです。親とはいっても年の差から見れば祖父母みたいなものです。少なくとも年齢のギャップは非常に重要です。彼が15歳の時母親は老年性の関節炎を患っていました。そして彼女は60代の半ばの頃には死にかかっていました。これは両親というよりは祖父母に対する感じです。そうした場合，この両親は子どもの問題に一生懸命になる能力，つまり余裕のある両親ではなかったと推測できます。推測ではありますが，かなり当たっていると思います。

その反対でした。つまり子どもの彼は，自分の発達上の問題をあとまわしにしなければならず，先の世代の欲求や問題を優先させる生き方をしなければなりませんでした。彼と父親は関節炎の母親の世話をしました。彼のすべてがその発達課題に専念している時期に母親の死に直面しなければなりませんでした。これはとても重要なことです。子どもというものは薄情のようにみえますが，そうでなければならないのです。幼いときは家族で起こった悲劇には参加している余裕などありません。彼らの発達課題がいかに自律的であるかには驚かされます。みなさんは強制収容所での胸の張り裂けそうな話を読んだことがあると思います。そこでも子どもたちは大人たちが殺されているすぐ隣で，自分たちの発達課題に取り組んでいたのです。これらに関しては，集団養育についての A. Freud と Dann の論文（1951）のような，多くの優れた感動的な論文があります。

彼らが述べている重要なことは，心理生物学的組織体が持つ自律的能力

第10章　移行期における身体症状の出現と後退についての理解をすすめるために　75

のことであり，それはいったん自分の課題にとりかかると，まわりでどん
な大きな破局が起こっていようとそれを無視するということです。地震の
あるところでも若い植物が育っていくように，それ自身の課題に取り組ん
でいきます。地震に心を奪われることはないのです。しかし，子どもたち
はいま私がお話ししたこのような若い植物の枝木のように幸運ではありま
せん。環境の課題からもっと影響を受けます。罪悪感も持つようになりま
す。いわば，「お母さんが死にそうだけどかまわない。お母さんが死にそ
うだろうが自分には関係ないことなんだ。いまもっと興味があるのはどう
やって女の子とつきあうか，どうやって大学に進むかということなんだ」
と恐れながらも感じてしまいます。そのとき自ら心配しなければならない
事実に対しても罪悪感が生まれるのです。誰だって母親が死にかけていれ
ば悲しくて泣きますから。

　このような感情は，親が歳をとってから生まれた子どもに特徴的なよう
に思いますが，というのもこうした親は順応性が弱いので発達的自律性を
持つことを子どもに許さないからです。自律性に罪悪感がまつわりつきま
す。この患者のばあい安定したいという自分の欲求のために女性を求めま
すが，やがては女性は彼の老いた母親に変わってしまいます。彼女は母親
のように関節炎ではありませんが，やはり問題を持った女性だからです。
彼女の問題はかなり深刻で，ナイフを買ったり，服薬自殺を図ったりしま
す。そうなると，彼の反応は「君を愛しているから守ってあげたい」では
なく，「君なんかいなくなればよい。僕はこういうことは望んではいない」
となってしまいます。同じように，彼は「お願いだから，お母さん，もう
死んでくれよ」と感じたに違いないのです。

　私はこれを何度も経験しています。漠然とした罪悪感があるのですから，
治療者がそれを理解して次のように伝えると非常に安心します。「なぜあ
なたがそのように感じたかはよくわかります。お母さんに対して16歳のあ
なたがそう感じるのはまったく当然のことです。あなたはお母さんを愛し

ていて，死んで欲しくないと思っているのにお母さんは不治の病に悩まされていたのです。そんなお母さんに直面しなければならないのは大変なことです。しかもその時期，あなたの中のすべてが"お母さんが死んでくれれば，罪悪感や余計なことに煩わされることなく女の子のことや学校の勉強に興味を向けられるのに"と泣き叫んでいたのでしょうね」。このような状態は慢性的な病気を持った両親がいる人に目立つことです。

　私がとても勉強になった見事な症例があります。私自身が治療している症例ではありませんが，私がスーパーバイズしている人の目をとおして考えていた症例です。その患者は治療者との分離が問題の時に目鼻のない治療者の絵を描きました。彼には慢性で悪性の高血圧症の母親がいて，母親は自分にゆっくりやってくる死のことに精一杯で彼にかまうことができませんでした。しかも彼女は腎臓病で，卒中発作も起こったのです。患者が生まれた直後に悪性の高血圧がさらにひどくなっていました。彼は未熟児で保育器の中で育ったので，彼には当然持つべき母親の反応というものがありませんでした。彼は母親が死ねばいいといった恐ろしい感情を強く持ったことがあり，実際母親は彼が母親の死を望むようになった歳にちょうど亡くなりました。彼の母親は彼にとって何の役にも立たなかった人でした。この人のやっかいな窃視症の最初の重い症状は，彼が観覧車に乗りたかったのに母親がそれにこたえてくれなかったあと男子トイレで始まっています。彼は母親に自分のことをほめてほしかったのですが，母親はあまりに疲れていて体の具合が悪く，「できないわ。とっても疲れているの」としか言えなかったのです。つまり，彼の誇りと顕示性は地に落ち，男子トイレに行って，彼が同一化したいと願っている大きな男性性器を覗くことを始めるしかなかったのです。もし彼自身が母親にとってのいわば誇りある男根の代理になりえず，母親の賞賛も得られないなら，彼自身が覗きによる融合によってそれを得たのです。しかしそれは別の問題です。

　この症例の似ている点は，彼が母親の死を望んだことであとになってひ

第10章　移行期における身体症状の出現と後退についての理解をすすめるために　77

どく罪悪感を持ったことです。それは妄想に近い感情にまでなりました。実際より深刻に聞こえるかもしれませんが，母親が亡くなる頃，この患者には妄想の初期症状があったのです。ある時彼が魚を食べていると，彼が食べたのにその魚がまだ生きていて，彼を見ているように感じました。それは彼と母親との関係のようです。つまり，食べることによって殺すこと，そしてまさにそのときによみがえってきた抑うつ的で退行した感情をあらわしているのです。

　しかしこれらの妄想的な症状は患者が治療者にわかってもらえた時に，つまり彼がそういう気持ちを持つのは無理のないこと，そして，ひきこもりたい欲求と同様に，彼の罪悪感が大きなものであることを治療者が理解でき，それを彼に伝えたときに，みごとに消失したのでした。

　私たちが現在ここで議論している症例にもそれはとても見事に描かれています。つきあっている女性がもう一人の母親のように変わると，つまり彼のほしがっているものを与えるというよりは彼を遠ざけ，自分のヒステリー的な葛藤や自殺のことで精一杯になっている母親になると，彼は興味を失い，「僕のためにならない」と言うようになるのです。しかし，彼は強い罪悪感も抱きますし，冷酷な感情も持ちます。彼は死にかけている可哀想な母親に対して何かを感じなければならないのですが，できないのです。なぜなら彼は自分自身の次の発達の準備をするために自分のことで精一杯なのですから。したがって上の世代の誰も彼を理解することはできません。結局，同年齢の人が彼に話しかけるときだけ，彼は安心できるのです。

　彼の姉さん像，すなわち姪は何も特別なことを言う必要はなかったのです。ただ「まったく同感だね」と，理解のある態度を直に示すだけでよかったのです。それが彼に安心感を与えるのです。彼のように感じることで彼を認めるといった，双子のような存在です。それだけで彼は自分の治療者を利用することができます。そうすれば彼には活気が戻ってきます。み

なさんが彼に応えてあげている態度の中にも何かがあるのです。つまり，みなさんは権威のある父親のような存在ではありません。しかもまだ大学にいるとします。きっとみなさんの態度の中には，このような人に対して大きな助けとなる兄弟愛のようなものがあるに違いありません。つまり彼の罪悪感が強くなっていることや彼が姉の世代とのギャップを感じているのを理解しているのです。

冷酷をよそおい，自分中心に振舞うことは，発達や成長に関する内的な課題を達成しなければならない時には当り前のことなのですが，容易にそのまわりの人にひどい葛藤を惹き起こします。ですから，発達課題の中で自分自身の自己でいることを支えてくれたり許しをくれるのは，同じ状況にいる人をおいて他にはないのです。したがって，治療者はその特定の時期には，権威のある人間ではなく，こういった問題にその学生ほどには巻き込まれていない，遊び心のある兄のようでなければならないのです。

ある人たちが青年期の人たちとうまく接することができるのはこういう理由からです。その人たちには，青年期や若者たちをうまく治療する天性のもの，つまりパーソナリティに関係している何かがあると思います。それ以外は，治療者のパーソナリティは否定的にしか働きません。つまり，治療者にはどうしてもうまく取り扱うことのできない症例があります。治療者は以前の自分の外傷体験を乗り越えているのかもしれませんが，それを成し遂げる過程であまりに多くの重荷を背負わされてきています。そのため，患者に波長をあわせるのに必要な退行を自分に許さないのです。もし患者がその治療者のもっとも外傷的な体験そのものの複製再現であれば，その患者の治療者になるべきではありません。しかし，治療者のパーソナリティの特質が肯定的に働けば，状況はいくらか違います。

概して私たちは，公平にみて上手と下手はありますが，あらゆるパーソナリティやパーソナリティ障害の人たちの治療ができなければならないと思います。様々な人たちと関わることのできることは私たちの仕事の喜び

第10章　移行期における身体症状の出現と後退についての理解をすすめるために　79

です。人は違う人生を送ることはできませんが，違うタイプの性格に共感することはできます。思うに，青年期や若い成人期の人たちにとりわけ共感できる自由度があれば，彼らとすぐにつながりを持つことができる能力がいっそう高まります。その人はその発達時期の喜びを肯定的に持ち続けているのです。彼らは，自分の職業能力や人生はすでに決まっていても，大人としてたてまつられた人たちがおそらくは捨ててしまったであろうあの遊戯性，あの暫定性を持ち続けているのです。

　学問的な雰囲気にとどまることの好きな人たちにはこういった自由度や能力があるのだと私は思います。言うまでもなく，人間を一般化することはできません。治療者として自分の場を選ぶ理由はたくさんあります。にもかかわらず，学問的な場を選ぶのには，こうした性格の特質がある程度関係していることに間違いはないでしょう。別に私のことを言っているのではありません。私は学問的な雰囲気の中で仕事をしているわけではありませんから。でも，私にもそうした感覚はいくらかあると思っています。

F：リビドーに支配された活動が，欲動からより独立した活動へと変わっていく仕方について先生は述べておられると思いますが，それは中和化 neutralization の概念とどう関係しているのでしょうか。

K：中和化というのはひとつの機制であって，私はなにも特定の機制について話をしているわけではありません。欲動やそこから独立した外的な課題に向かったときの，パーソナリティ全体の態度における一変化を説明しようとしたのです。中和化は徐々に獲得されるもので，こうした外的な課題を達成しなければならないときに必要な機制の一つです。しかし，中和化はどちらかというと応用の幅の狭い機制でもあります。

　中和化というのは，欲動が基本的にはきわめて荒削りで，直接かつプリミティブな，性的および攻撃的な形態で存在しているという概念にかかわ

273

80

っています。そして心的構造が形成されるとき，中和化は心が欲動の性質を移行させたり，変化させたりするのを可能にします。それによって元来直接的な快楽を求めたり，性的な興奮を目指したものがひとつの経験になるのです。欲動の経験の性質そのものが変わります。性的な快感をすぐに求めることや攻撃性の経験や表現を直接的に表すことはなくなります。それらがあるということは暗示はされますが，いずれにしても通過していくはずのものです。

　私は最近，それをうまく表現できないかと悩んでいますが，厚い層を持ったふるい a sieve in depth という新しい用語をつくってみました。心理的構造は環境との様々な経験的相互作用を通してしだいに獲得されていきます。つまり何層もの重なりを持ったふるいのようなものができるということです。子どもが大きくなるにつれて，本能の有する根源的，直接的で，性的および，攻撃的な経験はしだいに脱リビドー化，脱性欲化，脱本能化，脱攻撃性化されていきます。

F：先生の「厚い層を持ったふるい」の用語について，また構造との関連について詳しく話していただけますか。

K：構造そのものが is 層の厚い心のふるいです。言い換えると，最後にできあがる構造は一種の厚い層をもったふるいなのです。攻撃欲動について考えてみましょう。赤ん坊や幼児のつよい怒りの体験が攻撃欲動であって，元来本能的なものです。それが教育の力によって抑制されるわけです。つまり愛情によって応えてもらうとか，あるいはまったく禁止されることによるとか違いはありますが，当初の攻撃的目標とは違ったものになる，ということです。それには，たとえば「これはしてはいけないけれど，こちらはいいですよ。こういうふうにやってもいいけれど，直接的なやり方ではいけないよ。文句を言ってもいいけれど，かみついたり引っかいたり

第10章　移行期における身体症状の出現と後退についての理解をすすめるために　*81*

してはいけないよ」といったたぐいのものがあります。

　こうした対抗処置はある意味ではその一つ一つが対象の小さな喪失になります。つまり，その側面を失うわけですから。しかし外的な世界でどんな対象を喪失しても，それに応じて内的にその複製がつくられるというのが原則です。つまり，ある欲動を別の欲動で排除するといった，外的禁止が行っていたその当の機能を内的に果たし続けるものが心の中にずっと積み重ねられるのです。たとえば，性的なたくらみは両親の怒りに出会ったでしょうし，攻撃衝動は愛によって対抗されました。こうした外的環境がもつ，フラストレーションを与え，制止や禁止を加える側面は一つの喪失なわけですが，その内的な複製は永続的にたまっていきます。その永続的に貯ったものを，それが記憶の痕跡であっても，心理的構造と呼ぶのです。今や外的な機能は永続的に心の内部で働きます。これは子どもが成長する間，つねに何十億回と繰り返されるのは確かなことです。このように構造はもともとの欲動が通り抜けるところに形成されますが，通り抜けるときにだんだん本能的な要素は少なくなります。心は最終的には，私が言うように，層の厚さをもったふるいにたとえることができると思います。それは一層だけのふるいではなく，何層にもわたるふるいなのです。ふるいを通って最後に出てくるものは，もともとの要素はいくらかまだ残ってはいるものの，中和化されたものになっています。つまり攻撃性は弱められているのです。

　人がある仕事に一生懸命になるときの断固さ，いくつもの障害をもはねのける断固さについて考えてみましょう。そこには，やはり本能的な攻撃性の始まりの痕跡があります。しかし，もはや攻撃性そのものではありません。高度に中和化されています。私たちがある仕事に熱心になるとき，それは攻撃的な行動であるとは感じません。私たちがある新しい考えをかみしめてそれについて考えるとき，もはやかみつくことを考えているわけではありません。しかしそこには依然としてもともとの攻撃性あるいは反

動形成的な道徳，柔軟性のなさがほんの少し残っており，元からある力や押しの強さが残っているのです。複雑な行動を分析すること自体も，一つにまとまっているものを歯でバラバラに嚙み砕いてしまう昔の痕跡がまだいくらか残っているかもしれませんが。そこにはもはや攻撃的な経験の意味は失われているのです。したがって，要するに中和化とは原始的な本能が操作される基盤であり，いわば一つのライン上にあり，層の厚みをもった心によって psyche in depth 遂行されるのです。それを厚い層を持ったふるいと比べてみたのです。

F：それでは中和化は全体的な昇華 sublimation の概念のどこにあてはまるのでしょうか。

K：重要なことは中和化はひとつの心的機制だということです。それは予想される多くの変化の一つの側面に過ぎないのです。まず始めに，経験を脱性愛化し，脱攻撃的なものにするだけ only では高度の成熟度にはまだ到達していないということを理解しなければなりません。性的で攻撃的な経験を持つことができることも also 成熟のまさに重要な部分なのです。別の言い方をすると，幼稚性とかこの方面での欠陥があるときは，性的でも攻撃的でもない領域なのに，脱攻撃的，脱性愛的な経験が持てなくなるともいえます。わかりやすくするためによい例をお話ししましょう。

　何年にもわたる分析を受けて今では良くなった患者の話です。大ざっぱな同一化から性目標を阻止された私との同一化へと次第に移行していった患者の話を思い出してください（本訳書第１巻第６章，132頁以下）。最近，彼は今やっている治療が楽しいと話しています。つまり彼は受容されているという手応えをつかんだというのです。彼は快活そうにやってきましたが，とても重要なことについて話し合いが持たれた次の面接のことでした。そしてその重要さは面接後になって初めて定着したのです。その10日か２

第10章　移行期における身体症状の出現と後退についての理解をすすめるために　83

週間前から彼はいつもよりよそよそしく，特に私との関係でそうでした。昨日の面接でようやく私はその元気のない理由がわかりました。私のしたことが彼の気持ちを傷つけていたのです。しかし，何が彼を傷つけたのかを理解するのはむずかしいことでした。というのは私は彼に対して，良くないことも穴埋めできるくらい良いこともやっていたからです。詳細に立ち入らないではわかりにくいのですが，私にはやっと思い当たりました。彼はそれをすぐに受け入れることはできませんでしたが，彼は考え続けて，楽になったのでした。彼はふたたび夢を見るようになり，いうなればまた分析の作業や私との関係を持てるようになったのです。さらに彼はもっと全般的に自分自身を喜べるようになり，先ほど述べた快活な気持ちになったのです。そしていかに仕事が楽しいか，いかに物事がうまくいっているかについて私に話したとき，まるで関係ないかのように自分のペニスに奇妙な性的な感覚があることを話したのでした。彼はどういうことで，誰に対して性欲を感じているのかわからずに戸惑っていました。

　私は次のように言いました。「あなたが誰に対して性欲を感じているかわかりますよ。あなたはあなた自身との関係を性愛化しているのです」。つまり，彼は自分を気に入っていたのです。彼には自分自身に対してのきわめて深遠な性的感情の名残があり，それは昔から断片的なものではありましたが，ごく早い時期に始まっていました。その時期の彼は孤立して寂しい思いでしたが，性的空想は深遠かつ奇妙な性質のものでした。つまり，そこでは彼のペニスは空想的役割を果たしていたからです。しかしそれは男根期の少年の楽しいペニスではなく，自己の身代わりのような性格を持っていました。こうしたわけでペニスに対するこのような感覚は彼の過去を少しばかり反映していたのでした。すなわち，ここで彼は自分自身のことを語っていたのです。

　ところで，私たちが自分のことや自分の喜びについて語るとき，私たちのほとんどは楽しい感情を持っていますが，それは自分に対する性的な興

奮ではありません。しかし彼の場合，勃起し始めていたのです。彼は自分がいかによい仕事をしているかを語ったときにペニスに性的感情を持ち始めていたのです。分析の後半になってもその痕跡が少し残っていましたが，以前何が起こったかを今さらに十分に理解し，何年にもわたる分析作業の過程で得られた過去と現在を融和的な統合へと導くのにそれはまさに十分でした。彼はそれをすぐさま理解し，この理解が正しいことはまちがいありません。今になって考えると彼は自己享受　self　enjoyment　を中和化 neutralization することができなかったのだといえます。断片的なものではありますが，まだ性愛化されていたのです。

　性愛化は他者との愛情関係にだけ関わってくることではありません。ふつう転移神経症での再性愛化は重要な問題です。そこでは通常，他者に対する内的葛藤が問題になってきます。たとえば，フロイトはヒステリーの書痙の症状について，とくに書く行為が近親相姦的な対象にペニスを入れるといったエディプス的空想を帯びる時のことについて，書いています。彼は，書くという性的でない活動が強く性愛化するために，書痙が起きるときは制止が働くか症状が発展する，と述べています。さらに私がつけ加えるとすると，他者にではなく自分にかかわる本能についても同じことがいえると思います。すなわち，他者に直接向けられる本能や空想だけではなく，また家族内の近親相姦的な対象がもたらした葛藤をもつ幼児期の経験への逆戻りだけでもないのです。それらは，現在の対象と成熟した関係が持てれば生じない葛藤なのですが。

　私が説明した症例では，満足した，性愛化されていない自己評価ではなく，現在も続いているのはおかしい，未熟で粗野な性的顕示性の痕跡がありました。幼い少年はしかるべきある時期になると，自分の排尿の流れを見て自在にできることに気づいて，何度もそれをやってみることに強烈な性的なスリルを味わうものです。しかし，次第にそれは別の関心へと変わっていきます。たとえば，消防自動車とかそのサイレンに関心を持ったり，

第10章　移行期における身体症状の出現と後退についての理解をすすめるために　85

やがては消防署遊びへの関心へと切り替わっていくようにです。多少なり
とも性目標を阻止され，それとは別方向の行動へとりあえずは変換してゆ
くのです。そしてこうした様々な活動は最終的には二次的な自律性になり
ます。性的な快感というもともとの源からすっかり切り離されるのです。

　私の先ほどの例では，非性愛的な自己享受としてまるく統合されるべき
ものが少しの間再び性愛化されてしまうことがありました。したがって，
過剰の興奮や過剰の刺激はやはり危険であり，そこでは最適な享受，自己
の楽しさを日常経験の中で滑らかに統合するといったことができなくなる
のです。話しているうちに自己顕示的な喜びが大きくなりすぎると，かえ
って言葉が出てこなくなる人たちもいます。彼らは自ら恥ずかしさで赤く
なってしまい，居心地の悪いことは明らかです。なぜ，そのような人たち
は居心地が悪いのでしょうか。なぜなら，自分に対する享受の中で，昔か
らある未成熟な性的側面の不快な何かが現在の状況に干渉し始めるからな
のです。

F：私の例ですが，先日の夜にいくつものパーティーに出かけました。一
番目のパーティーで私は何曲かを演奏しました。そのパーティーにはあま
り人がいなかったためか，私はそれらを完璧に演奏したのでした。次に私
は二番目のパーティーに出ました。そこには10人から15人の人がいたので
すが，私はその熱心な聴衆に気づくと，曲をすっかり忘れてしまったので
す。しばらく演奏していなかった曲もありましたが，同じ夜の先のパーテ
ィーでは通して演奏していたのです。

K：あなたは人から見つめられ，耳を傾けられるといった関心の的になっ
たために，どんな空想があなたの中にかきたてられていたかはわかりませ
んが，あなたが演奏できなくなる方向へと導かれたのです。これはとても
よい例です。同じような例ですが，それは私が一時分析していたピアニス

279

トの話です。このように突然に曲を忘れるというのはほとんどすべてのピアニストが恐がっていることですが，とてもよく起きることのようです。それはもともとの衝動に近づくからなのです。特に演技をしたり，演奏をする芸術家には重要なことです。そうした芸術家たちにおいては，私が前に述べたふるいの層はあまり厚くないと思います。予想に反して，彼らの演奏は高度に自律した，完全に脱性愛化した活動にはなっていないのです。少なくともこのような芸術家の多くはそうでした。

　このことから高度の創造性の領域においてはふるいの層があまり厚くないことがわかります。そのために性愛化された，逸脱した考えが突然侵入して来ることがあります。それはやがて奥行きの広い思考にとってかわられますが，情熱的に芸術作品に取り組んでいるときには特にそうです。ときには一種の錯乱状態になることもあります。この混乱を引き起こす可能性はとても強いものです。一次過程に，あるいは本能に近い，経験の原始的な様式にとても近づくことにより，一種の強烈さが生じ，そこでは高いレベルで演奏を成し遂げるだけの自我の処理能力が求められるわけです。そしてこれは誰もができることではありません。緊張がほどよく中和化されていて，よくふるいにかけられている時だけ活動することができるというのが私たちのほとんどの姿です。そうした時にのみ私たちは限られた領域の中で活動できるにすぎません。また，未熟な顕示性というのはとても表れやすいものです。私は何人かの患者の夢からそれを興味深く聴いたことがあります。彼らの夢には子どものときの未熟で顕示的な行動の突出が現れており，それは彼らの演奏に見合ったものであり，やがては演奏家の演奏の気力を失わせはじめるものでした。個々の例では，目に見える行動からだけでは演奏に制止が働いているかどうかはわかりません。しかし，行動のもととなる本能の層の厚さと実際の演奏との間には内的な相互関係があるのです。本能的な衝動が大きすぎると演奏に制止が働きます。また自我が働くように要求されているときに，原始的な本能の目標が突然侵入

第10章　移行期における身体症状の出現と後退についての理解をすすめるために　87

してきます。すると，「もうこれ以上演奏したくない。私が本当に望んでいるのは聴衆の前で素裸になり，賞賛を得ることだ」というようになったりします。この欲求には即座に制止が働き，演奏にも制止が働くのです。

F：分析そのものがその過程にどんな効果を及ぼすかについて一般化することはできるでしょうか。

K：それに対してはどう答えていいのかわかりません。一般化はとても大きな問題ですから。私はとてつもなく偉大な芸術家については聞いたことがありませんが，優れた芸術家は確かにいると思います。つまり，困難を乗り越え，それらをよく理解するのに役立っています。私は一時，クリエイティブな天才と，演奏したり，演技する芸術家，こちらのほうをご質問された方は心に浮かべていると思いますが，この両者に対する分析の与える効果の違いがわかりませんでした。ある程度はそこで実施される分析の種類にもよるのではないかと思います。フロイトはそれに関してとても慎重でした。一般的にいって彼は偉大な芸術家の分析は引き受けていません。数回会ってアドバイスしたり，ほかの人には決してしなかった二，三の乱暴な深い洞察を与えた程度です。こういったことは何人かの偉大な芸術家に行っています。たとえば，グスタフ・マーラーは彼に2，3回会って相談しています（Reik, 1953）。フロイトは非常に深い解釈を彼には与えていますが，ほかの場合なら明らかに乱暴な分析で，好ましくないと判断されるような解釈です。私には，こういった症例の時は，彼は一つの糸を頼りに心の深みに入っていくのを自分自身に許していたように思えます。マーラーとの面接については詩的な表現も残しています。すなわち，彼は，「私は深くて複雑な心の中の様々な眺めに驚きながら，実際にはおのおのがどのように関係しているのかがはっきりわからないままに，言うなれば，そこに一つのたて穴を掘ることができたにすぎません」と述べています。

281

彼は様々な深さから物事を見ることはできなかったのです。これは良い指摘でしょう。フロイトは確かにマーラーの大きな助けとなりました。彼は2，3回の面接で創造活動の行き詰まりから彼を解き放ち，マーラーは創作を続けることができました。しかし，彼を分析したというのではありませんでした。

F：分析はふるいを深くすることのように思えます。先生は浅いふるいと創造過程，あるいはそれを表す過程の相互作用について話しておられますが，分析は心的なエネルギーを中和化するのでしょうか。

K：あなたが言わんとしていることはよくわかりますが，一般的にいって，分析の本当の成功はふるいを深めることだけではありません（Kohut，1984）。分析の成功は深みをもったふるいを利用できるようにすることであり，自我の支配下ではそのふるいを使わなくてもよい選択の自由を持てるようになることです。言い換えると，分析の成功とは，激しい感情を持たない人，短気でない人，怒りや暴力にすぐ走らない人をつくりだすことではなく，いつ，どこで，どのように激しい感情を表すかを彼らが選択できるようにすることです。

　衝動的な性格と，深い感情や情熱を持つことのできる人には違いがあります。彼らは同じではありません。冷静でいられる能力がないと，とてもこなせないある領域での一定の課題もあります。他方，人がもっとも深い衝動をむきだしにして，自由に対処できるようにならないと，遂行できないような別の領域もあります。ですからことはそう簡単ではありません。分析による理想的な結果はそんなに起こることではないので，トップレベルの演奏芸術家には分析は悪影響を及ぼすのではないかという疑問があります。何年にもわたる分析のあと，彼の演奏は良くなったと言う人がいるかもしれませんが，先のことは誰がわかるでしょうか。そのようなちょう

第10章　移行期における身体症状の出現と後退についての理解をすすめるために　89

どよい結果を得る前に，どこか低い所で身動きがとれなくなるかもしれません。そうしたタイプの芸術家を，彼の以前から引きずっている精神病理をもったまま，援助することができるでしょうか。お話ししたように，私は非常に優れた芸術家や優秀な科学者の治療をしたことはありますが，彼らは天才と呼べる域の人ではありませんでしたし，少なくとも私の目にはそう見えました。それでは，天才と呼ばれる人で治療を受けた人はどれぐらいいるのでしょうか。

　中和化に関していえば，中和化は昇華の広い機制のほんの一部にすぎません。中和化それ自体は昇華ではないのです。ある科学研究者は彼のリビドーの発達史の中ではその発達ラインの出発点において幼児的な性的好奇心を持っていたかもしれません。しかし，中和化だけでは，隣の部屋で起こっていた原光景への興奮が，もっと興奮の少ないもの，たとえば心理学や生物学，化学の新しい発見，あるいは研究者が新しい着想に夢中になることなどへは変わっていかないのです。中和化はその過程の一つの側面にすぎません。さらに別の何かが必要です。それは内容の移動，つまり置き換え displacement です。第二に，欲求が性目標に向かうことに禁止が働きます。それも中和化ではありません。欲求の目標が変わり，もはや性的に刺激的な出来事を見て参加したい，といった幼児的な好奇心，つまり隣の部屋での性交を見たり，聞いたりした時に二人に同一化したいと思う幼児的な好奇心ではなくなります。原始的な状況では中和化されていないリビドーの興奮があったということだけでなく，性的な光景からまったく違う何かへ変わっていく移行も起きているということなのです。これが未知の国を研究したい，新しい芸術のあり方，新しい化学や心理学の発見をしたいという願望になりうるのです。ずれが起こり，移動が起こるのです。まとめると，（ａ）中和化，（ｂ）内容の移動，（ｃ）性目標の阻止が起きるということです。これら三つが起こると，すぐさまかかわりたいと思うような行動の直接性はなくなります。待つことができ，どっちつかずのまま中

90

間にいて，様々な準備作業ができるのです。これら三つがすべて揃って昇華を形成しているのです。

　したがって，みなさんが中和化について話すとき，実際は特定の部分メカニズムのことを語っているのですが，確かにその部分メカニズムだけが障害を受けることもあろうし，時にはそういうことも実際にあります。

　私が先ほどからお話しした患者にあっては，中和化の能力にひとつの特異的な欠陥がありました。彼のしていることは性目標は阻止され，つまり元の目標から外れていました。彼は，再構築された中和化の能力，つまり**厚さのあるふるい sieve in depth** の中に一定の欠陥の痕跡があるということを除いては，まったくうまく昇華させていました。しばらくの間は，もともとの性的感情が浮かび上がってきたのです。自分を観察してみると，これは誰にでもよく起きるということがわかると思います。自分の患者にこの患者のようなひどい退行が始まったとしても，患者自身が何が起こっているのかがわかっていれば，私は失敗しているとは思わないでしょう。それを知るということは良いことだと思います。というのは，人はどうしてそれが起こるのかがわかって初めて，それを乗り越える感覚が身につくのです。この患者もそう感じたと思います。明日何が起こるかはわかりませんが，いま何が起こっているのかを私がわかったとき，少なくとも今日は彼は自分自身への理解が進み，自己支配の感覚が増したのでした。

F：このような外的，内的ストレスのもとで，この若い男性は再び中和化されていない自己愛リビドーを主要な領域，より早期の主要部位へ再備給するのでしょうが，彼はどうしてこの領域を選ぶのでしょうか。これを許す機制とはなんでしょうか。

K：その機制の言葉は簡単で，固着と呼ばれるものです。つまり，あなたは潜在的な固着ないしは固着可能性のことを言っているのだと思います。

第10章 移行期における身体症状の出現と後退についての理解をすすめるために　91

それも単に特定のリビドー領域だけでなく，昔の特定の対象への相互的な愛憎関係に関する固着のことも考えているのでしょう。フロイトはたとえを多く使う人で，とても役に立ちます。しかし，その絵画的とも言えるたとえはしばしば非科学的だと非難されます。つまり，あまりにも類推しすぎるとか，彼は詩人すぎて科学者ではないとか言われるのです。しかし，彼のたとえは非常に心を打つものだと私は思います。彼は滅多に機械論的なたとえは用いませんでした。特定の心の中の配列をあらわすのに，動いている人間つまり社会集団のたとえをいつも用いました。これからあなたのご質問をメタサイコロジーの用語におきかえてみましょう。

　あなたは素地となる固着と退行の関係についてお尋ねになりました。なぜ退行というのはある特定の時期に戻るもので，他の時期にではないのでしょうか。フロイトは次のようなすばらしいたとえを用いています。軍隊が前方に進軍するときは，行く先々に，食料を供給したり，避難するための駐屯地を作らせるために数人の兵士を背後に残します。軍隊は進撃しますがいつかは手痛い打撃を受けることになります。そのとき軍隊はどっと後方に退却しますが，どこまで退却するでしょうか。以前からもっとも防備が固められ，もっとも多くの兵員が残っている地点に退却するでしょう。そこは比較的安全な場所で，「ここでふみとどまって応戦しよう」と言える元気な兵士たちがいる場所なのです。つまり，こうした基盤があってこそ過去の特別な地点に戻ることになり，しかもそこがもっとも重要で，もっともリビドーの力が強く残っている場所だということなのです。

　しかし，このごく単純な答えがあなたに示すものより現実の状況はもっと複雑です。要因が絡み合っていて，外的な出来事にも大いにかかわってきます。つまり，固着があるというだけでは退行が起きるとは言えないのです。もし無意識的な固着があったり，もし今だに幼児期の人物像につよく結びついているとしたら，その固着は前向きに発達していくためのエネルギーを奪ってしまうでしょう。しかしそれでも発達は起こり，固着が後

ろに押し退けられるということもあります。おそらくたくさんの昔からの固着を持っている人というのは、のちの人生で情緒的になにかを奪われることになるでしょうし、人間関係においても豊かな体験ができないでしょう。

　したがって、固着が強ければ強いほど、のちの人生において小さなフラストレーションで退行がおきやすいということが言えます。これはフロイトが神経症の病因の相補系列 complementary series of factors (1933a) と呼んでいるものです。つまり、ちょっとしたことで軍隊が主要な駐屯所に退却させられるように、ほとんどすべての出来事、最小のフラストレーションでも退行を引き起こすような、その種の固着もあります。逆にその固着が比較的小さいものならば、のちの人生での大きな打撃のみが影響してきます。どちらの場合も極端な例ですが、比較的健康な人でも生活上でしかるべき強さの打撃があれば、退行は生じます。毎晩夢を見ることからしてある意味では退行です。つまり、それにふさわしい環境が与えられていれば、退行は起きるのです。しかし、さらに言うと、退行を起こしている人をよく知らないかぎりは、その退行の状況、領域を特定するのはとてもむずかしいことなのです。

　さて本日、ペニス様の器官がついておらず、摑む手のようになっている生々しい夢を見た学生の話が出ましたが、彼は男根期的要素と前男根期初期の口唇的要素 phallic and early prephallic oral elements が混じった段階に固着していたと私には思われます。ここに複雑さがあるのです。退行の地点そのものは子どもの時の生活史によって決められるといえます。きわめてしばしば前エディプス期とエディプス期の生活史が全体として結びついて傷つきやすい地点を形成し、そこに退行が生じます。様々な治療にとって非常にむずかしく技術の要することは、その患者の初期の固着点あるいは後期の固着点のどちらがより顕著に作用しているのかを理解することです。よく言われているように、現在に近い固着点の方がまず作用して

第10章　移行期における身体症状の出現と後退についての理解をすすめるために　93

いるというわけでは必ずしもありませんし，患者が良くなるにつれて，より早期の固着点が作用してくるということでもありません。よくあることですが，揺れが起こるのです。退行のさなかでもある固着点から別の固着点へと揺れているのです。

　したがって，治療者はその時点で患者と共にいなければなりません。パーソナリティ全体の特質を理解するために心が開かれていなければなりません。本日提出された症例について考えるとき，私がまずすることは，この時点でこれが口唇的な男根 an oral phallus なのかどうかを検討してみることです。この人は自己評価を保ってくれること，彼の面倒を見てくれる環境をもつことを必要としているのではないだろうか，あるいはたとえ彼の生活史に口唇的弱さがあったとしても，今彼が関心を向けているのは，拡大するあるいは摑むといった側面ではないだろうか，と考えてみることなのです。つまり，私はその退行の領域がもつ感情の調子にひろく共感しようと試みるのです。

　こうした特別な時点の生活史はとても興味深いものです。子どものころの代理満足になりうるものについて何かを教えてくれます。みなさんに実際的なアドバイスをしましょう。患者がしていることに対しては，最初から，しかも長期間にわたって肯定的な価値を与えるように努めてください。否定的には見ないでください。抽象的な成熟度を指標にして，評価することのないようにしてください。

　たとえば，非常によくおきる徴候は，覗き見に関心をもつことです。これはみなさんの患者の中でもきっと起こっていると思います。彼らがそれをみなさんに告白することもしないこともありますが，感情がなくなったり，新しい環境の中で支えられていないと感じたり，孤独を感じたりすると，その影響を受けて，覗き見に倒錯的に関心をもつようになり，見ることを通して抑うつ的な性的満足を得るといったことが頻繁に起こります。確かに彼らもそうした行為に対しては悪いことに思ったり，罪悪感を持っ

たり恥じたりします。彼らは，こんな行為は成熟していないと感じ，やがてつかまるかもしれない，誰かに見つかるかもしれないと感じるでしょう。しかし，彼らはその行為をやり続けたい大きな衝動にとらえられてしまっているのです。

このような感情に活路を開くポルノグラフィーに大きな興味をもったり，ある種の映画に興味を持ったりする人々は，その子どもの頃，みなさんも予想できるように，人との接触に飢えていて，抱きしめられたり，かかえられたりするのが不十分で，さらに身体的な接触を必要としているときに十分温かく応えてもらえなかった子どもたちであったとある程度まで確信をもって言えるのです。加えて，お母さんと子どもの相互作用につきものの，眺めあったり，見つめあったり，といった喜びのひとつひとつが欠けていたのです。子どもがお母さんを抱きしめたとき，子どもはお母さんのうれしそうな顔を見ます。また抱きしめられたときには，自分を見て自分を喜んでくれるお母さんの微笑みを見るのです。

覗き見問題は他者とのより包括的な相互関係が極度に奪われたと感じた人に起こります。せつない目で見ることが肩代りの代役になってしまいます。フロイトが「心因性視覚障害」の論文の中で言っているように，一つの器官は他の器官の諸機能まで肩代りするとき濫用されるのです（1910a）。

このように視覚的に接触することが濫用されるようになります。喜びを得るためには筋肉による接触でも，皮膚，声，そのほかの手段による接触でもよかったのですが，視覚的接触がその代役 carrier になってしまうのです。まるで昔の性的意味にまで退行させながら，一つの手段ですべてを代行して片付けなければならないかのようです。私がお話しした患者は目の代わりに治療者の絵を描きましたが，彼は窃視症者 a voyeur です。母親は悪性の高血圧症でした。彼自身は未熟児で保育器に入り，6，8カ月の間，ベッドに寝ているときも母親に触れられたことはありませんでした。

第10章　移行期における身体症状の出現と後退についての理解をすすめるために　95

とてもかよわい子だと思われていたからです。しかし，それだけではありません。赤ん坊が触れられなくても，母親は話しかけたり，歌ったり，そばにいたりするでしょう。母親が与えられるものはたくさんありますし，必ずしも触れながらしなければならないものでもないのです。たとえ子どもが目で見る経験しかなくても，彼が見ていることに反応してもらえれば，そのことがしだいに脱性愛化されるのです。母子の相互作用によって，一つの器官が使われるだけでも，初期の目的は達成され，心のふるいも獲得されうるのです。これは簡易精神療法 brief psychotherapy では起きませんが，他方どんな治療を行っている人にもこのような洞察は役立つと思います。みなさんがより深く理解すればするほど，ますます患者に共感することができるのですから。みなさんが理解していれば，自然と正しいことをやっているものなのです。

　興味深いのは，継続中の分析治療で，初期の転移関係が一括して再びあらわれたとして，ごく少量ずつこうした退行が起こるということです。患者が傷ついて，治療者に拒否されたと感じた時に，覗き見的な追求をいったんはやめてしまっていたのに，またそこに突然戻って来るのですが，こうしたことは何回起こるのでしょうか。しだいに患者はいつ衝動が起きてくるのかわかるようになります。しかしなぜその衝動が生じたかがわかっているので，もはやそれを満たす必要はありません。共感的な関係がしだいに深まり，この関係が，見ることや別の性的倒錯によって喜びを得るという孤立した方法にとって代わりはじめるのです。

　このような仕方で理解されるべき性的倒錯者や嗜癖者はたくさんいます。もちろん，性的倒錯者や嗜癖者もリビドー領域をもっています。フロイトは初期に，リビドー説の庇護のもとに，「性欲論三篇」（1905a）で性器の支配について述べています。そこではまだリビドー説の観点からすべて説明されています。20世紀の20年代のおわりから30年代の初めにかけて自我心理学が導入される以前に，フロイトが手にしていたのは，比較的狭い理

96

論的枠組みだけでした。しかし，そのことを除けば，先に述べた理解の仕方はすでにそこにすべてあらわされているのです。

第11章

家族からの分離と，
理想と目的を強化するための苦闘

　多くの学部生は，自分の価値を確証するような目標に向けて，学問上の方向づけを見出そうとする時に，急性の不安を感じます。彼らは，家族や旧友という馴染んだ避難場所に，しがみつきながらもしかもなお，そこから逃れようと努めるのです。

P：この症例は，シカゴから100マイルもしない所に家族が住んでいる，19歳の大学2年生です。彼はギリシャ系で，丸顔，黒い目，黒髪であり，思春期前の少年用に編まれた可愛い赤いセーターを着ていました。そのいでたちは大学という環境には全く不釣合でした。シャツが短かったので，お腹が見えていました。

　彼は，予診表に次のように書いてきました。「僕はおびえています」（僕には傷跡があります）。（彼が書いた"傷跡がある scarred"とは"おびえている scared"の意で彼はこの語を一貫して綴り違えました。）「僕は，学校や将来についておびえ，びくびくしています。成績のことはいつも心配だし，医学部に入れるかどうかも心配です。しかも，僕は自分の人生において，明確な目標を持っていません。煮え切らず優柔不断で，学習意欲は低いのです。自分の将来がとても楽しいものになろうとは思えません。馬鹿みたいです。時々この学校にいるべきじゃないと感じます。自信が持

てません。ひどく心配症で，心配していると勉強になりません。僕は合格するまでは，いつも勉強していなきゃいけないと，感じています。やれる範囲内では，常に全力を出していようと思っています。普段は楽しくありません。そして，すべてにおいてとても良い成績をとれないと，楽しく思わないのです。活発な人を見るといらいらします。自信を付け，心配のもとを取り除きたいのです。心配している時は全く勉強が手につかないものですから」。

それから彼は，クリニックへの来所の経緯について述べています。「先学期の始めの2，3週間は，たくさんの学生が寮を出たことで，とてもおびえていたし孤独でした。一人部屋でしたし，勉強のことを心配していました。けれども一生懸命勉強して，良い成績をとりました。でも，かなり勉強したんだから，もっと良い成績だろう，と思っていたのです。今学期は，先学期同様にできるか不安になりました。自分の将来の職業についてわからないのです。学習意欲はわかないし，進路をもう一度整理して予定を変更することを考えました。ひどく決断力が鈍っていました。かなり不安になり神経質になりました。食欲もなくなり，眠れなくなりました。それで学生相談室に行って，こちらを紹介されたのです」。

それ以前には，友達や両親と話すことを通して，気持ちが支えられていました。成績は授業開始当初の平均で，語学が得点660，数学は，最高得点にわずか20点及ばない780でした。

彼は一日後に初回面接を受け，これまでに5回来所しています。彼は将来についての不安を語りました。週末に実家に戻っていたところ，勉強が手につかなくなるのではないかとひどく心配して，両親に車で早めに学校に送りかえしてもらいました。彼は自分が本当に医者になりたいかどうか疑問に思っていました。たとえば，自分はギリシャ人なのに哲学者プラトンを知らないが，ギリシャ人でもないのにプラトンを知っている学生はたくさんおり，そのようなたくさんの学生との競争から，自分が脱落してい

第11章　家族からの分離と，理想と目的を強化するための苦闘　　99

るとまさに感じているのでしたが，そのことを，自分の問題の内の一つとして，彼は指摘しました。

　彼は一人っ子であり，両親は66歳と56歳で，彼は19歳です。彼は家族について長々と語り始めました。母方には３人，父方には１人ずつ叔父がいます。その叔父たちは彼の人生に深くかかわっているので，私は自分のオフィスが彼の叔父たちに巻き込まれている，と感じたほどでした。彼の母は，自分たちの兄弟が皆ホテルや財産を所有するくらい裕福なのに，自分はそうでないために，だまされたと感じています。彼の父は大した金儲けもできないので，彼に向けて絶えず繰り返された言葉が，「お父さんのようにはなるな」でした。これは母からのみ発せられたのではなく，誰もが彼にそう言ったのです。彼が10歳か11歳の頃に両親は別居したのですが，１年後に再び同居することになりました。自分自身のことで楽しかった最後の時期は，11歳の頃だったと彼は語っています。彼は11歳まで両親とともに北部の州に住んでおり，父はそこで事務弁護士を開業していました。その後に，結果的に父が降職させられるような出来事が起きました。父は職を追われました。それが両親の別居の要因のようでしたが，定かではありませんでした。しかし，家族がともに居た間，自分が玄関に立って，父が口笛を吹きながら通りを歩いて来るのを聞いていたことを，彼はとても幸せな気持ちで思い出すのです。このことは彼にとっては大きな楽しみであり，その時彼は大変心地よく，申しぶんないと感じるのでした。彼と父はよく行動を共にしたものでした。父は彼を車にのせてあちこちに連れて行きました。父が事務所で働く時に，彼は父の鉛筆を削ってやり，それに大変満足していました。母に関して，彼は悩んでいました。初回面接の際に，彼が母親とは分離できず，父親はかやの外にいる，という印象を私に与えたにもかかわらず，です。そのような印象を持ったのは，父親が大した人物には決してなれず，叔父たちが皆「お父さんのようにはなるなよ。彼は十分働いてはいないんだ」などと彼に警告するような人物として語ら

れたからです。

K：父に関するその種のメッセージが彼に語られるようになったのは，彼が11歳になる前なのでしょうか，あるいは単に父が窮地に追い込まれた後なのでしょうか。

P：それを識別するのは彼にとってはとても難しいことですが，後ほどそれを彼が識別するのにお気づきになるでしょう。彼は，この偉大で強く羽振りの良い叔父たちを，ホテルを持っているような人たちと評しました。たとえば，彼らは彼に外に出て草を刈るように言い，それから高額な小遣いを渡すというような形で報酬を与えるのでした。

　彼は，父が通りを歩きながら口笛を吹いているのを聞き，心地よく感じたという思い出話に戻りました。これとは対照的な様子で，彼は，母といっしょにある店にいたときの出来事を語りました。彼はいつも母とともに買物をしており，このことについて述べる時，彼はうめくような声で語るのです。彼はよく母とともに服を買いに行き，母が棒に掛かっているハンガーを，音をたてて引きずっている時，座りこんでうんざりしていたものでした。こんなある時，彼は通りかかった男の人の両足に抱きついて，「パパ！」と呼びました。しかしそれは人違いで，パパはそのあたりにはどこにも見当たらなかったのです。

　私はこの学生と翌日２回目の面接を持ちました。そのほうが彼の不安を和らげるのに効果的であろうと思ったのと，１回目の面接では彼が安堵感を得られなかったためでした。彼は，母が彼をいろいろな格好に着飾らせたと話しました。カウボーイのようなものもあれば，白雪姫のようなものもあり，母は，彼が着せ換え人形のようになるのを好んだものでした。泣き叫びたい，そうはしたくなかったという彼の気持ちはあったのですが，彼はその人形役を上手に「やり遂げ」ました。彼はこのことを失敗として

第11章　家族からの分離と，理想と目的を強化するための苦闘　　*101*

語りましたが，私の心に浮かんだことは，この青年が玩具のように弄ばれていたのだ，ということでした。

　両親の別居について述べる時，彼はその状況を思い出せないのです。彼は，叔父夫婦のもとにひと夏の間行かされ，その部分の記憶は快いものでした。しかし母が彼を迎えに現れた時には，言い表わせないようなこれまでとは違った雰囲気が，彼と母の間にありました。約1年もの間，彼と母は，まだ若く独身の叔父たちとともに，祖父母の家に住みました。その年の終わりに両親は再び同居しました。その時父は，程々の収入の，以前に比べれば低い仕事についていました。

　1週間後に3回目の面接に現れた時，彼は調子が良さそうで，よりまとまっているように見え，服装が相応しいものになっていました。彼は驚くほどに勉強していると語りました。ドリル用カードを持参し，勉強課題の処理のテクニックについて私にすべてを話し，すべてがうまくいっていると付け加えました。

　彼は，父に関するいろいろな思い出へと話を戻しました。それは父がいかにすばらしい男性かというものでした。父は，幼い頃彼が飼っていた猫の家をつくるのを手伝ってくれただけでなく，猫の足形をとるためのセメントを固めてくれました。父がすべてお膳立てして彼はペットと親しくなり，ペットを自分のものとしたのでした。ある日その猫がいなくなってしまったのです。母は，とても残念なことに猫は逃げてしまったのだと言いました。1，2年後に，彼は「母がまっかな嘘をついていたことを突き止めました」。彼女は，どうも彼に言ったことを忘れてしまっていたようで，自分が猫を捨てたのだと話しました。彼は母が自分に嘘をついていた，という痛手から立ち直れませんでした。そして彼は面接の中で次のように自分に問い続けました。「父さんにはそんなひどいところがあるだろうか？彼は素晴らしい男性だ。彼は僕がしたいことをさせてくれる。父さんは母さんのようなやり方で，僕に何しろと命令したり，僕の生活に指図したり

102

はしない。だが，母さんは僕を利用しているんだ。母さんは，僕が素晴らしい医者になったら，僕と一緒に住んですべてのものを手に入れよう，ということしか考えていないんだ」。そこで彼は父と父の家族に目を向けました。父だけでなく，父方祖父も大学に進学していました。父方の叔父はその地域で評判の良い，多忙な内科医でした。

　家では母が相変わらず彼を仕切り続けています。親戚が立ち寄ったりすれば，彼は自分の部屋の掃除をしなければならない，といった具合にです。彼は自分の部屋を思うようにしておけません。彼は，両親が寮を訪れる時に，いつも予告もなしにひょっこり立ち寄る，と不平を言いました。彼は窓辺に立っている時に口笛を耳にした時のことを語りました。彼は跳び上がり，それが父であることを確信しました。彼は父の来訪を嬉しく思いました。ただし母を後ろに従えて来たことを除けば，の話ですが。母は髪の毛を染めていました。彼は母から目を逸らすことができませんでした。彼女は彼にシャツと叔母からの贈物を渡し，すぐに叔母に電話し御礼を言うように言いました。またクラッカーを一箱渡し，彼にその贈物をすべて部屋に持っていかせようとしましたが，彼はそうしたくありませんでした。実際彼は「ぼくは図書館に行きたいんだ」と口に出してみたのですが，母を無視することはできませんでした。彼は顎髭を生やし始めていました。母はみっともないから剃るようにと言いました。父は，「汚ならしく見えるけど，気に入ってるのならいいさ」と言いました。

　彼は，以前よりもずっとよい気分が続いていました。次の面接で彼は次のように話しました。父が電話をかけてよこし，内科医である叔父も呼んで，3人で外で食事をしようと言ったので，彼はすごいと思いました。しかし，食事には行かなかったのです。その代わり，叔父は彼に徹底的な内科の診察を施し，その後で，自分が医学部にいた頃どのようにうまくやり遂げたかという内容のことを，大変な長口上で述べました。自分もまた不安を感じたものだったが，それは当然のことで，不安とは，単にアドレナ

第11章　家族からの分離と，理想と目的を強化するための苦闘　*103*

リンの分泌が活発になっていることのしるしでしかない，などと言うのです。しかし，相談に来たその学生は，父が彼に嘘をついたことに憤りを感じていました。

　私は，彼が深く失望していたに違いないと言いました。ところが，彼の答えは次のようでした。「僕は女友達が欲しいんです。女の子とデートできるようになりたいんです」。それから彼は高校生の時初めてデートをしたと話しました。彼は，その女の子をとても気に入っていて，母に彼女のことを話しました。しかし，偶然その女の子と学校で会った時，母は彼女を気に入らなかったのです。母は，彼が自分が選んだ女の子と出掛けてもらいたがりました。それで，彼は大学1年になって，自分の好きな子とデートするようになるまで，デートを止めていました。彼は，大学1年のとき，その女の子を夕食に誘った時のことを次のように回想しました。テーブルに向かい合って座っている時，彼女が「あなたの眉毛が好きよ」と言いました。その後彼はこう言ったのです。「僕の眉毛だって？　僕の心は好きじゃないの？」。彼は彼女が自分に過度に近づきたがっていると感じ，関係を切ってしまったのでした。そこで彼女の友達は皆彼のことを嫌うようになりました。

K：「関係を切ってしまった」とはどういうことでしょうか。私はこの言葉がどのように言われたのかに興味があります。彼はこのことをあなたに対し，ある種のユーモアをもって報告したのですか？

P：いいえ。彼は，彼女のことをより深く知るに従って，彼女を好きでなくなったのです。彼が話したいと思うような内容について，彼女とは会話できない，などの理由からです。

K：彼女は彼をいらだたせる。

P：そうです。彼女の友達は皆彼のことを嫌っていましたから，彼は他の女の子には近づきませんでした。今彼は，また女性と付き合ってみたいと思っています。寮には憧れの女性がいて，彼は，彼女が自分のことを好いてくれるだろうか，それとも嫌うだろうか，自分のことを受け入れてくれるかどうか，と思いあぐねています。多分彼女は自分と同じように考えてびくびくしているのだろう，などとです。

私たちの面接は，今だいたいそんなところです。付け加えるとすれば，彼は今週，再びイライラした不安げな状態で戻ってきました。彼は学科のほうは申し分なくこなしています。二つのAとBを一つ取ったのですが，母は「まあ，もう少し頑張れるんじゃないかしら」と言ったのです。私は，4人の叔父さんと両親の思いを担って大学に通うのは，ひどく大変なことなんじゃないかと言いました。彼自身は何を望んでいるのでしょうか。私たちの面接は今こんなところです。

K：彼とは週1回定期的に会っているのですね。

P：彼には4週間で5回会っています。

K：始めの2回は，彼が抑うつ的だと感じたために，間隔を空けずに会ったのでしたね。今の彼は，最初の時のような抑うつ的な感じとはほど遠い，と私は思います。彼はよく眠れているし，よく食べているわけだから，始めほど抑うつ的ではないですね。

P：彼を悩ませ続けているのは，その優柔不断なところです。彼は学業にはいつも没頭できるのです。助手を勤めている研究室では，長時間勉強できます。ところが，彼は本屋に行き，索引カードを買う時に，あめか煙草

第11章 家族からの分離と，理想と目的を強化するための苦闘 *105*

も買いたいと思うのです。そこであめか煙草か決めかねた彼は，索引カードを手にして立ち去るというわけです。

K：彼の最初の服装と，それがいかに彼の年にふさわしくないものであったか，あなたは私たちに話されましたね。彼の人となりの持ち味が，そこにかなり表れていますが，その彼の性格について，もう少し知りたいですね。あなたが最後に話してくれた，その漫画のような話からすれば，彼はものすごく良心的な人です。その話によれば，彼は二つの楽しみの可能性について悩み，その楽しみを断念して，索引カードの義務だけ果たして立ち去っているのですから。あなたが言ったように，彼は仕事には絶えず没頭するけれど，なかなか楽しむということができずにいるのです。

P：彼自身についてもう少し話してみれば，いつもパッパッと身をかわし続けている青年という印象が，私にはあります。そうなると，自分自身についての情報は少ししか提供されないわけで，それは彼が両親との間で行っていたやり方に違いないのです。不安を解消するために，なんらかの愛情供給を得ようとしながらも，相手が自分の言ったことに対して賛成や訂正や指導や指示を与えないようにするために，その愛情のもとにとどまる心構えは，さらさらもっていないのです。私がどんな類いの人間であるか，また私が誰であるか，といったことを，彼は本当のところどの程度わかっているのか，疑わしく思われます。つまり，通りで出会った時に，彼は本当に私がわかったでしょうか。私は彼のことを忘れることはできなかったというのに。

K：そういったことは恐らく，気が動転している人の多くに起こることでしょう。彼らは自分自身のことばかり考えているのです。彼らは，他の人物をじっくりと見ることをしません。あなたは彼にとって，言うならば一

機関にすぎないと思います。あなたが言ったように，彼はあなたのことを，彼を正し，操縦し，判断し，評価してくれるような人物，すなわち人が，そのつき合いの歴史から期待するような役割を果たす人物と，決めてかかっているのだと，いえるかもしれません。けれども，彼があなたをそのように見なしているという，なんらかの証拠があるでしょうか。私は，実際に起こっていることに関しての情緒的な感触が，未だにつかめないのです。彼はどのように話すのでしょうか。どのような印象を彼は与えるのでしょうか。そもそも，彼は抑うつ的だったでしょうか。

P：とても不安そうでしたが，それも和らいでいました。それと，たとえば私が，夕食にいく代わりに内科の診察をされては，随分がっかりしたに違いない，と言った時，他の学生が普通するような，ちょっとの間考える，ということをせずに，彼はすぐさま「僕はガールフレンドが欲しいんです」と答えました。彼は，自分が幾分気持ちが良くなり，先に進んでよいという許可をもらったと感じている，と言いたいのだと私には思えました。ガールフレンドの件は，彼が取り組みたいと思っていた領域の問題ですが，初めのうちは，この件を直接口にすることを恐れていたのです。しかし，彼と同じ年齢の学生の多くは，彼らが望んでいることを直接語ります。

K：あなたが述べているのは特異なエピソードです。私がこのエピソードを理解しているかどうかは定かではありません。しかし，興味深いエピソードです。いろいろと考えさせてくれます。なぜ父と叔父はそうしたのでしょうか。それがひとつの嘘である，ということに関しては，彼はそう言っているし，あなたも反応しているとおりです。それが嘘であるというのは本当ですが，嘘であること以上に私を印象づけたのは，もっと別のことでした。彼に診察を受けさせることは，この家族にとって厄介な仕事です。彼らは彼に対し「私たちはお前のことを心配していて，お前に診察を受け

第11章　家族からの分離と，理想と目的を強化するための苦闘　　*107*

てもらいたいと思っているんだ」と話す勇気がありません。彼らは幾分だまし打ちのような形で，彼に対し，このことを押し進めなければならないのです。言い換えれば，こうした場合にいったい彼の役割は何でしょうか。「私たちはお前のことを心配しているんだ。きちんと食べていない上に，猛勉強しているね。叔父さんに，お前の診察をお願いしたいと思っているんだよ」というようなことを，彼に直接言うのを，この家族はなぜそこまで怖がっているのでしょうか。その代わりに，まるで彼をいかに診察に向けるかの計略を練るかのように，駆引き上手な家族会議がきっと行われたことでしょう。こうしなければならないのは，彼のどのような面によるものでしょうか。彼は脆すぎると思われているのでしょうか，あるいはあまりにも暴君すぎると思われているのでしょうか。

F：私は今の症例提示の二つの局面から，同じ印象を持ちました。その一つは，彼の似通ったコミュニケーションの仕方，すなわち暴君的なものではなく，脆さを感じさせるような仕方に対して治療者が応えたために，初回面接の翌日に面接が持たれた点です。もう一つは，勉強に着手するために，週末の途中で寮に戻らなければならない，という信号を，彼が家庭で示した，そのやり方ですが，それが似通っているのです。彼は私に，永遠の苦悶の中にいる人物という印象をあたえます。しかし，彼の家族は，その苦悶をあらわす言葉にのみ応えているように思えます。そこには，ほとんど漫画といってもいいような質のコミュニケーションがあるのですが，それはまだはっきりしません。これは芝居ではありませんが，そのほとんど芝居じみているズラす小細工の才能は，びっくりするぐらいであり，それは一つの生活様式になっており，皆互いにかかわりあいながら満足しているに違いないのです。

K：この症例に対してのパーソナリティ診断は，まして，まだこの症例に

ついて詳しくわからない段階では，私の中で固まっていません。先ほど言ったように，私はこの症例のパーソナリティについて，より深く理解したいのです。あなたが「君はどんなにかがっかりしたに違いない」と言った後で，彼が「僕ガールフレンドが欲しいんです」と言うといった，こちらを戸惑わせるような突然の話題のズレがあるわけです。それはいかようにも説明できると思います。おそらく彼はあなたの共感に当惑して，何かほかの話に話題をズラしたかったのでしょう。

P：このような奇妙なやりとりが，他にもあるのです。彼を医者にかからせるための策略について，先生が言われたことは正しいと思います。たとえば彼は，私との面接が終わると，その前よりも気分がいいと感じるのです。それで彼は母に電話し，自分が成長していく上で，大問題を抱えている，と話すのです。自分が成長するのを嫌がっている，そのことを，彼はピーターパン症候群と呼びます。ところが，母はこれに対し，「あなたは軍隊に入って，そこで鍛えられるべきなのよ。ベトナムにでも行くべきなんでしょうよ」と答えるのです。彼が自分の問題を打ち明けたために，母は腹を立てて，彼に対して結果的に敵意をにおわせるような答え方をしたのでしょうか。

K：興味深い話です。このまま続けて，この症例について深く知りたいものです。この家族は，互いに強く影響を及ぼし合っており，そこで子どもは多くの家族がベッタリとくっついてくることによって，強い刺激を受けて育っているように，私には思えます。もし私が治療者だったら，彼が「ああ，ここにももう一人家族がいる」と感じないように少し距離をおいてかかわろうとしたでしょう。
　彼は大学2年で，両親ともギリシャ系ですね。父はぱっとしない仕事についている。今は何をしているのですか。

第11章　家族からの分離と，理想と目的を強化するための苦闘　　*109*

P：彼は兄弟とともにホテルに勤めており，以前よりさえない職に就いています。それが弁護士として働いているのか，あるいはいくらか法律に関係した仕事なのかどうかは，私には定かではありません。

K：ともかく，彼が語るところによれば，父は幾分踏みつけられた人間であり，父自身の兄弟との比較においても，そして母の兄弟との比較においてはより明らかに，そうである，ということになりますね。父は彼にとって，「お父さんのようにはなるなよ」と語られるような，ある種の反面教師的な存在 negative ideal です。彼が来所した当時の症状は何だったでしょうか，勉強ができないということと，抑うつ気分でしたか。

P：成績でAがとれないのではないかという不安が絶えずあり，優柔不断さがこれに加わっています。すなわち，常におびえや不安や，機敏な人たちが気にくわない，と感じている状態です。彼はさらに進んで，彼らが競争相手だとは言いませんが，彼らは何かにつけ，彼の取り分を減らしにかかるわけです。

K：そういった症状はいつから始まったのでしょうか。

P：症状は絶えずありました。

K：大学に入ってからですか。彼は今自宅にいますか，それともここに住んでいますか。

P：彼は寮に住んでいます。去年はルームメイトが居ました。今年一人部屋になり，このことについていくらか話しています。

303

110

K：けれども主訴は不安ですね。

P：彼は将来について心配しています。医学部予科の学生として十分な成績を修められないのではないか，それなら医学部に入ったのも失敗だ，などと恐れているのです。

K：抑うつ的ですか。

P：不安の強いタイプの抑うつかと思います。

K：しかし彼は勉強しているのでしょう。成績は実際かなり良いのですね。

P：はい。ＡマイナスでなければＢプラスです。

K：彼のことで両親がこまっていることは明らかでした。だから彼に内科の診察をうけさせたのです。心配は主にどこから生じているのでしょうか。

P：今回彼がお話ししましたように，彼は落着かなくなると両親に電話するのです。両親の方が一方的に侵入的なのではなくて，彼が不安を打ち明ける時にはそれを引き受けているのです。

K：彼はよるべなく感じて，両親に電話するのですね。彼は一人っ子であり，両親はかなり長いこと連れ添っているのです。子どもが生まれた時，父は47歳で母は37歳です。両親は晩婚なのでしょうか。

P：わかりません。

304

第11章　家族からの分離と，理想と目的を強化するための苦闘　*111*

K：とにかく，彼は両親の人生においては，かなり後のほうで生まれているのです。彼はシカゴの都市圏に住んでいる学生ですが，家族は，彼が11歳の時に両親が別居するまでは，北部にいたのですね。別居は，母が父の失敗，すなわち弁護士の資格剥奪に失望したことが原因ですか，それとも他の理由からでしょうか。それがはっきりしません。けれども，デパートに関する思い出は，彼が父を憧れていたことの証拠でしょう。そこで彼は，一人の男の人の足に抱き着いて，がっかりするのです。

P：それは，彼がまだ幼く，父がまだ家族の一員であった時のことです。

K：それはその時期に起こったことですが，ある種の失望，すなわちそこには父でない人がいたという失望を表しています。

P：それは，彼を買物に連れ立ち，彼の洋服を捜している母から逃れようとする，必死の努力であるという感じが，私にはぴったりくるのです。そこには男性がいるわけで，私はそれを，母から離れるための必死の動きと見なしました。

K：よくはわかりませんが，かなり有り得ることでしょう。あなたの空想は私の空想と同じくらい役に立つものです。どちらも有り得ることです。

P：彼は父が自分を心地よくしてくれると強調しています。父は彼のしたいようにさせてくれるのです。彼は父とともに楽しい経験をしています。ともかく，多くの事柄の中から，彼はこのことを敢えて回想しているのです。

K：問題となっている点は，それほど特別なエピソードではなくて，家族全体が彼に及ぼす影響に関する雰囲気をつかむことなのです。ここから，プレッシャーと要求が母から来ているという印象を持たれるでしょう。母は満たされることがいつもないのです。よりよい成績を望んでいるのは母です。父に満足できないのも母，といった具合です。このような症例の場合たいてい，父は兄のような，あるいは年上の友達のような存在になります。そういった意味で父は，こうした母のプレッシャーからの逃げ場を意味します。それで，母に対してよりも父に対して，より深い愛情と仲間意識を持つのです。それが事実であるかどうかは私にはわかりません。ただ，そのような家族には，よく起こることだということです。しかし，先ほど言いましたように，この家族は複雑なしがらみを持った家族であるという印象があるのです。家族は互いに隠しだてしないのですが，これは子どもにとっては辛いことなのです。

　印象的なことの一つは，彼が一人ではいられないということです。一方で，彼は家族の壮絶なしがらみ terrific family involvement から脱出しようと試みながら，他方では，一人ぼっちになると，自分が不完全で不安に感じて，支えを求めて家族のもとに戻るのです。ここのところで彼は行き詰まり助けを求めてきたのです。彼は，これ以上両親にしがみついているべきでないとわかっているのです。けれども彼には，彼をなだめ，何をすべきか教えてくれる，などの役割を果たしてくれる誰かが，他に必要なのです。さらに何か取り上げるべき素材がありますか。

P：6回目の面接です。彼は私が部屋に入る時に，階段をのぼって来ました。このとき秘書が私に知らせずに彼を通したに違いないのです。ホールにはその時7，8人の人がいました。彼はあたりをきょろきょろ見回していましたが，部屋に入ってドアを閉めるまで，私にもまた他の人にも目を合わせませんでした。それから彼は話し始めました。必ずしも，私の介入

第11章　家族からの分離と，理想と目的を強化するための苦闘　　113

で中断するわけではないのですが，彼は考えが中断する時以外，ずっと私を見詰めています。彼は身なりもきちんとしており，まとまって見えました。派手なセーターを羽織り，紺のベレー帽を被っており，左手には暗記用のカードを持っていました。ちょうど有機化学の試験から戻ったところだったのです。1週間の間気持ち良く過ごしたと述べ，「グライダーに乗っているような感じ」と言い表わしました。その前夜に初めて不安になり，彼は作詩するのですが，それは一生懸命に勉強しながらも，自分に大切なのは，息抜きと休息することだと，彼が感じたからでした。彼は息抜きのために，自分の知識を利用することができました。8時に床に就いたのですが，目が冴えていて，再び勉強し，それから眠りました。恐らく6時間位しか寝ていないと思いましたが，試験はよくできたと感じました。

　引続き彼は，自分がその隣に腰かけることができずにいる女の子のことについて話し始めました。その可愛い彼女が休憩室に座っているとします。彼は近づいて行って腰かけ，話しかける勇気がありません。しかし，彼は将来について考え，自分がひとかどの医者となり，家庭や子どもをもつことになるだろうと空想します。これは心地よいものです。ところが，彼女に近づいて行って腰かけ，「やあ」と声を掛けるという第一歩を踏み出すその前に，彼は，二人がうまくいかないだろうと，すでに落胆してしまうのです。それは彼が，自分を幾分役立たずだ，と感じていることに関係しています。言うなれば，彼は何を話していいかわからない，というわけです。

　彼は，誰かとただ腰かけて話す時に，何を話したらよいのか時々わからないと言います。それ以外の時に，口数が多い時も，自分が話していることが適切な話題であるかどうか，彼にはわからないのです。言葉で自分を表現するのは苦手だと，彼は感じています。彼は，先の春に人類に捧げて書いた，たいそう美しいソネット（14行詩）を思い起こしました。それを私に見せたいと思ったのですが，どこに行ったか見つけられませんでした。

一生懸命創作し，一人二人の友人に読んで聞かせたのです。また彼は，詩を通じて教授に何が言いたかったのかを説明するために，レポートを一枚書くことになっていました。けれども，意味するところが余りにも理解しやすいものなので，説明を提出する必要はないと思いました。その結果，彼はCプラスしかもらえず，成績には「何が言いたいのかわからない。説明を一枚加えるべきであったろう」という教授からのコメントが添えてありました。彼は恐ろしく感じました。それから彼は，一歩すすんで詩のことを詳しく説明しました。詩の中の彼は，寮の中にいて外の通りを眺めていました。彼は自分をボートにたとえました。水の流れがあり，空は暗く，風は凪いでいました。彼は水の流れを覗きこみ，そこに万物の流れを見るのです。

K：それが詩の内容ですか？

P：そうです。流れの中には，素早く泳ぎ去る魚のいくつもの群れがあるのです。そして彼は，自分がこの特別な詩の中のボート以外のなにものでもないと感じるのです。彼は，自分の詩の成績に関する不満を発散しつづけました。他の学生の詩は，寮生活をいかにうまくやっているか，とか，運動選手であることについて語ったり，リズムに説明を加えたりしているだけだ，と言いました。けれども，彼のこそ，まさに詩的だと主張します。波を表現するためのリズムの変化さえあるのです。その後ちょっとした沈黙があったので，私は「君は，説明しないでも，詩が意味するところをすべて，教授にわかって欲しかったに違いない」と言いました。彼は肯定するようにうなずきました。それから，レコードを一枚買った，と話を続けました。あめか煙草かで迷って索引カードを手にして立ち去るという，その自分の優柔不断さを彼が語った時には，私は言わずにおきましたが，今回ここでは次のように言いました。「君は勉強に関して決断する時には何

第11章　家族からの分離と，理想と目的を強化するための苦闘　　*115*

の問題もないのに，ちょっとした楽しみごとを選択するのに迷うように見える。恐らくレコードを買う前まではそうだったんだろうが，それは今ではどうでもよくなったんだね」。彼はレコードを買った話を続けましたが，その様子は意気揚々として見えました。それは感情を豊かに表現した素敵なレコードであると，彼は言いました。彼は歌えはしませんでしたが，そうできたらいいと思いました。音楽は聞こえるが自分の声は聞こえないようにと，彼はヘッドフォンを掛けて歌いました。素晴らしい時を過ごしました。初めて，体を動かす解放感を体験しました。「僕はその音楽のリズムを保つように，部屋を歩きまわりました」。

　日曜日には，再び勉強を始めました。彼は，先学期いかに自分が懸命に勉強していたかを思い出したのです。その時彼は，一日に9時間勉強していました。成績にはBが一つしかありませんでしたが，それもAがとれるくらいに勉強はしていました。彼の友人の一人は全く勉強していませんでしたが，彼のノートをコピーしました。その学生が良い成績をとれたかどうかはわかりませんが。けれども彼自身にとっては，スケジュール通りに勉強するということは，とても重要なことなのです。

　日曜日には両親が訪れたのですが，彼はその時先ほどお話ししたような装いで，セーターを着てベレー帽を被っていました。彼はその時には気分良い状態でした。母は彼の全身を見とがめるように，「自分の服装をよく御覧なさい」と言いました。私は，そのとき黙っていられず，思わず「私にはさっそうとして見えるよ」と言いました。彼は本当にさっそうとしていたからです。両親が来ることになっていた日には，遅くまで寝ていて，電話が鳴った時にも，それが自分を呼んでいるとわかっていたにもかかわらず，自分は電話に出なかった，と彼は話し続けました。日曜に彼が自宅に戻らないと，両親は大てい5時に寮までやってくるのです。この日彼は5時に遅れ，彼が寮に入ろうとした時ちょうど，両親は帰ろうとしていたところでした。彼は春から夏中両親のもとを離れ，大学近くに残り，研究

室で働きたいと語りましたが，そう言いながらも，彼は“引き裂き　di-chotomy”を感じていたのです。彼は，家を出れば自分自身でものごとを決めていかなければならなくなりますから。ふさぎこんだ時には，彼は確かに自宅に電話していました。彼が実際にふさぎこんでいたとか，泣き叫んでいた，ということがあったので，叔父さんが問診を施すことになったのです。

　自分が落着かなくなって自宅に電話するという状況で，次にどんなことが起こるのでしょうか。彼はそれを列挙して，私に詳しく語って聞かせました。まず母はうろたえて，父にどうにかしろとせがむでしょう。次に父は「ほっておいてやりなさい」と答え，そしたら母は「あの子はたぶん病気なのよ」と言うでしょう，すると父は息子をだまそうとする等々のことが起こります。これが恐らく問診が行われることになった経緯なのです。ここで彼は，医者になりそこなうだろうかという心配に話を転じるのです。このごろ，いっそのこと自分がホテルの管理人になれたらいいのに，と彼は考えたりします。つまり図書館で勉強している時に，そこの管理人の姿を眺めることができたからですが，彼はいかにごみをまとめ，いかにそれを捨てるかという，ただそのことだけを課題としているのです。ごみの捨て場所を決めることが，自分の唯一の仕事であればいいなあ，と彼は思うのです。まだ中高生であった時に何年もの間，彼は叔父さんたちのホテルで管理人として働きました。彼は掃除をしたり生活用品を積み重ねてしまうのに，特別なやり方を編み出したものでした。ある時彼は母に向かって，自分はホテルのレストランで給仕人として働きたい，と話しました。母がこのことを父に話したら，父は「それはいけない。ウェイトレスは媚びるものだし，あの子に対しても媚びるだろうからね」と言いました。そのために叔父は彼を，夜遅くにしか仕事のない西部のホテルに送り，そのために彼は楽しく働けなかったのです。

　私は，ウェイトレスが彼に媚びるだろうと父が言った時に，彼がどう感

第11章　家族からの分離と，理想と目的を強化するための苦闘　　*117*

じたかを知りたいと思いました。彼はかなり腹を立てた様子で，「父さん
は，僕が自分の感情や欲望をどう扱ったらよいかわきまえている，とは思
わないのでしょうか」。次に，彼は母と歩いている時に，ある若いカップ
ルを見かけた時のことを思い出しました。男の子が女の子に腕を回してい
たのですが，それを見て母は，「見てごらんなさい！　あなたがあんなこ
としてたら，私は見たくもないわよ」と言いました。これについてはどう
感じたのか，私は彼に聞きました。彼はそれには答えませんでしたが，続
けて，自分はまた母に，赤ちゃんはどうやって生まれるのか尋ねた，と話
しました。母は「赤ちゃんはカプセルに入っているのよ」と答えました。
そこで彼は「どうやって出てくるの？」と尋ねました。母は答えませんで
した。次に彼は「お医者さんがママのおなかを切ったの？」と尋ねました。
母はそうだと答えました。

K：彼はいくつでしたか。

P：わかりません。ただそれが，町でカップルが歩いているのを見かけた
時の，母の反応に関する，彼の連想なのです。このような，あいだに何も
挟まないような唐突な連想が，ときどきあるのです。彼は，休憩所にいた
女の子について，話を続けます。彼と友人は，彼女が腰かけて，女友達と
話しているのを眺めていました。けれども，彼らが近づいていって話しか
けようとした時に，彼女たちは立ち上がってしまったのです。彼は，2週
間もの間，彼女に話しかけてみようと努力していました。彼は，二人は卒
業し，そして別れてしまうだろう，と空想していました。私は「出会って
から別れるまでの，その間の段階についてはどうなの？」と尋ねました。
なぜ彼は，付き合い始める前に別れを思い描くのでしょうか。

　彼は，自分が役立たずでうまくいかないだろう，と言いました。私は，
なぜ彼がこのように感じるのか理解できると，それとなく言いました。母

は「あなたには，女の子に腕を回すなんてしてほしくない」と言い，父は「女の子たちはお前に馴々しくするだろう」と言うのですから。

ここで彼は急に，「僕は化学の時間に滴定を始める予定です」と言いました。それは，勉強と女の子との付き合いを自分は両立できるだろうか，という問いかけのようでした。昨年彼のアイデンティティは明確なものでした。彼は学生であり，常に勉強していました。ところが彼のルームメイトはまったく勉強しませんでした。自分は勉強を楽しんでいて，その最中には心地よく感じていたと，彼は続けて言いました。そこで私は彼に，両立できそうだと思っていなかったかどうか尋ね，「勉強ばかりで遊びがなかったね」と付け加えました。彼は自分が無能力であるという感じについて語り，私はこれを，心配しては過剰に指示し支配しがちな，彼の両親の以前からのやり方に結び付けました。けれどもお話ししたように，彼もまた両親を取り込んでいるのです。彼が，なぜある種の無力感を抱いていたかは，親族全員がしがらみのように，互いに深くかかわりあっているという特殊な環境のことを考えれば，理解しうることです。しかし今や，大学は彼個人のためにあります。

彼は「これからは，自分一人でやっていかなきゃならないってことがわかります。バランスをとることが大切ですね。たぶんレコードをもう一枚買うことになるでしょう」。ここで黙っていられなかったことを私は後悔しているのですが，私は思わず「たぶん女の子に話しかけることもね」と口にしました。退室しようと立ち上がった時に，彼は私の机の上に化学のカードを置き忘れました。彼がドアへ向かう途中で，私はそれを取り上げて彼に手渡しました。物を置き忘れる学生は他にもたくさんいるのですが，ふつうみなさんがおなじみの様々なやり方で応えるものです。しかし，彼の場合は，そのドリル用カードが何のためのものか，物知り顔で説明してみせたのでした。これがこのセッションの最後でした。

第11章　家族からの分離と，理想と目的を強化するための苦闘　119

K：確かに面白いセッションですね。なぜあなたは，ついそう言わなければならなかったのでしょうか。あなたの印象はどうですか。私は素材に対するあらゆる情緒的なあなたの反応についてわかりました。この人物と，彼の世界へのかかわり方について，なんらかの全体的な感情が明らかになりましたか。

F：一言でいえば，彼はとてもあどけなく思えます。赤ちゃんがどこから来るのかと尋ねた時の話を聞いた時，その時彼は恐らく9年生ぐらいだったのでしょうが，14歳になってもこの彼は，同じような質問をしていたことだろうと，とっさに誰もが幾分か確信するくらいです。とても若々しい少年という感じで，男性というのではありません。恐らくここは議論点になるでしょう。

K：「男性ではなく少年」という言葉で，あなたは主に何を心に思い浮かべるのでしょうか。ある種の未成熟さがあるというのは，その通りだと思います。けれども，この人の性格特徴で明らかになった点について，もう少し具体的に指摘できますか？

　この症例検討会で，私とともに過ごしてきた方たちはおわかりだと思いますが，症例について耳を傾けている時に，私は自分以外の聴衆から常に，自分だけがとりのこされていることに，つい気づいてしまいます。他の方方が笑う時，そのことは私の目には奇妙に映るのです。私はそのような態度で症例について耳を傾けているのではないからです。私は，この人の心がどのように動いているのか，理解しようと努めているのです。この一個のパーソナリティはどのように感じているのか。この人が問題解決に用いたり，世界を経験するときに使う主だった様式を，どうにかして把握できるだろうか。材料は私にとってすべてが具体例にすぎません。私はそれがあたかも自分に向けられているかのように，材料に対して反応する，とい

うことはしません。ですから，なにか言いたくなるということが他の治療者よりもずっと少ないのです。しかし，発表者は，そうすべきではなかったと感じているかのように，「……と言ってしまいました」と言い続けていますね。正直なところ，私にはそのようなことが決して起こりません。私がまるごと耳のようになっているからです。私は，この人がどうしてそんな不可解な行動をするのか，把握しようと努力しています。さしあたってその時点では，この人がいつもとは違ったやりかたで振る舞えるように手助けする，ということには興味がありません。この人がどう振る舞うかを，私はいまだよく知らないのです。これが私の普段の態度です。

　私にはまだ十分に理解できていないけれども，非常に興味深い資料がたくさん得られましたね。さて，この人はいかに振る舞っているのでしょうか。あなたはある種の未成熟さを指摘しました。確かにこの人には何かが欠けていて，そのために彼は男らしい，または成熟した男性になれないのです。彼がいまだ19歳だといっても，その年ならば，もう少ししっかりしていていいし，もっと活動的であっていいし，自分が何を望んでいるのか適確に把握していていいはずですね。

F：私には，彼が自分のことを，それほどまでに無能力であると描いてみせることが，印象的でした。その印象に一致しないのは，あなたが彼に，ウェイトレスの件で尋ねた時のことです。彼は憤慨して見せますが，恐らくそれは，あなたがそうするのを期待していると考えたからでしょう。また別の一点で私は悩んでいます。両親から理知的にものごとを処理する様式を受け継いでいる人にとって，化学の研究者になったり，あるいは，なにか科学的，知的な仕事に就くことは，心配の種にはならないのはわかります。その代わり，私にわからないのは，彼が楽しんでいるのは掃除なのだ，ということです。

第11章　家族からの分離と，理想と目的を強化するための苦闘　　*121*

P：そのことは私には別の意味を持っています。そのころ彼は，自分がまだ叔父家族という環境の内の一部であるという意味において，保護されていると感じており，叔父たちとうまくいっていたのです。管理人の仕事が意味するところはそれです。

K：この時点で，彼が何故そうなったかよりは，彼がどうなったかのほうを，私はよけい知りたいです。彼は興味をそそるような，また相当分化した精神を持っています。それはなかなかに魅力的なので，人々は彼の作品に耳を傾けるのでしょう。たとえば，彼が詩を描写する時，自分がボートで，泳ぎ去る魚の群れがいる水の流れとして，通りを眺めているという，その真に詩的で子どもらしい考えが，空想の中での彼の興味深く豊かな精神を示しています。これは非常に豊富な空想の世界をもった人物でありますが，恐らくそれは，人を混乱させるようなものです。彼がその空想を未来に投影する時，あなたは何度もそれに悩まされましたね。彼は現在と未来の，その中間をすべて省いてしまうので，あなたは「その中間はどこに行っちゃったの？」と口にしたのです。彼は女の子に話しかけもしていないのに，最後にもてあそばれてしまうといった，二人の関係を描いた小説を書き終えてしまうのです。彼は彼女に近づいてさえもいないのです。けれども，それに関して重要で興味深いのは……。

P：お話し中ですが一言付け加えさせていただくと，彼は彼女との途中経過については空想しませんでした。彼が彼女とのことで空想し，初めて私に語ったのは，別離だったのです。

K：要は，彼がいまだ現実からまったくかけ離れた何かにかかわっている，ということです。これはある種の空想で，まずどうやってその女の子に近づくかという行動計画を思いめぐらしているのです。その次の段階になる

315

と，彼女といっしょなら何が起こるかということで，これはまだしも現実に近づいています。今のこの空想の中では彼は，既に二人の関係に深く入り込み，そこを過ぎて悲劇的な結末に到達しているのです。彼は，二人の関係を，現在における現実から完全に隔離しているのです。詩が表通りと関係していたように，その空想とこの女の子が関係しているのです。

　私には次のような印象があります。この人はとても豊かな空想を持ち，詩的なものを好んでいるのですが，自分の住んでいる現実世界に関しては，少々当惑しているのです。精神病的な混乱ではありませんが，現実世界からかけ離れたところにいます。彼は，空想を計画に，そして計画を行動に移していくことに，困難さを抱えており，またそこが不足しているのです。同時に，彼は単純なことに憧れを抱いています。それは管理人にさえなれたらという願い，すなわち，厄介で面倒な選択の無い，とても明快な仕事が，目の前に与えられたなら，という願いなのです。

　彼の環境についてわかっていることや，彼を今あるように至らしめたものに，立ち返ってみましょう。それは明らかに両親に関係があります。私は，彼がこうなったのは，幾多の本に書いてあるからという単純な理由から，親の育て方に責任がある，と言っているのではありません。これは，彼の反応の仕方からみて明らかです。彼は両親を避けたがるのですが，両親にかかわらざるをえません。彼は，両親が5時に来ることになっているのを知っていて，電話には出ません。なぜでしょうか。彼の現実処理に関する無能さや，彼の中で常にふつふつと沸きでているような，この非常に分化した彼の内的生活は，両親のどういったところから引き起こされたのでしょうか。彼は，空想を行動に移す時にはいつでも，どうも切り捨てられてきたように，私には思われます。皿洗いになるというアイディアは，私たちにとっては大したことではありませんが，彼にとっては意味のあるワンステップだったのです。それは現実的なことをするという意味を持っていました。しかし，すぐさま大人たちは，「女の子たちは媚びるし，そ

第11章　家族からの分離と，理想と目的を強化するための苦闘　　*123*

れは満足に足る仕事ではない」と禁止するのです。

　女の子たちが媚びるという件に関しては，私が正しいかどうかわかりませんが，私が共感を通じて感じることは，この件は主に，性的な意味で彼を切り捨てるという問題ではないということです。女の子が馴々しいということが，実のところ，彼の物語のポイントを語る何かを含んでいるとは，私は思いません。

　私は次のような印象を持っています。この家族は遠回しに事を行う家族であり，心の中に全く異なった意見を持っている時には，否定的な批評を加えるのです。私は，この家族が彼に，どうして皿洗いのような仕事をしてほしくなかったのかはわかりませんが，それは「駄目」という言葉を伝える便利な手段になりました。父は，このひねったやり方を彼に内科検査を受けさせる時に使っています。

　もしこれが，この家族の互いに影響を及ぼしあうやり方であるとしたら……どうしてそうなるかはわからないけれども，私はこの家族はそういうやり方をとっていると思うのですが，その家族の子どもが，ある混乱から逃れようとするだろう，ということはおわかりになるでしょう。その混乱とは，常に存在し，率直さとは程遠く，行動を促すようなものでは決してなく，現実的なことをまったく受け入れないような混乱なのです。彼はますます空想の中へと引きこもっていくのでしょう。彼は言わば，ドアの鍵をかけて空想を紡ぎ続けているのです。少なくともそこは彼の支配下にあるのです。治療者としての勘に従えば，彼が行動を起こさない時も，優柔不断な時も，引きこもろうとする時も，この女の子に近づくことができない時も，いずれの場合も私は彼を非難しないでしょう。こうしたことは，彼のあり方を示しているからです。

　彼がどういう人間であるか，というところから始めましょう。そして，ただちに彼を現在の彼とは異なるものに作りかえようとするのは止めましょう。彼があなたの後押しに合わせて従ってくるのは，疑う余地のないこ

とです。けれども彼は，生まれてこのかたずっと後押しされ続けていて，その結果ますます現実から引きこもってしまったように，私には思えます。そのために現実的な状況に直面すると，彼は混乱し不安になるのです。彼の生い立ちについては詳しくは知りませんが，私は次のように感じています。この家族は，彼に対して過度にかかわりを持っており，しかも，そのかかわり方は，建設的な結果を導くことはなく，むしろ，家族および家族からの刺激，とくに家族の当惑させるような彼への評価などから，彼を引きこもらせるようにさせているものです。

　何が本当に価値あるものなのか。彼が現実にしなければならないのは何なのか。誰にも定かではありません。父よりも母の方が余計に，明確で適度なものを決して受け入れなかった，という印象が私にはあります。男の人の足に抱き着いたという一つの小さな記憶から考えると，父は彼に，より支持的であったらしいのです。それは信頼にたるものであったでしょう。彼は混乱させる母から逃れたいと望み，さほど野心も持たないかわりに，自分を混乱させることもなく，母のような狂った考えを持たない父を少なくとももてたらいいと思っているのです。私には，母親がどのように狂った考えを持っているかはわかりません。この母の考えはいささか過剰に刺激的で，しかも現実から退いているという印象をもってしまいます。この若者の資質は，空想の豊かさや，詩的なものを好むこと，一人で何かを創造するその様式の中にあるのです。ただし，現実世界とかかわらざるをえない時，すなわち空想の中でそうする代わりに，実際に女の子に話しかけるなどの，現実的な決定を下さなければならないとか，現実的な課題で成功しなければならない時になると，欠点があらわになってくるのです。

　彼の話を十分に聞いてみると，これは人生早期における，ある種のコミュニケーションなのだと，私には思えます。私なら次のように言うでしょう。「君は興味深く詩的な心を持っているけれど，それはある人々にとっては理解しにくいものだね。私には，君の詩がどんなに豊かなものか，完

第11章 家族からの分離と，理想と目的を強化するための苦闘 *125*

壁に理解できるけど，君は大学の先生をちょっと信頼しすぎたんだろう。だからといって彼を責められないと思うよ。人はみんながみな，君と波長が合うわけではないからね。君の詩はとても詩的で，先生はそれを理解すべきだったけど，できなかった。でも過去は過去さ」。

　私は彼に，あんまり空想ばっかりしてないで，この女の子に近づきなさい，とは言わないでしょう。私は次のように言うでしょう。「君は，とても豊かな内的世界とすばらしい多くの空想を持っているよね。でも，実際的な行動や決定や，具体的な課題についてはとても困っていて，そこが多分君が自信を持てないでいるところだろう。君は幼い頃から，随分けなされたり，意見を切り捨てられたり，質問ぜめにあったりしてきている。けれども君は自分自身の思考の世界においては，力を発揮できると感じているし，多くを為し遂げてきたね」。

　言い換えれば，私は味方に付くということはしません。私は彼に，彼の抱えている困難な点がどこにあるのか示すのです。そして彼の資質がどこにあるかも示します。そして，これがどのように関連し合っているかについて，初めて少しばかり洞察を与えるのです。そして，たとえ治療初期の推測が間違っていたとしても，それはさほど悪いことではないと，彼に告げるのです。何故なら，こうした推測を伝える時，あなた方は決して，鉄のような確信を持って伝えるのではなく，彼に，それについてもう少し考えるように促すからです。彼は恐らく考えてみるでしょう。「これはかなり有りうることです。先生が母に実際会われたら，おわかりになると思います」。それから彼は，母がどのように影響を及ぼしたかを語るでしょう。

　この家族は，ある豊かな文化遺産を背負っているのですが，それが必ずしも，行動志向的なアングロサクソン系アメリカ文化の中においては，完全に統合されているわけではない，ということを忘れてはなりません。これは，この家族に混乱を起こしうるもので，現に，その一部をなすものかもしれません。そのような境遇のもとでは，一方で早いうちにアメリカ化

したホテル経営者である叔父たちが成功していくのに対し，より伝統的な
ものに価値をおく男性である父は，新しい環境においてはあまり成功でき
ないのです。それで彼は混乱した事態に直面しているのです。

　以前からの文化的な価値観が大切なのか，目新しい経済的成功が大切な
のか。それで単純な人生を切望するということが起きるのです。自分が何
をしているのかがはっきりとわかり，働いている間に静かに空想していら
れるような，皿洗いや管理人のような単純な仕事を望むのです。以前申し
上げたように，あなたは，何をなすべきかを彼に指図するような人物であ
るべきではないのです。そういった人物はおうおうにして，彼が行動力や
具体的な事柄に関しては，明晰さに欠けることにいい顔をしません。けれ
ども，あなたは，彼が自分の欠点をあるがままに見られるようにしてやれ
ばよいのです。こうしたことが，彼なりのやり方で何度も試みられれば，
彼の不安の理由もわかってくるでしょう。

　あなたは，彼が今どうであるかについては，よく理解していると思うの
ですが，両親に視点を置いたほうが，説明できるしよりよく理解できるで
しょう。これから彼に対し，深層分析を施すべきだ，という意味ではあり
ません。それは何年もかかるでしょうし，彼の生い立ちのごく細かいとこ
ろまで立ち入ることになるでしょう。けれども，この視点を持てば両親か
ら脱出しようとする苦闘は，程よい調和を備えるだろうと思うのです。こ
うした支持と理解があって，また何をすべきで何をすべきでないといった
意味では彼をさばかないあなたの態度を背景として，彼は，どのように，
また何故自分が，両親から脱出することが必要なのかをよりはっきりと理
解するでしょう。彼はまた，両親と離れている時に，不安に感じているの
は何なのかも理解するでしょう。

　あなたがこの学生との面接で直面しているのは，興味深くとても微妙な
種類の問題で，簡単には公式化できないと思います。しかしその問題は，
私がこの症例の治療における，重大な論点と信じているところのものを少

第11章 家族からの分離と，理想と目的を強化するための苦闘

しばかり伝えていると思います。

第12章

共感的な理解を広げ，
一つの態度を共有すること

　ここでコフートは，第11章で提出された問題点の検討を続けます。初め
に，セミナーの参加者の一人から質問がなされます。

F：先生のお話からは，初めの2，3回の面接で評価し，それを初めのう
ちに患者と共有することになりますが，そのやり方は，情緒的に体験され
る理解よりは，知的な理解を促進するように思われます。治療を始めるに
際して，治療者がどのように考えているかを，公式化された用語で患者に
示すことは必要でしょうか。

K：簡単には答えられません。患者と，彼の抱えている問題によるところ
が大きいでしょう。あなた自身が，強い知的な関心を示しながら同時に知
性化しない時にどのように感じるか，という自分の気持ちを，よく知って
いるかどうかにもよると，私は思います。知的であるということは，知性
化とは異なるものです。この点は古くからの誤りであると思います。

　私が言おうとしているのは次のようなことです。たとえば，私は患者に
は，彼の自分自身に対する姿勢をわからせるのです。私は，自分自身への
より幅広い理解を助けるような雰囲気をつくるのです。ここで言うのは，
患者の自分自身への理解であって，本当は私の彼に対する理解に過ぎない

130

ような人工的なものではありません。私は，患者の中で何が起こっている
かに興味があり，彼が何を経験しているかだけではなくて，彼が自分の問
題をどのように経験しそれにどのようにかかわるかにも興味があるのです。
これは本質的に，自己への共感 self-empathy を拡大させる態度なのです。
すなわちそれは，その人の過去に共感的になる幅広い理解力であり，その
人が現実的にはまだ持ちあわせていない，あるいは完全には持ちあわせて
いないある面，言い換えれば将来の可能性さえも含むような，その人自身
のある面にも共感的になる幅広い理解力を意味します。

　あなたがなさった質問は，これが，抽象的な考えに立った知的な態度に
過ぎないのかどうか，ということですね。私がお話ししたことのどれもが，
知的な態度に終わることはないと思います。自己理解には，なにものにも
勝るほどの多くの感情が含まれているのです。コミュニケーションを妨げ
るものとして言葉が用いられることがあるのと同じように，言葉が自己理
解の妨げになるというのも本当です。けれども依然として，言葉はコミュ
ニケーションの一手段であり，理解 understanding もまたコミュニケー
ションの一手段なのです。理解もまた防衛的に使い得るものですが，治療
者は治療の始めに理解を述べる時，それを防衛的に用いてはなりません。
理解がこのように乱用されるとすれば，理解の一般的な拡張におけるこの
特殊な乱用をも含めて問題にしたいと思います。

　言い換えれば，あなたが，心理学の教科書を読み続けているあるひとり
の学生を，患者として受け持つことになったと仮定しましょう。彼はあな
たに，自分のエディプス・コンプレックスについて，あるいは彼に特徴的
なある精神力動について語る，というところから，治療を始めることにな
りましょう。しかしこれは，彼が治療者に与えてくれた，彼の生育史なの
です。私はもちろんのこと，始めから，彼の言うことに異議を唱えはしな
いでしょう。

　この分野で働いている人への私の第一のアドバイスは，ここで患者の誤

第12章　共感的な理解を広げ，一つの態度を共有すること　　131

りをせめ立て，彼が知性化を用いていると告げ，彼の語ったことは単に専門用語や公式でしかない，と言わないように，ということです。彼が今まさにしているそのことを，何故しているのかを，意味があり役に立つようなやり方で彼に説明できるようになるまで，私なら待つでしょう。知的な理解は不安を避ける手段のように私は思うし，私たちはみな不安を避けたいものです。自分自身，そして自分の衝動を馴化させ，本当のところそれが何なのかわからないような力によってかき回されないように，と努力する中で，自分自身を，より客観的で抽象的な観点から眺めることは，しばしば第一段階となるものです。これによって，恐怖は軽減するものなのです。

　同様に，見知らぬ国や外国のある都市にいる時，地図や，その町の大体がわかるような見取図があれば，その人はわずかなりとも助かるでしょう。言い換えれば，私はそのような患者のしていることに異議を申し立てることはせず，彼が機能させている，この特別な様式についての理解を広げるようにするでしょう。人が，一個のパーソナリティの中で何が起こっているのかを理解しようとしている，という単なる事実を恐れ，これを知性化とみなし，治療の助けよりもかえって妨げになるものときめつけることは，誤りです。それは，知的であることと，知性化することの，区別がついていないのです。

　理解というものは，それが言葉で表現されている限りにおいては，必ずしも恐れるべきものではありません。私は，これとはまったく反対なことが治療の妨げとなっている場合，すなわち，直接的には話せずに，ひどく感情的な表現を用いることしかできない人々を見ています。何故でしょうか。彼らは知性化することを恐れているのです。

　患者が精神科医にかかるなら，どうして精神医学的な洞察のすべてを，その人が突然捨てるべきでしょうか。自分自身について語る時，彼は自然に使い慣れた言葉で話すでしょうし，彼が知的な人であれば，彼は知的な

325

言葉を用いるでしょう。それが，深層の感情を経験することへの障害には
決してなりません。少なくとも初めのうちは，この種の二分法におちいら
ないように，とアドバイスしたいと思います。あまり早いうちから知的な
コミュニケーションを防衛的に使ったとしても，異議を申し立てないよう
にということもアドバイスしたいと思います。

　事実，私は知的なコミュニケーションに異議を申し立てることはしませ
んが，この種のコミュニケーションを，不安を誘発する内的葛藤から距離
を取ろうとする一般的な要求として見なしているという理解を，いずれ治
療に織り込んでいくでしょう。彼には自分を守る権利があります。そこか
ら始めれば，患者を敵に回すことはありません。

　精神科の研修医が，初めて症例を提示する時に，初めから患者は，なに
か敵意を抱いている者，すなわちある意味で医者をだまそうとしている者，
として見なされている状況にしばしば遭遇します。精神力動的に重要なも
のとしての防衛という考え方，すなわち，心の主だった機能は防衛的なも
のである，という考えかたはそれで良いし，決して悪いものではありませ
ん。言い換えれば，人は，防衛として働く刺激障壁を持っている，という
ことなのです。それで吹き飛ばされずにすんでいるのです。人は，今現在
そこに自分があるような，構造と不変性において，自分自身を維持してい
るのです。そのために，人は防衛するのです。皮膚や爪を持っているのと
同じように，人は心理的な防衛，すなわち，心的外傷となる感情から身を
守ることによって，自分を維持する権利を持っているのです。

　精神科医が自分に痛みを加えようとしていると感じたら，患者が医者と
闘うのは明らかなことでしょう。患者に痛みを加えることが医者の意図す
ることでは全くないし，またそうすべきではありません。患者が自分を維
持するために使っている手段が，経済的でもないし必要なものでもない，
ということを，患者に時々示すことができたらよいのです。患者が闘って
いる痛みは，現実のものではなく，またものごとを見詰めるということは，

第12章　共感的な理解を広げ，一つの態度を共有すること　　*133*

それに対して自分自身がさらされるということと同義ではないはずです。患者が，より意識的でより率直に，自分のややむずかしい状況に直面できるようになるところまで，患者とともに到達したいと思うなら，初めに，患者がそうしやすくなるような雰囲気を，先に作っていないといけません。

　それは，子どもを歯医者に連れて行くようなものです。まず最初に，それが何のためになされているのかわからないうちに，医者が歯を抜いてしまい，子どもがひどい痛みを感じたらその子どもは二度と歯医者を信頼しないでしょう。けれども，初めに医者が，その子どもに対し状況をとても慎重に注意深く説明し，「痛いけど，我慢すれば，もっといいことが待ってるからね」と話してあげて，さらにそれ以前にその子どもが心的外傷を受けたことがなければ，その後，歯医者の椅子の上で経験する不快さを，子どもは我慢できるようになるものです。

　知性化についてもそうです。ここ数年来，私が親しくかかわってきたどんな治療状況においても，知性化が深刻な障害になっているのを見出すことは，あまりありません。ある人々ははるか昔から，あたかも自分が自分自身の隣に住んでいるように，自分を客観視することによって生き，また生き残ることを学んできています。彼らは，こうした作業に耐えうる精神装置が不十分にしか準備されていないときに，早まった時期に自分をその作業にさらしてきた人たちです。この生き方がいかに育まれ，いつから生じたかを知らないうちから，それに異議を申し立てるのは間違いです。これは彼らの精神病理の本質をなすものです。治療を始めるにあたって，彼の病理の本質を断念するように，最初から患者に要求することはできません。

　現在，私は知性化を用いる傾向にある患者をもっています。彼は，第三者の立場から，自分自身について距離をおいて語り，自分の人生や，現在や過去の苦境の変遷を，数マイル彼方の出来事のように扱うのが常なのです。特徴的なことに，彼は私に対しても，同じように振る舞うのです。私

が彼自身について何かを告げる時，彼はじっと私の話を最後まで聞き，とても思いやりのある言い方で，私が有能で経験豊かな分析家であるらしいと以前から耳にしていたのだ，と語るのです。けれどもさらに，私の解釈の伝え方は，確かに私の評判を裏づけるようなものではないなどと言うのです。彼は，先生の話し方にある種のあいまいさがある，と言います。率直に言いますが，私はこれが無意味な会話であるとは言いませんでした。つまり，このやりとりすべてに，私に関するとてもこまやかな認識が含まれているのです。彼は，私のパーソナリティのある弱点を適確に指摘しているからです。それにもかかわらず，いらだって自分自身を守ろうとするか，あるいはもっと悪いことにうわべは防衛的でないようにみせながら，即座に彼に患者は治療における役割を逆様にしてしまっていると告げることが，なによりも簡単なことのように思われます。しかしこれは良い方法ではありません。何故なら，患者が私にしていることは彼が自分自身にしていることだからです。このように，私独自の治療観に誠実に従うことによって，私たちは多くの進歩を遂げることができました。

　3歳半の時に，この患者は両親に捨てられ，両親と再会できるのか，またどうやって自分は生き延びられるのかわからぬままに，約1年半もの間，全く見知らぬ，とても恐ろしい環境に適応しなければなりませんでした。彼が，生き残るために，自分に距離をおいて，いわば自分の隣に住むようになったのは，この時期なのです。

　彼は，こうした状況で，今の性格に浸透している態度の先駆となるものを，非常にプリミティブなやり方で学習したのです。それは，あたかも自分自身を観察しているかのように自分の苦難を取り扱うというものです。それによってこそ彼は，そもそも生き残ることが可能になったと私は思います。この人生における特別な時期に，自分自身から距離を取ることができないでいたら，その状況が心的外傷を与える衝撃力は，実際よりももっとずっと有害であったでしょう。私の関心は，患者に対して反応すること

第12章　共感的な理解を広げ，一つの態度を共有すること　　*135*

ではなくて彼を理解することに向けられました。とは言っても，反応して
いないという意味ではなくて，試験的な反応をしている，ということです。

　超然とした態度でこの人が私を傷つける時，私は自分の感情が傷ついて
いるという事実に気づきます。けれども，私は自分を守るために立ち上が
りはせず，私の反応は，二人のコミュニケーション全体，また自分が理解
しようと努めている情報のまとまり全体の内の，小さな一局面となるので
す。私が彼を傷つけたいと望んでいないことが明らかな時に，彼は何故私
を傷つけたいのか，私は自分に問いかけてみます。この治療状況のすべて
が，彼を傷つけるようになっていることが，かなりはっきりとわかってき
ます。私は彼を傷つけることしかできないのです。私が，彼を見つめ，彼
のことを理解しようと努めているという，単なるその事実が，彼を傷つけ
るのです。この，自分に距離をおいて，いわば自分自身の隣に住むような，
人生早期に身につけた態度を，彼が，何か誇大的で，またさらにはものす
ごく価値あるものにこしらえ上げてしまったために，私のしていることは
彼を傷つけるのです。何も予告されずにあちこちたらい回しにされたり，
彼の生活の中の重要な人物が１年半もの間突然姿を消してしまうという経
験から，彼はこのようなやり方で自分を守っているのです。こうした経験
は，人生初期における，この上なく大きな自己愛的な打撃なのです。それ
で彼は，この打撃に対抗して，まるで神様が彼自身や他の人々を眺めてい
るように，自分が自分自身より高い位置にいるように生活するような，非
常に効果的な態度を身につけたのです。そして，心的外傷を生む状況に発
展しそうな出来事，たとえば私に愛着を寄せるようになり，ちょうど３歳
半の時のように，最も傷つきやすくなった時に再び見捨てられるという状
況になるかもしれない時，彼はそれに対して防衛を働かせるのです。彼は
「あなただけが一方的に私をさばいているのではない。私もあなたをさば
いているのだ」と言うのです。ここで，「ごうまんな態度をとるのはよし
なさい。これは分析治療なのだから，協力したほうがあなたのためだし，

知性化するのは止めなさい」と言うことは，重大な誤りです。そう言うことによって，何がしかの進歩はあるでしょうが，それは私がめざすところではありません。

知性化を指摘することはなんらかの協調をもたらすでしょうが，分析治療の本質をなすようなある態度を徐々に共有するところには至りません。もちろん治療において，ここであなたが分析治療をめざしていないことはわかっていますが，私の言うこの態度は，一般的な精神療法家の態度と異なるものであるとは思いません。あなたが何をなすべきであるか，またあなたがいかに徹底的にそれに従っていきたいか，というのは，また別の話です。しかし，本質的にそれが，あなたが理想としている治療状況に関する空想を実現するのに妨げになるという理由で患者の態度を即座に非難するのは，患者にとって不当なものです。それは，その患者に関して起こりうる最良の進歩を導きはしません。

知性化の扱い方について話すのは，比較的簡単なことですが，治療の中でそれを実行するのは，知性化の扱い方すべてに関して，何かしらの経験をしていないと難しいものです。知性化を扱う時に，治療者は，いとも容易に恩着せがましくなりうるものです。そしてそのような恩着せがましさは，患者に対する直接的な非難と同じぐらい，あるいはそれよりももっと悪いものでしょう。恩着せがましくなく，知性化を扱えるようにならなければなりません。言い換えれば，そのやり方が，本当のところあなたの一部にならなければいけません。そして，それは，内的な努力無しには為し遂げられぬものです。つまり，彼らが私を怒らせたとき，私が患者のその知性化に反応して，私は暴言をはかないように，少々努力しなければならないでいるということを，私の患者はたいてい知っている，と私は思います。そのことを患者に話したことはありませんが，薄々と伝わっているに違いないと思います。私はありのままの自分を偽ることはしません。けれども，遅かれ早かれ患者たちは，私が，私の知識と能力の最善をかけて彼

第12章　共感的な理解を広げ，一つの態度を共有すること　　*137*

らを理解しようと努力していることを信じてくれるようになると思います。もし私が反応を起こしたら，後悔すらするでしょう。それから次にはもっとうまくやるでしょう。患者たちは，私もまた人間であることを知っているのです。

　これは，あなたの質問に対する長い回答ですが，あなたの質問に対して，私がどう感じているかを答えているように思います。手短に述べれば，患者が知性化から治療を始めたとしたら，私はそれに異議を唱えません。私は，知性化を，十中八，九必要な防衛と評価するでしょうし，それが根深ければ根深いほど，なおのことなんとかして根こそぎにしようとは努力しなくなるでしょう。知性化は，そのパーソナリティの重要な一局面であり，それ自体が意味を持つのです。治療者が最初にできることは，知性化の意味を患者に説明することだと思います。患者は恐らく，治療者の説明は攻撃ではないと理解するでしょう。そうすることによって治療者は，よって立つべき確固とした足場を確保するのです。その際あなたは，自分が患者を攻撃しているのではなく彼に対して説明しているのだ，という確信と広い知識において，それを為し遂げたのです。もしそこで患者が防衛的になったら，防衛が不安と関係していることや，防衛無しで自分が生きられるとは彼には考えられないこと，長いこと頼りにしてきたバランスをなんとかして崩そうとし始めた人物を，当然のごとく攻撃してしまうことなどを，患者に示すことができるでしょう。

　Ｆ：私は，その同じ状況の，少し異なった局面についてお話ししたいと思います。防衛が過度に欠けていると思えるような，学生たちがいます。彼らは余りにも無防備なのです。彼らは，自己評価の深刻な欠如がもとで来所するのですが，自分自身について語る時，自分に調子を合わせて支持してくれる人と接している間はとてもよく機能できる時があって，堂々とさえしてみせることがあることを明らかにします。このような学生の場合，

こうした防衛を与えて，「君は，自分に関してひどく駄目だと感じるか，とても楽天的になるかのどちらかの傾向があるね」と言うことが，治療の第一歩のように思えます。ある意味で，治療者は患者に，自分が何をしているかを知るための，知識とか知性的な方法を教えているのであり，これは，患者が本当の抑うつから身を守るのに役立ちます。それは，その後の治療の基礎として使えるものでしょうか。

K：ただいまのお話は，私の聞いたところでは，私たちがこれまで話してきたことと対立するものだとは思えませんね。私が話してきたことと，非常に一致しているからです。

F：けれども，先生が話しておられた患者は，私たちのクリニックに治療を受けに来る患者とは異なっていると思います。私たちが見る患者のうちの多くは，急性の代償不全 acute decompensation のうちにあります。

K：これは全く視点の異なった問題です。精神分析家が見ているのは，慢性化した性格学上の問題で恐らく動きがとれなくなっている患者で，そのような人たちは，急性の代償不全で来所することは多分ないだろう，というあなたの指摘は，確かに正しいのです。そのような患者は恐らく，治療者がいかに彼らにかかわるべきか，といった領域の問題をもたらします。それに対して多分，クリニックでのあなたの仕事では，非常に無防備で，不安に圧倒されているような，急性の代償不全に陥っている学生は，統計上数も多いでしょう。でもそれは，治療の初期にのみ言えることです。私自身の長い治療経験や，たくさんのスーパービジョンやコンサルテーションでかかわった，自己愛パーソナリティ障害の長期に渡る治療経過でも，長い目で見れば患者はしばしば，深刻な一時的な代償不全や，不安で外傷的に圧倒された状態に陥るのです。

第12章　共感的な理解を広げ，一つの態度を共有すること　　*139*

　長期に渡る治療過程では，あなたがおっしゃるようなことをわれわれは
よく見聞きしているわけですが，インテークの段階でも一般的でないとは
いえ，やはり時々起こることなのです。私はほとんど，ありとあらゆる状
況を目にしています。すなわち，深刻な急性の抑うつ状態に陥った，あら
ゆる世代の患者，同僚，精神科研修医を見ているのです。

　急性の代償不全にある患者の場合，初めに必要なのは，その患者が身を
置いている特別な状況に関する共感的な評価です。家を出たばかりで新し
い環境におかれたとか，失恋したとか，他の学生と親しくなれないとか，
試験にかなり臆病になっていたり，性的な関係を持ち，そのため性病にか
かったのではないかとひどく不安になる，といったようなことで，不安に
うちひしがれていたり，あるいは急性の代償不全で深刻なうつ状態にある
人，すなわち青年期や青年後期の急性の不安発作は，どんな場合でもこう
いったものでしょう。そういった人たちが患者としてあなたのもとを訪れ
たならば，始めの対応としては間違いなく，その人が置かれている状況に
関する共感的な理解を示すことです。この対応はすでに治癒的，援助的，
治療的なものです。患者の課題は共有され，それによって患者は力を得る
のです。

　あなた方は，共感的な一体感のある，プリミティブで言葉を用いない共
同作業に関する本セミナー初期のセッションのことをおぼえているでしょ
うか。それは，幼児の不安，母の共感による同調，しかも子どもの不安か
ら目を離さずに同調することによって，母がその不安を和らげるといった
一連のことがらへと遡るような歴史的由来を持っています。母はしばしば，
実際に子を抱き抱えることによって，子を自分自身のパーソナリティの一
部とします。もちろんこうしたことを患者さんにすることはできないし，
する必要もないのですが，象徴的にはできるのです。学生が目にみえてパ
ニックにいる時に訪れたならば，あなたは彼に自分との類似点を示し，不
安が減じられた状態でそれを共有し，その状態がどのように理解できるか

を示すことができるのです。しかし「君の歳には，僕もそうだったよ」といったようなことは，言ってはなりません。その必要はないのです。あなたが理解しているという事実，そして，自分がいかに感じているかを彼が詳しくあなたに語る前に，あなたがその不安状態について解説できるという事実があれば，彼は自然に，「この人も経験したことがあるんだ。きっと彼自身もそれを経験したことがあるのに，いまだに同じような状況を生きている。彼はそれほど不安ではないから，僕もそんなに不安がることはないんだ」と思うでしょう。

言い換えれば，それは，あなたが提供してくれた最初の防衛であると患者が認めるような，ある種の共感による囲いこみ empathic enclosure をつくることなのです。それが明らかに防衛である一方で，時に，誰彼ということなく他者に全面的に同一化するような人にとって，この治療の中の特別な時期においては，それは明らかに，他者のパーソナリティを一時的に分かちあうための，健康な防衛です。あなたが与えているような説明は，その次に生じてくるでしょう。始めに，二人が共にあるという感情 side-by-side feeling を育て，その後で，患者をあなた自身の自我境界の中に囲いこんだという基礎に立って，初めてあなたは彼が，あなたを彼の自我境界の中へと囲いこめるようにするのです（コフート，1984）。その特定の新たな段階を基礎にして，彼の自己評価の浮き沈みに関する説明のような，知性を用いた会話が続くのですが，それは第2段階としてです。最初から説明を与えるのは，それに比べて効果的ではありません。ある意味で，それは，あなたとの距離を広げます。囲いこんだからといって，それはあなたが，患者と同程度に苦しんでいるという意味ではなく，またそうあるべきではありません。

私たちは数週間前にここで，同じような状況において，患者の課題を引き取ることなしに共感する能力について，お話ししたように思います（本訳書第1巻第5章参照）。つまり私が，死につつある人への援助について

第12章　共感的な理解を広げ，一つの態度を共有すること　　　141

話した時のことです。それは必ずしも，援助者が自分も死にかけているふりをする，ということを意味しません。瀕死の状態にある人は誰しも，自分のまわりにいる健康な人を見れば，怒りを感じ，その人々に嫉妬し，「あなたには，死にかかっているということがどういうことなのかわかりはしない。いつかはあなたもわかるだろう。けれども今は全然わかっていない」と感じるに違いないのです。あの時には，トルストイの『イヴァン・イリッチの死』を読むように勧めたのでしたね。この小説は，臨終の床にある男の話ですが，この先も生き長らえていくであろう健康な人々と彼との間にある隔たりにますます気づいていく，ということをみごとに描き出しています。健康な人々が彼に与える慰めは，すべて意味がありません。けれども，一人だけ彼を援助してくれた人物がいます。彼に身体的な接触を与え，体を使って彼を支えていた召し使いがいたのです。こうしたことは，非言語的なものですが，人がそれに応答することができます。この臨終の人への援助に結び付けて考えると，ある人が落胆している時に，その気持ちに共感してちょっとした贈物をすることがその人を喜ばせることによって，彼の自己評価を高めるのに役立つということを理解するならば，そのときあなたは彼を援助することができるでしょう。臨終にある人にとってそういったことが援助になるのと同じように，深刻な外傷的状況に置かれ，苦闘のうちにある人にも，そういったことは役立つのです。

　症例に関する考察に戻りましょう。彼の自我を，知性を用いて拡張するために，あなた自身のパーソナリティを差し延べるというやり方で，つまりこの共感の拡大によって，その自我を少しばかり強化してあげなければなりません。それをなし遂げたところで，彼の気持ちの浮き沈みに関する力動について，あなたは，慎重に洞察を与えることができるのです。彼が，自分自身から距離を取れるようにするのです。言い換えれば，彼が余りにも理性的すぎると告げるという，初めに私たちが危惧したようなやり方とは，まったく逆のことをするわけです。

335

分析治療では確かに，慢性化している防衛的態度への言語的な働きかけに改良を加えることができる時があります。言い換えれば，決まり文句をただ繰り返す以上のことができる時です。時々治療者は，その防衛的態度について患者にそれ以上のことを告げるのだけでは不十分だと感じます。フェレンツィ（1950，236頁）は，フロイトを引用して，次のように述べています。恐怖症の治療では，患者が恐怖症を引き起こすような状況に直面しなければならない時がいつか来るものであり，患者がこうした特別なちょっとした勇気を持たなければ治療は難航するであろう，というのです。そこで治療者は，言わば，症状に対する力づくともいえる前進を遂げるために，自分の勇気を幾分か患者に差し出すことによって，患者を勇気づけることができるのです。それは治療者であるあなたが，症状を無くしたいがためではなく，あなたが，患者が回避している経験に手がとどくようにしたいがためなのです。恐怖症自体が真の病ではありません。恐怖症は二次的な逃避反応なのです。

初めからフロイトは，不安ヒステリーと恐怖症を分けて考えていました（1920）。恐怖症は不安体験を囲っているものなのです。恐怖症患者は体験から身を守っているものなのです。不安発作で条件づけが始まり，次にあらゆる種類の防衛的な策略がだんだんと広がっていき，その結果再び不安を引き起こすかもしれない状況は回避されるのです。手の込んだ防衛体制が，恐怖症患者を守っているのです。治療者のオフィスや寝椅子の外ではそれが何の意味も持たないものにすることによって，分析の中での経験に対して，防衛的に分裂 split off を働かせる人々がいます。それはあたかも，患者は「ここでは，全くそのとおりです」と言いながら，家に入った途端，分析での経験はもはや何の価値もなくなってしまう，というようなものです。そのような患者の場合には，治療者は直感によって何をすべきか学ぶのです。1時間の終わりのほうで，治療者は解釈を与え，患者が立ち上がった時に，「ちょっと待って」と声をかけ，患者にもう少し付け加

第12章　共感的な理解を広げ，一つの態度を共有すること　　　143

えるということもあるでしょう。これは正統な治療技法ではありません。
寝椅子の上で有効なものが，立ち上がった後にも有効なわけですから。私
は，エレベーターに乗りかけている患者の後を，追いかけていったことさ
えあります。また患者に電話して，「あのね，昨夜あなたが見た夢につい
て考えていたのです。ちょうど思いついたことがあって明日まで待てない
と思ったんです。あまりにも良い思いつきなので，あなたが今夜眠ってし
まう前に伝えたいのです」と話したこともあります。毎日はしませんが，
時々は工夫してみようと想像力を働かさなければなりません。それは，機
械的に行ったりすれば，まったく無意味なものになってしまうような類い
のものです。治療技法というものは，いずれもそれなりの完璧な根拠を有
しており，まったくもって有意義なものですが，御多分にもれず，乱用さ
れうるものでもあります。治療技術が乱用されないように気を付けるのは，
あなたがた治療者の仕事です。

　最後のセッションで提示された最も重要な論点は，その症例である患者
が心を開きだし，自分自身を他者に向けて共感的に差し出すのを見る時の，
治療者の一般的な内的精神的構えです。これは治療においては予備的な段
階に過ぎませんが，とても重要だと思われるような，特別な精神の態度を
必要とします。これは，専門用語よりは一般的な言葉で定義するほうが簡
単です。なぜなら，一端正しい態度を身につけてしまうと，人はあらゆる
事態に対応できるようになるからです。機械的にすべきこと，すべきでな
いことを学ぶことはできますが，それでは治療は成功しません。このこと
を，本ケースの19歳の学生に関連させて，他の人々の反応や症例が提示さ
れている最中になされる質問から，私自身がとりのこされていると私が時
時感じるとお話しした時に，私たちは話し合いました。「症例について続
けて聞かせてください。何かが自分の中から沸き起こるのを待ちたいのに，
他の人の質問が邪魔をします。知りたいという気にもなりますが，耳を傾
けていれば，情報は収まるべきところに収まってくるものです」と言いた

144

いのです。

F：先生が話されているようなやり方に対して、そのような患者は普通どのように反応するのか、それにはどんな特徴があるのか、私はわかろうと努めているところです。表面上は、先生の患者に対する態度への同一化として始まるのだろうと思います。自分が正しいか間違っているかとか、良いか悪いかということよりも、先生がそれに興味を持っているということで、彼もまた、自分の心がどのように働くのかに再び興味を抱くでしょう。先生が明らかに理解したいと望んでいる、という事実に、彼が感動しないわけがありませんから。

K：私は、その結果が少しばかり違ったものになることを望みます。あなたがおっしゃることは、週に5、6回という、かなり親密なかかわりのある治療の場合に、こうした態度の結果として起こることとして、よくあることだと思います。けれども、週に1回の治療の場合は、患者の心がいかに働くかに対するあなたの実際の理解や、少なくとも手がかりでもよいから、どうしてそのように働くようになったのかを、両親に関連させて示してあげれば、患者が自分でできる以上に、その特定の限定された課題を解決するのを助けることでしょう。そこで患者は、「自分の心の働きを理解し、それが両親との関係で、どのように育ってきたか、またいまだ存在する両親とのしがらみを理解してみると、自分が両親から脱出しようと試みたり、学業や独立といった、自立に関する課題に直面しようとするまさにこの時に、自分が感じる不安が何なのかについて、僕はおおよそ理解した」と言うことができるのです。

　私は、本質的には、これがここでの問題だと思います。そのような彼の心の働きは、彼に距離を取ることを可能にしますが、自動的に反応するということを少なくします。ところで、非常に限定された問題を抱えて、彼

第12章 共感的な理解を広げ，一つの態度を共有すること　　*145*

は治療にかかったはずです。つまり試験や勉強に直面するということで彼
は不安に圧倒されていたはずでしたが，私のやり方は，まず彼の不安を弱
めるのに役立つでしょう。その次に不安の性質を理解する余裕が生まれて
くるでしょう。

　言い換えれば，分析において行うような，過去の反復に基づいて複雑な
対人関係を造りあげ，それから徐々に分析のその実験的な環境の中で脱出
を図る，というようなことを，私は思い描いているのではありません。む
しろ，彼の補助自我として，理解を通じて，治療者であるあなたは，彼に
洞察を与えることができ，現在起こっている緊張をより制御できるように
し，限定された課題に向けて，よりたやすく動けるようにするでしょう。
それが私のここでの治療目標です。

　難しいのは次の点です。特定の内的葛藤の内容を，正確に指摘すること
は比較的簡単なことです。しかし葛藤に縛られずに働くような，心の様式
を正確に指摘することは，とても重要なのですが，これはもっと難しいの
です。この患者のような特別のタイプの，漠然とした症例の場合，それが
私が注意をあてる焦点です。

　彼は以前に，別の症状によって来所していたかもしれません。その時の
彼は勉強が手につかないという事態が起こったために，治療を受けに来て
いたのです。けれども，3カ月もしない内に違った問題を抱えて来所する
かもしれないのです。彼は，依然として同じ人物であり，同じ基本的な問
題を持ち，その特異な心を持ったままなのです。ですから，このようなタ
イプの患者の，漠然とした問題の場合には，彼の心がいかに働いているか
について，私の感情を頼りに，正確に指摘しようと試みます。一般的にい
って私のこうしたやり方は，良いとも悪いともいえないのですが，つまり
その両面があるのです。これが私の試みとしての同一化，あるいは試みと
しての共感の様式なのです。

　言い換えれば，私ならそこでは，自分が学生寮にいて表通りを眺めなが

339

ら，通りを川に，車をボートに，そして自分自身を一そうのボートにたとえるような，彼の詩と彼の物の見方を指摘したでしょう。彼の自己評価は恐らく揺れ動きやすいものなので，彼は自分をボートにたとえるのでしょう。彼が自分を，波に揺られているもののように，生命のない inanimate 存在とみなしているのは，とても意味のあることです。しかしそれは詩なのです。彼は自分を，何かを支配するような人間，あるいは物事に熱中するような行動派の人間とみなしていないのは明らかです。他の学生がするように，自分が学者になったうとか，偉大な将軍であったら，すぐれたフットボール選手であったらなどと，空想することが，彼にはないのです。彼は自分を，波に押し流され，他のボートに取り囲まれているようなボートと見なすのですが，このイメージの中には，人間の生活がほんのわずかしか含まれていません。次に，彼は詩的空想を，誰かに誉めてもらいたくて披露するのです。そこで彼は失望します。彼は，語学の教授から良い成績をもらえるだろうと期待し，とったのはぱっとしない成績だったのです。ですから，その教授は理解していなかったということになります。

　私にとっては，このことは，彼のパーソナリティがいかに働くかを，よく見せてくれるものです。すなわち，彼の感受性や，自分という存在の疑わしさ，この疑わしさから内的に磨きあげられた空想を紡ぎ出す力，そして補助的にその空想を差し出しては他者とかかわろうとしたり，また二次的に自己評価への後押しを求めたりすることなどが，彼のパーソナリティの働きの特徴です。それは良い面，悪い面の，両面をそなえるものです。良い面は，繊細な心，洗練，分化した空想や思考過程などです。悪い面は，かなり受け身のこと，自分から行動を起こせるとは思えない点であり，また自分にとって何が良いかに関して，他者からの共感的な理解につよく依存してしまうところなどです。私はこの点を，彼のパーソナリティの誤解の余地のない解釈としてではなく，彼のような人を理解するときに，どのように考えたらよいのか，その理解のための方法や例として用いているの

第12章　共感的な理解を広げ，一つの態度を共有すること　　*147*

です。いずれ私はもっと話を聞きたいし，もっと考えをふくらませたいのです。けれども，こうした理解をもっていれば，これを患者に対して，試しに伝えてみることができるのです。

けれども，私はこれを伝える時に，非難や賞賛をにおわせることはしません。むしろ，彼の特別な機能の様式の，長所，短所を示そうとすることで，彼が自分自身をよりよく理解できるようになるのです。この点は，彼が自分に関して知らなかったことではありませんが，恐らく自分自身に向かって決して言語化しなかった点でしょう。そしてこの点を言語化すれば，また，彼が他と比べて心理的に恵まれている方ならば，それは予想以上の洞察をもたらすことでしょうし，他の人がその点を理解しても，それが彼にとって害を及ぼすことはないでしょう。

そこで築かれた治療者とのつながりは，彼の洞察をより明確なものにするでしょう。私の考えでは，そこから，現在の状況における，彼の特別な問題に取り組むことができるような，基盤を広げるものと思われます。彼には味方ができるのです。すなわち，自分が誰であるか，何であるか，いかに自分が機能しているか，などへの，より大きな洞察を得るのです。彼が，両親から逃れるために，彼らに抵抗したいと望んでいることや，両親が，彼の心を形成したと思われるのと同じようなやり方で，現在も確かに行動している，ということは理解可能です。言い換えれば，両親は常に彼に対して侵入的で，彼を管理し，おそらく絶え間なく彼のプライバシーを侵しているのです。こうして，治療者であるあなたがちょっと道を開けば，患者は，少なくとも初めのうち大てい，分析材料を非常に多く携えて治療に現れるでしょうし，多くの面で確信させるような，また幾分か確認させるような，中身であることでしょう。

彼は，すべての点であなたの解釈を確証する必要はありません。治療者にとって最も満足のいく患者の答えというものは，基本的には肯定的でありながら，治療者の言ったことに対し，訂正を加えるものです(原注1)。患

者はあたかも，「あなたの言うことは本質的には正しいが，完全ではない。ここが間違っている」と言っているようです。そこで，治療者は患者を理解しているという感じを持ち，患者は理解されているという感じを持つのです。自分の心の機能の仕方やその成立ちを知って，患者は，自分の現在の課題が両親から逃れることで，またそれが自分にとって難しいことであるのを理解するでしょう。それで彼は幾分弱虫だということで，過度に自分を責めはしなくなるでしょう。つまり彼が離れようとしている，その同じ両親に，分離を妨げられているのだから，彼の分離の課題は非常に難しくならざるをえないではありませんか。

ところで治療者であるあなたに，初めから両親に反対する立場をとらないようにと，忠告を申し上げたいのです。患者の肩を持ち誰かと闘うことから，治療を始めないようにして下さい。このやり方は，少なくとも治療の初めには，きわめてまずいやり方です。それは両親が以前彼に対してやっていたのと同じことを，あなたがすることになるからです。患者にイニシャティブを見出そうとさせるよりもむしろ，あなたがイニシャティブを握っているからです。患者は喜んで同意するでしょうが，あなたの望むような変化は，ほんの少しも得られません。あなたの課題は，そこで彼自身の基盤が広がるような同盟を，彼との間に作り上げることです。それから彼は，幾分か，自分の課題の難しさを理解するのです。彼は，生育史や現在の力動の見地から，課題の難しさを知るのです。すなわち，彼がイニシャティブを握るのを以前に妨げていた両親が，今もなお妨げ続けていることを，理解するのです。両親はおそらく，かなり気遣うことで，余計に彼の分離を妨げているのでしょう。そこであなたは，両親の気遣いから患者が得ている利益について再び彼を非難しない形で，示すのです。「君が誰

（原注 1）治療者のおおよその approximate 理解は，程よい欲求不満として役立つ。患者はその後，治療者の自己対象機能を自己機能へと変容させる。患者は，解釈されたことを理解するだけでなく，それを拡大し，修正し，訂正する。それは，確かな自己理解となる。

第12章　共感的な理解を広げ，一つの態度を共有すること　　*149*

かにもたれかかり，しがみつきたいと望んでいる赤ん坊だ，ということではないのです。これは，君の心の現在の有り様<ruby>様<rt>よう</rt></ruby>だし，そうならざるを得なかったのでしょう」。

　彼を，今の彼が在らぬところの者にしようと，説得してはなりません。まず彼に，現在の在るがままの自分を受け入れさせ，それを受け入れたという基盤に立って，彼の課題がかなり大きなものであることを見せてあげるのです。「こうしたことが起きれば，君はもちろん不安になるだろう。けれども，不安というものは，必ずしも悪いものではないよ。このことは，まさにこれからわれわれ二人がともに理解しようと努めることなのです」。そのような同盟によって，治療者であるあなたは，中身のないこれみよがしの愛国心で結ばれているような兄弟愛を，おもしろ半分にもて遊んでいるわけではなく，真の理解と謙遜をもっており，だからこそ，自分がいかに失敗をも犯す可能性があるか，をも示しているのです。あなたが援助している患者の心や彼の機能の様式が，あなた自身のものからかなりかけ離れたものである時，治療は特にむずかしいものです。

　私の分析における治療経験を，本から収集したことと比較するのは難しいことです。なぜなら，本から経験を得ることは決してないからです。最も良く書かれており，内容豊かで洞察に富んだ本でさえ，あなた方治療者が，臨床経験から学ぶことの準備に役立つだけなのです。言い換えれば，フロイトを学んでいなければ，私は患者たちから学ぶことはできなかったでしょう。それにもかかわらず，患者から学んだことについては，私はフロイトから本質的に学んではいません。フロイトから学んだことは，私が治療において経験したことを整理するのを何年にも渡って助けてくれるような予備知識にすぎません。以前述べましたように，組織病理学を学んだことのある方はおわかりでしょうが，私たちは無数の病理学のスライドを顕微鏡でのぞくことを通じて，学習できるようになるのです。ですから，捜し求めるべき主な姿と形を，初めのうちに教えてくれるような本から学

んでいなければ，何も確立することはできません。

　ここでしばしば例として引合いに出した，一人の患者の話に戻ります。一時期私に大規模な同一化を起こし，それから徐々に，もっときめ細かな同一化を起こしていった，あの患者のことです（本訳書第1巻第6章，132頁以下）。この男性の精神と私の精神は，事実大変異なっています。彼には，私自身の精神の長所が欠けており，私には，彼の精神の持つ熱愛と輝かしい特質が欠けています。彼は，ずば抜けて正確な精神をもっており，精神医学とは非常に異なった分野ですが，彼自身の専門分野における定義を，最も細かく区別立てができるまで，よしとしないのです。私もまた幾分理論的な傾向を持ちますが，彼のその傾向は数学的なものであり，私の傾向はそうではありません。そのために次のような状況が起こりました。前回のセッションでの夢についての連想で，その患者は，私からすれば，その夢の意味からどんどん離れていくようなやり方で連想を続けたのでした。彼は連想しその連想に関してまた連想したのです。彼は一つの言葉を取り上げて，音響連合していきました。私はとうとう彼を制止して，次のように言いました。「私には，あなたのやり方をみていると，その夢の気分からだんだんと離れていくように思えます。私たちは，初めのうちのほうが，今あなたがいるところより，もう少しよく，夢について理解していたのではないでしょうか」。

　彼は，私が彼の話の腰を折ったことで激怒しました。彼をさえぎるべき時ではなかったのです。それはまさに彼の思考様式であり，私のとは反対でした。彼はその連想のつながりが，どこかへ導いてくれると思っていたし，私の気短さは，彼のようなやり方に対して，私自身のやり方を断念して道を譲ることができなかったという事実と，幾分か関係がありました。なにかその次元のことです。そのセッションの間，私はベストコンディションではなく，しばらく彼を説得していましたが，最後には黙りました。黙ることは，その時の私にはむずかしいことでした。時には日によって調

第12章　共感的な理解を広げ，一つの態度を共有すること　　*151*

子が違うこともあるものです。

　彼が大変な進歩を遂げた，長い分析治療の終わりの頃のことです。彼の私への同一化は私にある種の満足感をもたらしているために，彼がますます本当の意味で自立していくにつれて，私が今やそれを寂しく思い始めているらしい，ということを，私は確信しています。彼の連想はあたかも，自立を絵に描いたもののようで，私たち二人の間では，戦いのようなものがありました。私はありとあらゆる素晴らしい解釈をしました。とうとう私は自分が学生たちやスーパーバイジーに与えている，「何か言いたくなった時はいつでも，舌を嚙みなさい」というアドバイスを心に留めるようになりました。舌を嚙んで黙るようにしたのです。たとえ私が正しくても，最後の言葉をどちらが言うかで戦いになったし，それを言うことになっているのは明らかに，私ではなく彼だったのです。こうして私は，自分自身に大いに打ち勝つことができたのです。

　続くセッションにおいて，意味深く重要な記憶があふれるように現れる，という形で，私の努力は報われました。その記憶は，前回の，彼の自由連想に関するいさかいの中で起こったこととも，また，彼の全生涯を通じて起こっていたこととも関係していることがわかったのです。しかし，そのことを私たちは以前にも知ってはいました。これがいわゆる徹底操作というもので，同じことが繰り返し話題にのぼり，それをあなたは患者の口から聞いてはいるのですが，新たなる深み，新たなる意味，新たなる感情が，それに加わっているのです。以前には決してできなかったようなことが，先日私に対してできたのだ，というのが，前回の彼の主な感情の内容でした。つまり父が，自分のことをこきおろし，妨害してくることに対して，いかに自分が激怒していたかを，彼は私との間で体験しており，それにもかかわらず，彼は自己主張したのです。初めて彼は，憤りを感じることができ，そしてこの点が重要なのですが，私が妨害したということに対して，現実的な反抗をする形で，転移を維持できたということが，ちょっとした

152

新しい出来事なのでした。私は彼の自由連想を特殊な形で妨害しており，そのことが，その前のセッションでのいさかいを引き起こしたのでした。私はとうとう，私にとってなかなかに困難なことであった，自分自身の反応を支配することができるようになったのです。

次のセッションで，彼が興味深い経験を語った時に，私はまた報われました。彼の父親は，ある特定の政党に強く反対しており，その政党のことをからかっておりました。この患者は大学時代に，かなり進歩的な教授に引き合わされ，彼がそこで話す多くの公的行事に参加し始めました。政府に対する確固たる信念が，彼の人生に入り込んだのは初めてのことでした。特定の社会的な論争が，彼にはとても重要なものになりました。それはこの患者にとっては，青年期後期における経験のようなものだったのです。両親が彼を訪ねてきた時に，彼は教授が話すところを両親に聞かせたい，と誘いました。連れ立って歩きだした時に父親が語ったその瞬間は，彼にとって忘れることのできぬものとなりました。「同じようなたわごとを，私は20年もの間も聞き続けているのさ」と父は言ったのです。患者は抑うつ的にはなりませんでしたが，典型的な，空虚で枯渇した感じをもちました。自立の動きの中で獲得しようとし始めていた前意識にある自己概念から，自尊心が急に失われました。重要なことは，患者がそれ以前には常に理想化し，欠点など認めたことのなかった父親に対して，彼がまったく怒りを感じなかった点なのです。その後何年も大学に在学していたにもかかわらず，彼は二度と，その教授の話を聞くことはありませんでした。

それで，分析の中で，昨日と今日に起こっていることの違いがおわかりになるでしょう。分析を成り立たせたり中断したりするという話ではないのです。それはその他のいくつもある出来事の，ちょっとした細部にすぎません。もし私が，昨日のような失敗の認識にたどりつかずにいたとしても，分析は中断しなかったでしょう。なぜなら，もはや何ものもこの分析を中断することはできないからです。けれども，失敗しかできない，とい

第12章 共感的な理解を広げ，一つの態度を共有すること

うのなら，話はまた別です。これは，他者に感情移入する時の一例です。相手が自分と違ったタイプの精神の持ち主である場合，それは幾分難しくなります。いま話している患者の場合も私のもとにやってきて，いま自分が行っている特別な調査について語りました。それは，私にとっては理解するのが大変難しいような，とても興味深い研究についてのアイデアでした。そのアイデアには，数学や物理が多く含まれており，それは私が随意に扱えるものではありませんが，そういったことは分析においては大したことではないのです。問題は，精神構造全体の違いに関係することなのです。けれども，私は，彼が自分と違うということを許し，自分が自分の専門分野におけるあり方を，彼の分野におしつけないようにと努力しました。それは彼の専門分野にも，また彼の性格にも，ぴったり合うということはないからです。

あ と が き

　本書「コフート　自己心理学セミナー2」（以下，本書と呼ぶ）は，ミ
リアム・エルソン編集：
「自己心理学と青年期精神療法に関するコフートのセミナー」（以下，原
書と呼ぶ）

　　Miriam Elson（ed.）: The Kohut Seminars on Self Psychology and
　　Psychotherapy with Adolescents and Young Adults.
　　　　W. W. Norton & Company, New York, 1987.
の「症例編」の前半である。すでに第1巻の「理論編」は金剛出版より訳
出・出版されており，「症例編」の後半の6章分もまもなく第3巻として
発刊の予定である。
　原書の成立の事情は第1巻の編者による序文およびあとがきに記されて
いるので重複を避けたい。本書ではいよいよ症例検討会の形で，セミナー
が展開されることになる。セミナーの発言の頭に，K，P，F，の符号を
つけておいたが，それぞれ，Kはコフート，Pは症例提供者，Fは会場に
いるセミナー参加者の発言であることを示している。なお，Fは必ずしも
同一人物が発言しているとは断定できず，議論が盛り上がったときは複数
の参加者が入り乱れて発言しているようである。こうしたセミナー会場の
雰囲気を伝えることができたら幸いである。

　さて，本書で扱われているのは，キャンパス内の学生健康相談室を訪れ
た3例の学生のケースであり，将来の進路や異性との交際に関する悩みな
ど，いかにも青年期特有の問題を抱えて来談している。コフートによるス

349

ーパービジョンの焦点はもっぱら，彼らの自己評価 self esteem の動揺ないしその安定化にあてられる。そしていわゆる不安定な対人関係も自己愛の発達ラインという視点から挑めれば，他者の賞讃と承認を得ることによって自己評価の維持をはかるための努力として共感的に理解されるようになる。さらに発達ラインを子ども時代にまでさかのぼって検討していくと，一様にその親たちは微妙なかたちでその子どもたちへの共感的応答に失敗している様相が浮かび上がってくる。

　ところで，本書ではせいぜい最初の数回の面接がプレゼンテーションされているに過ぎないが，まず驚かされるのは，わずかの資料からコフートがどんどん「思考実験」（18頁）をめぐらして診断および治療方針に関して模索していく，その想像力の豊かさである。すなわち彼は，その来談者のパーソナリティの「機能の様式」（147頁）ないしは「パーソナリティの香り flavor」（34頁）をできるだけ早く的確につかもうとするのに必死であり，彼のさしあたっての関心は「患者が何を経験しているかだけではなく，どのように経験しているか」（130頁）にもある。次に目につくのは，臨床と理論を往復するときのコフート独特の思考の動きであり，提示された症例の検討から一変して自験例との比較を試みたり，次にそうした検討を借りて伝統的な精神分析概念の解説をしたり，時には当時コフートが理論構成しつつあった新しい自己愛論の紹介をおこなったりして，まことに自由自在である。

　青年期に関しては，欲動の二相説（フロイト）とか第二の個体化（ブロス）などの精神分析の伝統的用語を使ってはいないものの，この時期は移行の時期としてとらえており，移行期であるが故の問題が提示される。いうまでもなくこの発達段階の課題は，親からの心理的な分離と独立であり，もろもろの欲動の認識とそのコントロールであり，新しい対象選択の開始であり，やがては社会人としてのアイデンティティの確立である。この過

程における挫折が，たとえば慣れ親しんだ家族からの分離やキャンパスでの勉学課題の増大にともなって生ずるが，その際，先立つ幼小児期に未達成だった課題・葛藤がそこに反響してくる。逆にこうした時期だからこそ，編者のエルソンが以下のように述べているように，そこには治療の可能性が秘められている。

「助けを求めてやって来た時にはそこには一定の緊急性というものがあり，彼らはこの助けをなんとか自分に役立てたいと必死になっている。その体験がまだ生々しいものであり，その記憶が強烈で彼らの空想が豊かであるために，こうした学生たちへの援助の仕事は比較的短期間で可能になる」（本訳書第１巻の序文）。

　しかし，この時期のコフートはまだ彼の自己心理学を完成させてはいない。そこで編者はところどころに脚注を入れて後々の概念構成によって論述を補っているのであるが，つまりは青年期から成人期への移行にあたっての自己対象 selfobject の特異な機能，とりわけ映し返し mirroring と理想化 idealization の欲求に対して，自己対象が適切に応答することが強調されている。たしかに青年期における自己愛のたかまりは臨床的にもよく理解のできることであり，理想化を引き受ける現実的な治療者像がもつ意義はわれわれの共通の認識でもある。

　ところで，本書の醍醐味はコフートのいう共感の実際の様相がよくわかる点にある。なによりも共感者コフートは認識者であり，「まるごと耳のようになって」（120頁）患者に対峙し，相手のパーソナリティの機能の仕方をとらえようとする。患者は世界と自己をどのように見ているか，どこで彼の自己評価は断片化してどこで回復するか，に目をすえる。普通われわれがつい反応してしまう局面でもコフートは認識者であることをやめない（特に第12章）。こうした点からみると，彼のいう共感は同情や思いやりなどではまったくなく，世界をみる視点が患者の中心にあるということ

を強調しているのである。こうした共感は一見したところ大変に負荷の大きい作業であり，凡人のよくするところではないといった感じもしてくる。他方，「この患者はこうした考え方をする人なのか」という発見がおこる時の「こうした考え方」の把握を語っているのなら，治療者なら誰でもがこうした共感はおこなっているといっても過言ではない。いずれにしろ，この共感の能力には個人と文化による差が大きく関与してくると思われる。

それとの関連で本書には，「自己への共感 self empathy」（130頁）とか，「自分の隣に住む」（134頁）などの，あまり耳慣れない言葉が登場する。精神療法の目標はこの自己への共感の能力を高めることにあるという。当然，人間には自己愛があるのだからわざわざ自己に共感する必要もないのではないか，という反論が予想されるところである。

ところで，自己愛パーソナリティ障害者は他者への共感能力に乏しいことはDSM-III-Rの診断基準にもあるようによく知られた知見である。ところがコフート的に考えると，その人は自己への共感力がないことこそが問題なのだということになる。その結果，彼は自己享受 self enjoyment ができずに，真の自己から隔離され「自分自身の隣に住む」ようになり，「数マイル彼方の出来事」（133頁）として自己のことをとらえて語ったりする。これでは「かのような人格」になってしまったり，イニシャティブと感情に乏しい人間になってしまう。後の公式化で整理すれば，自己対象機能 selfobject function が内在化されて自己機能 self function へと変形することによって初めて，自己への共感が高まり，次に他者への共感が高まり，自己が自己に住まうことが可能になる。こうした意味では，コフートはフロイトが創始した自己分析の重要性を復権した人である。

しかし，このセミナーのおこなわれた1969年～70年には，こうした自己心理学による公式化はまだなされていない。この時期のコフートはまだ自我心理学という古い皮袋に新しい内容を盛り込もうと模索している段階で

あとがき *159*

ある。たとえば，phallic narcissism や女性の penis envy についての解釈
（51，60頁），固着の概念をフロイトに戻って再検討しようとする姿勢
（90頁），抑圧障壁をきめ細かいものにしようとした「厚い層をもったふ
るい a sieve in depth」という概念（80頁）等々はその試みの一部である
だろう。その視点からみれば本書はまことにユニークであり，青年期論と
いうだけでなく，コフートの理論形成の推移からいってもまさに移行期の
思想がゆたかに盛り込まれていて，訳者にとっては，後期の完成した姿で
ある自己心理学よりもむしろ刺激的で啓発的な一書である。

  平成 2 年10月10日

                訳者代表 伊藤 洸

■訳者紹介

伊藤 洸（いとう こう）

1943年 パラオ島に生まれる

　現職 武田病院勤務

　　　　国立東京第二病院精神科

著訳書「青年の精神病理2」（弘文堂，共著）

　　　　「臨床社会心理学，統合と拡散」（至文堂，共著）

　　　　「自己と対象世界」（ジェイコブソン著，岩崎学術出版社）

　　　　「増補版・精神医学事典」（弘文堂，共編著）

　　　　「こころの精神医学」（東京美術，共編著）

　　　　「コフート入門」（コフート著，岩崎学術出版社）

　　　　「3000万人のメンタルヘルス」（予防健康出版社，共著）

　　　　「トラックドライバーのためのメンタルヘルス」（全国トラック交通共済
　　　　共同組合連合会，共編者）

中西悦子（なかにし えつこ）

1958年 兵庫県に生まれる

　　　　前帝京大学医学部付属溝口病院精神神経科勤務

　著書「キャンパス・トピックス，こころ探し――入学から卒業まで」（誠信書房，
　　　　共著）

藤原茂樹（ふじはら しげき）

1955年 山梨県に生まれる

　現職 神経研究所付属晴和病院勤務

著訳書 「コフート入門」（コフート著，岩崎学術出版社）

八田 泰（はった やす）

1962年 東京都に生まれる

　現職 神経研究所付属晴和病院勤務

コフート 自己心理学セミナー 3
〈症例編・2〉

ミリアム・エルソン 編

伊藤 洸 監訳

金剛出版

コフート　自己心理学セミナー3　症例編／目次

第13章　自己評価を確立し，イニシャティブを回復する
　　　　にあたっての共感の機能……………………………161

第14章　情緒のこもった経験として傷つきやすさを理解
　　　　すること………………………………………………195

第15章　理想化転移（感謝）と心的構造の形成にあたっ
　　　　てのその役割…………………………………………231

第16章　行動化を自我の支配下の行動から識別すること
　　　　……………………………………………………………257

第17章　行動化としての盗作…………………………………287

第18章　自己評価と理想………………………………………317

文　献　337

関連文献　341

あとがき　343

人名・事項索引　348

第13章

自己評価を確立し，イニシャティブを
回復するにあたっての共感の機能

　これから示す18歳の学生が抱くような問題は，大学に入ったばかりの学生たちによく見られるものである。そこにからんでいるのは，きっかけとなった婚約問題や退学の計画，これまで長いこと育んできた勉強目標に突然に関心を喪失すること，などかもしれない。そこで生じた悩みや混乱はかなり激しいものなので，そのためにその学生はクリニックに足を運ぶようになる。

Ｐ：彼女は18歳の新入生です。ニューヨーク出身で，プロテスタントです。彼女が相談したかったことは三つありました。一つ目はある青年との婚約をめぐっての心配でした。二つ目は退学すべきかどうかということでした。三つ目はかねてより申しこまれていた仕事に就くかどうかということです

（編者注）以下の各章において，各症例を提出するのは，学生メンタルヘルスや大学精神医学教室のスタッフである。個々の症例提示は，その提示者のコメントも含めて，すべて太字で示されている。セミナーの参加者からの質問はイタリック体で表されており，それは本書に共通である。
　　われわれのクリニックでは，次のような症例が様々な形をとってあらわれるのが常である。男女を問わず，そうした学生は，自分が行った厳しく幼稚な要求のために，人間関係を破壊しつつある，ということを自覚してはいる。しかしながら，彼は自分がその行動を続けるならやがてはその関係が終わりになる，ということを知っていながら，自分の行動を止めることができないでいる。
（訳者注）本訳書においては，コフートの発言部分をＫ，症例提示者（原書太字部分）をＰ，セミナー参加者（原書イタリック体）をＦとして表示した。

が，そうすれば，学校を辞めてヨーロッパに1年間，旅行を続けられるぐらいのお金を手に入れることができます。私は毎週1回の割り合いでこれまでに合計4回，彼女に会いましたが，第3週と第4週の間にはお休みがありました。

彼女は18歳にしては老けて見えました。とても魅力的で明るく，話し合う時もきわめて空想豊かでした。ですから彼女が何を考えているかを知るために，私が言葉をつけ足さなくてもよいくらいでした。ここに来るにあたっては多少のためらいがありましたが，それというのも，彼女は過去にいささか不幸な経験をいくつかもったことがあるからです。高校生の頃，自分が幸せに感じられないので，彼女の英語の先生のところに2，3回，相談に行ったのですが，その先生は彼女が書いてきた二，三の話を基にして，彼女の問題はエディプス的な葛藤による，と解釈してしまいました。

この大学でも彼女の不幸は続いて起こりました。助けを求めている学生さんならどなたでも心理学専攻の大学院生が喜んでお会いします，という相談案内通知を見て，彼女は相談に2回ほど行きました。彼女はエディプス葛藤について語りましたが，そこでの面接者は「お父さんがあなたに対してこうしたエディプス的感情を抱いた，と思われる節がかつてありましたか？」と聞きました。その結果，その晩は恐ろしい悪夢を見てしまって，彼女は相談室には戻れませんでした。

そうしたわけで，彼女は私のところでも以前のようなことが起こることをいささか心配していました。彼女はクリスマス休暇の間は家に帰っていたのですが，そこではとても取り残されたように感じてしまいました。たとえば，夕食のテーブルでは弟と妹たちばかりが親と話をして自分はまるで部外者であると感じました。

彼女はすぐ自分の家庭について話し始めました。同胞4人の一番上です。彼女の子ども時代を通してずっと，父親は彼女にとって一人のヒーローでした。つまり，彼は学生時代は成績が一番で，しかもその卒業した学校た

第13章　自己評価を高め，イニシャティブを回復するにあたっての共感の機能　163

るや，きわめて格式の高いアイビーリーグですから，成功まちがいなしと
見られていました。しかも彼は背が高くてハンサムだし，誰もが彼には一
目置いています。

　彼女が幼かった頃の父親は，ニューヨークの私立学校で教えていました
が，現在は公立高校で教えています。彼はまた体操のコーチもしていまし
た。母親に関する彼女の最初の言葉は，「もうとっても子どもっぽいんで
す」というものでした。父親との問題がいろいろ起こり出したのは，父親
が新しい教職につこうとして別の新しい町に引っ越すために，彼女が生ま
れ育った町を離れようとしていた頃のことでした。その頃，彼女は13歳で
第8学年でした。父親は当時，うちの娘にはまったく責任感がない，とい
っては厳しく叱りつけました。つまり，家族の引っ越しを手伝う代わりに，
何かと口実を見つけては，昔からの友達のところに入り浸っていたからで
す。彼女はそもそも引っ越しを嫌がっていました。引っ越しそのものをと
てもみじめに思っていたのです。そして，無責任だという父親の非難は彼
女の青春期の間ずっと続いていました。父親とは話にならないと感じて，
とうとう家出までしました。たいして遠くには行かなかったのですが，み
んなを心配させるには十分でした。友達の一人が彼女の居場所を彼女の家
族に連絡したので，家族は彼女を家に連れ戻しました。

　彼女が16歳の時に，現在のフィアンセとつき合うようになりましたが，
彼は十歳も年上でした。時が過ぎて大学生の頃になると，彼女はますます
彼には関心を示さなくなり，二人の関係を終わりにしたいとしきりに口に
するようになりました。しかし現在では婚約を続けるか解消するかの決断
の問題は，背後に引っ込んで影が薄くなっていました。現在のもっぱらの
関心事は，彼女が大学でデートする時のパターンについてでした。ところ
で，彼女は大勢の男性とつき合っています。女の友達はいませんが，ただ
一人の例外は，ニューヨークから彼女と一緒にこの大学に来た女友達がお
り，昔からの親友ですから，彼女となら何でも話ができたのでした。彼女

361

のここでのデートはむしろ表面的な知り合いになるといったレベルのものが大半でした。しかしながら，彼女にはある一人の男性についての空想 fantasies がいろいろとあって，その彼は大学の演劇活動にかかわっていました。それは彼女を救済してくれる一人の白馬の騎士 white knight についての空想です。彼女が言うには，「私の話をじっと聴いてくれ，私を理解してくれ，私が落ち込んだ時に抱きしめてくれる，そんな白馬の騎士に出会ったなら，私は治療なんかまったく必要がないでしょう」ということですが，そんな形で彼女は，私のクリニックに来ることにまつわる疑問について表明しておりました。

　最初の3回の面接での私の印象は，彼女は抑うつ的であるということです。話し声もどちらかというと低いし，見るからにみじめそうでした。それを指摘したら，彼女も自分は寂しいと言いました。彼女は人と一緒にいる状況を回避するために，自分をものすごく忙しくしているのでしたが，その点では父親に似ているな，と彼女も思いました。すなわち，彼女は授業を受けているか，それとも，朝の10時半から夜の6時まで週2日の例外（この2日は11時半開始）を除いて働きづめであるか，のどちらかだったのです。学生にとってはかなりきついスケジュールです。しかし，彼女はキチンと仕事もしていたし，学校の成績も良かったのです。

　次に彼女はその白馬の騎士の空想について語りました。自分が関心を抱いているこの演劇監督とどうつき合ったらよいか彼女は思案しており，彼の方も明らかに彼女に関心を示していました。しかし，彼女は自分は何をやっても彼とはうまくいかないし，深くつき合いたくもない，と感じました。どんなふうにうまくないのかを言葉で言うことはできなかったのですが，つき合ったら彼女自身になれない，配役を演ずるだけになるだろう，と感じていたからです。結局，最終的には，芝居の脚本を一つ書いてみようと腹を決めることによって，この問題を解決したようです。それを書くことによって，確かに彼への感情を乗り越えたと私は思います。その後も

第13章　自己評価を高め，イニシャティブを回復するにあたっての共感の機能　*165*

悩み事を処理するにあたっては，彼女はよく何かを書きます。現在の彼女はやはり演劇に関心をもっている別の男性を見つけました。その男性は演劇コンクールにかかわっていたので，彼に自分の脚本を渡しました。

K：彼女のは自伝的な芝居ですか？

P：いいえ，筋書きをもっていますが，それ以上のことは知りません。彼女はかなり豊かな空想生活をもっている感じですが，まだ私にはあまり話してはくれません。しかし，最後の面接では，何が起こっているかについて，彼女はさらにいくつかのヒントを私に与えてくれました。その時の彼女は別の女性のようで，ずっと若く，ずっと生き生きとしていました。彼女との面接が1回ぬけた後のことで，つまり2週間の間隔がありました。いろいろたくさんのことがあったと，彼女は話を切り出しました。彼女が考えた末にたどり着いた結論は，これまで治療について抱いていた彼女の観念はあまり正しいものではなかった，というのです。これまでの考えでは，治療なんて水面に浮かぶ油のようなもので，いずれは次第に泡のように消えてしまうものでした。しかし，それは必ずしもそうではない，人は自分自身を見つめてそれに従った行動を始めることができる，という考えにたどり着きました。彼女がこの2週間やろうとしていたことはまさにそのことです。彼女は脚本を書き上げました。そして，この演劇コンクールに興味をもっていたあの男性に会いました。彼とはよい話し合いができたのです。とはいってもあまり深いかかわり合いにはならなかったのですが，彼が自分を理解してくれたという感じをもちました。二人はお互いに空想的な言葉で語り合いました。そこでの彼女は自分が魔女であるという格好をしましたが，魔女こそは彼女がしばしば思いをはせていたところのものです。

　私は，「もう少しその魔女について話してくれませんか？」と言いまし

た。彼女はこの魔女の自分 self を語ったのですが、「そうね。その魔女は空気の中を漂っていて、家々の窓から中をのぞきこむの。そしてみんながやっているのを見て楽しむんだけど、自分はあくまでも離れています。とっても臆病な魔女ですから」と言うのです。私は、「距離をとっているわけですね」と言いました。彼女、「そうです」。さらに彼女は、自分が挑発的な魔女の振り付けをして、仮装パーティに出かけた話をしました。ところが、彼女がかつてつき合っていた青年は、これまた挑発的な魔法使いの振り付けで来ていました。残念なことに彼には別の女性の連れがいました。彼女が一緒だった男性もよい友達だったのですが、パーティの半ば頃になると、彼女はひどく自分が取り残されたように感じてしまいました。彼女が拒絶されたと感じたわけでは決してありません。ただ自分が浮いている out of it と感じたので、家に帰ってしまいました。

それから彼女は、「でも今は以前ほど独りぼっちではないの。女性グループともつき合っているし、けっこう楽しんでいます。気分もずっとよくなってきました。例の仕事をすることに決めましたわ。1単位を落とすだけで、仕事をやれると思うの」と言いました。それはあるグループの秘書の仕事でしたが、彼らは夏にこの学校で音楽祭を計画しており、仕事をやってくれれば5千ドルを支払うというのです。彼女の考えでは、それと学業とを同時にこなせるはずでした。その仕事は次の学期から始まります。学校を中退するとか、ヨーロッパに行くとかの話はもはや出て来ませんでした。

私たちは彼女がパーティを中座したことに話を戻しました。彼女が言うには、自分を女性的だとあまり感じられない時がしばしばある、というのです。ブルージーンズとシャツを着ているのがもっとも居心地よく感じるのです。素敵な宝石をもっていますが、身につけられそうもありません。その次に彼女の父親について、自分は父に対してどんなに腹が立っているか、父はそもそも女性というものを好きでないのだ、と言いました。母の

第13章　自己評価を高め，イニシャティブを回復するにあたっての共感の機能　167

取り扱い方については，いうなれば高い所にいて相手をかしづかせるといった調子であり，娘たちに対しても同じような取扱いぶりです。父親の要求といったら，彼女が勉強でも，教養でも広く偏らずになんでも優秀でいなさい，ということでしたが，彼女は，父親が実は心から望んでいたもの，つまり男の子になることはできませんでした。確かにずっとおてんば娘ではあったのですが，父親はそれでも満足しませんでした。もっとも彼女がそうはっきりと言葉で言ったのではなく，それをにおわせたということです。

　以前の面接とは対照的に，母親についてはすっかりおだやかな話しぶりになっていました。「お母さんは最終的にはお父さんの支配から自分を解放したようです」。つまり母親は教育に関心をもつようになり，子どもたちと触れ合うことに大変に熱中しています。そしてついには家庭からも身を引き離すようになりました。それまでの母親は父親の要求することなら何でもやるのに，それに不平を言っては腹を立てているのが常でした。子どもたちにしてみれば，お母さんは自分たちや家族の誰に対してでも何かをしてあげる時は，いつも文句くさい人と感じていました。しかし今では，母親はすっかり違ってしまい，この女子学生はそうした母親を以前よりもずっと親しいものに感じ始めていたのです。そして彼女は今，いわば妹の身になって考え出しています。最初，父親が自分をあしらったようなやり方で妹を取り扱いたい衝動に駆り立てられたのですが，そうはしませんでした。むしろ，他人が望むようにではなく自分のやりたいように自分を表現すべきだ，などと妹を励ましているのです。この時点ではそういったところです。

K：いくつかの目につく事実をざっと振り返ってみましょう。来談に来た時の彼女の主訴は，大学に残るべきかどうか，そして十歳年上の婚約者と別れるべきかどうか，についての迷いでしたね。それに彼女は抑うつを感

168

じていた，と。あなたの見立てもこのとおりですか？

P：私の見立てもそうです。仕事に就くかどうかの葛藤もありましたが，つまり就けば大学を辞めなければいけないからです。

K：わかりました，いろいろと意見が出そうですね。このケースの感触をつかまれたでしょうか。彼女の主訴，そのパーソナリティ，その生活史の中に何か特に目立つ点がありますか？　人それぞれに違った面を取り上げるでしょうね。ある人は直に見える外観や主訴に着目するかもしれませんし，別の人は背後にある何かにこだわるかもしれません。感触をつかめるような何かがありますか？

P：この学生は部屋に入るなり，「エディプス・コンプレックスが問題だ，と言われたの」と語りました。しかも，彼女はそのことでとても混乱させられた，というのです。

K：では，あなたは最初に父親のことを，つまり父親のパーソナリティのことを考えたのですね。

F：彼女にあってはエディプス・コンプレックスが問題になる，と思いますか。一般的な意味で言っているのではなく，このケースで大きな役割を演じていますか？

K：確かに二，三の手がかりがありますね。彼女は十歳も年上の男性とつき合っています。何が起こっているのか気になるところです。父親のことを背が高くてハンサムで，男性的な人と表現していますが，どうも父親というよりはまるでボーイフレンドに対する言い方みたいですね。

第13章　自己評価を高め，イニシャティブを回復するにあたっての共感の機能　169

　つまり，あなたは彼女の父親との関係の中に本質的なものがあると考えておられるのですね。そこでこの父のパーソナリティにとりわけ注目することになりますが，彼はあれほどの優秀な学生であり，あれほどの人気者でありながら，最後は高校の体育コーチになっています。いや，別に偏見をもっているわけではないのです。体育コーチでもそれほど悪いわけではありません。一見，最高の経歴には見えないかもしれませんが，ある種の人生の理想を彼が満喫していることだってあるかもしれません。彼を落後者と呼ぶ前に，もっと多くのことを知りたいものです。私たちの教科書ではそうかもしれませんが，彼の身になってみれば必ずしもそうとは限りません。

　F：私は落後者と言ったのではなく，矛盾があると言ったのです。彼女が述べたもう一つのことですが，つまり，たぶん父親は彼女に関心を抱いており，彼女の方も同様に父親に関心をもっている，といういわば不適切な解釈を聞かされて，彼女はすっかり動転してしまったのです。その結果，悪夢を見て，ついには，精神療法というものはどれもこれも大変に怖いもの，人を脅かすものと見なすようになったのです。

　K：なるほど，そんな経験の後では，彼女がそう思うのも当然でしょう。彼女に対して乱暴な分析がいささかなされた，と言えるでしょう。たとえてみれば，むかしある外科医からおできの手術を受け，しかもその時になんの注意も麻酔もなしにいきなり切開された，といったことがあったために，外科医に行こうとはしなくなった人のようです。

　F：彼女の素敵な白馬の騎士が彼女のお父さんであることには，みなさんも異論のないところと思います。そこであの乱暴な分析で問題になるのは，その父親との関係に関して，また性的関心ともいえるようなものを父が抱

367

いたことを治療者はほのめかしてよかったか，ということになると思います。

P：彼女がその話をした時，きっと私の表情には懐疑的なものがよぎっていたと思います。

K：何について懐疑的だったのですか。

P：エディプス・コンプレックスが中心的なテーマであることについてです。

K：では，それに対する彼女の反応はどうでしたか。

P：次の面接にまたやってきたことが彼女の反応です。

K：あなたがエディプス・コンプレックスを疑っていたか，あるいはその積極的な解釈の妥当性を疑っていたか，いずれにしろ，どちらかの気持ちが彼女には伝わったのです。

F：家でのクリスマス休暇に弟妹たちから取り残された感じをもったことを語っていますが，そのことで一つ私にも考えが浮かびました。同胞の二人は年がくっついており，もう一人は彼女が10歳の時に生まれたことになりますね。後々の面接で彼女が話したことですが，つまり窓の外から家の中をのぞきこんでいる臆病な魔女のことです。そこで私が気になるのは，13歳，第8年生の時のエピソードです。つまり，彼女が言うには，父親とゴタゴタと口喧嘩するようになったのはその時からだということです。当時，一家は引っ越しをしようとしていたのに，彼女が持ち分のお手伝いを

第13章　自己評価を高め，イニシャティブを回復するにあたっての共感の機能　*171*

しないといっては，父親が腹を立てたというのです。それどころか，彼女は女の子たちとおしゃべりばかりしており，その子たちと別れるのをとても嫌がっていました。私は思うのですが，彼女の所属への欲求が，また，自分が所属する所にいつまでもくっついていたい気持ちが，そこには同時に現れています。また私は，この同じエピソードについて大胆に空想してみました。その顕在内容はクリスマスの時と同じです，つまり，彼女が所属する場所があるのに，父親はそこから彼女を引き離そうとしているのです。さらに空想の翼を広げてみますと，彼女が13歳であり思春期を迎えつつあるのであれば，父親にとっては一種の脅威になったのかもしれません。確かに私は乱暴な分析への悪夢反応からひるがえって推測してみたのです。父親もその当時，娘の思春期に対する自分の反応をなんとか処理しなければならなかったはずですが，そのやり方たるや，世の父親もしばしばするように，思春期の娘に必要以上に口やかましくなって hypercritical いったのです。こういうわけで，これまでに表れた中心的主題は，「私はどこに所属するのか，私は誰から引き離されようとしているのか？」という問題であると思います。そして治療がすすむにつれて，これまた私の空想に過ぎませんが，彼女は治療者からなんらかの安心感と満足を得て，女友達をつくることができるようになることでしょう。彼女が落ち着きたいと感じているのはその証拠だと私には思えます。

K：私自身の感情もそれに似ています。しかし，ここでもう一つの側面を追加したいと思います。確かにあなたが言われた，この父親と娘の間にきまずい感情が始まったその発達段階，すなわち引っ越しの手伝いをしないと言っては父親が彼女を責め始めた時のことですが，その時期の重要性については先ほどのあなたのご意見とピタリと符合いたします。ところでこうしたことはきわめてよく起こることです。娘の胸が大きくなり始め，女性らしさや外的な女性性という最初の身体的徴候が目立ってくる時に，父

親はかつては娘に接近していたことに罪悪感をもってしまい，娘に対して過度に批判的になることによってこの罪悪感を処理しようとします。いったい父親は彼女の何に対して文句をつけていたんでしたっけ？　まったくもってびっくりする話ですね。もちろん，この父親のことをもっと知らなくてはいけませんが，あえて推測してみますと，彼はあのような魔女すなわち誘惑的な女性であることに対して，彼女に文句をつけているのです。彼女はだんだんに近親姦・誘惑的な女性になっていきますが，父親が文句をつけているのは，彼女が何でも言うことをきく，しっかりした非誘惑的な勉強家以外のものになってしまったことに対してです。しかし，身体が成長していくのですから，彼女にはどうすることもできません。そこで父親は非難の矛先をそらして，引っ越しを手伝わないなどと言って彼女を非難するのです。これは娘対父親の人生においてはきわめて典型的な発達のあり方です。そうした意味では，ある面ではこれは正しいし私も同意しますが，とは言ってもエディプス・コンプレックスが中心の焦点だなどと彼女に告げるやり方がよいと言っているのではありません。彼女と父親の間にとびかう怒りは，少なくともある程度までは父親の側の防衛によるものである，と私は思います。

　しかし，これは入り口に過ぎません。というのも，よくわからないのは彼女がいったいどうなったのかということですから。彼女のパーソナリティの発達のあり方にうまく適合するような，ある種の理論なりより広範な構想をすでにお持ちですか？　素材はもっとありますが。理論はたった一つとは限りません，他にもきっとあるでしょう。このエディプス・コンプレックスの理論は，彼女が自宅に戻ったときにいかに虚しく感じたか，なぜ彼女は抑うつ感をもったかについて説明してはくれません。彼女の抑うつと空虚感には早期の起源があり，それが今回の比較的後期の障害に結びついた，と私には感じられます。しかし，表層から手始めに，徐々に調べていきましょう。

第13章　自己評価を高め，イニシャティブを回復するにあたっての共感の機能　*173*

　もっともこの症例においては，あえて表層からうんぬんしなくても，問題なのは彼女の人生の決定的瞬間，しかもその早期青春期におけるそれだろうと思われます。よく起こることですが，この種の情緒的混乱が起こる直前の時期へと，すなわち彼女の父親がなおもやさしかった最後の時期へと退行が起こるのです。その時期にあっては，父親の目に入るのは誘惑的魔女ではなく子どもらしい魔女であり，その小悪魔はまだ胸も尻も突き出してはおらず，男性にとって誘惑的なものはさらさらなく，依然としてかわいい少女であり，かわいい少女の心をもった存在であり，そこへと退行するわけです。

　私が想像してみるに――もっとも私はこの女性を見たわけではないから，あなたが肯定するのも否定するのも自由ですが――，彼女は前青春期的心性をもった，詩や文学好きの魅力的な女性のようであり，性をもたない子悪魔 nonsexual charmer になろうとしています。その次に好色な魔女が登場してきますが，これは一種の幽霊のようなものであり，私が話の節々に感じるのは何かそうした次元のものです。もっとも私が読み違えているかもしれませんが，とにかく私が最初につかんだのはそうした感触です。さらにもう一つのパーソナリティ水準があり，それはエディプス期や思春期のエディプス的心的外傷の再現よりも，より深くより早期の心的外傷を暗示しています。ここで私たちが思春期と言っている時，それは5歳頃に起こったことを望遠鏡で見るように再現している時期です。もちろん時間がたっていますが。思春期に現れたエディプス的な素材は，もともとのエディプス期に起こったことを私たちに垣間見させてくれます。

　私は，彼女の父親のパーソナリティがたぶん何よりも重要性をもつと考えます。私の想像では，彼は女性とよりも男性とうまがあうのではないでしょうか，たしか体操家であり運動部の人でしたね。さらに推測を続けると，彼のいた大学には女性がいなかったのでは？　男女共学の学校だったとしても，彼は男性たちの間で人気者だったということが重要です。たぶ

ん週末には女を買ったなどという話も時にはあったでしょうし，それを自慢気に吹聴したことでしょうが，情緒的なかかわりをもった女性との結びつきはなかったと思います。たぶん優秀な運動選手であり，そのせいもあって体育教育を専攻しました。これは彼の専門分野です。よくはわかりませんが，私の感じでは彼が結婚相手に選んだ女性にもいささか問題があるにちがいありません。この女性も基本となる母性的養育が剝奪されたまま育てられたと思いますが，その剝奪はそれほどひどいものではなく，ごく軽微です。現在のところ，彼女はエディプス的問題を示していますが，自己に対する抑うつ的見方によってその問題はほんの少しばかり，背後に退いているように思われます。しかし，抑うつは中核の問題ではありません。

P：よくわかる話ですが，二人の弟妹が相継いで生まれて，母親は幼い赤ん坊の世話の方にしばられてしまって，彼女に十分な注意を払うことができなかったかもしれません。彼女もそんなことを述べていましたが，つまり，母親はごく最近まで自分たちに何かをやってくれる時にとてもいらつくとのことでした。そこで，この二つの点を突き合わせてみますと，彼女が幼かった頃の母親は，数年間は，精神的にうちひしがれていたにちがいありません。

K：この二系列の経験はとても重要です。母親が次から次へと子どもをつくったのは，そうすることが運動家としての父親の世界観であったせいかもしれません。彼がどんなタイプの女性と結婚したかはわかりませんが，姉さん女房みたいな人だったとしたら，そうした状況下ではこの患者が幼かった時に十分な世話を受けられなかったかもしれません。そこで，彼女が自宅に戻って感じたものこそ，実にこの幼児期の空虚感の一部なのかもしれません。そうしたわけで，一見したところエディプス的問題が中心のようですが，私は，全体的に見てやはり別の側面があると感じています。

第13章　自己評価を高め，イニシャティブを回復するにあたっての共感の機能　*175*

P：来談の理由は，婚約する，大学を続ける，旅行できるように金を稼ぐために仕事に就く，といったことに関して決断できないでいるということでした。つまり彼女は事態を整理したかったのです。

K：そう，彼女は助言者，カウンセラー，先輩といった存在が，彼女の置かれた生活状況について彼女が考えるのを助けて欲しかったのです。あなたの印象では，全般的に見て彼女は慢性的にうつであり，気分屋で，他の子どもたちが楽しんでいる事柄に実質的に参加できないでいる，ということでした。彼女はとても勝ち目がないと感じたのです。また自宅に戻っても気分がわるいし，家族仲間から自分がはずれている，と感じました。実のところこの大学でも仲間に入り込めないでいる感じだし，とりわけ男の子とのデートはからきし駄目でしたね。

P：ボーイフレンドはたくさんいますが，本命は一人もいませんし，同じ郷里出身の女の子を除いて，女友達をもっていません。

K：しかし，私の聞き違いでなければ，少し変化が起こっているのでしたね。つまり，彼女は面接に来てバランスがずっと回復したと思い始めた時に，自分は理解された，よく話を聞いてもらったと感じたのでした。2回目に彼女が面接に来た時には，女友達を見つけることができると感じていましたし，それは彼女の年齢の発達プランにより適った反応です。そもそもボーイフレンドを激しく求めるといったことは，まだ模倣的なものであり，彼女の発達レベルに相応したものではありません。一般的にみなさんは合意すると思いますが，彼女のパーソナリティ発達は早期青春期段階にやや固着していますし，たとえ肉体的には発育がよく美人といえるかもしれませんが，心理学的には彼女の女性性の父親による早期の拒絶というこ

373

とに傷ついています。父親が批判的になり文句をつけるようになったのは，彼女の成長しつつある胸を目の当たりに感じ始めた時でした。ところで，あなたはこれまで彼女と4回面接したのでしたね，ではもう1回残っていますね。

P：この最後の面接について話す前に，私がこの少女にコメントしたことを話した方がよいと思いますが，それは彼女の孤独 loneliness についてです。私は言ったのです，彼女の家族は彼女が早く大人になってくれと求めながら，同時に，まるで幼女であるかのようにしばしば彼女を取り扱う，と彼女は感じているのではないか，と。また次のような事実についても言ったのですが，つまり彼女は父親と言葉で交流するのがむずかしいとなると，時には家出のような行動に訴えなければならなかったのではないかと。

　先週，彼女が面接に来たとき，彼女はこの春休みに帰省すべきかどうかで腹を決めかねている，と語りました。家から離れていることによって自分の自立を証明したいと思う一方で，彼女が一人前の人間であることを父親にわからせる必要性も感じていたからです。父親に自分のことを説明したいのです。そうしたいのは何も父親との間柄をより良くしたいからだけではなく，彼女がこれまで父親との間で経験したような事柄に弟妹が巻き込まれるのを防いであげたいとも思ったからでした。つまり，人間はいずれ成長して自立するものだということを彼にわからせることができるなら，父はたぶん弟妹たちにもっとやさしくなるだろうと考えたのです。これまでのところ自分が事態をとても困難にしてしまったと感じました。というのも，父親がやれと言うことを彼女がやらなかったことから二人はああした口喧嘩になってしまっていたからです。ちょうどクリスマスの時がそうであったように，彼女は，家に戻ってそれを試み，再び失敗するのを恐れました。あんな惨めな目には会いたくありません。どちらがより成熟した行動であり，自分は何をやったらいいかについて，彼女ははっきりさせる

第13章　自己評価を高め，イニシャティブを回復するにあたっての共感の機能　177

ことができません。私は言ったのです，彼女は腹を決めかねている，つまり，以前やったように行動に訴えるべきか，それともやはり父親と話し合いをもつべきかで迷っているようだ，と。

　彼女は，「まったくそのとおり，それを言いたかったのです。妹や弟のことでゴチャゴチャ言っていたのも，つまりはその意味は同じことです」と言いました。しかし，彼女は急に話題を変えて，婚約者がこの週末に彼女のところに来ようとしているが，自分はそれを楽しみに待っている，と語りました。それから彼女が言うには，自分が非常に尊敬しているある教授と最近いろいろと話しこんでいる，ということでした。その理由の一部は，教授が教えていることに対して果たして彼の態度の実際はどんなものであるかを知りたいからでしたが，もう一方では，彼女の将来の計画と専攻について教授と話し合いたいからでした。彼のアドバイスでは，彼女は一般教養科目をとった方がよい，なぜならそれは彼女の創造力にとてもマッチしているから，ということでした。彼女はとても喜びましたが，父親が反対するにきまっています。そもそも父親は常々，しっかりした一般教養のバックグラウンドが必要だと彼女に言っていたのですが，それと同時に，キャリアをめざしてみずから勉強をしなくてはいけないということも言っていました。言うなれば二重のメッセージを発していたわけで，彼女はどっちに従ってよいかわかりませんでした。もし彼女が一般教養課程の方に行けば，父親はそれを批判するだろうし，したがってそれがとても良い考えであることを示すことができなくなると思いました。すでに彼女は父親から一通の手紙をもらっていましたが，その中で彼女が感じたのは，父親は，お前の葉書にはとても不満だ，なぜならお父さんが書いて欲しいような類の手紙ではないから，と言いたいらしいのです。つまり，彼女はあまりにも個人を出さないで，自分がやっていることをごく一般的に述べているだけだったからですが，これは父の望むところではありませんでした。彼女が言うには，先週はすんでのところで先生に電話するところだっ

た，なぜなら彼女は激しく行動したい気持ちにおそわれて，しかもそうした行動を自分がなぜしたいのかを理解できなかったからというのです。とてつもなく過食しましたが，そうした行動はこれまでも彼女が不安になった時にしばしば見られるものでした。また彼女は，自分はやりたくはないしすでに乗り越えたと思っていたこともやってしまいました。つまりある男の子と外出し，夜に彼のアパートに納得づくで出かけて，彼と一夜を過ごしたのですが，彼女はそうはしたくなかったのでした。とても困惑し恥ずかしい思いがしました。そして自分はいつも勝手にふるまっては自分の成功をぶちこわすようなことをしていると思いましたが，彼女にはその理由がわかりませんでした。

　この過食の出来事があってから，彼女は学校のあるダンスグループに参加し，このグループにいられるように減量しようと決心しましたが，にもかかわらずに食べ続けてしまいました。みずから思うに彼女はこの種のことを何度もやっているのです。彼女は，自分は成功を恐れていてそのために自分からぶちこわしてしまうのかしらとも考えましたが，どうもそれもピンとこないのでした。それはたぶん先生が暗に言ったことのような気がします。いやちがう，先生とは別の人が言ったのだ，と彼女は思いましたが，誰かは思い出せません。とにかくそれは彼女にはピンとこないのでした。

　私は，「それはたぶん別の人でしょう」と言いました。彼女はしばらく考えて，成功するとか成功しないとかは関係ないと思うわ，と言いました。彼女が思うに，それはエリートになることに関係しています。つまり，もし成功するならその人はエリートになるわけですから。そしてそれが彼女の居心地を悪くさせているのです。次に彼女は同じ郷里の友達のジューンについて語り始めました。ジューンはあのままでは駄目になってしまう，教師をしていながらクスリに手を出している，まもなくニューヨークに行こうとしているが，そこではかつて彼女は50歳の男と深い関係になったこ

とがある，と言うのです。ジューンはどう考えたらよいかと尋ねているの
ですが，今度ばかりは，患者はこれまでとは逆で，過去にいつもやってき
たようにただ黙って話を聞くのではなく，あなたは自分を破滅させようと
しているとジューンにお説教したのでした。しかし今ではそのことでも彼
女は悩み始めています。

　もし彼女が一人の個人になって彼女の"中核"が発達するままにしたなら，
彼女は友達を失うのでしょうか？　確かに彼女は彼女の中核が発達するこ
とを恐れています。「たとえばあの教授をごらんなさい。あの人は中核を
もっています」と言うのですが，その教授を彼女はとても崇拝しているの
です。しかし，彼女の理解によれば，教授の子どもたちはひどく精神的に
混乱しているというのです。ではその中核との関連では，それは何を意味
するのでしょうか？　もしあなたが中核が発達するままにしておくと，女
性的に振る舞うとかドレスアップするとか素敵な宝石を身につけるなどと
いったよけいなことに時間を費やす暇はありません。自分自身が発達する
のに専心しなければなりませんから。そして中核が発達することができた
なら，確かにあなたはエリートになるでしょう。でもあなたは他人の中に
欠点をすぐ見出すようになり，それに我慢がならなくなります。そうすれ
ば他人に共感できなくなり，自分を切り離すようになるでしょう。

　そうしたらあなたはどんな母親になるでしょうか？　知性の面では明ら
かに子どもたちより優れているでしょう。ではそんな母親はどうしたら子
どもたちに共感することができ，どうしたら子どもたちの感情を理解でき
るでしょうか？　それこそがまさにお父さんがお母さんにやってきたこと
です。彼は彼女をまったく理解しませんでしたが，それというのも，母親
は欠点をもっており父親はもっていなかったからです。そこで父親はどち
らかというと，我慢しながらの高見の見物といった態度 a kind of toler-
ant superior understanding を母親に向けるようになりましたが，それは
どういうことかというと，二人の間には結びつきが少しもなかったという

ことです。ですから彼女が感じるには，もし彼女が彼女の中核が発達する
ままにしておいたなら，二人の人間の間には本当の融合の起こることはな
いだろうということです。つまり，発達するのを彼女が恐れていたものは，
エリートの中核 an elite core であると言ってもよいのです。

　そこで私は，もっとよく理解したいから，その中核について彼女がどう
思っているかを少し詳しく話してくれませんか，と頼みました。彼女は実
のところ，自分の中に感じているある種の誇大性 grandiosity について語っ
ているのではないか，とその時の私は思っていました。しかし，私はこ
のことは一切口にはしませんでした。そして，彼女はあのボーイフレンド
の訪問を楽しみに待っていると述べて，この面接は終了しました。彼は彼
女が自分でいろいろやってみるままにしてくれました。彼女が二人の婚約
を最終的には破棄する腹を決めるかどうかはさておいて，彼の訪問は素晴
らしいものになるだろうというのが彼女の感覚でした。最後の面接は以上
のようなものでした。

K：いろんな面で面白い，教えられることの多い面接ですね。よけいな口
出しをしなかったら，患者というものは実にたくさんのことを教えてくれ
るものだ，ということがよくわかると思います。

　しかし，この時点ではもう少し能動的になって欲しいと思います。そこ
に接近するための様々なやり方があります。さあ，会場のみなさんはこの
治療者の態度についてどう思いますか。治療者（女性）の一般的な構えは
どうでしょうか。彼女がこれまでの面接を述べてくれた語り口の中にもそ
れはあらわれていると私は思いますが。それに対する患者の反応はどうで
しょうか。そして，患者の感情をよくしたと思われる，治療者の行動や患
者との交流は何だと思いますか。患者は明らかに良くなったし，治療者を
信頼し，二，三の友達をもつことが可能になったと私は思います。しかし，
退行も起こりました。つまり，彼女は突然に何かを信じられなくなったの

第13章　自己評価を高め，イニシャティブを回復するにあたっての共感の機能　*181*

です。いったい全体，中核を動かすとかエリートの一部になるとか言っていることは何なのでしょうか。確かに彼女の教授はエリートでした。しかし，そのエリート教授たるや，子どもがいてしかもその子どもたちが精神的にひどく混乱していると言っていますが，いったいどんな教授のことを語っているのでしょうか。この臨床素材を探っていくには，たくさんの手がかりがあるように思いますが。

F：治療者は，あのうるさく絡んでくる，能動的だがいささか侵入的でもある彼女の父親とはまったく違った経験を提供したと思うのです。そのことを患者が示しているのは，彼女が，「どうして私は，自分勝手なことをしていつもすべて駄目にしてしまうんでしょう」，と言う時です。彼女は他の人が言ったことに調子を合わせようとします。その次に，「そんな意味ではありませんよ」と言われてしまうのです。ところがこの治療者は「そういう意味ですよ」とは言いませんでした。そのかわり，彼女がますます接近しつつあるものを経験するに任せていました。彼女の婚約者が彼女のおもむくままに任せていたのとまさに同じです。そんなふうに彼女は面接時間の中で何かを試験してみたのです。たぶんそれはエリートに帰属することを意味していますが，彼女は思い切って試みたのです。そしてその次に，すこしばかりさらに励ましがあって，全貌があらわになってきました，つまり，自分でいろいろ試してみるという面接時間での経験が生きてきたのです。

K：私の印象では，この患者はあなたがこの女性に抱いていたと思われる一般的な尊敬の念をたぶん感じとっていたに違いありません。あなたはお姉さんのような存在だったと思います。そこには一種の類縁関係があります，つまり同一の問題，同種の問題ではないけれども，一種の類縁関係からくる理解が通っているのです。あなたが彼女を尊敬の念をもって取り扱

っている態度から彼女はその感触を得ていると思います。こうしてあなたは彼女の自己評価を高めたわけですが，それもただ一緒にいて相手を好きになることによってこれを行ったのです。しかも一切の批判をせず，常に尊敬の念をもって傾聴し，そこにはいったいどんな意味があるかをつかみ出そうとして必死でした。そこには言わず語らずの一般的な態度というものがあって，それが患者にとって大変な助けになったにちがいありません。あなたが先に言ったように，父親が侵入的，支配的，操作的なのとまさに正反対のやり方です。確かにそうなのですが，私はそれだけで十分とは思いません。彼女の父親との闘いがきわめて現実的なものだからです。彼女は何か大変に混乱していました。価値観についての混乱と呼んでもよいでしょう。例のエリートとは何を言っているのでしょうか。たぶん自己愛的で誇大的な何かがそこにはあるのですが，それもなにかすごく大きなことを成し遂げたという意味ではなく，自分がきわめて特別で違った人間であるといった意味の何かです。

F：彼女の父親は，エリートになるという昔の約束を果たすかわりに，自分がやったことを正当化しようとしていたのではないでしょうか。つまり，たえず心の中で自問自答していたのでは？　すなわち，“もし私があのままいってやり遂げていたなら，私の同僚の連中から自分を引き離すことによって自分が優越していることを自分に示すことができたはずなのに”。なにかこの種の偽りの言葉の跳ね返りが彼の中に行ったり来たりしていて，彼女はそれを拾ったのではないですか。だからもし彼女が彼女の中核を発展させたなら，彼女は女性的にはなれないわけです。

K：私が当初から感じていたことがあります。それは興味深いことであり，しかも有望な兆候であると思いますが，つまり彼女は実は彼女の中核について語っているのではなく，彼女にとって異物とも思えるようになった何

第13章　自己評価を高め，イニシャティブを回復するにあたっての共感の機能　*183*

かについて語っている，ということなのです。異物ですから彼女自身から排除しなければならないのです。きわめて価値ある何かであり，しかしながら父親のパーソナリティに所属している何かなのです。実のところ彼女は父親を尊敬しており，ある程度まで愛しています。ですからその中核に背くことは父親を見捨てることを，また，父親を愛することはその中核を受け入れることを意味しています。

　ところでその中核とはいったい何でしょうか？　これはあの奇妙な状況の一つで，けっして稀なことではないのですが，つまりそうした状況では当該患者の治療においてもう一人の別のパーソナリティの評価がこの上なく重要になっています。その父親はどんな人でしょうか。直に父親のことを知らなくても，患者が彼を知っているのですからそうむずかしいことではありません。彼女は父親と緊密にかかわっており，しかもこのかかわりのことでもがいています。

　私の想像は父親の生活史および彼と患者の間に起こった事柄を基にしての想像ですが，父親は（患者もそうなのですが）早期青春期の発達段階に固着している人間です。成人期までの発達を遂げていないのです。彼には学生っぽい性格があり，何か超然とした性格です。

　もしある人が誰が見ても妥当な一連の理想（到達不可能な，自己犠牲を強いるような，政治的な正論を実現する，科学的野心をめざす，等々）を抱いていたとします。そうした場合，ある青年がこうした模範にしたがって行動することはとても困難でしょう。ところで，到達がきわめてむずかしい目標が設定されていたとしても，だからといって人は通常この目標のために病気にはなりません。人はそこにたどり着こうとし，それを焦がれるかもしれません。そして自分にけっして満足しないかもしれませんが，ふつうはそのために病気になることはありません。その目標が風変わりで奇矯なもの idiosyncratic であるとき，まさにそうした時に問題が起こるのであり，この父親のエリート気質がまさにそうなのです。

ではそのエリート気質はいかなるものでしょうか。まず成功まちがいなしと嘱望されていた男が予備校や高校のコーチになったのです。ところで，もし人が途方もなく強烈な社会的理想をもっていて，そのためにまったく金銭的報酬を顧みず，ある意味ではその生涯を犠牲にしたけれども，社会的に意義のある活動でその人生を満喫したとします。もしそういうことなら話は別です。もちろん彼の子どもは大変な葛藤に苦しむことでしょう。その子どもが学生なら，この種の人生が提供するものよりも，もっとでかいステーキ，もっと多額の銀行預金の方がよいと心から思うでしょう。その子はその希有なる目標をめぐってもがき苦しむことでしょう。しかし，このケースではそんな風ではありません。父親の目標が高邁だからではなく，目標がいささか奇妙だからです。この父親の中にはある種の防衛的空想がワンセットあって，彼の目標はまさしくそこに根をおろしていると思いますよ。そして彼女がもがいているのはこの父親への，しかもどこか「セールスマンの死」(訳注1)を思わせる父親への，一種の愛情をめぐってなのです。とはいっても類推はあたっているところも，そうでないところもあります。つまり，父親はそのセールスマンのようなあくせくしたお金の亡者ではありませんが，永遠の学生です。これこそが彼のしがみついているすべてなのです。

　しかしながら，この少女の場合，その父親は彼女が女性的になってきた時に明らかにうろたえだしています。そして私の勘では，父親自身も学校場面から離れなければならない年頃になった時に，うろたえたのだと思います。この世の教師たちの何人かがそうであるように，彼も永遠の学校人として育ってきています。しかしこの父親は，特定の発達段階にずっと固着したままになっており，そのおかげで一種の漠然としたエリート意識が

（訳注1）　アーサー・ミラー（1949）の戯曲。主人公の現実生活は悲惨なのに，偉大なるセールスマンとして成功をおさめるという幻想はますます強化されていくが，このギャップは彼を死に追いつめていく。コフートは彼のいう「悲劇人間」の例としてしばしばこの戯曲のセールスマンを挙げて，その内的な崩壊ないし断片化の様相を提示している。

第13章　自己評価を高め，イニシャティブを回復するにあたっての共感の機能　*185*

染み込んでいます。そこで自分がいったい何をしたいのかはわからないまま，彼は子どもたちを絶えずこき降ろしていることでしょう。長女であるこの学生はさっそく矢面に立たされることになりますが，弟妹たちを同じ運命の苦しみから守ってやろうとします。次に彼女の葛藤が集中するのは，彼女がいつまでもこの種の理想につながっているべきなのか，という疑問なのです。つまり，煙草もアルコールもやらず，嫁入り前はセックスもしない，という中核エリート意識を守りつづけるのか，という疑問です。こうした潔癖主義については御存知のことですね，淳風美徳が第一というわけです。しかし，実はそうではなく彼女はたぶん別の方向へ，彼女の身体と心理にもともと潜在している力が押しやる方向へと動こうとしていたのではないでしょうか？　つまり，女性，妻，母親への準備をして，父親よりも深く人生を楽しむことができるような人間になる，という方向です。彼女には試してみる一つの手段しかないのですが，これは長女がよく用いる手段です。その時の彼女は一つの策略によって父親からみずからを解放できるのですが，つまり弟妹の保護者になることによってです。こうした条件下であれば父親に反対できるのです。

　こうした状況にいる人に言ってあげればためになるような洞察が多々あろうと思いますが，言うなれば知性化なき知的洞察　intelligent　insight without intellectualizing であり，それはとても彼女の助けになることでしょう。この少女が経験していることをあなたの言葉に移して彼女に伝えるだけでも治療になるのですが，それを理論的にはどう理解しますか？試してみる方，どなたかいませんか。

F：先生はかつて，相手の反応を和らげることについてすこし語っておられました。それこそがまさに，他人が経験しつつあることを共感的に理解するということの意味だと思います。言ってみれば，彼女に対してあなたの健康な心的組織を少しばかり貸すことです。

186

K：ではしかし，それをどのようにして？

F：たぶん治療者との大規模な同一化 gross identification のようなものが起こるのだと思います。少なくとも最初はそうです。その問題で彼女がどれだけ一人ぼっちだと感じていたにしても，それは理解可能だという信号を治療者は発信しているわけですが，私はこの同一化をその証拠になるものとして受け取っていますし，これはけっこう続くものです。そこから昔の親兄弟とのよい関係の方に舞い戻っていくかもしれません。ところで話は違いますが，電話で面接の約束をした直後からある期間かなり改善するといった若者が，われわれのクリニックではかなり見受けられるようです。ここでも同じことが起こっているかどうかはわかりませんが。約束を守るという期待自体に治療効果があるのです。

K：確かにそのとおりですね。

　ここで見定めておくことが重要だと思うのですが，これは病理をもったパーソナリティ構造に起因するプロセスでは必ずしもないということなのです。ひとまず言えることですが，理解されるという経験は満足を与える暖かな楽しい経験であり，いわゆる正常な状況の中にも見出されるということです。

F：はい，そうとしか言いようがありません。そういった意味では，母子関係にもつながるような二者結合 dyad としてそれを見ることも可能だろうと私は思います。しかし，映し返しの関係があるとか傷があるといった意味で言っているのではありません。

　また，もしあなたが同じパニックによって動転することなくその人を理解することができるならば，それはあなたの支持的な自我から力を貸し与えていることになる，という意味もあるかもしれません。

第13章　自己評価を高め，イニシャティブを回復するにあたっての共感の機能　*187*

K：あなたが言ったことはすべてそのとおりだと思いますが，私がさっきの質問をした時には，実はもっと一般的なことを念頭に置いていました。もちろん，どっちが正しいといった問題ではありません。それはどの水準で自分の思考を整理しようとしているのかにかかっています。私たちは正常な現象の話をしており，けっして病理の話をしているわけではないのは，まったくもってそのとおりです。しかし，ここには病理もあるのです。彼女にあっては一方ではいとも簡単に慰められるかと思えば，他方ではどんな慰めも不可能なのです。

　私の頭にあったのは，かつてしばらくの間，「自我の支配下における退行 regression in the service of the ego」（Hartmann, 1958）という名でよく知られていた現象にいささか関係しています。いい言葉ですが，欠点のある言葉です。

　私がみなさんに何度も話してきたことですが，もし精神の健康というものを定義するとなれば，その人が自由に使えるポジションの多様性 variety of positions ということから接近するのがもっともよいと私は考えています。すなわち，適応にあたってその人が内的にも外的にも保持している可能性の数のことです。言い換えると，行動によってのみ，外的環境を変えることによってのみ，適応ができる人間には何かが欠けています。逆に自己変容的にしか適応できない人間も何かが欠落しています。状況に応じて両方を使えることが精神的健康の武器になるのだと思います。外界変容的に alloplastic 適応したり，自己変容的に autoplastic 適応したり，すなわち，環境を変えたり自己を変えたりの使い分けです。

　ところで，内的変化が必要な状況もあれば，外的変化が必要な状況もあります。そこで発達や成熟の言葉を使用するとき，発達や成熟の方向性をそのまま異常から正常への方向性と混同してはいけません[訳注2]。発達というものが一定の仕方で起こるという事実は，もし状況が要求するなら，

より早期のポジションのいずれをも使用する可能性を含んでいるということに過ぎません。つまりは応答の多様性なのです。それは確かに遊ぶ能力，退行の能力，身を任せる能力について言えることです。

　これまで，混乱している人間にみずからのパーソナリティの力を貸すということはどんなことなのかを話し合ってきたのですが，あなたが先ほど言われたいろいろな心理機制と意味はまったく正しいと思います。しかしながら，そこでぜひ追加しておきたいことは，この二人の人間がお互いにどうかかわりをもつのか，ということに関しては，そこには随意的退行 voluntary regression が起こるということです。二人は随意的に退行して，ある種の融合が起こる段階に達します。それは早期の発達段階の随意的，部分的，可逆的な再現であります。随意的退行はそこの両当事者によって引き起こされます。もちろんより強い退行を起こすのは困っている人の方ですし，彼が退行しやすいのはまさに彼が不安であり困っているからであります。

　不安で困っている人は誰しもが多少なりとも子どもっぽくなりますし，救いを得ようとして，より力のある人間に服従しがちです。心細い患者が外科医や内科医に対面したときはまさにそうしたことが起こっています。一般論から言うと，これは退行した水準での転移が起こっているということになります。さらに，これは助ける側の個人にとってもその自己愛バランスを保つ上で，とても気持ちがよいものです。彼は神のように仰ぎ見られるわけですから。ここが大事な点なのですが，心的外傷で動転している人間に対して保証したりなだめる時の効果は，他の人間が理解することからまず始まるということです。

　ではなぜ理解するということが重要なのでしょうか？　先ほど答えてくださった方はどちらかというと現象面から述べてくれましたが，それはそ

　（訳注2）　コフートは，成熟や健康に対する無邪気な価値判断をしばしば，成熟道徳と健康道徳として，批判している。第1巻1章の6頁以下に詳しく考察されている。

第13章　自己評価を高め，イニシャティブを回復するにあたっての共感の機能　189

れでいいのです。しかし，理解されることが，ではどうしてその人の気分を良くするのでしょうか？　理解されるだけでは十分ではありません。理解されることはつまりは一つの手段であり，その相手はそれを使って二人の間の垣根を取り払わねばなりません。そうすることによって一層退行を押し進めて，融合するようになるのです。理解されることによって，人々の間の垣根が取り払われます。共感はそれが高度に洗練されたものですが，言語によってこれを行うのです。しかし，共感というものが本来もっている資源は依然として他者への退行的融合の中にあります。そして，ここでしばしば私がお話ししたように，共感性の最大の障害は，早期の落胆の結果として早い時期から共感不全 early empathic failures をこうむった人々の中に見受けられます。

F：患者の中の退行的側面についてはわかるのですが，治療者が退行を経験するとはどういうことでしょうか？

K：治療者が退行を経験するというのは，相手を理解するために他者と暫定的に融合するかぎりにおいてのことです。

F：つまり治療者はそれを許すということですか？

K：そうです。他者への融合を許すのです。しかし，他者を理解するためには，その他者の感情状態と一時的に融合しなければならないし，そうすることによってのみ理解というものが可能なのです。もちろん，彼はしっかりと上にとどまっていなければなりませんし，患者の不安によって圧倒されるようなことがあってはなりません。患者の不安を味わってそれをすくいとった後に，「どっちかというと私にもあなたと似たところがあるから，あなたが何を感じているかがわかります」と告げるのです。この際，

不安げに告げてはいけません。それに応えて相手の人は，一つのユニットの一部になることによって，さほど不安にはならずに，何が混乱を引き起こしているのかを理解するのです。

F：私がレジデントだった時のことを思い出しました。ある少女が彼女の長い悲劇的な生活史についてあるレジデントにぶちまけて語っていたところ，そのレジデントはついもらい泣きしてしまいました。ところがこの少女はそこでカンカンに怒ってしまい，先生は先走りしすぎるといって，面接室から飛び出してしまいました。

K：それは単に先走りしすぎたというだけでなく，患者が求めていたものでもありません。その患者は理解を求めていたのであって，その跳ね返りをこうむってパニックがいっそう悪化するようなことを求めていたのではありません。求めているのは緩衝剤なのです。
　ところで先ほどのご意見，つまり患者によっては面接の約束をとりつけただけで良くなる人がいる，ということについてはいかがでしょうか？そのことはこれまでここで論議してきたことと矛盾するのでしょうか？これをどう解釈しますか。よくある経験ですね。そして私はつねづね言っているのですが，治療的にはこれはとても良いサインです。

F：いろいろの場合があると思います。一つには彼が自分の不安に対してすでに何らかの対処を行ったということです。そこから自信の感情が生まれます。つまり，なんとか自分をとり直して，その筋の人に会う約束をとりつけてとりあえずは落ち着くことですが，そのことだけでもかなりの治療効果があります。

K：なるほど。しかし，今話し合っている文脈では，それは重要な点でし

第13章　自己評価を高め，イニシャティブを回復するにあたっての共感の機能　*191*

ょうか？

F：とにかく面接の約束を受けてくれる場所がある，理解してくれる人が
いていろいろなことを話す機会を提供してくれる，ということだろうと思
います。それは，間もなく起こること，すなわち融合の準備をしているの
です。

K：そのとおりです。こうした人々は何が起こるかを知っており，調子が
良くなったと感じるのは何が起こるのかを予期するからです。これはまっ
たくもって人間性に基づく経験であり，よく知られていることです。実際，
理解してもらえるという期待を抱き，もう一人の人間から彼をなだめる影
響力を借用することを予期するだけでも，その人は不安を軽減できると言
えましょう。もちろん，その人が予期したとおりに振る舞ってくれなかっ
たら，彼はがっかりするでしょう。しかし，この予期能力自体は良いサイ
ンだと思います。その意味は，彼はこの種の経験の準備をしており，すで
に頭の中ではそれを予期できている，ということですから。

F：しかし，面接の約束を取りつけた直後に調子がよいと感じる状態にな
ったとして，その後はもはや決してそこに戻らない，といった患者たちも
います。つまり，そこを境にして下り坂になってしまうのですが，なぜな
ら治療者はあの予期された融合を，面接の約束をした時から発生したあの
輝きを，再びつくり出すことができないからです。現実は彼を失望させる
にきまっています。

K：しかしながら，それすらも良いサインです。彼がアポイントメントを
とった後に調子が良くなったと私に告げるなら，その人は誰であれ，私は
概してそれをよいサインと見なすでしょう。もちろん彼は過剰な予期をも

つかもしれず，こちらとしてはいずれ失望を与えることになるかもしれません が，あなたはその経緯を彼に解釈することができるのです。少なくともこの種の動きを行う力を彼はもっているのです。

　もちろんいろんな場合があります。大事なことは，治療には一定の随意的退行が関係してくるということを自覚していることです。一つの対人関係の場がつくられるわけですが，その場では，普段なら大人同士の間にあって人々を隔てている障壁のいくつかが減弱しています。この場においてこそ，治療者の理解が一つの力になるのです。先ほどまさにあなたが言われたとおり，予期にも適正レベルがあることは確かです。しかし，ここまでも行けない人間がいます。こうした人々は退行する能力を欠いているのです。つまり，不信感が強いか，あるいは退行に自分を任せることに恐れをもっています。

　なぜ退行に自分を任せることができないのか，それにはたくさんの理由があります。これらの理由はいつも一様とは限りませんから，それぞれ個々に診断しなければなりません。嗜癖への誘惑が強すぎると感じる人もいるでしょう。そうした人にとっては，こうした温かな受容というお風呂にいったん身を浸したなら，そこからもはや抜け出せなくなるだろうし，それが恐ろしいのです。彼らにはたぶん，幼い頃の何かの経験があるのでしょう。つまり，彼らは次第に信用する気持ちになっていき，自分の不安がしだいになだめられていくといった例の経験をもつようになったのですが，最後になって，深く失望する結末になってしまったのです。その理由としては，家族の誰かが早く死んでしまったとか，その母親が変わり者で奇妙な行動をするとか，いろいろな場合がそこにはあるでしょうが。

　他方，あまりにも抑制のない人たちもいます。こうした人に対すると，「ちょっと待てよ。ズルズル行きそう」といった感じがのっけから起こってきます。彼らは治療者との融合をいきなり求めますが，その際，性愛化することもしないこともあります。最初からどろどろしますから，こちら

第13章　自己評価を高め，イニシャティブを回復するにあたっての共感の機能　193

はそこに不快感を抱いてしまいます。そこで共感性をもった治療者でもぐっと身を引くことになりましょうが，なにも冷たくして患者を傷つけようと意図してのことではなく，このような退行こそまた不安状況をつくり出すことをはっきりさせるのが目的なのです。つまりみずからを控えておく能力もなければいけません。

　こうしたわけで，解釈や洞察を早期に用いることは非常にややっこしいことですから，十分な知識をもって慎重に対処しなければなりません。経験豊かな精神科医や精神分析家なら，その気になりさえすれば，たいがい，初回面接のあとで正確で深い洞察を患者に与えることによって患者を驚かすことができそうです。つまり，患者みずからは少しも知らなかったことを先生の方は認識しているわけですから。ですから細心の注意を払って取り扱う必要があります。このことが時にはきわめて重要になるのは，洞察それ自体がそれほど重要だからではありません。そうではなく，こちらが提供する助け，しかも魔術的手段ではなく理解という手段による助けをわからせるという意味で重要なのです。言い換えると，「この先生は，ちょっと会っただけなのに，私自身よりも私のことをよく知っている……」という感情を呼び起こすことになります。

　別の言い方をしますと，あなたはその個人の中に一種の退行を育成していることになりますが，これがなければその人は，とりあえず治療へと動いてみるといったことすら困難になるような人です。しかし，それは手助けに過ぎませんから，次はこれを基礎にして先に進むことになります。概して私はこうしたやり方には慎重ですし，あまり使わないようにしています。使う時も，これはこの人をとりあえず治療へと導入するために必要なのだ，ということを頭にしっかりとたたき込んでやっています。ですから，こうしたやり方がまったく禁忌である事例もあります。こうした例では，あなたが正しくてあなたの洞察が正確なほど，それだけ害毒も大きくなります。要するに，自己の限定 self-delimitation がかなり希薄で，他者と

391

の永続的融合へと嗜癖的にのめりこんでいくような患者がいて，彼らにもし，この種の深い洞察があまりにも早期から与えられたなら，崇拝と頼り過ぎという，解消しがたい関係をつくってしまうかもしれません。ですから患者の中に葛藤のあるぐらいが一番よい態度です。つまり，先生を信じたい，その種の融合を得たいと願う一方で，抵抗も起こっている態度です。私は，患者は面接にくるべきだなどと彼に説教したりしないでしょう。来たくなかったなら彼は来ないでしょうから。しかし，彼がもし来ることに葛藤的になっていたとしたら，それはよいサインだと思います。やらなくてはいけないことは多々ありますが，洞察と理解に関しては，それが早期に提供された場合には退行させる力をもっていることは確かです。それでうまくいく事例もあれば，必ずしもそうでない事例もあります。

　ある人々は最初から信頼してくるので，すこし距離をとりたくなります。別の人々は，抑制があまり強いので，何か彼らについての深い洞察を一言伝えたくなりますが，その場合も高圧的にではなく，おだやかに事実を伝えるという態度で行うのがよいのです。そうすれば彼らは，「この先生は踏み込んではくるが，それを乱用して私を支配したりはしない人だ」と感じることでしょう。

　言うなれば，相手を共感的に理解することができて初めて一歩すすむことができ，患者が経験しつつあるものがどこから来ているのかについて，彼の精神力動と洞察をさらに深めて，それを彼に伝えることもできるのです。ですから，こうした説明を時期尚早に行ってしまうと，先生は理屈を言って自分から距離をとろうとしている，と患者が感じるだけになってしまうでしょう。

第14章

情緒のこもった経験として
傷つきやすさを理解すること

F：自己評価の動揺と自己の限定 delimitations of the self に関する問題
についてお話しになる時，先生は，この概念と，エリクソンの自我アイデ
ンティティ ego identity という概念（1956）との関係を，どのように説明
されますか。エリクソンもまた，自我アイデンティティを，青年期には拡
散した状態に陥りやすいものとして論じています。彼は，青年期を，アイ
デンティティが大変危機的な形で分解することのある危機的な状況として
述べています。

K：エリクソンは，後期青年期と早期成人期におそらく起こることについ
て，言い換えれば，本質的にそれ以前には存在しない心的構造で，以前に
は決してなかったような何ものかをパーソナリティに加えるような構造に
ついて述べています。彼は，アイデンティティの多様さについて語ってい
ます。自分の生まれ育った家庭からついに離脱し，社会的な役割や職業を
選択し，結婚への準備がなされる成熟した段階，そして，本質的には以後
は不変の（多少の変形は起こるかもしれませんが）形で，その人となりの，
自分が誰であるかという内的な布置 configuration を形成する段階なので
す。エリクソンが述べているのは，特異な，たぶん大変重要な，前意識的
な自己表象 self-representation のことである，という印象を私は持って

います。われわれの内に存在する，多くの自己表象や自己布置 self-configuration の中から，彼は，意識的か前意識的かはともかく，確証された中心的な表象，つまり他者があなたを見る見方や，あなたがあなた自身を見る見方について述べているのです。

現象記述的段階としては，私は異論を持たないし，自我アイデンティティという概念は，かなり実り豊かな概念であると考えています。発達の連続性という見地や，様々な自己布置の間の対比や葛藤という見地において，この概念は，かなり多くの望ましい知見をもたらしたという印象を私は持っています。

私が強調しているのは次のような点です。自己の最早期における経験，すなわち，自分自身の誇大性や自分自身の顕示性に関する経験，賞賛を与えてくれる環境が自己に応答するという最早期の経験が，主体内の根幹となる安全性の核 subject-bound security [原注1] を築くのですが，それは，やがて徐々に変化しなければならないし，そして実際に徐々に変化するようなものなのです。確かにこの主体の根幹にある安全性の核が，大変有益な概念である自我アイデンティティという，最終的な前意識的布置における一要素となるのです。けれども，この核はかなりもっと複雑なものであると私は考えています。発達における様々な方向性や，自己の早期における様々な固着，いくつかの自己概念が並行して発達し存在し続ける，その複数の方向性を見ていく方が，より有益であると思います。したがって，自己とは何かについて，ただひとつの前意識的概念を考えるべきではありません。

私の考えでは，自我アイデンティティは，社会文化的方向づけをもった心理学の見地からは意味のある一構造なのです。この心理学においては，自分自身に対しての，前意識的また意識的態度は，青年期や成人期におい

（原注1）　コフートは，後にこれを，中核自己 nuclear self と呼ぶ。

第14章　情緒のこもった経験として傷つきやすさを理解すること　197

て，人が，自分自身と他人の境界を限定する時にその構造は経験されるものなのです。言い換えれば，エリクソン自身が言及している枠組みにおいては，自我アイデンティティはまったくもってもっともな概念なのです。けれども，この概念は，自己愛転移[原注2]の発達を説明してはいない，と言いたいのです。概念としての自我アイデンティティは，意識的な説得，意識的な説明，意識的な適応という点を除けば，治療が関係している限りにおいては使えない概念なのです。なるほどその前意識的葛藤が生じているレベルにおいては，彼に何が起こっているのか，他人には説明することができます。彼が経験しているレベルにおいて説明できる，ということは，すなわち，「今ここで」であり，あるいは，さしあたっての出発点となる微妙な表層のレベルにおいて，ということです。あなたは，彼が自分自身を，これまでこれこれのような一人の大人と見なしてきたし，将来これこれのような大人と自分を見なすしかじかの可能性を持ち，そしてこの二つの間でいかに彼がとらわれているか，を説明することはできるでしょう。

　自分自身が拡散して不確かだと感じている患者と，その治療者との間に，治療同盟が，まだ理解可能な形にまで形成されていないのであれば，こうした説明は患者にとって，重要な意味を持つ教育的体験となるでしょう。単に，融合的共感のレベルにおいてなら，彼は，この説明によって多くの助けを得るでしょう。説得力のある図解が説明を助けてくれます。しかし，エリクソンのモデルに基づいていては，早期における固着点の深いレベルでの統合は決してなし遂げることはできません。その固着点は，最早期の誇大自己が満足を得ることを主張するようになる時期においての，拒否の経験に基づくものです。

　エリクソンは，人間は，それがあまりにも高いものなので，それに従っ

　（原注2）「自己愛転移」という概念は，後になり，コフートによって破棄される（1984）。それに代り，鏡転移，理想化転移，双子転移を指すものとして，「自己対象転移self　object　transference」という用語を用いる。

て行動できないような理想を抱くことがある，と述べています。しかし，彼は，その理想がいまだに内在化されていない，という事実については，述べていません。理想を内在化できずにいるために，いまだに自分の外に理想を探し続けている多くの人々がいるのです。言い換えれば，これらは，徹底操作が必要な，より早期の固着点なのであり，それによって初めてパーソナリティは豊かになり，構造的変化がもたらされるのです。自我アイデンティティは，いわば，パーソナリティの表層における，洗練された布置なのです。そしてこれは価値判断で言っているのではありません。人間には表層に関する心理学もまた必要なものです。

エリクソンは，重要な洞察をもたらしましたが，その洞察は，自己愛的布置の発達や成熟の解説（原注3）にはなんの関連も持たないものです。エリクソンに関しては，評価されるべき点が多くあります。けれども，しばしば，彼の様々な発達段階に関する解説は，本当のところ，科学的な用語によって偽装された価値判断なのです。

近年，彼は，その理論をより洗練されたものにしようと努力しているように思えます。信頼を不信と対立させて述べることは止めて，信頼と不信がともに適応という目標にとっては必要なものである，と書いています。しかし，これらの叙述は，概して価値判断なのです。たとえば，人はアイデンティティを持つべきである，とか言っています。さあどうでしょうか。アイデンティティが定まらぬままでいられることを強いられるような，外的な状況があるかもしれません。たとえば，適応という点に関して，アイデンティティに生死がかかってくるような状況に置かれている場合です。そのような状況で，いったい人は，なにか新しいものに身をささげることができるものでしょうか。

私が知る限りにおいてですが，年老いてからもなお，全人格における変

（原注3） 誇大性，そして理想化の二つの柱をもった，双極性自己 bipolar self 。

第14章 情緒のこもった経験として傷つきやすさを理解すること　*199*

化を遂げることのできる天才も存在します。たとえば，芸術家の全様式の変化は，アイデンティティにおける変化にも匹敵するものです。こうしたアイデンティティの新しい形を常に求めて苦闘が続くことを，変革期にある多くの芸術家が示しています。その一方で，プロシアの将校階級にあるような人々に対してもまた，私たちは多大な尊敬の念を持ちます。彼らは常に将校であり，そのように運命を定められた人々であって，それが一族の伝統なのです。これは確固たるアイデンティティであり，非常に洗練されたものです。プロシア将校の宣伝をするわけではないのですが，彼らの全盛の時代には，彼らのスタイル，すなわち，その紳士的な態度や保護的態度，戦闘場面での勇敢さとはまたうってかわった親切さなどは，賞賛に値するもので，国家に必要とされ，それゆえに洗練されたものとなっており，国家文化的発展の特例によくかなっています。

　そのような人々は変わりようがありません。士官学校を卒業した瞬間から，彼らはアイデンティティを完成させており，このアイデンティティを守り続けるのです。学者一家においては，同じことが学者というアイデンティティについて言えるでしょう。これこそが彼のなるべきものであり，これこそが彼の生き方なのです。このように，究極的なアイデンティティを獲得している人々もあるのですが，アイデンティティが流動的で，エリクソンの言葉を使えば，危機の連続の中にあり，病気になりそうでいて未だになっていない状態にあるような人々もいるのです。それが，隠された価値基準があるという理由です。自我アイデンティティは，あたかも成熟の頂点が，このアイデンティティに達することであるかのごとくに呈示されています。そうであるか否かは問題にされておりません。これに関して重要なのは，このアイデンティティという概念が，自我理想という視点と，自我アイデンティティという視点の，双方における前意識的布置を扱っている，ということなのです。その二つを区別することは容易なことではありません。では，自我アイデンティティに比較した場合，私が理解してい

るのはどのような種類の自己なのか，とみなさんが尋ねる時に，私にできることは，臨床上の現象のみならず，様々な臨床上の現象を理解する中で私が公式化したことの意味と価値を，みなさんに説明することだけです。

究極的な自我アイデンティティという布置の視点から見ると，ある瞬間には途方もなく高い自己評価を持ちながら，次の瞬間にはそれが途端に下がってしまうという現象をみなさんはどのように説明されますか。彼らの以前からの傲慢さや子どもじみた固着点が突出した後に，再びこうした誇大的感情を抑圧せざるをえなくなり，そのために自己愛的供給の流入がまったく途絶えてしまったように感じてしまうのです。これが良い例かどうかはわかりませんが，例は他にもいくらでも挙げられるでしょう。

問題点によっては，どんな概念も有用なものです。成熟の一段階としての自我アイデンティティという概念は理解可能です。同じことが，様々な自己や理想化された概念の発達をたどることにもまた言えるのであり，この概念は，人が前意識的に究極のアイデンティティとして受け入れるものの基礎となるものを含んでいるのです。

エリクソンの語っている究極的な布置は，確かに役に立つものであると思います。言い換えれば，人が誰であり何であるかに関して，いささかの限定ないしは最少でせいぜい平均的な限定づけを行うことは，たいていの人間にとって精神的な健康に属している，ということです。まだ表面的な説明に過ぎませんが，自我アイデンティティが欠けているということは，確かに，病気の徴候と言えるでしょう。どのようなことに基づいて，アイデンティティが欠けているのか。また，どのようなことに基づいて，アイデンティティが存在するのか。実際にアイデンティティを描くだけでは，第一歩に過ぎません。この自己がどのように成長したのかを調べていく必要があります。この自己には，幼少期に何が起こったのか。古い自己のうちのどんなところが，いまだに残っているのか。またどこが覆い隠されているのか。自己のどの部分が主要なパーソナリティの部分から隔離されて

第14章 情緒のこもった経験として傷つきやすさを理解すること　*201*

いるのか。互いに争うような，複数の矛盾した自己概念があるのか。借物のような自己概念があるのか。それが借用されたとすれば，他者に対する防衛として取り入れられたのか，それとも空虚さを埋めるためだったのか。自己の発達過程に関する仮説の可能性は限りなくあり，一つの自己アイデンティティを単純に受け入れてしまうことは助けにはなりません。こうした意味において，自己アイデンティティという概念は，私の仮説の可能性を狭めるものなのです。

　Ｐ：私が選んだ症例は，エリクソンのアイデンティティの危機の観点から吟味することもできるかと思いますが，自己愛の発達ラインにおける自己評価と理想に関する私たちの研究的観点からのほうが，より大きな洞察と理解を得られるものと，私は信じております。

　この症例は，20歳になる，大学で数学を主に専攻している，２年の女子学生です。彼女は背が高く丈夫で，健全そうな若者で，鼻のあたりにはそばかすがあります。ジーンズにだぶだぶのタンクトップを着ており，問診表には緑のインクで悩み事を書いてきました。

　「ハイスクールの最上級の頃から，憂うつや疎外感に悩まされています。たとえば，小切手の精算のような，日常のもっともささいな雑事さえもできず，自分の生活をまったくコントロールできなくなっている，と感じています。どの科目にも興味を持てません。かなり自意識が強くなり，自己をあれこれと分析ばかりしており，数日のうちに人生観を変えている，という状態です……朝になっても目を覚ましたくないし，随分泣きました。少なくとも自分が働ける人間であると感じられるように，感情のコントロールができるようになりたいのです。

　最近私はわかったのですが，自分が現実から逃避して恋人たちのところに逃げ込んでいる……つまり，自立できないために，彼らと一緒にいることを選んでいました。先週一番親しくしていた彼から離れ，一人ぼっちで

いるようにしたのです……そうしたらひどい憂うつに陥ってしまい，援助が必要だと判断したのです」。

彼女は，少なくとも，ハイスクールの最上級であった時から，強い抑うつ感があり，さらに，自分が本当のところ何に興味があり目標は何なのか確信をもてないでいると説明しました。彼女は，3人姉妹の長女であり，母よりも父に対してずっと親しかったことを述べています。父は聡明で，幅広く読書する人でしたが，正式には，ハイスクール以上の教育を受けてはいません。発電所の職長として働いています。

母との関係に関しては，一番下の妹が生まれる時に，しばらくの間，親戚に預けられたことを除けば，あまり語りません。彼女には，母の妊娠に関する記憶がないのです。その親戚が嫌いだったことしか覚えていません。

彼女は，その回転の速い頭脳を，授業での激しい競争に使いました。教区のグラマースクールでは，シスターたちを喜ばせるために，彼女はかなり勤勉になり熱心に勉強しました。ハイスクールのもっと激しい競争では，授業中に自分の知識を披露することが喜ばしく感じられました。彼女の自己評価のほとんどが，勉強に結びついていたようです。

彼女は，たとえば，自分が背が高くて間がぬけている，というような理由から，「みんなと合わない気がしていた」と言いましたが，どこか自分が他の女子高校生と違うと感じていました。他の学生がするように，服装やお化粧に気をつかうということはほとんどなく，小柄で可愛らしい，チアガールのようなタイプの女の子を，密かにねたみ軽蔑していました。彼女は彼女らよりも，はっきり意見を言う方でした。体育の時間には，ほとんどの女子が腰かけたりしている中で，彼女は激しいスポーツを楽しみました。学科については，同級生たちが家政学を選択する中で，彼女は，数学や物理や化学といった，骨の折れる「男性的な」コースを選びました。

大学入学は，彼女の強い学問的な野心にとって現実的な打撃をもたらしました。高校の時のように，もっとも優秀な学生ではもはやいられず，同

第14章　情緒のこもった経験として傷つきやすさを理解すること　　*203*

級生たちのレベルの高い成績に狼狽しました。数学と物理のコースでは，数人が彼女より成績が良く，彼らの学識に追いつくことや，それを凌ぐことなどはさらに不可能だと感じました。専攻分野においては独自の仕事をやり，余暇においては広い知識を備えた，素晴らしい芸術家である順風満帆の女子大生，というイメージを彼女は持っていました。この実現不可能な標準に比して，自分は不十分であると感じているのです。

　彼女はこのように，二つの極の間で揺れています。(1)大奮闘して勉強にはげむけれども，到達できない目標に関して悩み続けるか，(2)大学に関してはすべて忘れ去り，競争から脱落して，不本意ながらも大学ドロップアウト組とつき合うか，の二つです。

　こうした感情をうまく処理するための主な方法の一つは，男性に寄り添うことです。その男性は，大抵の場合彼女より頭が良く，以下のような役目を果たしていました。つまり，(1)彼のすばらしい成績の達成に浴することによって，彼女が満足のいく人間であると安心するために，また(2)自分が性的に魅力的で才能があり創造的で賢い，と彼に保証してもらい，自信を取り戻すために，また(3)孤独な自己没入 self-preoccupation の際に感じる不安から楽にしてもらうために，彼女は彼を利用していたのです。

　しばらくして，彼女は，誰にも頼らずにいくべきである，と感じて恋愛関係を断ちますが，ほんの2週間にもたたないのにまた恋愛を始めようとしているのです。

K：この症例の本質は，20歳になるこの女性が，ハイスクールの最上級であった頃から漠然とした抑うつ感を感じている，ということです。大学に入学した時に，その抑うつ感は強まっています。ハイスクールでは，冴えた質問をするなどして，クラスで一番になることで自己評価を維持していました。彼女は，成長するにつれてますます，他の同年代の少女たちと合わなくなっていきました。他の子たちにとっては，知的な才気というもの

は，どちらかといえば重要ではないのです。男の子とデートするとか，可愛くなるとか，男の子に興味を持つとか，青年期の共同体の中で社会的に受け入れられることなどが，ますます威信や自己評価を現実的に与えるものとなっていたのです。ところが彼女の方はと言えば，これまでやってきた勉強への誇りだけによって，ますます自己評価を保つということになってしまいます。

　彼女が知的なものを追究するようになったことのある部分は，人生のかなり早い時期に端を発している，と仮定できます。それは恐らく，姉妹の中で最年長であったという出生の順番によるものでしょう。母が生まれたばかりの赤ちゃんに専念しているのを見て，彼女は自分の居場所をとって代わられたように感じ，このことを自己評価の急激な低下として体験したことでしょう。これは大変に重要な点です。もともとの自己評価の源は，周囲の人々があなたに何をしてくれ，あなたのことをどのように思ってくれていたかにある，ということが忘れられがちです(原注4)。これまで見てきたように，早期の自己概念がリビドー化する理由は，観察者が大人なら他者として見るものを，子どもは自分自身の延長として体験している，という事実に関係しています。後になってその人がもつ自分自身を愛する能力は，その起源となる自己愛的な関係の複製なのです。

　これは，対象リビドーが関与している関係ではなく，自己愛的な関係です。そこでは，母親は子どもを自分自身の延長として体験しており，子どもは母親を自分自身の拡大したものとして体験しています。そのために，自分の外にある受容の源から突然の撤退が起こったために，自己評価の急激な低下が起こったのです。この体験は，パーソナリティにおける自己の非受容体験の核 a nucleus of non-acceptance へとつながるものですが，自己拒絶の痛み，自己受容の欠落の痛みは，もっとも深刻なものなので，

（原注4）　自己対象の機能は，ほどよい欲求不満による，変容性内在化を経て，自己機能 self functions となる。

第14章　情緒のこもった経験として傷つきやすさを理解すること　205

この自己の非受容の部分に対しては，それを防衛するために他の多くの手段が結集されるのです。

　これは非常に重要なポイントです。このような状況に直面した時，年上の子どもは，賞賛を得られるような行動によって，自己評価を突然失ったことの代わりを得ようと物すごく努力する傾向を持つし，それ以前の賞賛に変わるものをこうして得るようになるのです。このことは正常な発達の範囲のことです。私たちが扱っているこの症例に関する病理は，恐らく次のような二つのうちの一つでしょう。まず考えられることは，周囲からの承認の撤退に対する先天的な脆弱さというものが恐らく存在するのだろう，ということです。他の子どもにとっては外傷にはならないような外的な出来事に対し，この少女は，ふつうの反応を示すのですが，感情のレベルでは，外傷的な抑うつ感や抑うつの先駆とも言えるような感情が伴ってしまいます。一方で彼女の抑うつは外的な状況，中でももっとも重要なのは，大切な親のパーソナリティでしょうが，そことより関係があるかもしれません。もっともさしあたっては，概念をいろいろと調べながらこうした形で何かを学んでいきたいと思っているだけですが。

　このケースの母親は，新しい赤ちゃんの存在を予期したり，あるいは赤ちゃんが生まれた途端に，その時にその赤ちゃん一人のことに没頭してしまい，他の年長の子どもに対しては愛情を撤退してしまうような母のようですが，彼女の生育歴を見ればなるほどと思うでしょう。これは，よくあることなのですが。そこで年長の子どもは，突然の自己評価の低下に直面します。ここで次の重要なポイントがくるわけですが，これは，その子どもの年齢に，と言っても３歳から７歳あたりまでの話ですが，その年齢によるところが大きいのです。突然親から注意を払われなくなったために生じた，拒否されたという，あるいは自己拒否の，この根深い感情を元どおりにするために，子どもはすでに利用できるようになった自我機能や能力を用いたり，これらの機能に過度の負担をかけるようになるのです。その

403

意味では，子どもに起こるこの傾向は，私が既に論じてきた，2歳半か3歳の子どもに，野心的な母親が読み書きを教えたり，計算を教えたりする場合とよく並行していると言えます（第1巻7章169頁）。しかし，この症例に関する例外の部分は，それがさほど母親の野心からではなく，子どもの欲求に応じて起こったことである，という点です。ところが，同じことでも3歳から7歳までの年であれば，しかも適度にかかわりを持って，遊びの雰囲気の中で自我の達成と赤ちゃんのような退行の間の行ったり来たりを気ままに楽しんだ後にそれを放棄できれば，こうした自我の機能は，成長の適切な様式に貢献します。この過程は，新しい堅固な自我機能や新しく堅実な自己評価の源に適切な手段をもたらすからです。けれども，突然親から支持を失ってしまうと，新しい機能に過度に負担がかかるようになります。もっとも重要なことは，この努力が，早期におけるもろもろの入りくんだ願望を含んでいる，ということです。

　6，7歳になる子で，一人っ子であるがためにこの年まで幾分退行的で未熟に育った子どものことを考えてみてください。彼女は家族の注目の的でしたが，年に比して未熟で，幼い頃から数人の兄弟の長子である場合よりも，もっとずっと赤ちゃんでした。こうなるのは，両親の一定の性格特徴と関係があります。ところがこの症例の場合，彼女が6歳半か7歳の時に妹が生まれました。この利発な彼女が，たった一つのささいな記憶を除いては，母親の妊娠や妹の誕生の際の周囲のことをまったく何も覚えていない，ということは注目すべきことです。彼女は，しばらくの間，家を離れ，親戚のもとに滞在しなければならなかったのでした。それはおそらく，母が入院するか，あるいは母が家では彼女の世話を見られなくなったという出産の頃あたりの出来事で，そのために彼女は，嫌いな親戚のもとに滞在したのです。この記憶は氷山の一角です。唯一の意識化されている記憶は，家から引き離されたということと，この家族が嫌いだということを臭わせています。彼女のその後の全成長過程にとって決定的なことは，その

第14章　情緒のこもった経験として傷つきやすさを理解すること　*207*

次に起きたこと，すなわち，彼女の自己評価欲求が，まったくもって学業
での成功一点にかかってしまい，しかもそれが途方もないものであったと
いうことなのです。

　手短かに言えば，野心にあふれてもっとも素晴らしい作文を書いたり，
すすんで先生の質問に答えたりといった時の彼女の欲求は，妹に対する口
唇期的嫉妬という質のものなのです。言い換えれば，彼女の知的なものを
追究する野心は，新たに生まれた妹との口唇期的競争の名残りを含んでい
るのです。ふつう7歳の子どもは，もはやこのような競争をしないもので
す。

　知的領域において，あまりにも大きな野心を抱えているがために，知ら
ないということが決して言えず，すべて知っていなければならないような
人たちは，その背景にこの症例と似たような経験を持っています。彼らは，
決して質問することができず，その代わりに自分一人で考えなければなら
ないのです。それは，本に書かれていることを他の誰かが知っているとい
うことだけでも，彼らにとっては不愉快なこととなるからです。彼らの覚
えるごまかしは注目に値するものです。医学的な訓練を経ている人なら，
中心視野に障害のある人がものを読もうとする時にはいつも，そのページ
を脇から見ることを知っているでしょう。中心は見えないので，周囲から
見なければならないのです。まっすぐ見たならば，見えないのです。彼ら
は言わば，ふつうとは違うやり方でごまかして見るということを学び，つ
いでに何かを学んでいるのです。同じように，このタイプの人たちはいつ
も，ついでに何かを学んでいるのです。彼らはしばしばとても聡明なので，
非常に多くを学びます。けれども，「このことを自分は知らない。このこ
とについて学びたい。彼はそれを知っている。だから，私は見て，聞いて，
読むのだ」という事実に彼らが直面することができたら，どんなにかもっ
と楽に，彼らは知識を得ることができるでしょう。しかし，それができな
いのです。彼らはただ，それを知っているふりができるだけなのです。彼

らは何気なくそれを眺め，ちょっと取り上げてみせ，「もちろん，このことはもう知ってたさ」と言うのです。

　たとえば，治療初期のセッションで患者が，オフィスの重要なものには目もくれず，その代わりささいなものを眺めることにあなたは気がつくでしょう。彼は枝葉の問題を事細かに述べるでしょう。彼はオフィスに入り，座るか横になるかしますが，彼はぐるりと眺めることなしに，彼がそれを見ていたなんて，あなたが気づかないようなものすべてを既に目にとめているのです。ところがその時，とても重要なものは見逃しているのです。もっともこのことが，私たちが論じている症例にあてはまるかどうかについては，まだはっきりしませんが。ともかくこの女性は，他方では大人っぽいのに，その大人の目標に関して，外部からの影響を受けやすい状態にあります。

　自己評価のひどい低下という反応を示しているこのような人々をよく見ると，野心すなわち成功を望むもともとの願望は，直接的に自己顕示したいとかごはんをじかに食べさせてもらいたいというような，非常に幼い願望を完全にはぬぐいさってはいないということに，あなた方はしばしば気づくでしょう。言い換えれば，口唇期的特質や自己顕示的特質が，その他，自己評価が初めに低下した時の，何であれその発達段階に生じた衝動の構成要素が，その人の感じやすさをある程度決定するものです。それはまた，人が目標に向けて努力する，その態度をも決定します。性格学的には，自我の構造化をすすめる上で必要な逆方向の動きが損なわれているのです。

　たとえば，弟妹が生まれたか何かのために，知識欲が強く刺激されている間に，とても強い肛門期サディズム的な葛藤に巻き込まれた人々は，競争においては，サディスティックで皮肉っぽくなるのは明らかなことです。彼らは，他の人々を辱しめるか，あるいは自分が適切なものを提示していないと感じた時には辱しめられたかあるいはサディスティックに扱われた，と感じるのです。ですから，失敗に対する反応はもちろんのこと，成人の

第14章　情緒のこもった経験として傷つきやすさを理解すること　　209

衝動のもつ雰囲気の多様さは，その生育史的な根源を知らない限り理解できないものなのです。

　この症例の検討に話を戻すと，人生早期に何かが起こったに違いないと推察されます。

P：その推察が正しいことを，彼女のコメントが示唆しています。その後の面接の中で，彼女に妹が生まれた2歳の頃に，母親に何かが起こったということを最近になって父親が語った，と彼女は述べました。母が奇妙な行動をとるようになり病気になった，というのですが，恐らく情緒的な面での混乱のようです。その年あたりに，母が長いこと家を離れていたか否かについては，彼女は定かではありません。彼女はその点を父に尋ねていません。ですから，その時のことは，単に妹が生まれた，ということ以上の出来事だったのです。

K：この種の情報をとてもありがたく思います。治療のこれほど早い時期に，そのように人生早期について知る，というのはまれなことです。私は大抵，治療を始めて数年してから，そういった情報を得ます。もちろんそのことは興味深いことで生育史に基づくものですが，治療において重要なのは，起こったどんな出来事に対しても，その子がどのようにそれを経験しているか，ということなのです。一般的に見て，いままでの彼女についての話は，親の側の抑うつを物語っています。

　以前私が報告した症例の場合（1971b，B氏のこと），重要な点は，彼が3歳半の時に双子が生まれた，ということでした。たしか，その双子は，1年と生き長らえなかったのです。妊娠時には年長の息子を放置しておいて，双子が生まれ亡くなった後でも，上の子を以前ほどかまわないようになったということが，私たちには主な出来事のように思われます。彼女は非常に自己愛的な母親でした。彼の治療中に，母親はまだ生きていました

407

し出しゃばりでしたから，確かに証拠はあるのです。その当時，学問的な分野にいたこの息子に対し，彼女はその相互関係において，共感性にまるで欠けていました。後にわかったことですが，彼女はこの時期，バルビタール中毒に陥っていたのです。彼女の非共感的反応というのは，双子の子が亡くなった時にほとんど抑うつ的な状態になり，それがもともとの自己愛的な固着を起こしているために起こるというような，よくある共感の欠落という程度ではないのです。その母は髪はぼさぼさで魅力はなく，自分の肉体を疎ましく思っており，自分自身を忌み嫌っているがために，子どもに触れさせようとしないような母親でしたが，そうした女性に特有の共感の欠落でもありました。朝食に起きてくる時には，バルビタール系の薬物に酔った状態でした。言い換えれば，彼が，きまぐれでいろんな形で自分を不快にするような母親の反応に幼ない時から直面していた，ということを私が知った時，この人の後の人生における傷つきやすさに対して，よりはっきりとした理解ができたのです。

このわれわれの症例の場合，母が家を離れていたとしたら，誰が代理を務めたのでしょうか。他に誰かいたのでしょうか。おおまかな生育史に即した事実は，方向を示してくれるだけに過ぎません。答えを与えてくれるわけではないのです。それ以前よりメイドや家政婦がいて母の入院後にもその家にとどまっていたならば，すっかり事情はちがってきます。ある場合には，外見上はその子どもには傷がないように見えることもあれば，またある場合には，ひどい障害を受けているように思われることもあります。先天的な要素について語る時，環境に関して大変多くのことがわからない時には，その先天的な要素を識別することは，しばしば困難なことです。

にもかかわらず，先天的な資質にはいろいろと多様性がある，ということは，疑いの余地はありません。たとえば，この症例に関して推察してみると，一家を支える人物として，父親が法外に大きな役割を果たしていた，ということが考えられるでしょう。彼は，地味な育ちの聡明な男性で，多

第14章　情緒のこもった経験として傷つきやすさを理解すること　211

くの本を読むことを楽しみとしています。私は，この症例の治療的な意味においてだけでなく，教育的な理由から，こうした考えをめぐらせているのです。父が，この少女の自己評価の源であったと仮定しましょう。娘が知識を増やすことや，家で勉強することを喜んでいる父の存在があり，そのことがこの少女に負担をかけていただろうことは，非常にありうることです。私が言っているのは，2〜7歳の子どもの場合のことです。父とのきずなはお互いにとって，とても強いものであったでしょう。なぜでしょうか。それは，この子が女の子であり，母が入院していたとすれば，父は実質的に妻の愛情を失ったばかりの状態にあったからです。家族全体の不均衡という点から考えなければなりません。言い換えれば，父もまた，リビドーを満たしてくれる何かを探しており，それを娘の中に見出し，そうして彼女に負担をかけたのだろう，ということです。早くから，母親がちゃんとしていて子どもを満足させることに，いまだに大きな役割を果たしているのであれば，両親と娘の三角関係において，子どもらしい甘えですんだでしょうに，それが今や無理に父親を喜ばせようとする努力になってしまったのです。発達の方向づけがこのように決まってしまって，それはやがて彼女を，知的な成果を求める女性へと変えていったことでしょう。少なくとも生物学的，社会的必要条件が突然変化するまでは，父の要求にこの子が応えていく形でうまくいっていたのです。

　他の少女たちが異なった目標を探していた，という事実は別として，ハイスクールの時に彼女のきっかけとなった環境というものがどういうものであったか，私たちにはわかりません。彼女の学問的な知識が，彼女がなし遂げたいと思うことをめざして競いあったりそれを首尾よく手にいれるには，十分ではなかったのかもしれません。これもまた想像ですが，両親が子どものこのような態度を非常にしばしば助長する一方で，自分たちが子どもを社会一般が要求するような方向からはずれてかなり別の方に追いやってしまったとわかった時には，彼らは罪悪感を感じ，それまでの調子

409

を一転させて，「なんでもっと女らしくしないの？」と言ったりするかもしれません。けれども，結局，この10〜15年間，両親は，女性らしさ以外のことばかりをすべて勧め育ててきたのです。このことは，どの女性にもふつう備わっている自己評価の源を，今一つ失うという体験をもたらします。

　これらは，資料に基づいた推察です。生物学的な資質や生物学的な欲求や，常に存在する自己評価への欲求があったとしても，人生早期また後期における，発達的，成熟的，社会的な要因とからみ合っているわけで，ここでは，私はそのことをみなさんに示すことによけい関心を抱いています。このからみ合いは，不均衡を強く引き起こすので，その痛みを避けられるためには，当事者は何でもするし，そのために自分の発達を，この動かし難いまずい方向へと駆り立てていくことにもなるのです。

Ｆ：自己評価を支える手段として，知的な達成を用いる男子の場合，この症例のような女子の場合と比べて，問題はさほどむずかしくはならないのではないかと思います。なぜなら，男子にとって，知的な達成は，女子の場合よりも，そのキャリアにより一致するものだからです。

Ｋ：それは文化によって受け入れられるかどうか，ということです。私はその意見に，ある程度までに賛成です。キャリアウーマンというものも，昨今は以前よりもずっと，文化的に受け入れられるようになっていると思います。これは，人口過剰という問題に関連して今の若者たちがやがて直面しなければならない重要な発達課題の一つであると思います。文化的な視点からすれば，子どもを持つ女性はどんどん少なくなっていくでしょう。このことに対する圧力もあるでしょうし，また，二次的に女性の性役割を縮小させる，ということもあるのでしょう。言い換えれば，職業を，例外というよりは，それを標準的な生き方としてますます定着させていく女性

第14章　情緒のこもった経験として傷つきやすさを理解すること　　*213*

たちに対して，昇華をもたらすような筋道が見出されなければならないだろう，ということです。

　そういうこともあるでしょうが，重要な点は，性差ではないと思います。重要なのは，個人特有の生育史なのです。あまりにも早いうちから知的探求を強いられた非常に不幸な男性を，私はこれまでに数多く見てきました。

F：これまでに何度も触れてきた問題について，ひとつ質問をつけ加えさせて下さい。潜伏期にはどのような順応性があるのでしょうか。この症例に起こったような出来事が起きなかった，つまり，母親が年上の子にも年下の子にも適切に役立つことができ，可能な限りもっとも望ましい発達が遂げられた，と仮定させて下さい。先生は，6歳半か7歳の頃に，下の子が生まれた患者について語られました。それまでにこの仮定のケースには，自分と母親の区別が明確になっており，その自己評価の源は順調に確立していることでしょう。そうした場合，自己愛的傷つきやすさは，いつ終わりを告げるのでしょうか。自己愛への打撃は，遅かれ早かれいつかは経験するものです。症状やものごとの処理の仕方が無意識のレベルで決まるわけですが，ある種の耐久性が生まれるのはいつでしょうか。ここで耐久性と言っていても，その意味は大きな干渉が入るまでの耐久性です。早いうちに曲げられた木の枝は，かなり屈曲したままになりますが，もとの枝ぶりに戻ってしまうか，あるいは先端の小枝に曲がったままに残るかに関しては一つの臨界期があります。自己愛的な傷つきに関しても，このような時期というものがある，と言えるでしょうか。もちろん，それが10歳だとか8歳だとか，そう明確には言えないということはわかっていますが，臨界期的概念としての思春期までには，自己愛的傷つきへの耐性は，すっかり身につくものでしょうか。

K：その質問のむずかしいところは，その設問自体が，あなたが考えてい

411

るような一元的な答えを許さないところにあります。子どもがある程度大きくなってから，突然に愛情を撤退してしまうような親は，それ以前においても必ずしも理想的な親ではありません。確かに転回点と思われるような，人生における大きな出来事というのもあるのですが，それはそれなりの背景があっての出来事なのです。

人生早期において，7歳あたりまで，ということにしておきますが，ほどよい発達が遂げられた，と仮定しましょう。すなわち，潜伏期の前に超自我が確立し，学校にもほどよく腰を落ち着けられるようになっている，とすれば，極端な心的外傷が生ずる場合を除くと，そのパーソナリティの基本的な構造は，概してそっくりそのまま残るものだと思います。それは，そのような人々が不幸にならない，という意味ではありません。そういうことをあなたが質問されたとも思いません。初めの7年間が適切に生きられたならば，その後の基本的なパーソナリティ構造はそのまま残ると考えている，ということです。大人になってからでさえも，極端な心的外傷が，たとえば強制収容所で何年も過ごす，というような外傷は起こりうるし，そこでは取り返しのつかないような損傷を受けることがあるでしょう。けれども，こうしたことを除けば，あなたが問われていることに関するちょうどよい臨界点は，7〜8歳というところでしょう。

ところでこれ以上何もつけ加えないなら，今の答えは，私が与え得るうちで，もっとも誤解を生みやすい答えとなるでしょう。人生早期に関して再構成するにあたって心的外傷を語る時，非常に重要な多くの変数を考慮に入れなければなりません。もっとも重要なことは，人生後期における外傷は，患者が治療の中で思い出したり，かかわりの中で浮かび上がってきた外傷だということです。それが，早期に起きた似通った外傷の複製であったり集約点であったりする場合が，非常にしばしばあります。治療状況においては，人生後期における，ある記憶群の周辺で展開されていきます。症例Fさん（Kohut, 1971b ; 1977）の治療時に，私はこのことに関して，

第14章　情緒のこもった経験として傷つきやすさを理解すること

私の洞察は決定的な進展をとげたのです。この女性は，彼女の話すことを遮らせまいとして，私を困らせ続けた人でした。そうかといって黙っていてもまた，私が話して彼女の邪魔になるのと同様に，これもまずいことをしていることになるのでした。セッションの途中あたりで，私は彼女の話したことを，そのまま正確に繰り返さなければならないのです。もっとも激しい感情が伴った主な記憶というのは，分析の中では，小学校低学年の頃と関係がありました。彼女は学校からの帰り道，その日に学んだことで興奮してワクワクした気持ちで，それを母親に話すことを楽しみにしていました。母がドアを開けた瞬間に，少女は気持ちが萎えてしまいました。なぜなら，母の元気のない姿を目にしたからです。彼女は学校での話をしようとしましたが，その途中で，学校で何があったのかわかりもしないうちに，母親は自分の頭痛と疲労感を訴え始めました。母は自分自身と自分の体のことを心気的に話し続けており，患者である彼女は，自己評価の完璧なる欠落，失望と怒りを感じました。長いあいだ彼女は，このことに気づかずにいました。そこで私への怒りが生じるわけです。「なんであなたは私の言うことを聞かないの？　私の言うことを繰り返すだけでいいのよ。自分の賢さを口にしないで。あなたの解釈はおみごとよ。だけど，あなたは，自分の賢さを楽しむために立派な解釈を述べるのであって，私の言うことに耳を傾けているからではないわ」。要するに，彼女が言っていたことはこのようなことです。その意味がわかるまで，しばらくかかりました。

　この７歳から８歳あたりの出来事に関する限り，精神分析の発生論的見地から見て，その出来事を治療において，病因にたいしてかかわりのないこととして扱うならば，それはこの患者に対する不当な行為となります。事実は彼女がまさに思い出したような様相だったのです。私はそれを生育史的なデータから知りましたが，患者がそれを発見したのです。母は，彼女の生後１年間にも抑うつ的で，彼女が７〜８歳になるまでの期間を通じて，断続的にうつ状態にありました。こうしたわけで，その以前の経過な

しには，患者が7歳の時の母の抑うつがそれほど害を及ぼすことはなかったでしょう。

比較的後に起きた心的外傷を理解するためには，治療者はそれ以前の生育史を考慮しなければなりません。ある程度育ってから母親が理想的に機能していたら，彼女は障害を持たなかったでしょうか。私はそうは思いません。やはり何らかの障害を持ったでしょう。多分彼女はもっと障害を受けていたかもしれない。なぜなら，この特殊な想起可能の記憶群が，ある意味で，前言語期に起きたことをやり直す機会を彼女から奪うからで，そのために彼女は，自分は望まれていないとか，自分はいいものではない，といった空虚で拡散した感情が残り，自分を誇示しようとする努力は結局のところ実を結ばないという感情を抱いたままになるのです。いったんこの点が徹底操作され始めると，他人からの反応を求めての欲求に刺激されて軽躁的になったり，その欲求に対する私の共感に対しとても傷つきやすくなる状態にもなり，それほどにも彼女は再び子どもっぽいやり方で自分を顕示し始めました。彼女を誉める必要はありませんでしたが，彼女が何に対してそこまで傷つきやすいのかを理解しなければなりませんでした。

先ほどのあなたの質問に戻れば，私が，類似した記憶の圧縮版と呼んだもののうち，6～7歳やその後に関する記憶は，それが問題の心的外傷であるということを意味しません。その出来事は，類似した外傷の集約点になるのです。

F：私がこのことを質問したのは，これらの概念を，短期治療にどのように役立てることができるかを，参加者のうちの何人かがそろそろ考えているだろうと思うからなのです。先生は次のように言われているように思います。つまり，治療の非常に早いうちから，その概念を用いることができ，「14歳の時にこんなことがあったのです」と患者が語る時には，彼女が語っているのは記憶の圧縮の一番上の部分であって，おそらくもっと強烈で

第14章　情緒のこもった経験として傷つきやすさを理解すること　　*217*

もっと重要な記憶が，より早い時期の根底の方にあるのだ，との考えを保持しているのなら，この概念を短期治療に用いることができる，ということでしょうか。彼女が14歳の時にその出来事をどのように経験しているかについて治療者がある程度把握していれば，深層は実際には知らなくてもよい，と。

K：14歳とは限りません。現在の精神力動への理解が，自分自身への支配を拡張し，彼が応答しているその特定の環境の把握を可能にするのです。他者が自分の傷つきやすさを理解してくれたということが，彼に，自分の傷つきやすさを受け入れることを可能にするのです。彼は自分を扱いやすくなり，傷つきやすさを予期できるようになります。たとえば，彼は，自分の抑うつが，子どものすねているのに似ているということをはっきり理解します。この洞察は，ものすごく役に立つものとなりうるのです。治療者の立場を，「すねるんじゃない」というような，価値判断を下す位置に置かず，子どもに似ているのだ，という目で見る視点に置くことが重要です。こうしたことが，患者の子ども時代に起こったかどうかは問題ではありません。たとえば，私の患者であるＦさんの場合，彼女が生後たった数カ月であった時の，母親の初めのうつ状態に関しては，明確に言語化されたり想起されたりという形での徹底操作はありません。この点は兄弟や父親との関係についての後の記憶をたどって，すべて徹底操作されました。

　確かに，この患者には，ある程度の傷つきやすさが残っていました。ほんのたまに，彼女に会うことがあります。彼女は明らかに幸せそうで，活動的で，とてもうまくやっています。結婚もしたのですが，これは意味のある結婚でした。以前の彼女の人との関係はみせかけのもので，彼女もそれをわかっていました。今ではいかに自分が賞賛を期待し，それを得られずにいるかを，彼女は認めることができます。それが子どものような要求であることも，またそれが今だに幾分か残っていることも，彼女はわかっ

ています。彼女はまだ，全般的な傷つきやすさを持っているように思われます。けれども，この傷つきやすさが初めて全面に押し出された時には，彼女は，自分を誇示したい，賞賛されたい，愛されたい，すぐに完全で忠実な共感によって応えてもらいたい，といった自分の要求に，ひどく脅かされたものでした。当時の彼女が望んだこの共感は，買うことも所有することもできないものです。こうした場合，精神療法家は，失敗することになっています。彼は四六時中彼女の側にはいられないからです。

あなたの質問に戻ると，関係があるのは両親のパーソナリティであり，心的外傷です。ところで私たちが論じ合っているこのいくつかの概念は，幼児期の対象リビドーに関する概念よりも，短期の治療にとって，より多くの有用性を備えているでしょう。幼児期の対象リビドーは症状を作るか，抑圧されるかのどちらかです。他方，私たちが話し合っているような積極的な態度を，誰もが経験したことがあります。傷つきやすさが尋常か尋常じゃないかとか，物事がうまくいかない時にちょっとむっとしてみせるだけかそれとも何カ月も落ち込むかなどはいろいろと差があるでしょうが，自己評価のホメオスタシスは誰をも悩ませるものです。

P：私が提示した症例そのものが，先生の指摘を解説し，フロアーからの質問にいくらか答えるものと思います。彼女は，4回の面接の後，症状は完全に鎮静し，以前の適応方法に逆戻りすることなく，より良くまとまったレベルにあると思われます。けれども，私にはどうしてそうなったのか，よくわかりません。

K：そうですね。あなたの症例について伺うことにしましょう。

P：第2回の面接には，初回の雰囲気が残っていました。彼女はまた，ジーンズにだぶだぶのゆるいセーターを着て，髪を肩までおろして来ました。

第14章 情緒のこもった経験として傷つきやすさを理解すること

話している途中，片方の目にかかる髪を，何度もかきあげました。私はちょうど外からオフィスに入って来たところでした。待ち合い室で待っている姿が見えたので，挨拶のつもりで私は彼女にうなずいてみせました。

彼女は入室し座りましたが，黙っていました。「どうぞお話しください」と私は話しかけました。彼女は微笑み，「ここに来るのは悪いみたい。大学のキャンパスには，私よりもっと病気が重くて，助けを必要としている人がたくさんいるのに」と言いました。私は彼女が話し続けるのをただ待ちました。彼女は試験の週で元気がない，と言いました。彼女は時々，大学を中退すべきだ，と考えたりします。友達に，一組の結婚したカップルがいますが，二人をあまり好きではありません。でもよく訪ねています。彼らは大学を中退しており，彼らを訪ねていっても，彼女はただそのアパートの部屋で座っているだけなのです。しかし彼らに電話をする時には，家を訪ねることを楽しみにしていたのです。けれども，訪れた先では，彼らが古い御馴染みの話題を語り合っていただけでした。そこでは何も変化しておらず，彼女は再び失望するのです。2，3週間前に，大学院生であるボーイフレンドと別れてから，特に寂しさを感じていました。男性が欲しくなって，誰かと一緒に寝たい，と思いました。事実，最近の彼女は大変落ち込むのですが，大学あたりの共同体はとても小さなものなので，誰もが誰もと共に寝たことがあるようにさえ思えるのです。最近わかったことなのですが，現に，彼女のボーイフレンドのうちの二人は，彼女の知っている女の子たちとベッドを共にしているのです。彼女は，Tという男性にとても頼っており，彼とよく会っている，と言います。彼は物理専攻の，とてもりこうな男性です。

りこうな人の側にいると少しばかり気分が良いのは，自分が無能で魅力がないと感じるからです。彼女は次のように語りました。「私は本当に，男の人を空っぽになるまで吸い付くしてしまうんです。男の人をつかまえてしがみつくんです。おかしなことなんですけど，誰かと別れた後，彼が

私を忘れ難く思っているのがわかっているのに，私は次の夜に彼に電話して，あなたと電話で話すこと以外何もしたくない，と言ったりするのです。これで彼をかんかんに怒らせることはわかっています。なんでそんなことをしてしまうのかわかりません。時には，男性との関係を完全に断って，自分自身の気持ちを処理しようと努めるべきだと思いもします。彼と別れた時にはそう思うのです。しばらくはそう努めるのですが，すぐに他の男性とつき合い始めます。事実，ハイスクールの時から今までの間，この3週間が，男性なしで暮らした一番長い期間です。Tはしばしば私が魅力的で賢いと言ってくれます。彼は一度私に蠟燭の作りかたを教えてくれたのですが，私は彼よりも上手に作りました。彼は，『ほらトニー。君は創造的な人だよ』と言ってくれました（彼女の名前はアントワネットですが，彼女は，長男のようにトニーと呼ばれています）」。「私は時々，自分の内のどこまでがボーイフレンドのもので，どこまでが自分自身のものなのか，わからなくなります。たとえば，私は政治学を取っていましたが，途中で数学に変わりました。それはTが数学を履修していて，私に勧めてくれたからです。私は優等コースから始めたのですが，1週間すると，授業が自分の能力を越えていることがわかりました。落ち込んで泣いて，もっと楽なコースに変えました」。

　彼女は続けます。「次の学期までの休暇に，何人かとスキーに行く予定です。なぜかって言えば，Tが行くからなんです。彼が誘ったんですが，私はそれほど乗り気じゃなくて，でも彼がその計画を楽しみにしているようだったから，私もそうすべきだ，と思ったんです。私は本当は，今週に家に戻って，母とただ話して過ごしたかったのに」。私は彼女に，なぜTと別れたのか，と尋ねました。彼女は，「彼も問題を抱えていたんです」と答えました。彼が他の女性をキャンプに誘って，その人と寝たことに，彼女は腹を立てました。そもそも彼女と出会った時に，Tはすでに結婚しており，彼が妻ともベッドを共にしているということが，彼女を悩ませて

第14章　情緒のこもった経験として傷つきやすさを理解すること　　*221*

いました。「彼は，私が彼に離婚を決意させた，と言うんです。それは私のせいなのです」。ここから彼女は，「どこまでが私で，どこまでがTか」という主題に戻りました。「ここに来たのもTの勧めです。私が彼に自分の動揺について話し，彼が尋ね回って，ここに来ることを勧めてくれたのです。統計をとる仕事もそうです。彼が提案したから私は興味をもったのです。私は数学科にいるべきかどうかもわかりません」。私は彼女に「何に興味があるの？」と尋ねました。彼女は，「何に興味があるかはわかりません。でも，得意になれる分野を見つけないといけないと思っています。たとえば，数学の専門書を読んでいると，ニュートンが30歳までにその主な公式を提出した，という脚注を見て，私にはそんなことは決してできない，と思ってしまうのです」。

　私が「あなたが，何か得意なものを見つけないといけない，と言うのを聞いていると，何かそれについて卓越できるものを，今すぐに見つけないといけない，と言っているように聞こえますね」と言うと，彼女は微笑んでうなずきました。

　私は「どんなふうに，自分がそうなったんだと思う？」と尋ねました。彼女は次のように答えました。「教区の学校の6年の頃のことです。生徒はシスターたちを喜ばせなければならないんですの。おわかりになるでしょう。ただよく勉強すればいいだけではないのです。シスターたちの望むように正確にやり遂げなければなりません。ホールを歩く時でさえ，いかに歩くかを指示するのです。私は彼女たちを喜ばせ，規則に従うことを実に楽しんだものです。地理学は完璧に暗記しました。私は競争的でしたが，それは目立たない形ででした。両親は，知能検査の後に，私がそれほど才能がない，ということを知って驚きました。両親は，私の成績の良さが私の賢さによる，と思っていたのです。私は昔から言われている勉強のできる子と呼ばれる子どもの一人だったのでしょう。父はいまだに，「『トニー，お前は天才じゃない。ただ賢いだけなんだ』と言い，だから仕事を軽くす

419

るように言うのです」。「賢い」と言う時，彼女は顔をしかめます。賢いでは不十分なのです。

　私は，「『賢い』という時のあなたの顔は何を物語っているのかな」と問いかけました。彼女は言いました。「ええ。賢いということは，単に二流だ，ということです」。面接の終わりの時間が近づいていました。ここで私はこう言いました。「あなたの今の状況は，きたるべくしてきたもののように思います。つまり，他の人の方があなたよりも有能である，という状況にいるのですから。けれども，あなたが，自分自身や自分の興味や能力の限界をもっと寛大に再評価することから，なにか良いものが生まれてくる，と思いますよ」。

K：とても良いですね。彼女が良くなっていることが，別に不思議なことには思えませんが。

P：次の面接もお聞きになりますか。

K：もちろん。そうして下さい。

P：彼女は学期間の休暇を利用して，スキーに行きました。それは楽しいひとときであったと彼女は報告しました。バスでの帰り道に，彼女は，数学の授業を辞めることを決めました。物理コースや，あるいは学位をとった後に数学が専攻の学生が選ぶような職業などは，本当のところ好きではないからです。事実，彼女はいつも，哲学書を読むのを好みました。家に戻って，そのことを父親に話したところ，父は腹を立てて，彼女に「哲学の学位なんかで何になろうというんだ」と言いました。彼女が「法律関係に進もうと思ってる」と答えると，父はそれにはまだ満足したようでした。父の怒りは彼女を困惑させました。彼女は言いました。「父はたくさんの

第14章　情緒のこもった経験として傷つきやすさを理解すること　　*223*

哲学書をよく読んでいたし，この種の名著の講読には参加していて，こうしたリベラルな教育に常に味方しているように見えましたもの。けれども，私たち二人は，私が何か実際的な仕事をするだろう，といつも思っていました。つまり，私が社会の中で何かやるだろうということです」。

K：「私たち二人」とは，父と彼女，という意味ですか？

P：そうです。彼女は「私は父に，自分が数学者になるべきだ，という考えを売り込んだのです。今や私は，哲学が重要になるような仕事を売り込んでいる，ということのようです」と言いました。本当に何がやりたいのか自分は混乱しているのだ，と彼女は思いました。いらいらしながら父は彼女に，「どうして結婚しないんだ」と言いました。このことは彼女を実に驚かせました。彼女は言いました。「いいですか。父はいつも私に，母のようなただの主婦にはなるなよ，と言っていたのです。真剣にですよ。父は，2歳下の妹には娘らしい生き方を許していました。父は，実際的な職業に就くという将来の計画を，妹にはあてはめて考えていなかったのです」。

　私は，「お父さんは時々，ただの主婦である女性を軽蔑するようでしたか」と尋ねました。彼女はおそらくそうだったろう，と思いました。そこで父の男尊女卑的な面が時に見えることがあったかどうかを彼女は思案しました。最近，冬に父と車に乗っている時，寒空に外でミニスカートをはいている女の子たちを見かけたことがありました。この子たちは，彼女の嫌いなタイプ，すなわち可愛く，すましていて，スマートな，ミニスカートの似合う粋な女の子たちでした。父は「この寒いのに，外でミニスカートをはいている馬鹿な娘たちをごらん」と言いました。しかしこれを聞いて，彼女は不安に思いました。「馬鹿な」という父の言葉を進めて考えてみると，それは単にミニスカートをはいた女の子に関することのみならず，

421

女性一般に関することのように思えたからです。

彼女は「最近になって，父はずっと，私に対して批判的になりました。父は私が親戚を尊重していない，と言うのです」と言いました。彼女は親戚のことをよく，「第2世代のファシスト」と呼んだからです。また父は彼女が頑固だとも言いました。父は彼女が身を固め，あまりくそまじめにならぬことを望んでいます。前の夏に，Tが彼女に一緒に暮らして欲しいと言った時，彼女は家に帰り，父にこのことを話しました。父は腹を立て，もし彼女がそうしたら勘当する，と言いました。

彼女は次のように言いました。「父が勘当する，といったこともわかります。私自身のためなのです。けれども父はこれに，私とTとのことが母を傷つけるだろうから，という尾ひれをつけました」。母を守ってやらなければならない，と父は思っています。母は，患者が1歳半の時に神経衰弱をおこし，1年ものあいだ苦しんだからです。彼女は「母のこのことについて，私はこの時初めて聞きました」と言いました。2，3週間後に，父は彼女に，自分が強行な態度をとる理由として，自分自身が彼女の母と出会う前に2年ほどある女性と同棲したことがあるのだ，と話しました。彼女は，親戚までもが，自分がヒッピーのようになって破滅的な生活をおくりつつあると考えている，と言いました。この前の感謝祭の夕食のことを，彼女は思い出しました。その時，彼女がワシントンの平和大集会に参加したことについて，ファシストと呼んでいる叔父と激しい議論となったのです。この議論の中で，彼女がもはや教会を信じていない，と言ったことで，彼女はみんなにショックを与えました。しかし，叔父が彼女を攻撃したとき，父は彼女の援護にまわってくれました。後になって，大学での良い成績が出た時，父親はその叔父にそれを見せたくらいです。母さえも彼女を援護してくれました。彼女は，母は神経衰弱を病んだことがあり，優しくされなければならないと考え，叔父は決して母とは議論しようとしないのだ，と言いました。彼女は母のように，主婦であることや，子ども

の世話やお稽古ごとだけで満足するようにはとてもなれない，と感じています。しかし，彼女は母の主婦としての技量を尊敬しています。「母は家計をやりくりするのがとても上手なのです。母のこの手腕がなかったら，私たちは今日こうしてはいられないでしょう」。夏に彼女がTと一緒に住むという計画を知った後，母は，彼女に長い手紙を書いてよこしたのですが，この手紙もまた彼女を悩ませました。母は，その男性を結婚相手につかまえてしまいなさいとアドバイスし，「さもないと，男というものは，お前をただ利用するだけになるからね」と書き送ってきたのです。母のこの，男性をわなにかける，という態度に驚き，また実にしらけてしまった彼女でした。

　それから彼女は，彼女と父は，将来彼女がなるべきものについて，何度も話し合いました，と語りました。父は一度，大学卒業後，外務省に勤めることを考えてみたら，と提案したことがありましたが，父が，スタッフの一員として，という意味で言ったのに対し，彼女は即座に大使になることを思い描きました。彼女は「実際には，自分の野心を煽ったのは私自身であって，父ではありませんでした」と語りました。彼女には，この目標が示すように，物事を哲学みたいなところから決めてしまうようなところが，たぶんにあるのです。父もまた彼女自身も，彼女の熱意に困惑してしまうのです。

　私は次のように言いました。「あなたは自分でも何に興味があるのかまだためらいがちなのに，出世のこととなるとすっかり気持ちが大きくなってしまうように見えます。あなたにとっては，そうすることが重要なことなのでしょう。けれども，あなたが哲学を求めていること自体は，ボーイフレンドがそれをしているからという理由で物事を選択するのとは，またちがった方法で物事を決めようとしていることのように思います。この時のあなたは，より純粋な自分の興味から選択しているように思います」。彼女はこれに対し，「ええ，でも，最近『若き日の芸術家の自画像』（ジョ

イス作）を読んでから，あらゆる哲学書を読破したS.D.のようになりたいと思ったのかもしれず，どこまでその影響を受けてるのかわからないのです」と言いました。

K：さあ，このあたりで止めるのが適当かと思います。この2回の面接で得た情報についてみなさんはどのようにお考えですか。なにかひらめきのある方がありますか。

F：この女学生は，私にジュリアス・シーザーを思い起こさせました。彼は30歳の時，地に伏して涙し，「アレキサンダーはこの年までに世界を制した。私が何をなし遂げたというのだ。それに比べれば無に等しいではないか」と語ったのです。また，私自身の患者たちから「私は21歳になりますが，偉大なことは何一つなし遂げていません」という言葉を聞いたことがあります。この言葉は幾分，「今死んだら，現在から百年もの間，世界は私が生きていたことを知らぬままでしょう」ということを意味するようです。

K：概して，このタイプの空想物語を聞く時には，私はそれを悪く思うことはありません。治療者であるあなたのやり方に注文はありません。治療はほど良いユーモアのうちに進んでいるし，治療状況は受容の雰囲気に満ちています。こうした意識レベルの野心は，それがいくら並外れて肥大していても，人が心配するような，発病のもとになるようなものでは概してありません。これは病理学的なものではありません。この野心はしばしば，人生を高めていくような，幼児期の空想の流れをくむものです。治療者であるあなたは，私の印象では，悪い意味ではなく良い意味において，とても大切なポイントを適確に指摘していると思います。

　この女性は，多くの建設的な資質をもっています。彼女はあまり冴えて

第14章　情緒のこもった経験として傷つきやすさを理解すること　　227

はいませんが，賢い女性です。また，魅力的な精神をもっていて，彼女の
持っている障害とは別に，彼女にはしたたかな健康さがある，という印象
を人はもつのです。大使とか，あるいは彼女が持つ他の空想の理想像には
なれないものなのだということを，人生がやがて彼女に教えることと思い
ます。けれども，今この時に，彼女の理想像が間違っていると暴露するの
は誤りです。その点に関して，あなたが何を言うかよりも，あなたが本当
のところ何を感じているかのほうが大切なのです。あなたが，そのような
肥大した野心はパーソナリティの重大な欠点であると深刻に案じ，またこ
れを，ある人々にとっては障害となりうるような，無意識的な誇大性と混
同したならば，あなたは彼女から，率直で前向きな野心を奪うことになる
でしょう。私は，あなたが患者を誤解したことになると思います。ここで
の仕事に私が野心を持っているとすれば，それはせめてあなたに，他人に
耳を傾ける方法にみがきをかけることを教える，ということでしょうか。

　治療者は，「患者の話すことが，健康的に聞こえるか，そうでないか。
建設的に聞こえるか，そうでないか」を判断する感覚を持たなければなり
ません。彼女は，決して大使にはならないでしょう。彼女がそのような考
えを持つことは，おかしいことかもしれません。けれども，なぜ，女性が
大使になることを志すべきではないのでしょうか。そのことに関して，何
がそれほどまでによくないことなのでしょうか。この「誇大的空想」は恐
らく，人生早期における，彼女と彼女の父親の間の親密さの名残りであろ
う，という印象を持ちました。その親しさの中で，この空想は，父娘二人
が似ているという感覚と，二人がお互いを好いているということ，この双
方によってつちかわれたものです。

　これは，彼女の内的な脆弱さよりも，むしろ内的な強さにとっての，実
に重要な核となっており，この女性のとても魅力的なところのうちの多く
の部分を占めるものです。治療者は彼女を好いています。それは誰もがわ
かることです。治療者であるあなたの，治療の報告の仕方が，それを証言

425

しています。あなたは，魅力的な人に対する時のように，彼女に対して，好意的 libidinal に応答しています。彼女は魅力的な人物に違いないでしょう。彼女のこころが魅力的なものなのでしょう。「そこのスタッフの一人になる，ということだけなら，情熱を感じられません。大使になりたいのよ」と彼女は語ります。ただ単に賢いだけではダメで，才能ある人になりたいのです。父親は言います。「さあさあ，もういいじゃないか。お前はそれで十分賢いのだから」。確かにその通りです。けれども彼女が才能ある人をめざすことに関しては，それほどまでにまずいことがあるとは，私にはわからないのです。これは，彼女の病気ではありません。確かにいずれはこの望みは彼女に，人生におけるちょっとしたつまずきをもたらすことになるでしょう。けれども，彼女のこの空想は建設的な力をもっています。父と彼女自身の二人が彼女の将来に関する空想を建設的に思いめぐらせていたという，その空想そのものの発生学的起源から，そのことはわかると私には思われます。「いつかお前は大使になって，私の祖国に戻るだろう。けれども，その時のお前は大使としてポーランドに行くのさ」というように，両親と子どもたちは，団らんをもって空想をめぐらしたことでしょう。こうしたことは，愛情や相互理解，互いに対する慈しみや好意，「あなたは私の野心を満たしてくれるだろう」という期待などが満ちている中で行われたのです。

　そうしたつまずきからみずから学び順応していけるように，人生がもたらすすべてのつまずきから人々を守ろうとしてはなりません。しかし，彼女自身のこの側面は，他の多くの場合と同様に建設的なものです。まったく馬鹿げたことを受け入れるのが治療者の技術である，と言っているのではありません。馬鹿げた野心を和らげ，同時に一方でそのうちの建設的な面を受け入れることによって，その人を守ることを手助けしなければなりません。

　私が言おうとしているのは，人生早期における誇大性には，コインの裏

第14章　情緒のこもった経験として傷つきやすさを理解すること　　*229*

表のように二つの面があるということです。その誇大性には，前向きな，活気を与え自己評価を支える力，という一面があるのですが，まずい環境においては障害や重荷となり，人生早期から，決してかなわないとわかっていながら追い求めてそれを後悔するようなものになるのです。しかし，この年代には，まだ空想的な生活を営む能力があるので，「大使になりたい」と考えるのでしょうし，私ならここで，にっこりとこれを受け入れて「まあまあ」と言うでしょう。これが上手な治療者の特徴です。患者の野心の背後にある精神を受容しながら，同時に「まあまあ」と，言葉でその野心を和らげるのです。

第15章

理想化転移(感謝)と
心的構造の形成にあたってのその役割

K：問題は次のようなことです。どのような状況で，そしてどんなふうにして，子どもの頃からの昔の非現実的な空想が，人を前進させ，達成へと導き，自己評価を支えるかなめとなって彼に役立つのでしょうか。そしてどのような状況であればそれが，制止と人生からのひきこもりに導き，つまずきの石となって，重大な障害になるのでしょうか。一般的に言えば，そしてふつうの状況を心に思い描けば，その答えを手に入れるのはむずかしくありません。それは，早期の空想がパーソナリティの全体性の中に統合されるのがどの程度徐々に進むかにかかっています。もともとの空想は非現実的であることもありましょうし，まぎれもなく常にそうなのです。赤ん坊のときの子ほめへの要求は，人生の後の時期になされれば明白に非現実的なのです。大人になれば，生まれたばかりの赤ん坊のときに期待でき，期待する権利もあった，関心の中心になるということを期待することはできません。白昼夢として存在し続け，ある程度は役に立つ，言葉にすることが可能な早期の空想さえも，正常な人間のもっている資質のかなめです。それらは，願望充足的な空想に対する失望への反応を可能にする，人間の心的装置の復原力の一部なのです。

　私たちはそのことにそれほど気づいていませんが，そのことを心にとめておけば，自己観察を通して，私たちが日常生活で自己評価に一撃をくら

うと，まったく非現実的な成功の白昼夢へとさまよい出やすいということがわかります。統合が徐々に進むことは，パーソナリティの誇大的な部分の発達を許し，その部分にはもともとの空想が，覆われてはいても保持されているのです。もともとの空想は，それに結びついた強烈な願望や，強烈な自己顕示や，その中の強烈な快感とともに，どこかでまだ活動していますが，それに加えて，もともとの空想を飼い慣らすようなパーソナリティの成長も続いています。私たちは空想を野心と行動の駆動燃料として用いることができますが，成長するにつれ，それを変化させます。それはかつての誇大性の感覚への通路をまったくもっていないというのではありません。その通路がない人は表層からの動機づけのみに頼ってしまうことになり，大きな仕事は自分の達成への前合理的な源泉がなければなし遂げられません。

　人は，いくぶんかは前合理的な――お望みなら幼児的な，でもいいですが――動機に動かされねばなりません。けれどもそれに動かされるだけでは十分ではありません。フロイトのいう馬と騎手のたとえで言えば，人には，自己の領域にあるところの，成功することへの願望や目だつことへの願望や，不可能をなし遂げることへの願望を含む，子どもの欲動装置がもつ強烈な力を使いこなす能力がなければなりませんが，それと同時に，この強烈な力は飼い慣らされていなければなりません。もっとも，人が馬に乗っていなければ，比較的穏やかに移動できます。彼はこの動物の力の暴発に脅かされずにすみますが，そのかわりそれほど遠くに行くこともできません。

　しかし，そのような人はどうしてそんなにインスピレーションに動かされるのでしょう。インスピレーションとは，よくも悪くももともとの空想の有効性への全体的な確信の中に生じます。そして人々は一定の退行的な状況においては，みずからをその空想に従属させたりもします。私が指摘しようとしているのは，誇大性は，それが徐々に統合され，とりわけそれ

第15章　理想化転移（感謝）と心的構造の形成にあたってのその役割　　*233*

を支える才能ある自我を伴うときには，多少とも偉大な成功へと促す力になりますが，存在している他の資質やそれをとりまく状況によっても違います。また逆に，それは人の一生の大きな障害にもなり得るのです。

　治療者の技量は，ある与えられた時点で，誇大性のあらわれに対して自分の反応の舵をどの方向に切ったらよいかを知ることにあります。一番よいのは，その反応が起こった状況の中での積極的側面に目をとめることです。いずれにしても誇大性というものを，けなすべき，恥ずべきものとして取り扱ってはいけません。一定の成長段階にあっては妥当性のあるものとして共感的に受け容れられるべきものです。ですからきわめてしばしば起こることですが，まさにこの時期相応の成功　phase-appropriate successes が充足されないこと，このことに患者は長いこと固着したままになっているのです。その次に私たちが示すことは，この変形を受けない生のままの誇大性が今のところは患者の邪魔をしている，しかしそれは同時に，命を吹き込む動機づけの力をも内蔵していて成功をもたらすこともある，ということです。ところで，それ相応の資質のある人々を分析する場合には，これは時には果てしなく反復する作業課題のようにもなってしまいます。特に，人生早期に自己集中型ないしは対象指向型の誇大性の領域においてこうむった特異な妨害や外傷を，その人が既に知的に理解してしまった場合はとりわけそうなってしまいます。思い出してもらいたいのですが，私は単に主体結合性の誇大性について起こる心的外傷だけを言っているのではありません。さらに子どもが周囲の人物に付与するあの誇大性についてもあてはまるのであり，その人物と親密になりたいと子どもは望んでいます。いずれにしろ，個々の事例ごとによく調べてみなければなりません^{（訳注1）}。

　（訳注1）　この時期のコフートはまだ自己愛論を完成していないから，自己集中型の誇大性（ないしは主体結合性の誇大性），対象指向型の誇大性，などと表現に苦慮している。1968年以降，前者は誇大自己，後者は理想化された親のイマーゴという概念構成の中にそれぞれ吸収されていく。

234

　私は今朝この種のことについて，ある患者となにがしか徹底操作しました。以下の話を聞けば，子どものときこの人がどんなに父親を非常に賛美していたか，はっきりと見て取れるでしょう。父親は熟練した職人で，下級の職工でしたが，この少年の人生のある時期には大変に賛美されていました。実際，父親が地下室に置いていた道具箱は途方もない空想の中心でした。もちろん道具箱の背後には隠ぺい記憶があったでしょうし，それは大人の男の性器への賞賛とかいろいろでしょうが，私はそれを置き換えを基礎として説明することによって，単純に取り扱えるとは思わないのです。意識的に思い出した賞賛は道具に対してだけでなく，父親の技能にも向いていました。この少年にとって大きな外傷は，両親が力を合わせてその少年に対して父親をおとしめようとしたことです。その少年は父親よりはるかに偉くなると考えられていました。父親はこの国に移住してきた人でした。父親とその妻は息子に，専門的な仕事をする人間になることを望みました。しかし人生を通じて患者は，自分には何かが欠けているという感覚をもっていました。ですから彼は不合理な誇大理想と格闘せねばならず，その理想は彼を過剰に刺激し，彼が現実の成功を楽しむことを妨げたのです。そして今朝の徹底操作の過程では，彼が最近なし遂げた現実のかなりの成功が扱われました。彼はその成功に大きな失望の感情をもって，反応していたのです。つまり，彼はまったくその成功を楽しめませんでした。彼が本当に望むのは，彼が父親に到達できるような成功であって，ある意味で彼がまた母親のかわい子ちゃんになって，父がおとしめられるような成功ではけっしてなかったのです。

　彼の人生の最早期に，そして思春期にも再び，彼がそのような成功をもつ時期がありました。すなわち，彼は偉い人で父親はとるに足らなかったのです。しかし彼には欠けたものがいつもありました。なぜなら，彼は父がまさにそうだったものでもあったからです。父親がとるに足らなくなるにつれ，彼自身の成功からくる刺激はなじみのない，魔術的なものになり，

第15章 理想化転移（感謝）と心的構造の形成にあたってのその役割 235

本当には彼に属するものでなくなったのです(原注1)。彼は今でも彼の成功を，彼がまだ父親と同じ立場に身を置いていたときの複製として体験する傾向があります。しかし，彼は父親と同じ立場に身を置きたくはなかったのです。他方で彼は父親を尊敬し，賛美したかったのです。そうすることで，自分が大きく偉いのだと感じたかったのです。最近になって彼が成功したときも，それは彼にとっては再び子ども，つまり母親のかわい子ちゃんに転落することを意味し，あるいはせいぜい父よりはましな成功を期待されている潜伏期・前青年期の子どもに過ぎません。しかし，自分は決してそんな存在でないことをよく知っていました。つまり，彼は成功に関して深い葛藤をもっていたのです。そしてこれを徹底操作することはきわめて重要でした。

私がここで示したいことは，誇大的な達成についての古い空想が存在し続けているということそのものは，それ自体とるに足らないことであるということです。それは車のガソリンのようなものです。あなたはこっちにもあっちにも運転して行けますが，車が動くかどうかは機械にかかっています。人生早期から存在しあまり変わらずにある誇大性についてのコンプレックスは，ある人々には破壊的かもしれませんが，別の人々には破壊的ではないのです。それは才能の程度と，自分の途方もない駆動力をどう使えるかにかかっていると思います。それを取り扱える能力のある人もいれば，ない人もいます。私はこのことは考えるに値する，興味あることだと思います。というのは，私たちはしばしば成功が幸福を意味しているように考えるからです。しかし，大変な成功を達成しながら幸福でない人もいることは，疑いのないことです。彼らは一生を通して，途方もない達成を次から次へと積み上げることに逃れ難く駆り立てられているように感じながら，本質的には不幸なままにとどまるのです。このような人たちにはお

（原注1）　この事例では，融和性をもった双極自己の経験が欠如している。その自己は，実現可能な目標をもって，技量と才能が緊張弧をもつことによって，野心を表現していく。

そらく早期の深刻な心的外傷が存在し，それが誇大的な空想の最早期の固着に彼らを駆り立てる力を残しているのです。彼らには彼らに要求された，成功を達成するための才能がありますが，むしろ不幸なパーソナリティにとどまり，決して成功を喜べません。天才の中にはそういう例がたくさんあると思います。たとえばベートーベンの人生には次から次へと不幸な時期が訪れましたが，彼は大変な達成をなし遂げました。

　多くの天才たちはその人生の最後に，彼らが人生を能動的に生きてこなかったという感覚をもっていたことを教えてくれるのではないかと思います。そのかわりに，彼らが自分の才能だと思っていたものに駆り立てられていたのです。私は彼らが才能に駆り立てられるのではなく，才能が単にその役を果たすためにあるに過ぎないある種の命令に動かされているのだと思います。彼らは絶えず追いまくられ，自由な時間や成功を楽しむゆとりはほとんどありません。

F：先生が前におっしゃったことにもどるのですが，これは誇大的な感覚と接触すらもてない人とは違うと言われたのですが，もうすこし詳しく話していただけませんか？

K：人間がその人生の一時期に外傷的な失望を経験してきたならば——つまり，彼の誇大性にこだまがかえって来なかったときには——，うまくいくことがどんなふうにじゃまされるにせよ，それはいずれも彼の自己評価への打撃であり，誇大性への一撃になります。私は誇大性という言葉を，それより他にいい言葉がないので使ってきました。それは後になって，完全な美しさ，素晴らしい身体，大きな成功，聡明さ，道徳的な完全さ，自分自身へのいい感情といったものになるものを含んでいます。

　たとえば，苦痛な病気は子どもにとって明らかに自己愛への一撃として体験されてしまい，しかるべき理由があり，反応を返せるような，合理的

第15章　理想化転移（感謝）と心的構造の形成にあたってのその役割　　237

にふりかかった苦痛としては体験されません。子どもはつま先をぶつけて
も，「どうしてこんなことが自分に起きるんだ」と怒りで反応します。病
気へのこの自己愛的な反応の仕方は，多くの人の一生に少しは残っていま
す。正常な状況なら自分の非現実的な自己評価に裏づけをもらえるべき人
生の早期に，子どもが外傷的な失望をこうむるとしましょう。こういうこ
とは母親の抑うつがあったり，身体的な病気のような問題を子どものため
に母親が解決してやれない，というような理由で起こります（身体的な病
気という事実そのものも説明しにくいのですが）。たとえ重病があったに
せよ，自己評価の現実的な低下をよく考えることが重要です。

　ところで早期においては，子どもの自己評価と自己体験は両親とまわり
の大人を含んでいるので，子どもの病気の現実的な事実は，それが深刻な
時でも，必ずしも外傷にはなりません。自己評価の低下が外傷的になるの
は，身体的な病気による両親の拒否が存在するときだけです。パーソナリ
ティの発達において早期の身体的な病気が重要な役割を果たした，私が治
療した少数の症例においては，決定的なのは病気そのものではなく，結果
的に両親自身の自己評価の低下と子どもへの拒否を生じさせることになる，
子どもの病気がもたらす両親への自己愛的な衝撃なのだという結論に私は
導かれました。

　これはずっと昔フロイトが言っていたことです。私が今言ったことに特
に関係しているのはどの学派なのかがおわかりになるほど，精神分析の歴
史についてみなさんがたがよくご存知なのか，私にはわかりません。それ
はアドラー学派です（Freud, 1914b, 99頁）。主体に結びついた劣等性が力
動的な性格形成の中核になります。たとえば過代償，つまり器官劣等性
organ inferiority に基づく劣等感の克服，などがそれにあたります。カレ
ン・ホーナイはこれの変形したものを女性の心理に応用しました（1934）。
しかし，フロイトはこの特異な考え方の流れを追究しませんでした。

　それほどすぐれてはいませんが，一時はとても人気のあったドイツの小

説家で伝記作家のエミール・ルートヴィッヒという人がいて，たくさんの
よく売れた伝記を書きましたが，なかには悪くないのもあります。そのな
かにウィリアム二世の伝記があります（Ludwig, 1928）。ルートヴィッヒ
はアドラーの追随者ですが，ウィルヘルム皇帝のパーソナリティ発達の全
体を，彼が出生時に外傷を負った事実をもとに説明しました。彼の腕が萎
えていたことはかなり有名ですが，その中核的な器官劣等性をもとに，エ
ミール・ルートヴィッヒは彼の性格を記述しました。皇帝はけっして安ら
ぐことがなく，世界大戦は彼自身を主張しようとするこの欲求の最終的な
帰結だったと言うのです。彼の腕は萎えていましたが，彼はそうでないこ
とを証明しようとしたのです。

　フロイトのアドラーに対する反論を読むと，とても教えられるところが
多いと思います。そのうちのいくつかは精神分析運動の歴史を扱っていま
す。すでに私がお話ししたのと同様に，その皇帝を闘争的で野心的な，う
まくいかなかったときにあまりにたやすく落ち込み，失望し，傷つくよう
な人に駆り立てたのは，彼の萎えた腕，すなわち器官劣等性ではないとフ
ロイトは言いました。皇帝は次から次へと偉大な，誰の目にも明らかな成
功を達成せねばならなかったのです。このことがまさに，戦争の多くの原
因の一つでした。しかし，気ぐらいの高い彼の母親が，障害をもった完全
でない子どもに我慢できず，そのために最初から彼とかかわりをもちたが
らなかったために，彼が受けた拒絶こそが，皇帝のパーソナリティの説明
としてフロイトが考えたことでした。

　私にとっては，このことは私の患者たちとの経験からきわめて納得でき
ます。この患者たちにあっては，彼らの深刻な早期の障害や病気があった
としても，最終的な分析の中では，その無能力は中心的な感覚にはならず，
両親の無力感こそが中心的な感覚であることがわかってきます。彼らが子
どもを拒否したのは，助けが何もなかったからです。彼らは子どもの障害
を治すこともできず，かと言って障害をもった子どもに堪えることもでき

第15章　理想化転移(感謝)と心的構造の形成にあたってのその役割　　239

ませんでした。

　障害児によく見られる両親の反応は，子どもへの愛情をかけすぎてしまうことです。これは心理―生物学的にはよく理解できることですが，社会学的には重大な不公平を招きます。母親は障害児にはもっているものすべてを与えますが，それ以外の家族の成員が情緒的に害を受けてしまうことがよくあります。五体満足でも，彼らは母親から自分への愛の輝きや反応を求めていますが，母親は背骨の曲がった子どもや足のわるい子どもにかまけています。それは家族の中の子どものひとりに起こった一時的な病気による，偶発的で一過性の注意の撤去とは違っています。健康な子どもから慢性的に病気の子どもに愛情が移されると，健康な子どもは非常にしばしば，すごく恨みがましくなります。彼らは広範なパーソナリティ変化で反応し，彼らの必要とする愛情のこだまを奪っていった病気の競争相手への軽蔑のために，自分の達成を求め，誇示するようになるでしょう。

Ｆ：母親が愛情を注ぎ過ぎることが，拒否することよりも心理学的に妥当だということが必然的に言えるのはなぜですか？　動物の世界では欠陥のある子孫が拒否され，食物をまったく与えられず，ほったらかされて死んでしまうことを見かけると思いますが。両親が子どもに愛情をかけすぎる原因は，そういった反応への反動形成ではありませんか？

Ｋ：それはよい質問だと思います。もちろん，私が心理―生物学的にはそれはまずまず良い反応だけれど，家族の組織やほかの子どものことを考えると害になると言ったときには，観点の違いを定義したのです。心理―生物学的という言葉の力点は，心理，の方にあります。人類が互いに反応し合う，高度に分化したやり方の中では，このような過剰反応の方が，子どもへの拒否や子殺しよりも，はるかに人間性を支えるものだと私は思います。ここにはいろいろな議論があるでしょう。

437

240

　人間の心理的な構成については，動物の行動と単純に比較できないもの
があります。まず第一に，人間が一度に産む子は少なく，ふつう一人なの
に，動物が障害をもった子どもを拒否するのは，そのとき産んだ多くの一
緒に生まれた子のうちの一匹だけを拒否するということなのです。これは，
母親の中の母性的な態度のすべてを刺激する，ひとりの子どもを拒否する
のとは，まったくわけがちがいます。第二に，自己愛の関与があります。
それがあるために，それは子どもを包む保護的な自己愛の正常な流出とな
り，それは子どもが大きくなってその同じ自己愛が病気の器官自体を包む
のと同じことです。言い換えると，子どもとその欠陥は自己のユニットの
中に包含されていきます。

　つまりは，技術社会の複雑さの中で，人の心理的な態度がどのように所
を得てしかもそれを保つかという，複雑な問題に行き着きます。同胞のう
ちの発育のよくないものに身を捧げることがなくなれば，集団としての人
間の行動は，明らかに劣悪になります。たとえ戦力の効率にとってそうす
るほうがいいからといって，負傷者を置き去りにしたときには，軍隊はお
しまいになります。まず第一に，そういった放棄は軍隊の無秩序の結果で
す。言い換えれば，傷ついた人や無力な人に同一化するというような，人
間的な価値が脱落してしまったのです。第二に，その結果として，人々は
置き去りにされた人たちと共感的に結合します。彼らは何が起きているの
か知っています。ですから，彼らはこの後彼らに何かが起きても，自分た
ちが守られないだろうということを知っています。こうしてみんなが個々
バラバラになり，組織されたまとまりをもった cohesive 集団行動の終末
が始まるのです。

　ところで，三人の宇宙飛行士が危機に瀕したとき，世界中が彼らが救助
されるかどうかに関心をもちました。なぜでしょう？　それは誰もが，地
球に帰る道を見出せず，宇宙のどこかで窒息することしかない人間の孤独
に同一化できるからです。これは，家から遠く離れて道に迷ってしまい，

第15章 理想化転移（感謝）と心的構造の形成にあたってのその役割 *241*

母親や，母なる大地や，どんなものにせよ，もう二度と見つけることができないという，人間誰にもある最早期の恐怖と不安の複製です。だからこそ，どれほどお金がかかろうと，宇宙飛行士を救うことは重要なのです。経済的にはつりあいませんが，彼らの救助を試みないということは，文明にとって完全に破壊的です。この三人がきわめて重要人物だからではありません。他方，毎日，ベトナムで，あるいは自動車事故で，あるいはいろいろなやり方で，人々が死にます。集団の融和性にかかわる限りでは，こうしたことは重要ではありません。しかし，責任の感覚の維持に関する限りは，彼らを救う集団の融和性は重要です。もし彼らが助けられなかったとしても，なしうることがなされたのであり，彼らは見捨てられたことにはなりません。

　これが，障害を負った，あるいは欠陥のある幼いものへの人間の反応に関して，その心理—生物学的な意味についての質問への長いお答えです。人類においてはこうしたことがより複雑ですが，——これは人間が一度に産める子が少ないことに関係しているでしょう。

　さて，症例の最後はどうですか？

Ｐ：最後の面接にはあまりお話しするようなことはありません。それが最後の面接だということに，ちょっと驚きます。

Ｋ：それが最後でもう来たくないと彼女が言った，ということですか。

Ｐ：ええ。彼女の気分は３回目には回復し始めていました。彼女がスキー旅行から帰って来て，数学から哲学に転向するつもりだと言ったあと，私は抑うつにいくらか変化があることに気づきました。その次の週は，彼女はまさに輝いていました。ところでその頃，私は学生相談室から転勤して，OPDにオフィスをもちました。私は廊下を歩きながら，クリニックを見

つけるのが大変だったかと尋ねました。彼女は，いいえ，道の聞き方を知ってますからと言いました。彼女は私を奉っているようでしたが，しかし気持ちのいいやり方でした。そして彼女は，脚を椅子の反対側の肘掛けに投げ出すようにして座りました。彼女は，最近はとても気分がいいので，本当に話し合うこともないと私に伝えに来たところだ，と言いました。彼女はこの変化を，物理と数学から哲学に転向することを決めたことと関係づけました。いまや彼女は，本当に楽しめ，実際にうまくやれそうな進路に進もうとしていました。こういうことはみな，スキー旅行にさかのぼる，そこで自分の人生についてのまったく新しい視点を手にいれた，と彼女は言いました。彼女はスキーのレッスンを受け，転ぶかどうか気にしなければ，うまくやれるのだということを見出しました。自分が望めばスキーはうまくなれるのだと考えながら，彼女は戻って来ました。家に帰るバスの中で，自分が楽しめない物理のコースのグループに戻ることを考えると，彼女は再び落ち込みを感じました。そこで彼女はひらめいたのです。どうして続けるの？，と。どうして転向しないの？　それは彼女がそうできるという，啓示だったと彼女は言いました。彼女はジョイスの『若き日の芸術家の自画像』をもってきており，帰る途中でとても楽しくそれを読みました。そして彼女が言うには，彼女は集中できたのです。はっきりとした専攻を選ぶことにかまけすぎていた，それを来年の秋に決めてもいいのだと，彼女は話しました。

　この新しいカリキュラムの中でも，彼女が依然として一番でなければならないと感じているのか，私は尋ねました。本当に不安なく読めるの？，と。そして，彼女がサルトルの本をすべて読まなくてはならないといったことについて，彼女がかつて私に語ったことを，彼女に思い起こさせてみました。彼女は，ええ，できるんです，と言いましたが，気持ちが実際によりまとまっていると感じていますのでできるかもしれません。彼女の目標はそれほど高くないのです。この2週間ほど，彼女は読んだり書いたり

第15章　理想化転移（感謝）と心的構造の形成にあたってのその役割　243

するのがずっと楽にできると感じています。そして彼女は以前ほど孤独でもありません。

　私はひょっとして彼女が以前のボーイフレンドのところに帰ったのかと思いました。私はまだ彼女の変化に半信半疑でしたので，「ボーイフレンドのTはどうしたの」と聞きました。彼がスキー旅行に行ったのをおぼえていたからです。

　彼女が言うには，彼とはスキー旅行で会ったけれど，夕食を一度ともにしただけなのです。それから彼女は性的に刺激されて，先週末に彼に電話しました。彼らは散歩をして，楽しいときを過ごしました。彼はいつものように彼の個人的な問題を彼女に話しているばかりなので，彼女は落ち込みました。にもかかわらず，彼女は彼と寝るのはいいかもしれない，と思いました。彼女はしかし，「だめだめ，あとで後悔するかもしれないし，私は本当は関係を続けたいと望んではいないわ」と心を決めました。彼女はその日の最後に彼にさよならを言い，それをやり遂げたことに満足しました。彼女には，大学には毎晩同じ彼と寝ている女の子がたくさんいることはわかっていますし，自分に誰もいないというのは，すこし仲間外れになった感じもします。しかし，自分があちこちで寝ないということを自分で決めたことを思うと，彼女はよりいい気持ちになりました。男性をそんなふうに大きな松葉杖にしてはいけないと彼女は言います。実際，寮では女の子たちとも話すようになっています。しかし，彼女にもつき合いはあり，彼女の最近のデートについて話しました。彼女は春の洋服を買いに行こうとしている，と言いました。友達が，「春がくるわ，トニー，みんなあなたの脚を見たがっているわ」と言ったのです。

　彼女はいくらかいい加減にしておくことができるようになったと言いました。彼女は文学士の学位のことをあまり気にしていません。それは大学院にせよそうでないにせよ，たいした問題にならないのです。彼女はなにか教養を育てるようなコースをとりたいと思っているだけであり，すこし

ばかり教養を高めて大学を出ればよいのです。こうした態度の変化の以前には、専攻ということは何百という本を読み、彼女がとりたい科目を専攻している人々と同じように話すということを専門にするということを、意味していました。哲学についても、彼女は校内を歩き回るうちに見かける哲学の専攻生に似せるために、しゃべり方を変えねばならないという考えを少しの間もっていました。そういう考えを彼女は捨てました。

こうしたことすべての雰囲気と、このような真の自信、自分に能力があるのだという感覚を私は聞き取り、彼女がなんとかやっていけると感じていることがわかりました。そこで私は気の沈みこむ思いをしました。これでいい、これは治療の終わりなのだと感じ、私は何と言おうかと心の中で自分自身と相談しました。私には後悔の感情がありました。彼女は、心の表面からなにか薄皮がはがれていったようだ、と言いました。友達が言うには彼女はもともとしっかりした人間であり、そのことをわきまえて自分で自分を混乱におとし入れなければ大丈夫なのだそうです。今、彼女は自分がどこにいるか知っているようです。もし何か困ったことが出てくれば、彼女は私に電話してくるでしょう。

私は、「さて、あなたは私の電話番号を知っていますね」と言いました。戸口で彼女は、私が彼女に今まで話したことに感謝しました。私は、特別な何かを彼女に言ったとは思わない、と言いました。

治療とは自分を発見することで、彼女はまさにそれをやったように思える、と私は言ったのです。

K：うまくいきましたね。ただ、患者の感謝は妨げないように。私はこのことは重大だと思っています。感謝についてみなさんが理解されれば、それは心的構造の獲得に重要な役割を果たします。このケースでは彼女のパーソナリティの安定化が起こりました。彼女が受容的な理想化された人物、すなわち治療者とかかわるにつれて、より大きな融和性と自己受容が達成

第15章　理想化転移（感謝）と心的構造の形成にあたってのその役割　　245

されました。外傷的な体験が彼女の中期思春期にあり，理想化された父親は彼女を失望させ，見捨てたのです。しかしある時点までは，ものごとはうまくいっていました。つまり，父親との関係は性目標—阻止的　aim inhibited であったし(訳注2)，彼女にとってささえになるものだったと考えられます。彼女の目から見ると，父親はふつうではない人物でした。

　思春期には外的対象を試してみることが，何度も起きます。もしこれが性的なものになることを許されると，最終結果として，性目標—阻止的であったはずの価値判断が欠陥をもってしまいます。超自我は性的に買収可能になるのです。この症例で，患者が治療者を理想化することを許されるにつれて，患者に許容される支えるような関係は再び局在化しました。つまり，彼女は読書に喜びを経験することが可能になり，治療者に陽性の感情をもちました。ところで私たちは理想化されることに困難をおぼえるものですが，それは，私たちが自分の誇大性を追い払って身を守る必要があるからです。それでしばしば患者から私たちを賛美する欲求を剥奪するのです。

P：贈り物の問題について全体的にはどうなのでしょう？

K：まず贈り物を受け取ってから，そのあとでそれについて考えるべきです。禁欲規則は古い誤解された規則です。治療では現実的な満足が許されていないという規則に従う人たちは，治療から，価値のある洞察になるべきものの徹底操作を奪ってしまいます。あなたが贈り物を受け取るかどうか，患者に質問されたときに答えるかどうかは，たいして重大なことではありません。贈り物や質問がどう見えるかに反応することは，正常な行動に対する正常な人間的な反応です。一般には贈り物を受け取らなかったり，質問に答えないことによって，中立性が保持されると想定されています。

───────────────────────

（訳注2）　リビドーが中和化されていたということ。

443

しかし，それではあなたは中立にふるまったことにはなりません。治療者が中立的であるというとき，物理的な刺激や雑音がないということと，中立性とを混同してはなりません。沈黙は，雑音がないのですから，物理的には中立的ですが，心理学的には中立ではないのです。誰かが何かをあなたに尋ね，あなたが黙っていれば，患者はあなたを失礼だと体験し，中立的だとは思いません。

　中立性が情緒や音や言語化がないことであるなどと，誤解されてはならないと思います。中立性はとても定義するのがむずかしいのです。それは患者が理解できるような設定の中で，適切に応答しようとする試みなのです。あなたが贈り物を受け取ろうが受け取るまいが，たいした違いはありません。あなたが質問に答えようが答えまいが，たいした違いはありません。あなたがどのようにそれを受け取ったり受け取らなかったりしたか，どのように答えたり答えなかったりしたか，その仕方にかかっているのです。それを適切な体験にしなければなりません。つまり，あなたは答えないことを選んでもいいのですが，あなたはそれがなぜかを説明し，患者の反応をあなたが理解していることを説明するのです。もし患者のやることが有害なら，それは治療の中でいずれは出てきます。日頃の私自身の鉄則は，「疑いがあるときは，ふつうにふるまえ」です。あなたが贈り物を受け取らないか質問に答えるかは，大した問題ではありません。患者がついに冷淡さを打ち破り，他人に与えることができるようになったとき，あなたは彼を拒絶しないでしょう。本当の問題は，あなたのすることにまつわっている人間的な態度なのです。

　患者の最後の面接を検討しましょう。ある意味で成長したことはまったく明らかです。彼女は自分についてどう描写していますか？　誰かこのことを定式化したい人はいますか？

Ｆ：いずれにしろ，彼女はみずから年相応にふるまいつつありますね，一

第15章 理想化転移（感謝）と心的構造の形成にあたってのその役割 *247*

般的な言葉で言うと。

K：そう，彼女は年相応にふるまいます。しかし，彼女が年相応にふるまうとして，その特質はどんなことでしょう？ 彼女が自分について強調する，好ましいことは何でしょう？ これらにはすべて共通の何かがあるように私には思えます。彼女はいろんなことを——勉強でも，ボーイフレンドへの態度でも，スキーへの態度にしても，読書への態度にしても——やっています。こうしたすべての活動には心理学的に言って，共通の何かがあるのです。

F：彼女はがんばりすぎていないし，高望みもしていない，ということなのですが。

K：それは一つの側面ですね。彼女は学業についてそう言いましたし，スキーについてもそう言いました。

F：男の子についてもですね，ある意味では。

K：私はそれほどそうは思いません，男の子に関して，彼女ががんばりすぎていたとはね。彼女は彼と別れた方がいいという結論に達したのです。

F：私には彼女が支配力をもち自信を強めつつあると感じられます。もうわずらわされてはいないし，自分をコントロールできているし，ですから混乱して何かとんでもないことが起こるということもありません。つまり，コントロールするもしないも自分次第だ，という感覚です。

K：あなたの言われたことは私の感じていることに近いと思います。それ

445

は彼女が，真のイニシャティブの感覚をもっているということです。彼女はもはや誰からも追い回されてはいません。彼女はイニシャティブをもち，選択の自由があるのです。

F：治療者が彼女に提供したものは，父親が彼女にあてがった計画に知的に同一化することをやめて，意味のある形で父から分離する機会をもてるようにしたことのように，私には思えます。

K：それは正しいと思います。けれども，彼女がひとまとまりなのだ one piece という感覚が，今は私には強く感じられます。実際にそう言っていますし。言い換えれば，彼女はひとまとまりで，自分が今や真のイニシャティブの中心だと感じているような気がするのです。彼女は決定します。彼女はまだいろんな欲求に駆り立てられます，たとえばボーイフレンドへの欲求にです。しかし，彼女は腹を決めます。だめだめ，それはたいして大事なことではありません，と。「いちばんだいじなのは自分だわ。今は彼を追い払っておきましょう。よくないから」。彼女の自己評価は高くなっています。自己評価が高まり，ひとまとまりであるという感覚によって，彼女は決定と選択と計画とイニシャティブの中心にもなります。彼女が本を読むときには，能動的に読みます。彼女がひとつのコースを捨て，もうひとつのを取るときには，何が自分にとっていちばんいいかで決定します。私から見れば，彼女は今や活動性の中心をもち，それは，高くなった自己評価と，彼女の自己一体験の融和性の増大と結びついています。

F：いうなれば，彼女は馬に乗っていますね(訳注3)。

（訳注3） フロイト (1933) は，自我とエスの関係を騎手と馬の関係に譬えた。したがって，馬に乗っていることはエスに対する自我の支配の確立を意味する。ただし，コフートにあってはエスに相当するものが誇大自己を指していることに注意。詳しくは，本巻の262頁と332頁を参照のこと。

第15章　理想化転移（感謝）と心的構造の形成にあたってのその役割　　*249*

彼女は治療を終わることを決定したのですね。

K：そうです。彼女は馬に乗り，どっちに行くのかを馬に命令しています。これが今の力動的な診断です。これが彼女の融和性と自己評価に起きたことなのだと，言えるでしょう。これらは彼女の高まった自己評価の結果であり，それにも増してひとまとまりに結び合った彼女の融和的な自己の結果です。これはどうして起きたのでしょう？　何がこれをもたらしたのでしょう？　偶然でしょうか？　精神療法の結果でしょうか？　どちらも少しずつでしょうか？　どう思われますか？

F：何か混乱があって，そのせいで受診するようになったのでしょうか。彼女はすでに一つのやり方から別のやり方に移行しつつありました。その時点で彼女を居心地悪くさせるような不均衡があったのです。彼女は古い方法でのりきろうと自分を駆り立てましたが，もうそれはいいものには感じられず，そうしようとしてももはや無理だったのです。

K：彼女の描写にしたがって考えてみると（もちろん，気分の悪さを多少誇張して言うことはあり得るかもしれませんが），これは彼女が経験した単に一時的な落ち込みではありませんでした。彼女は抑うつが彼女の高校生の時から始まったと言いましたから。あなたの心にあるのは，彼女が治療に来た動機が，すでに改善の始まりのポイントだったのだということだと思います。そうかもしれません。私は彼女の以前の助けを求める動きがどうだったか知りません。彼女はとりわけ具合が悪く感じた，前よりも抑うつ的だったということもありえます。

　しかし，私の感じでは，彼女の改善は精神療法とより直接に関係しています。問題はどのように，なぜ改善したかです。

447

F：ここで起こったことなのですが，治療者が彼女に対して，自分の姿を示し，自分を表現すること以外は彼女に要求せず，それでいて治療者の期待に従わなくてもいい，当然父親の期待にも従わなくていいと伝えることになったのだ，という感じを私はもっています。彼女は何か，自分の足で出てきて父親の殻を投げ捨てても大丈夫だというメッセージを受け取ったのです。

K：私はずっと単純だと思います。私は，どんな理由にせよ，治療者が彼女にとても肯定的に反応したという印象をもっています。あなたは言葉ではそれほど反応しませんでしたが，彼女に波長を合わせていたと思います。あなたは彼女の心が好きだったし，魅力的なパーソナリティだと思ったのです。肯定的な何かが，この出会いの中で彼女にとって繰り返され，彼女が流れを情緒的に変えることができました。前意識的なところで行われたにせよ，意図的にあるいは意識的に，または自然に適用するようになったある程度の技術によってなされたにせよ，それはいろいろあると思いますが。その人の欲求をわかれば，こうしたことをまったく不自然にならずにやることができます。その気になれば，人工的にならずに反応できるような何かをいつも見つけることができるものです。

　私の印象では，この女の子は父親の影響と交流のもとで，多くのすばらしい特徴を発達させていました。彼は彼女を賞賛し，彼女も彼に親密に結びついていると感じていました。しかし，この関係がもつ多くの支持的な側面は，彼女が高校に上がると彼女から失われました。そこではもう成功を得られなかったからです。父親はすっかり彼女から気持ちを引っこめてしまい，彼女が自分から離れることを望みました。彼女がついにここで大学の競争的な雰囲気に入ったとき，事態はさらに悪くなりました。

　あなたが彼女に与えた受容や，彼女の贈り物への反応や，彼女を（彼女の外見，話しかた，特に心のはたらきかたを）好きになったことには何か

第15章　理想化転移(感謝)と心的構造の形成にあたってのその役割　　251

があり，そのために，彼女が自分をよりよいものと感じるようにしたのです。これはそのこと自体，悪循環の反対でした。つまり，自分をすこしよく感じると，彼女は何かをなし遂げ，それがまた彼女をいい気持ちにしました。そしてある程度のことをなし遂げると，突然に知的な喜び（発展的になって，父親と一緒に思索したり，考えを共有したり）を手に入れました。それはあなたとの関係でも少しばかり繰り返されました。彼女は古いバランスに再び戻って，突然，自分の責任をもう一度とりもどしたのです。自分のコントロールを引き受けたので，彼女は今や，彼女の欲求にしたがって生きており，駆り立てられて生きているのではないのです。物理と数学と格闘する必要はありません。そういうことは自分にふさわしくないのです。彼女は人文科学の中にいることが好きで，その種の論議をすることが好きなのです。

F：それは彼女が以前そう言ったように，もはや父親の息子である必要がなくなり，治療者が彼女に耳を傾け受け入れることを通して，彼女は母親の困難と早期の病気の現実を見始めたのではないでしょうか。父親が妹には女性的であることやなんかを許したのに，彼女には何か禁じられていたということも彼女は見ることができ，治療者によって彼女はその機会をとりもどしたのです。

K：確かにそうでしょう。終わりのところで彼女は実際に女性的な属性について話していますね。彼女は新しい洋服を買おうとしますが，それもふたつの方向に可能性があります。つまり，知的な領域で父親のお気に入りになることができ，その上，自分自身を開花させ楽しむことができるくらいに，今では彼から離れることができるということです。その転換に気づきましたか？　その転換は彼女自身を楽しむことです。彼女はきれいに見えるようになりたいのです。それは誰にとっても特別なことを意味しませ

449

ん。誰かベッドを共にする人がいなければいけないという理由でボーイフレンドに電話する必要性は，彼女が自分を，知的な人間として，スキーヤーとして，そしてきれいな女の子として安心感をもって感じるにつれて薄れてきます。そのように彼女はイニシャティブをもち，そのようにしておそらく他の人たちの目にもより魅力的に見えるでしょう。

　私の印象では，明らかに彼女の改善は精神療法に反応したものです。あなたはすべてうまくやりました，彼女の感謝を軽く見たいという欲求を除いては。自分を助力してくれた重要な人物がここにいて，その人が，彼女が幼い時に力を引き出してきた何かを回復してくれたということに対して，彼女が喜びを感じているのなら，どうしてそれを邪魔するのでしょう。彼女の心の中で，あなたは偉くて，自分を愛してくれる，自分をほめてくれる父親の役割を割り当てられ，あなたはそれを果たします。それで彼女が感謝をあらわしたら，あなたは受け入れるべきです。

F：関係を試すこと，すなわち父親への昔の感情を一新して組み直すという問題については，全体的にどうなのでしょう。

K：エディプス期の間に外的価値であったものが消え去り，内的な価値と理想がしっかりし，力をもち，局在化します。これは青春期になってもう一度ゆるみますが，最終的な基本的パーソナリティの再構築に向かいます。ここで外的対象の試しがもう一度起きるのです。つまり，大人が誘惑される情景が再演されるのです。ここにおいて性目標─阻止的な関係がないところでは，結果的に欲動をコントロールする能力に基本的な欠陥が生じ，行動化が起きます。

　行動化する患者では，これは彼らの人生のより早期に，たとえば思春期のキャンプの体験の時に起きたことがあると考えていいのです。分別のあるカウンセラーとの関係の中では，女の子たちは理想主義的に世界を改良

第15章　理想化転移（感謝）と心的構造の形成にあたってのその役割　　*253*

しようとし，開拓の技術と精神を発達させます。こうなれば性目標―阻止
的です。ところがその発達の中で現実に誘惑が起きた異性愛的な子どもは，
愛情関係の深みを奪われています。愛情関係の洗練も愛情細やかな絆もな
くなるでしょう。成熟した愛情関係は重層的なものです。むきだしの性的
な行動や性についての強い否定的な行動は，パーソナリティ発達を阻み，
愛情関係の洗練がうまくいかなくなります。私たちが論じてきた症例では，
父親は愛情対象であっただけでなく，理想でもありました。父親は病気だ
った母親の分も含めて理想化することをいくぶん担わなくてはならず，こ
の女の子は彼女の自己の中核になるべきだった何かを奪われました。父親
の中に彼女は，自分が愛し，理想化できる男性を見出しました。それによ
って彼女の目標の構造が男性的な傾向を帯びることがあったとしても，有
害ではありません。すべての人が同じ発達を遂げなくともいいのです。価
値をもつことは重要ですが，内容は一律ではありえません。

F：もし，生活史が行動化を説明しないとしても，行動化の特徴をもつ患
者には誘惑体験が起きただろうと仮定してもいいのでしょうか？

K：行動化には多くの形態があります。ですから，行動化する人について
は，行動化という根拠だけで，思春期の，あるいは早期の特異的な体験が
あったと結論することはできません。

　思春期にはしかし，もう一度，穏やかでそれほど深い破壊性のないかた
ちで心的外傷が起きるかもしれませんが，あなたのものの見方に，ある一
定の洗練化がなければならないということを忘れてはなりません。原因と
結果という見方で単純に考えることはできません。というのは，そうする
と彼らが実際に置かれている心理的状況の複雑さを不当に扱うことになる
からです。

　複雑な概念を学ぶ時に，比較的単純なかたちの定式化をすることに反対

451

することは何もありません。それらはものごとをすこしばかり消化しやす

くします。同じく，たとえばキャンプの指導者が，関係を理想化したがっ

ている男の子や女の子と，ある種の性的な関係になることを許すなら，こ

の種の状況はそれ自体，後の特異的な超自我の欠陥の原因になり得るとい

うことに，私は反対するものではありません。それはある程度正しいので

すが，しかし，単純化し過ぎています。それは患者ののちの行動に，力動

的で構造的な説明を与えることはできます。患者が果たさねばならない仕

事があるときに，彼がいわば，かつてキャンプの指導者に取り入ったよう

に，彼自身の良心をも買収することができると思い込んでいることが後に

なってわかるでしょう。つまり，「私はかわいい，人から好かれる人間だ

から，そんなことをやらなくてもいいんだよね。特別な人間なんだから」

と思い込むのです。

　理想的なキャンプの指導者は，自分自身が理想化されることを許すでし

ょうが，この理想化が現実の愛情関係へと変質することは許さないでしょ

う。この特定の人物がもつ指導者としての力の源は，愛され，理想化され

ることによって，この人物が行う要求に特別の力を与えます。キャンプの

指導者への愛があるから，訓練を引き受けられるのです。つまり，ベルが

なるとすぐに起床し，おしゃべりがしたくても消灯します。しかし，あか

らさまな性愛化が起きれば，訓練はあっという間につまずくでしょう。

　キャンプの指導者に対するこうした行動や，学校や家庭での似た状況は，

後には一つの弱さをつくり出し，人間が訓練を受けたり緊張に耐える時の

仕方に対して，また自我と超自我との関係に対して影響するでしょう。む

ずかしい点は次のようなことです。キャンプに来ている多くの子どものう

ち，キャンプの指導者と性的な関係をもつのはその中のどの子なのでしょ

うか？　それはすべての子どもに起きることではありません。それは大人

に対してすでに誘惑的だった子どもにだけ起きるのです。

　言い換えれば，どのような特異的な早期の体験があれば，この特定の子

第15章　理想化転移（感謝）と心的構造の形成にあたってのその役割　　255

どもは，両親の改訂版が彼の誘惑に反応するかどうかをもう一度試す，という傾向をもつのでしょうか？　思春期の理想化された人物の病因的な，あるいは病理的な行動は，多くの場合，すでに存在する病理に単に上乗せされるだけです。しかしその一方，キャンプの指導者が自分が誘惑されることを許さなければ，事態は別の方向に向かったかもしれない（ある程度の確固としたものが獲得されたかもしれない）ことはあると思います。もしかするとこれは，後になって成功したかたちの精神療法を受ける人と，精神療法に入って来ず，なにかまずいことがあるなどと考えもせずに，一生を通じて行動化し続ける人との違いかもしれません。肯定的なキャンプの体験からくると思われる病理への気づきは，健康の最良のしるしであり，それに対して，否定的なキャンプの体験は，自分が病んでいると考えもせず，したがって精神療法を求めることもない，全体的に弛緩したパーソナリティに結実するのかもしれません。

第16章

行動化を自我の支配下の行動
から識別すること

K：前回私たちは行動化の問題に触れました。今回は，より一般的な視点からその話題に近づきましょう。行動化はおそらく，みなさんが扱っている年代の患者では，高い割合である役割を演じるでしょう。問題がいろいろあるなら，それを聞くことにはとても興味があります。どんな種類の行動化にいちばん多く出会いますか？　困難はどのくらい大きいですか？行動化のための治療の妨げは，どれくらい重大ですか？　みなさんはそれを一般的にどう扱っていますか？　説明によって扱いますか？　患者に自我と超自我の態度を与えて，患者をコントロールするような外的な力になることで扱いますか？　治療関係自体が確立されれば，特別なことをする必要もなくおさまるのでしょうか？　一般的に言って，それは対抗しなければいけないものでしょうか？　単にひとつの生き方でしょうか？　私には，これは重要な問題であり，大人よりも思春期の子どもや学生でとりわけ重要のように思えます。

　その言葉が一般的に意味するものを，みなさんのために簡単に定義してさしあげることもできそうですが，同時に多くの人がこの言葉をもともとの定義よりも，はるかにゆるい意味で使っていることも認めざるを得ません。この言葉はフロイトの使った言葉の翻訳です。この言葉のふつうの意味は，「～のようなふりをすること，あるいは，～のようにふるまうこと」

455

pretend as if, or acting as if なのですが，フロイトはそういった意味では使いませんでした。彼はこのことについてひとつの特定の論文の中で論じて，その中で，分析過程で過去を想起すること remembering と過去を行動化すること acting-out を比較しました（1914a，150頁）。それは無意識の力に動かされた活動であって，その力を患者は理解しておらず，それなのに彼は動かされるのでした。治療への道は行動化から想起へと続くべきであり，行動化は望ましくなく想起こそが望ましいものであることは明らかでした。

　言い換えれば，それは言い間違いや夢に対応するものです。それはひとつの構造であり，その中では無意識の動機や無意識の光景が想起されることなく，その派生物が記憶と意識に入ってくることなく，無言劇か演劇のような，一種の伝達的な言語で演じられているに過ぎません。

　行動化の古典的な定義で重要なことは，なされることの動機が精神ときっぱりと切り離されているということです。これを実験的に見せようとするなら，後催眠性の暗示 posthypnotic suggestion との類似によるのが簡単な方法です。患者はまずトランスに入れられます。それは彼が催眠をかける人との特殊な関係にあるということです。催眠をかける人と彼の命令は一時的に，患者の心の中の過程の，いわば中核になるのです。これはとても原始的な種類の関係です。被験者はこう言われます。「さあ，あなたは目覚めます。目覚めて10分後，あなたは部屋の隅にある傘のところに行き，傘を開き，そして閉じます。あなたはこれをみんなやらなければいけません。けれどあなたは私がそうしなさいと命令したことは，憶えていません」。

　この例は，次のような理由で重要です。目覚めて約8分後，患者は落ち着かなくなります。彼は窓の外を見て，こう言います。「曇ってきそうだ。雨がふるかもしれないな。傘がちゃんとしてるか，見ておかなきゃ」。彼は傘がちゃんとしていることを見て，それをもう一度戻しました。その部

第16章　行動化を自我の支配下の行動から識別すること　　259

屋にいる人はみんな，雲が出てきたことを心配したり，傘が役に立つかど
うかを知る必要があったりして，彼が傘を確かめたのではないことを知っ
ています。彼自身を除いてはみなそうです。彼の方は，自分が傘のところ
に行ったのは，急に曇ってきそうで，傘がちゃんと役に立つのか心配にな
ったせいだと思っています。しかし，後催眠性の暗示が与えられるときに
部屋にいた人は誰もそうは思っていません。けれども，もし一人の仲間が
おくれて入ってきて，その行動を目撃し，どう思うか尋ねられたら，「え
え，雨が降りそうなので，彼は傘のことが少し気になったのでしょう」と
言うかもしれません。彼はその行動の説明にちっとも疑いをもっていない
でしょう。

　行動化にもこれがあてはまります。よくあることですが，誰かが古典的
な意味で行動化するとき，活動と動機となる力の間の構造的な関係が明ら
かになったあとでないと，それはなかなかわからないということです。そ
ういう人をこうした知識をもたずに見ると，こうした活動の動機が合理的
であると信じる気になってしまうものです。言い換えると，自我の中には，
この種の行動がその意味と合理性にかかわりなく起きることを許さないよ
うな，統合機能 integrative function があるのです。

　重要な点は，そのふるまいを見るだけでは，それが行動化なのか，行動
なのかわからないということです。その違いは何でしょうか？　行動は自
我とその環境の間の関係に，真に動機づけられています。言い換えれば，
彼が本当に雲が出てきているのを見て，しかも後催眠性の暗示を受けてい
ないのであれば，傘がちゃんとしているかどうか気になり，それを確かめ
ることは，そういうふるまいがちょっと奇妙だとしても，十分ありえるこ
とです。しかしちょうど命令されたときに，まさにこのようにふるまえば，
誰でも，彼が自分のふるまい方に与えた説明は二次的で，本当の動機でな
いことがわかります。それは，患者にとってもほかのやりかたでは理解で
きない，そして患者にも耐え難いふるまい方に対するひとつの説明です。

457

それは，人はパーソナリティの中のこのタイプの亀裂には耐えられないからです。人は亀裂をおおい隠そうとするものです。

このことは，言い間違いについて私がよく言ってきたことです。そこにも，パーソナリティの亀裂がありますが，他はともかくこの種の亀裂に私たちは慣れています。私たちは，口がすべるということはよく起きるものだと知っており，それを笑いの種にしますが，通常隠そうとします。私たちは動機を付け足して，「口をすべらせたとき，自分が何を言いたかったかぼくは知ってるよ」と言います。古典的な意味で行動化らしくふるまっている患者を見るときには，患者は自分のやっていることに自我親和的な説明を与えているという事実はあっても，必ずしもそのふるまいが自我親和的であることを意味しないのです。

それが行動化かどうかを，どうすれば知ることができるのでしょうか？

その反復が必要とされ，自我を特定のやり方で行動するように促し，それで自我が降参してしまうような，もともとの外傷的な状況を私たちは知りません。私たちははっきりとは知ることができないのです。なぜなら，患者の幼児体験によって，後催眠性の暗示が与えられたときに，私たちはそこにいなかったからです。たとえそれが合理的な活動に見えたとしても，ヒステリー症状を理解する時と同じで，行動化を理解することはできません。それは同じように構造化されています。それは自我親和的な二次的な動機と，それをはるかに越える推進力とが混じり合ったものなのです。

ヒステリー症状と行動化をどう見分けられるでしょうか？　その違いを見分ける方法と手段はいろいろあります。とりわけ，常同的な性質と活動の反復性があります。たとえば，ある女の子が25ないし30歳年長の既婚男性との関係にまきこまれ，数ヵ月後にこの男に捨てられたことを聞いたとします。彼女は自分の身に起きたことをつらそうに愚痴るでしょう。すると人は，「そういうことは，ありえることさ」と言うかもしれません。しかし，同じようなことが数え切れないほど起き，そのたびにこのタイプの

第16章　行動化を自我の支配下の行動から識別すること　　*261*

男性を選んでいると聞けば，たとえそれはまったくの偶然だと彼女が説明
したとしても，人は，それは違う，彼女は自分のコントロールできない何
かによって，そうふるまうように動かされているのだ，と推測するでしょ
う。後催眠性の暗示に相当するような何かが，エディプス的な状況の再現
に関連して，彼女にはたらいているのです。

　古典的な行動化は，無意識的な布置にもとづいており，現在の生活の中
に劇として再現する，早期の幼児期の何かの反復もしくは表出と関連しま
す。ところで，ある人がこの種の症状を発展させ，別の人があまり劇的で
ない症状を発展させる理由を尋ねたい人もいるでしょう。なぜ，複雑な社
会状況の中に自分をまきこむことによって過去の光景を再現する人もいれ
ば，他方では，麻痺や性格特徴や心身症を発現させる人もいるのでしょう
か？　ここで，私たちは，私たちの科学の最前線にあって，容易には答え
られない問題に入ってきました。一般的に思い起こすべきことは，無言劇
での演技，舞台の上での演技は，言語よりも古いコミュニケーションのか
たちであり，たとえば伝達するために，情景をつくりだすためにからだを
使う，ある特定の人たち——とりわけヒステリー的な人たちは，演劇的な
人間であって，強迫神経症の人と違って，この特別なやり方で自分を表現
する傾向をもっているらしいということです。生得的な因子があるのかど
うか，そういう人たちが，そうした情景が頻繁な家庭環境で育ったのか，
親の及ぼす影響は親自身の欲求を反映するのみで，子どもは幼い頃から自
分の対抗行動 counter-activities によって抵抗せねばならなかったのかど
うか，はっきりしたことは言えません。けれども私はこのような因子はみ
な関係があると思いますし，そういう行動への生得的な傾向もあるのでし
ょう。多くの行動化する人たちは，ヒステリー的な人格で，拒絶に対して
ヒステリー的な症状や，情景場面によって，たとえば，本当の自殺衝動よ
りはむしろヒステリー的な自殺のそぶりによって反応しやすいものです。
今のところ，行動化の下に横たわる中心的な構造的，力動的関係は深いと

ころでの精神分裂——なぜかはわからぬまま，多かれ少なかれそのふるまいを合理化しつつ，心の上層があやつり人形のように下層に動かされるような水平の分裂 horizontal split ——として，理解されるかもしれません。

心の中の装置の，二つの異なる領域あるいは層の間の特別な関係について説明してみましょう。後催眠性の暗示はその実験的な複製です。子どもの頃の記憶や態度や願望や衝動の残遺物は，抑圧された特定の事柄と関係して存在しており，後催眠性の暗示がその人の催眠後の自我の上で活動するのと同じように，その人の自我の上で活動しうると仮定しましょう。言い換えれば，それが自我に活動を強いているのに，自我は自分の自由意志で活動しているように装います。フロイトは，このことをたとえようとして，この関係についていくつかのジョークを作りました。一つはサーカスの道化についての話でした。道化は大スターたちがやっていることを見て，そのあとを追っかけ，同じことをやります。フロイトは自我はこのような場合，サーカスの道化のようにふるまうのだと言いました。本当の役者は，幼児期の光景であり，子どもの頃の圧力であり，無意識的な動機なのです。

いっそうよい例は，日曜乗馬についてのジョークです。それは日曜だけ馬に乗る人についての話です（1933,108頁）。ある日曜日に彼は自慢気に馬に乗っていますが，歩いている彼の友達に会います。友達が「やあ，馬に乗ってどこに行くの？」と聞くと，彼は「僕に聞かないで，馬に聞いてくれ」と答えます。言い換えると，彼は本当の馬乗りではないのです。彼は状況に責任をもっているかに見えますが，本当は馬が行くところについて行くだけなのです。

この馬に乗る人と馬（自我とイド）の古いたとえで言えば，この関係では状況に責任があるのは無意識の衝動であって，馬に乗っている人は合理化しているだけです。彼は「馬がそこに行かせるから，私はそこに行きたい」と言います。そして彼は，馬がとうとう腹をすかせて厩にまた戻ることを望み，そしてそうなると，それが自分の意志であるかのようにふるま

第16章　行動化を自我の支配下の行動から識別すること　　*263*

うのです。

　こうしたわけで，一方の，現実に適応し自律的な自我の目標に従う自我によって発動された行動と，もう一方のサーカスの道化や日曜乗馬をする人のようにふるまう，合理化する自我によって発動される行動との違いについては，みなさんはみんなおわかりになったと思います。もちろんこの領域には，いろいろの種類の関係があります。無意識的な動機に動かされて仕方なくやっているのですが，そうした衝動にあるもっともらしい目的の手綱をつけている人すらいます。

　私はかつて，私が知る限りでもっとも強度のチックをもつ神経学者を知っていました。彼はチックで満ちていました。私は，彼が何かしたいことがあるときはいつも，適当なチックが来るのを待ち，チックを使ってそれをした，といつも言っていたくらいです。

　私が言おうとしているのは，常同的な無意識の動機に動かされる人がいるということです。自我は，いわば分配機関であり，そのような衝動を見張り，もし必要なら，ある合理的で適応的な目的に衝動を用いるのです。

　そこで，私たちは私たちが行動化と呼ぶものと，自我に真に支配され，心的な欲求と外的な可能性の間の媒介者としての自我の関係に同調する，本当の行動との間の関係について話してきました。極端な場合なら，それはとてもはっきりしています。明らかに，誰かの寝室に夢中遊行するのは行動化か，行動化に似たものです。その人は，それが両親の性交をじゃましようとする子どもの頃の願望か，そういう性質の何かであることを知りません。彼は単に動かされたのです。けれども，誰かが性行動を研究したいという科学的な理由に駆り立てられたとしましょう。彼は科学研究だと合理化することができますが，問題は残ります。どこで線をひいたらいいでしょう。後催眠性の暗示について言えば，後催眠性の命令が与えられたあとにそこに着いたなら，それが強いられたものであることはわからないでしょう。ですからある行動が，どの程度まで単に自我の服従と合理化で

461

あるのか，どの程度まで自律的な自我の活動であるのかを見出すためには，注意深く検索しなければなりません。

私がしばしば述べてきて，今でも信じ続けていることですが，自我の活動は表面的な行動ではなく，人間の心と願望と行動は深さ depth をもっているものであり，そのうちの重要なものはまさにそうです。言い換えれば，幼児体験を含む，心の深い層は残響して，その人の活動，特に重要な活動に関与するのです。ある人の職業的活動の動機がとても重要な子どもの頃の状況の中で生まれたことが示されても，だからといってその適切さや意味深さを決して損なうものではありません。たとえば，友人の選択が人生早期の重要な対象選択の延長だということがわかったとしても，人生の重要な対象選択の適切さを決して損ないません。愛する母や姉妹のイメージにしたがって相手を選ぶことと，子どもの頃からの母や姉妹や友達との特定の関係を，たとえば結婚，離婚，友人関係を通じて何度も再現するような選択を行動化することの間には違いがあります。どこが違うのでしょう？　この問題をご理解されたでしょうか？　その解決策に取り組む前に，問題が理解されたことを確認したいと思います。

硬直した反復という根拠があるので，私たちはときどき自分が行動化を扱っているのではないかと思うでしょうが，確信をもつことはできません。行動面の特徴だけでは頼りないものに過ぎません。どうも行動化らしい——ただその人間は合理化しているだけだと感じても，絶対的に確かだとは思えないのです。

行動化であるような現在の自我の活動が幼児体験との間にもつ関係と，深いところでの行動であってけっして行動化ではない現在の自我の活動が幼児体験との間にもつ関係とがありますが，この二者をどう区別できるのでしょうか？　人生早期にさかのぼるような，このような行動に対する情緒的な動機となるような力があるでしょうか？　もちろん深い残響を伴わない活動もあります。まったく適切で重要な活動が，心の表層から発生し，

第16章　行動化を自我の支配下の行動から識別すること　　265

特定の欲求に応えることもありえます。数学のような抽象的な問題に対する解決活動はそれ自体，ひとりでにそのような形で出てきますが，抽象的な問題の解決活動への没頭とこだわりや，そういう職業を選ぶことは，これはまた別の話だと思います。たとえば，賛美された，抽象的に考える父親への同一化のような，深い情緒的な力がそうした活動の背後に存在することもありえるのです。

　この議論が私たちの領域の高等数学に属することは，おわかりいただけると思います。答えは，人生早期から人を駆り立てる緊張と自我の活動との区別の定義にあるのです。たとえば子どもが，両親が寝室で何をしているか，不安気な関心をもってかき立てられているとしましょう。リズミックな音によって興奮が引き起こされ，おぼろげに見える活動の中の二人への同一化と，何か恐ろしい身体切断が起きているのではないかとか，その過程で誰かが殺されているのではないかという恐怖が出てきます。そこには，心が持ちこたえられる以上の興奮があり，自我は壁を作ってみずからを隔て，それを意識することを禁じます。その体験の変形されないこの残遺物は自我から閉め出されて残り，その表現をしつこく要求します。言い換えれば，この特殊な幼児期の光景について何も知らない自我と，情緒的に再び関与したい，そして両親を邪魔したいという，幼児的な衝動の強さとの間には大きなくいちがいがあります。それについての不安は，すべて無意識の中に閉じこめられるのです。その両者は出会うことはないのですが，例外的に，成人の現在の行動の中に幼児期の光景の変形されない記憶が，一時的に突如侵入することはあります。そこでは何かが起きます。自我は，この侵入的な外からの動機を何とかするような，緊急の対策を行使します。これは心の中に徐々に統合されてきた，幼児的な衝動，関与，関心とは異なったものです。たとえば，そこでは母や姉妹に対する強烈な愛情があったとしても，それはしだいに性目標─阻止的になり，「私を愛すると，お父さんに殺されるよ」とか，何であれそういった恐怖とはぶつか

らないものになります。そのかわりに，「私を愛していいよ，そしてお父さんも愛していいよ。葛藤はあるのは確かだけど，別のやり方で愛せるんだよ」というふうに感じられます。言い換えればそこには，漸進的な性目標―阻止的な受容があるのです。

このことは古い情緒的な，情熱的な根源が消えたことを意味するのではなく，それがしだいに心の中に統合され，その根源と常に接触している最終的な自我活動に対して，いわば栄養供給源になるということなのです。しかし深いところで心が成長すると，幼児期の願望と，古い幼児期の欲求と願望の影響のもとにある自我との間に，中和する力が，いわばふるいのように，ますます介在するようになります。

電気のたとえを使うと，高圧電流が突然に低圧電流を妨害して短絡が起きるようなものです。このことは高圧電流が変圧器を通って，結局，それが活性化するシステムの必要としている種類の電流にいきつくというのとは対照的です。そして，それは心のモデルにおいても，転移においても，前進的な中和化があるところでもそうです。どの例でも，幼児期からの欲動と体験が押し上げるのです（KohutとSeitz, 1963）（訳注1）。けれども，ここでは徐々に教育的配慮をもった否定――つまり，「これはだめだが，あれはよい。そこではちょっと変えなきゃいけない」――のおかげで，人は最終的に，古い幼児期の願望，古い幼児期の体験，古い幼児期の動機が，大人の希望を豊かにする地点に達します。しかし，今やもともとの近親相姦的な愛情は，性目標―阻止的な，多少なりとも成熟した成人の対象選択になっていきます。これはしかしながら，強い反対障壁によってしりぞけられている母親との近親相姦的な結びつきとは，まったく異なっています。ここでは，古いもともとの，高い圧力のある幼児期の性愛と攻撃性は，まだ活動していますが，行動化と症状の形でごく一時的に突出するだけです。

（訳注1）　中和化について，第2巻の79頁以下に詳しい。1963年の論文では，心の構造に関して，進行性中和化の領域と転移の領域の二つを区別している。

第16章　行動化を自我の支配下の行動から識別すること　　267

しかし症状は，まだ，その高い昔の圧力を何らかの方法で露呈させますが，その圧力は一瞬ここに侵入し，それがあらわれたときに説明のために二次的に合理化されますが，円滑には統合されません。

　みなさんがこのような説明を臨床経験と統合できるかどうか，私はわかりません。私はそれは役に立つと思います。それは抽象的な練習問題などではないのです。それはいろいろの臨床観察の見方を秩序だててくれます。もちろん，みなさん方がある行動を見て，それが行動化かどうか決める上で，直接にそれが役立つことはないでしょうが。

　私は，みなさんがもっとも遭遇しやすい種類の病理について考えてみましょう。患者の活動性が症状の領域で優勢であるような，別の種類の障害もあるのですが，私はそれはこの種の行動化の見出しの下には置かないのです。これは私がみなさんに警告することです。いろいろのことがみな行動化と呼ばれています。衝動コントロールの欠如を行動化と言う人もいますが，行動化を，道徳的ないし不道徳的な意味をもたない特定の症状の構造化として定義していないのです。しばしばこの見出しの下に分類される活動性がいろいろありますが，行動化とはきわめて異なったものです。

　若い人々によく見かける，無差別な乱交的な行動の多くは，喜びのない強迫的な性質を帯びているときは特にそうですが，違った分類に入るものごとです。これは，私が先に挙げた例のような，特定の外傷的な光景や幼児期からの対人状況，つまり特定の外傷体験をもう一度具現したいという無意識的な欲求に動機づけられているものではありません。それは，より嗜癖の方によく似ている行動様式です。おそらく，他の方法では感知されない抑うつに対抗し，何らかの快楽を見出し追い求めるために，何かを見つけようとする試みなのです。それは，ヒステリー患者のヒステリー的な状況よりも，愛情を剥奪された子どもの終わりのない強迫的な自慰行動に似ていると思います。ここでは特定の状況が再演されるというよりむしろ，駆り立てられた感情，手に入れることのできないものを得ようとする試み

465

があるのです。低い自己評価，自分は悪い bad と感じる感情，空虚で支えがないという感情の領域の方に，ずっと関係が深いのです。それはなんとかして何か，おそらく口愛的に満たしてくれるような何かを得ようとする試みであり，そういう人はそれを追い求めているのです。

　そのような行動においては，超自我の問題も含まれていますが，基本的には超自我の欠陥ではありません。自我の欠陥の方が問題です。それはむしろ自我が，保証と生きているという感覚を求める必死の努力なのです。すなわち，誰かが自分に触れているのだという感覚，何らかの温かさの感覚を求めており，基本的には，孤独と受け容れられていない感覚ときわめて低い自己評価に対抗するような活動を求めているのです。そういう人は自分のことを劣っていると感じているだけでなく，自我理想の構造がとても不安定です。彼らは乱脈な性行動の中で何らかの温かさ，ふれ合い，接触への飢えを満たすのみでなく，しばしば見かけ上自虐的な関係へと入っていきます。彼らは自分を恐ろしいほど卑しく，劣っており，奪われていると感じていて，誰か理想化された人物にみずからを投げ出します。少なくとも理想的な人物だと主張します。彼らは自分を空虚で価値がないと感じており，指導者を尊敬するのです。同時に彼らは，かつて理想としての両親とのかかわりの中でおとしめられていると感じていたように，自分をおとしめるのです。このようにして，彼らは接触を手にします。

F：しかし，そうした行動は常同的な反復行動という点では同じであり，人の意識の外にある要素という，行動化のもともとの定義に合わないわけではないと思うのですが。

K：決定的な点が失われています。つまり，動機づけとなる力が執行器官から切り離されていないという点です。全体的なパーソナリティがもっと退行的な状態にまきこまれています。これは，表現を求め，特定の限局し

第16章　行動化を自我の支配下の行動から識別すること　　269

た行動の様式を見出すような，高度に特異的な抑圧された素材ではありま
せん。ここに含まれているのは，ある特定の種類の環境に嗜癖的になった，
全体的に剥奪されたパーソナリティ deprived personality です。そのよう
な人は，薬や，肥満に導くような食物に嗜癖になることもありうるでしょ
う。楽しみを欠いた，落ち着きのない，学習活動への嗜癖もあり得るかも
しれません。そこには，こうした強迫的なやり方でいま再演されるはずの，
自己と両親とが明確に分離しているような特異的な早期の布置はありませ
ん。むしろ，自己があり，そして子どもに早期の支えを与えてこなかった
おぼろげに理解される太古的な環境とがあるのです。すなわち，現在の人
間が，全体として深いところで，パーソナリティの亀裂 break をもたず
に，昔と同じ保証への欲求と同じ関心への欲求によって，いま環境とかか
わるのです。両親がまたどこかに行ってしまったり，注意を払ってくれな
かったときにさびしくなって片隅で自慰にふける子どもに見られるような
原始的なやり方で，それにかかわる誰かを手に入れたり，抱えられたり，
養われたり，まわりに尊敬できる理想をもちたいというあの同じ欲求です。
それは環境とのより原始的な関係の中でできあがったパーソナリティの異
なった構造化なのです。

　ある意味では似たところもあります。類似点は，内的緊張をもちこたえ
る能力が，空想の形成と空想についての言葉による交流を許さないほどに
大幅に減っていることにあります。どちらの例でもこの能力は大変弱まっ
ています。ヒステリーの人は行動化するとき，空想を語らず，空想は行動
化の中にあります。行動化を空想に変え，そのあと長いことかかって，空
想から記憶を導き出すことが治療の秘訣です。

　言い換えれば，精神内界の布置が後に続くわけです。しかし私が乱交の
嗜癖的なタイプの中で記述した，もっと太古的なパーソナリティ構造の例
では，外的な症状は症状の意味や構造を教えてはくれません。強迫的な行
動は敵意に満ちた肛門―加虐的な汚れに対する防衛の症状かもしれません

467

し，原始の部族が干ばつのとき雨ごいするための儀式をやるように，理解
しがたい環境への対処のための試みなのかもしれません。それらはどちら
も同じ行動ですが，構造は異なっています。

　あなたが思案している2番目の症例に再び話を戻すと，この症例におい
ては，環境との関係のとり方の幼さが，イメージや空想がプレッシャーを
取り除いたり緩和したりすることを可能にしない原因の一つなのです。人
生のごく初期においては，思考と行動の間に違いはないのです。赤ちゃん
は，観察しているうちに，自分が観察しているものになってしまうように，
衝動や願望においても同じようで，直接的な満足が即必要なのです。

　ですから，そのような人たちが，行動を止められるためには，十分な緊
張への耐性を育てる前に，多くの分析作業が必要です。言わば，それは治
療関係に支えられるものなのです。この女性が探し求めてきたものを，事
実，治療者が与えているという，たんにそれだけの理由で，極度に習慣化
された彼女の探索行動は，時にはとても早く止まることでしょう。治療者
の患者に対する関心，応答，以前の面接内容を思い出すことなどによって，
突然，それ以前にはとても止みそうになかった行動が止まるのです。それ
は，なにか洞察が得られたためなのではなく，そういったものに対する患
者の力動的要求が，もはやあまり大きくないからなのです。時には，願望
充足が治療状況の中で達成されるのですが，この治療状況には，幼少期に
理想化した大人との関係が欠けていたために，この女性が子どもの時に得
ることができなかったような理想を幾分か含んでいます。そのような子ど
もは，自己評価と理想主義を剥奪されているものです。

　ここには，私たちがふつう行動化と呼んでいる行動様式があるわけです
が，厳密に言えば，別の行動様式であり，行動化と呼ばれるべきではあり
ません。けれども，非常にしばしば，治療者がそのすべてを行動化と呼ぶ
ならば，行動化とは「悪さをしてはいけない」ということを意味する，と
いうところまで行ってしまいます。これは無意味なことです。子どもは行

動化など起こしません。彼らは何かを壊すかもしれないし，生意気である
かもしれませんが，行動化はしません。彼らは，過剰に刺激を受けている
のかもしれませんが，行動化という用語は，特に幼い子どもの場合，不正
確なものです。

　最後に，衝動コントロールの問題として，すなわち衝動コントロールを
欠いている問題も数多く見られるものです。これが純粋な形で見られる，
ということはまれです。けれども時々，特に怒りによる攻撃に関しては，
怒りの激しい流出をコントロールすることが不可能である状態は，衝動の
コントロールを欠いている状態として述べられるのが，恐らくもっとも適
切かと思われます。

　けれども，ここで再び注意のために言わせてもらいたいのは，何故に衝
動コントロールが欠けているかを知るためには，全パーソナリティを調べ
なければならないだろう，ということです。その怒りが，それまで非常に
抑止されていた，精神分裂病によるパーソナリティの荒廃の二次的な結果
なのか。ものを投げたり，狂暴になる恐れのあるような，突然の爆発なの
か。衝動コントロールの喪失も含む，パーソナリティの全般的な退行なの
か。そこでは，われわれが「衝動のコントロールの欠如」と呼ぶような，
それほど珍しくもない単なる文化的な現象なのか。怒りについては，詳細
にわたり吟味されなければなりません。怒りについては，恐らく，言うべ
きことがもっとたくさんあるでしょうが，これ以上細かいところまで立ち
入ろうとは思いません。この点は，それぞれの症例に関して論議されなけ
ればならないと思います。

　もしみなさんが，道徳的な逸脱が主題を占めるような症例をもっている
とすれば，その症例こそ，われわれにとって好例になると思います。盗作
や詐欺，虚言のようなものを基準として，治療者は，その症状の背後にあ
る，特別な生い立ちを吟味することができます。青春期や青年期にある人
人においては特に，精神病様状態に見えるような状況があります。それは

診断に挑戦するかのような状態でありますが，通常は，負担がかかりすぎたり，過剰に刺激されたりしている，あるいは非常に怒りっぽい状態と表現されてしかるべきものです。言い換えれば，精神というものは，多大な要求のプレッシャーのもとでは，一時的に崩壊を起こすのです。狂ったような怒りの爆発は，パーソナリティの永久的な崩壊の様相を呈しますが，そうではありません。その爆発は，むしろ，過剰に負担をかけられ，刺激を受け，過度にイライラした精神の状態なのであって，その大きなストレスになる状況から単に身を移してやれば，また一時的に世話をしてくれる人の心を落ち着かせる存在があれば，彼を正常な状態に戻すのです。そのような人たちは，妄想的な特徴を持ちますが，彼らは，妄想病なのではありません。この，環境に対する疑惑という意味での妄想様の特徴は，刺激障壁の薄さの結果以外のなにものでもありません。

　第二次大戦中に，南太平洋のジャングルにおいて，人々は長いこと，敵意に満ちた環境に囲まれるという状況にさらされました。そこには自分たちを射ち殺そうとする敵に囲まれているという，絶え間のない不安がありました。しばらくの間は耐えることができましたが，ある時点から，多くの人々が衰弱していきました。

　ところで，地方から大都会に出て来て，ありとあらゆる学問的な要求と，誘惑的な状況に直面して，自分が見慣れぬ環境に置かれた，と感じているような学生に出会うこともあるでしょう。すべてが目新しいために，彼らは，過剰に負担をかけられ刺激されていて，それで，世間一般に汎化するような疑惑をもって反応しているのです。ひどく病態が重いように見えます。彼らは，今にも妄想的な崩壊に陥るばかりになっている，自己愛的に退行した人のように見えますが，そうではないのです！　刺激の強烈さを取り除くことによって，この状況をもとに戻してやれば，そのあなたの援助で，彼らの刺激障壁は，再びより強固なものとなるのです。それによって，環境に対する全般的な過敏さや，怒りによる攻撃の拡散や，環境に対

第16章 行動化を自我の支配下の行動から識別すること 273

するバラバラの反応は和らぎます。それは，分裂病的な崩壊の始まりというよりはむしろ，心的外傷といえる状態なのです。

　行動化，行動化と症状形成との関係，行動と行動化の違い，というこれらの主題は，みなさんの携わる学生の治療においては，重要な問題点です。数年にわたる精神分析治療によって達成された，真のパーソナリティ構造上の変化と，学生相談室でみなさんが行っているような治療の結果として起こる突然の劇的な変化とを比較した時に，その結果の違いをどのように説明できるのか，みなさんは，おそらく疑問に思っておられるでしょう。どちらの治療も目的を持ちそれぞれの特徴を持っていますが，結果は異なるものです。精神分析においては，治療者であるわれわれは，それ以前には，患者の自由にならなかったような力が，そこで徹底的に利用できるような，精神のある特定の領域の範囲を広げることを望んでいます。それによって，患者は，抑圧の力を補強したり保護してくれる大人との強い同一化などによって単に症状を除去するのではなく，むしろ，彼の環境により広くかかわることができるようになるのです。正常で健康な精神は，自我それ自体において自発的に生起した活動を選ぶことができ，またこうした活動と行動化を見分けることができるはずである，と私には思われます。

　もう一つの例を挙げさせてもらえば，精神療法家の活動 activity がそれです。行動と行動化に関するこの特別な図式は，精神療法家としての活動の中での自分自身と他者について学ぶのに役立つと思われます。ここで私が行動 action について言っていることは，理解，すなわち共感的理解にも当てはまることなのです。共感的理解は，われわれの仕事です。共感的理解こそ，われわれが全生涯をかけて行うものなのです。われわれはそれをすることを望んでいるだけでなく，われわれ自身の活動についても，可能な限り多くを理解したいと望んでいます。他者を共感的に理解できるには，三つの方法があります。もっとも意義深くて重要な活動は，深層においての理解です。言い換えれば，われわれ治療者が患者に耳を傾ける時，

471

あるいは，学生相談室を訪れた青年の話に耳を傾ける時，われわれは，何らかの方法で，われわれのパーソナリティをリラックスさせています。われわれは，分析治療の中で患者にそうするよう依頼していることと似たことを，自分に対して実に多く行っています。自由に漂う注意とわれわれが呼ぶものでさえ，自由連想の複製なのです。これは，われわれが幾分か，自分自身のパーソナリティの表層の堅さを緩めている，ということを意味します。われわれ自身が広がり，他者のパーソナリティへと自分自身を浸透させるのです。

けれどもそれは，自我の支配のもとで行われなければなりません。これは，パーソナリティの全体的な譲渡ではありません。それは，劇場で，シェイクスピアの悲劇に見入っている時のような，芸術的な経験と同じようなやり方で起こる，一時的にコントロールされた形で他者に溶け込むことなのです。われわれ自身の早期の経験を，患者の経験へと反響させることで理解は生じるのです。言わば，治療者と患者の経験が歩み寄るわけです。人が他者を心理学的に理解できるのは，まさにこの認識からであり，われわれ自身の中に，少なくとも，何らかの関連した経験のある限りにおいて理解はなされるのです。双方の経験が同じである必要はありませんが，少なくとも，関連がなければならないのです。私は，15年前に，内省と共感についての論文を書きました（Kohut, 1959）。この中で，私は，共感的行動を可能にする能力には段階があり，それは，被観察者が，どの程度観察者と異質であるかにかかっている，ということを示そうとしました。人は，太陽に向かって成長する植物には，まだ共感的でありうるでしょうが，流れる水に対しては，もはや共感的ではないでしょう。まだしも太陽に向かっていこうと努めている植物については，人は，基本的に幾分か共感的になりうるような何かがあるのかもしれません。これについては，ある詩人，といっても，とても病的な人だったのですが，Keatsという詩人の有名な例があります。彼は，玉突きの玉を見ていると，互いに打ちあっているよ

第16章　行動化を自我の支配下の行動から識別すること　　*275*

うに見えて，それが痛ましく感じてならない，と主張しました（Gittings,
1968, 152頁）。

　ここで私が強調したいことなのですが，他者の心理状態を理解するもっ
とも標準的な様式においては，すなわち「この人は行動化 acting-out を
しているのか，行動 acting を起こしているのか」と自分自身に問う時に
は，まず私たちは，患者の行動に我が身を置いてみることから，この問い
かけを始めます。それからしばらくの間，なかなかにむずかしい時間を過
ごすことになります。そして，何らかの手がかりを得るところまで来た時
初めて，次に，「さあ，これは正しいかな？」と考えるのです。ここで得
られるのは手がかりに過ぎず，完璧な回答ではありません。次に吟味する
二次的過程に進みたいわけで，まず，予備行為の第一歩として，われわれ
は共感するのです。

　みなさんがみな求めている，行動化を見分ける方法というものは，次の
ような問いかけと同等のものです。「行動化を判断できる三つのポイント
に関してどうかな。数えてみよう。患者のこの行動は，この項目に当ては
まるに違いない。あれはこの項目だろう。それは当てはまるかな」。これ
は純粋に合理的な考え方です。こうした考え方において，われわれは，精
神の共感を行う部分では思考せず，自律的な部分で思考しており，それは，
それ自体パーソナリティから分離された局面である，二次過程による思考
なのです。これは，深層心理学を理解する場合を除いて，もっとも科学的
な活動のほとんどすべての活動の中で，われわれが用いる自我の一部であ
ります。人間の精神の複合体や，複合した心理状態を扱うどんな心理学に
とっても，われわれには，基準に従いそのパーソナリティ特徴を明確に説
明するような二次過程に加えて，精神の共感的な部分が必要なのです。そ
して，たいへんしばしば，共感が役に立たない時，すなわち他者に感情移
入できない時，われわれは，共感には頼らずに，その部分を細かく調べ始
め，さらにその人の行動に共感できるかどうかを問うのです。この人は，

自分自身でも気づかぬような何かに駆り立てられているのか，あるいは，何か切迫した事態が起こっており，これを治療者である自分がただ理解できないだけなのか。そこでわれわれは，それについて考え始め，心の表層の部分で，そのことについて熟考するのです。こうしたことは，常に起こっています。私にも間違いなく起こることです。

　分析家は，患者と調子が合わなくなった時に，自分がすぐに考え始める，ということを知っています。ある治療者は，最近の五つの夢を吟味するし，ある治療者は，治療がどのように始まったかを考え直してみたり，自分の幼少期と関係のあるような何かがあるか否か思いめぐらしてみたりします。治療者と患者二人の呼吸がぴったり合い，再び調子が合うように，治療者は積極的に反省するのです。理想的な過程は，第一に，調子を合わせる上で共感を用いながら，第二に，その事態について熟考することです。

　そして第三の方法は行動化に対応するもので，時折それは行動化そのものになります。私自身，患者のことで行動化を起こした瞬間というのは，一，二度では済まず，何度もあるのです。たとえば，すべきでなかった批評をしたり，約束の時間に遅刻してきたり間違えたりすると，何かが起こるのです。そしてもちろん，そういった事態は望ましいことではありません。失敗が良いものであると主張しているのではないのです。けれども，失敗は適切に扱われたならば，避け難い事態を有効に活用することができるのです。患者との約束を忘れてしまったり，15分遅刻してきたり，他にもそのような類のことをするかもしれません。それは，気づかぬうちに，患者があなたに何か言うことで，あなたを立腹させたからです。ここであなたは即，自己分析を行います。こうした緊急事態では，意義深いといえる程度まで自己分析を行えるわけではないのですが，みなさんが常に行っているような，ちょっとしたレベルのものでよいのです。事実，年をとればとるほど，また多く経験をすればするほど，あなたがする行動化は象徴的なものとなります。大ていの場合，みなさんは行動化する前に，自分自

第16章　行動化を自我の支配下の行動から識別すること　　*277*

身を把握します。みなさんは，「今，行動化しかけていた」という一時的な徴候を認知し，それによって行動化しないというわけです。

　私が，学生に与えるアドバイスで気に入っているのは，以下のようなものです。「患者に言い返したいという衝動を感じた時には，いつでも，舌を噛みなさい。それで君は，ほんの少し猶予を与えられ，どうして言い返したいのかについて，考えることができるのです」。その趣旨は，「私は患者に腹を立てていたんだ。それが遅刻したかった理由だ。それが，あやうく彼との約束を忘れかけたことの原因だ。昨日の治療はどうだったっけ」とみなさん方治療者がそこで言える，ということです。患者が突然みなさんを怒らせたこと，またなぜ自分が腹を立てていたか，みなさんは見始めるでしょう。それが，突然の逆転移性行動の侵入と言えるような，あなた自身の失敗で始まったとしても，今私が話しているような緊張を区別することによって，患者の問題に取りかかり始めることができるのです。

　緊張の区別について話す時，それは，自我の活動につながっていく，私が以前述べたような，非常に緊張度の高い活動のことなのです。そこには，幼少期の光景，幼少期の衝動，幼少期の動機づけなどが，徐々にそのパーソナリティの目標，目的へと統合されていくという，ゆるやかな変容があるのです。私はこのことを，次に示す行動への突然の突入と対比しているのです。この場合，自我は，先に挙げた学者の例のように（訳注2），次の目的を持つ行動に対してもう一つのチックを使おうと試みているに過ぎません。自分自身についての知識を整理する上で，理論的な知識がいかに役立つか，おわかりいただけたかと思います。

F：自我のコントロール下にある行動と，ひどく負担をかけられたために，幼少期の記憶からの突出として起こる行動化の違いを理解することは，創

（訳注2）　263頁に例示された神経学者のこと。チックは無意識の強い力が自我に突入してくるだけなのに対して，同じ緊張でも自我の支配の下では高度の活動ができる。

造性を理解するのにも用いることができるでしょうか。

K：平均的な創造性というものは，それがレベルの高いものであっても，恐らく，パーソナリティの深い源から動機づけられているものでしょう。彫刻家は彫刻しなければならず，画家は描かなければならないというように，そしてその活動は，大便いじりのような活動か，あるいは攻撃的な活動から徐々に，非常に重要な何かに統合されていったのです。私が以前に引用した，ミケランジェロの有名な口唇サディズム的な彫刻の例があります。彼は，母のもとから何マイルも離れたところに置かれ，母の乳房を求めながら，同時にそれに怒りを向けており，一人の男性にかかわる中で，みずからの口唇サディズム的怒りを取り除くことを，白い大理石を通して学んだのです。こうした状況すべてが，ミケランジェロに，同時に破壊したいと望んでいる母親を再創造するような，美しい彫刻を造らずにおられなくさせたのです。ある種の偉大な芸術は，このレベルから生じています。にもかかわらず，数学や論理学的な思考のような純粋に抽象的な分野でなければ，精神の表層部からのみ生じる創造性は，一般的に浅薄なものになる傾向にあるでしょう。けれども，ミケランジェロを含む，本当に偉大な芸術家は，別の何かを持っているものです。すなわち，彼らは，とても良いふるい sieve を持っているとは言えない，ということなのです[訳注3]。

　言い換えれば，表層にまでのぼってきた幼少期の激しい緊張は，平均的な人間におけるように美しく中和化されていない，ということなのです。その緊張は，爆発的な激しさをもって噴出するのであり，彼らの並外れた天賦の才の力で，こうした芸術家は，この力をやっと御することができるのです。言い換えれば，激しやすい性格の持ち主で，かつ非常に生産的で

（訳注3）　ふるいは中和化に関連した概念であり，第2巻の80頁に詳しく論じられている。抑圧障壁が壁のようなものであったら「臭い物には蓋」式のただ抑えつけるだけのイメージしか喚起しないが，まさにふるいであるから両方向からの交流が可能になるし，それによって自我は一層豊かになる可能性が開けてくる。

第16章　行動化を自我の支配下の行動から識別すること　　*279*

ありうる人々が存在する，ということなのです。天才の創造の過程に注がれる情熱の激しさは，その行為が行われる速度を見れば一目瞭然であります。すなわち，天才の創造の過程には，多くの時間や驚くべき肉体的労力が費やされるのです。ピカソが，闘牛の連作の26体の彫刻を創造するところを見学していた人が，そのいくつかをピカソが造り上げる時間を計りました。ひとつひとつの彫刻は，各2分程度で完成されていったのです。その速さにかかわらず，この彫刻は，細部に至るまで刻まれているのです。小さな点の刻まれ方から，人は，闘牛を見守る観客の雰囲気や，闘牛がどのように闘牛士に向かっていったかを見て取ることができるのです！　ピカソのその仕事ぶりを腕時計で計っていたその人は，それを目の当たりにしていたにもかかわらず，そのピカソの彫刻の速さが信じられなかった，と言います。活動性の狂乱ともいうべきことが起きていたのです。

　そのような活動性の狂乱は，他の分野においても起こるものです。ひとつづきの詩の連作が突然，一瞬のうちに明白な形で創造されることがあります。科学的な仕事についても，同一人物が，そのような状況下でなければできないような，ある種のプレッシャーのもとでなし遂げられうるのです。私たち誰もが創造的な能力を持っているのでそうした経験を多少なりとも認識できるもの，と私は思います。他の状況下では，とても自分の意のままにできないような速さで働いた時期が，私にもありました。

　そのような創造的な活動のさく裂については研究が必要でしょうが，行動化と混同されてはなりません。創造的な活動は，突然崩れ落ちた抑圧障壁を突き抜けて突出してくるものではありません。それは単に，発達過程であまり厚くならなかった，心理的な緩衝器となる基盤があって，そのために，深層からの衝撃が比較的不変のままほとばしり出て，そこでその衝動が非常に才能のある自我によって使い果たされる，ということです。もちろん，非常に才能のある自我は，幼少期との関係によって心理学的に説明する，ということはできません。

F：私は，治療者における直観の漏出について考えています。それが行動化なのかどうかを思いあぐねていたのです。

K：直観に関する理解も，それ自体興味深い研究の一章となりうる部分です。事実，私もまた，直観と共感の間の範囲を詳しく定めることに取りかかっています。共感は直観とはまったく何の関係もないものです。直観と共感の関係は，凸状の物質と凹状の物質の関係のようなものである，と常に言ってきました。二つは，単に似たもの同士のようにきこえますが，そうではありません。

　共感とは，被知覚者が知覚者に似ているととらえられるような，知覚の様式なのです。あなたは，あなた自身の中にある類似性や，類似した経験に結びつけるような，あなたの精神の能力を通じて，他者の精神状態を知覚するのです。あなたは，あなた自身を他者へと感情移入させるのです。理解には，他の様式があります。たとえば，行動の評価とか，行動の判断などがそれです。そのどちらか，あるいはそのどちらも，直観的にもなしうるし，直観を用いなくてもなしうるのです。私の考えでは，直観的という言葉は単に，ある行動が非常に熟練された形で，非常に素早く，もっぱら前意識的に行われることを意味するのです。

　有能な診断医や内科医は，患者のいる部屋に入った瞬間に，患者はこれこれの病気にかかっている，と口にします。どうやってそれを知るのでしょうか。彼自身，その診断にどのようにたどりついたのか，その過程をほとんど知らないのです。彼に，非常に多くの似通った患者を見てきているのです。すなわち，ある瞬間彼は，指の爪が青くなっているのに気づき，またある瞬間に，ある種の呼吸の仕方に気づき，また窓が開いたことから，患者がとても寒いのにもかかわらず，空気を必要としているに違いないことを知ったり，患者に投与されている薬物の種類を明らかにするような，

第16章　行動化を自我の支配下の行動から識別すること　　281

ある種の匂いがしていることに気づいたりするのです。彼は，自分が合計
した情報を，すべて意識しているのではありませんが，その経験と知覚に
よって，それらを非常に素早く照合するのです。その後に考えてみて，
「自分がどのようにその診断をわかったのか」彼自身がわかるまで，20〜
30分はかかるでしょう。こうして初めて彼は，直観的な行動を合理的要因
へと解明することができるのです。

　直観的な共感も達成できますが，共感は直観的なものであってはなりま
せん。精神分析という科学の本質は，科学のゆっくりとした注意深い接近
法へと共感を結びつけてきたことにあるように思えます。直観的な突然の
閃きにおいては，われわれは共感的ではありません。突然の直観的共感的
閃きを行うことに関しては，それによって若い聴衆から偉大な人であると
思われようとして，それをスポーツの一種のごとく行うということが，初
心者や自己顕示者にしばしばありがちなことです。けれども，これは本当
のことなのですが，20年もの間の臨床経験で，私はしばしば非常に速く，
それをどうしてそうだとわかるのか認識せぬままに合理的な診断を上手に
下してきているのです。それは魔術ではありません。それはまた，もって
生まれた資質に加えて，自分の経験を結集することなのです。明らかに私
は，この分野に適した資質をもっているから，この仕事を選択したのであ
り，みなさんもまたそうだったでしょう。

　そのような診断は，それが素早くなされる，という点においてのみ直観
的であり，意識的な注意が払われることのないうちに，多くの手がかりが
入手されます。ついでに言えば，複雑な活動というものは，意識的により
も前意識的に，よりよく達成されるものです。けれども，前意識的という
言葉は，無意識的という意味ではありません。前意識的とは，こまかいと
ころに関しては意識的な注意を集中させていないということです。細かな
ところに焦点を当てていると犠牲を払うことになります。細かいところに
関して各々に正確な焦点づけを行うことにより，治療に関するこの分野の，

残りの多くの部分を，明るみに出すことになるのです。けれども，広い領域に立ってながめれば，ぼんやりとのみ意識している手がかりを，即座にたくさん収集しているのかもしれないのです。

　研究所に志願者があった時には，私は時折，その人に面接して，報告書を書かなければならないのですが，その場合，彼が有能な分析家になるか否かを検討しなければなりません。それは，広い範囲の評価をしなければならないようなコンサルテーションです。年をとればとるほど，そして，この仕事の分野で多くの経験を積み重ねるほどに，私は，複雑な絵を後ろに退きながら目を半分つぶって見るといった具合にますます変わっていったのです。細かいところを過度に明確に見たいとは思いません。私はむしろ，パーソナリティの大体の持ち味や，いかに彼が働き何を成すかについての大体の予感をつかみたいのです。それをつかんだ後に，二次的に私は，自分がわかったことの詳細を用いて，自分の予感の根拠を探していくのです。けれども，みなさんがそれを直観的と呼びたいなら，そう言ってもいいでしょうが，前意識的に結論に達することは，魔術的な直観ではありません。5年，8年，あるいは10年後に始まる，分析家としての将来の日々の持つ複雑さを左右するような，非常に多くの長所と短所をもつパーソナリティの複合体に直面する時に，私は自分の前意識的知覚を信頼している，ということなのです。人はそれをどう引き出すことができるのでしょうか。2＋2＝4とするのでしょうか。それはほとんど不可能です。けれども，分析家に必要なことの総体を知っておいて，この人のパーソナリティを見た時に，彼が分析家になりうるかどうかについての，何らかの感じをつかむものです。7，8時間，こうした人物と面接をした後に，この感覚をつかみます。そして，何が彼をして分析家を志願させているのかについての理解を得て，彼は有能な分析家になるかもしれない，と言うわけです。

　創造性という主題に戻りますが，若年成人と青年期後期にある人々の多くは，彼ら一人一人の創造性の有効性とは無関係に，創造性をみずからの

第16章　行動化を自我の支配下の行動から識別すること　　283

精神の均衡を維持するという重要な目的のために用いるのです。彼らの創
造性はしばしば，自分自身を維持するための重要な心理学的方法なのです。
私は彼らが従事している創造的活動に注目し耳を傾け，それを評価しよう
と努力します。こうした創造的な活動は，彼らの精神的健康にどのような
貢献を果たしているのでしょうか。創造的活動は，緊張を実際に吸収する
ようなものなのでしょうか。あるいは，奇妙な置換えなのでしょうか。茫
然自失して孤独な人間と，現代詩にのめりこんでおり，世界に対する鋭敏
な知覚を持っており，少なくともこの知覚を用いようとしている人間とで
は，同じく一人ぼっちで他者と交流を持たない状態であっても，まったく
異なった意味を持つものです。

　明らかに自己の感覚が障害を受けている天才というものが，多く存在し
ます。それは，彼らのだらしない身なりや服装や，身体的欲求の軽視から
わかるのです。ベートーベンは一例ですが，彼は作曲している作品を完成
させたいという強い要求を持っていました。そこでは身体とパーソナリテ
ィに関係した自己評価の調整は，すっかり彼の仕事に屈服していたように
私には思われます。

　言い換えれば，仕事は，特にそれを完成する過程において自己評価をま
さにもたらすものとなります。一旦仕事が成就されてしまうと，それを手
放すことは，その人にとっては，非常に大きな喪失体験となります。自分
自身の人生の中でなし遂げられた仕事が他者に賞賛される時，その仕事に
対し，独特な嫉妬が生じます。創造者がその仕事に従事している間は，仕
事は本当のところ彼，すなわち創造者に属しています。すでに完成した仕
事に対して興味を完全に失うというのは，また別の経験なのです。仕事は
とりわけ，人間存在の有限性や死すべき運命を打ち消すものである，と言
う人がいますが，私はそれは非常に狭い概念だと思います。私が思うに，
人間存在の不滅や無限性というものは，われわれがいろいろの形で再創造
しようと苦闘しているところの，幼い頃の至福の状態に属しています。で

すから，仕事における不滅という考えは，とても重要なのです。

　ある環境下においては，仕事は自己よりも重要になるということは，疑う余地のないことです。このことは，人が仕事を愛しているからではなく，自己が今や仕事の中に存在するから起こるのです。その二つは異なることなのです。それは対象愛ではありません。この点こそが，とりわけグリナッカーの芸術家の創造性に関する理論（1957, 1960）に対して，私が強く異議を唱えるところなのです。彼女によれば，芸術家の創造性は，対象愛の早期における一形態の延長であるとのことです。私は，彼女が間違っていると思います。私は，それが，対象関係の早期の形態であることには同意しますが，対象への自己愛的な関係^(原注1)であると考えます。これは，完成しつつある自己の延長でありますが，人がそれから何か与えられることを期待し，それに対し独立的な人生を与えることを楽しむような，愛される何か，ではないのです。子どもとの関係というものは，洗練された形で評価を与えるにあたって非常に重要な領域です。このことは，みなさんが学生に行う治療において，大学入学とともに家を離れることによって，恐らく生まれて初めて本当の意味で独立することになった彼らと両親の関係を評価する時に重要となる点でしょう。両親は，理想的には，その変化を許容できなければなりません。彼らは，自己愛的な関係を許すことができなければならないし，子どもに自己愛的に応えることができなければなりません。すなわち，子どもが必要とし，また発達段階に即した範囲内^(原注2)で，自分自身の中に子どもを包み入れ，子どもの自己へと自分自身が包まれることを許容できなければなりません。しかし，子どもが独立した時には，自分たちの自己愛を抑制するために，態度を変えなければなりません。そして，子どもの独立性や独立的なイニシャティブを自己愛的に楽しむことが少しはできなければなりません。もっともこのことは，もは

（原注1）　コフートは後になってこれを，自己対象的な対象関係と名づける。
（原注2）　親と子は，自己対象としての相互性をもつ。

第16章　行動化を自我の支配下の行動から識別すること　　*285*

や自己愛的な喜びとは非常に隔たったものです(原注3)。

　これは，現実的な臨床素材を扱う時の活用の話であり，しかも個々の点ではなく，心の背景にあって秩序づけてくれる体系として，こうした理論を当てはめることができるし，またそうすべきだ，という話なのです。しかも，自分では意識せぬままにすればするほど望ましいのです。けれども，当初はたいてい，昔話にあるムカデが自分の足を意識したために歩くのがのろくなった，というようなものです。初期の知識の増加は，しかるべき理由で妨害となる傾向があります。知識を新たに獲得すると，そのたびに技術的な能力の退歩がありますが，これは，新しい理論的知識が，真に統合されるまでの一時的なものであり，それから，より速い進歩が遂げられるのです。

（原注3）　子どもが，独立的なイニシャティブをとることができる能力を親が楽しむことによって，親の自己評価は高まるが，これはすなわち成熟した自己愛の形である（Kohut, 1966）。

第17章

行動化としての盗作

　次の症例は，彼の日頃の行動とはいくぶん異なった行動をしたことで問題となった学生についてである。これは彼の“行動化 acted-out”の現れと言えるだろう。

P：ある東部の都市から来た19歳の大学１年生のケースです。クリニックに来ることになった理由を彼は次のように説明しています。

　「私は一冊の本から一語一句盗作して10ページの論文を書いたのですが，こうした私の態度から，この大学で長い期間勉強し続けるわけにはいかなくなったのだと思います。ここで私の態度について語り，別の見方を確かめてみたいと思います」。

　彼は身長6.2フィート，痩せ型，肩まである茶色の髪に鬚をはやしています。日曜学校で良く見たイエスキリストの絵に似た，穏やかな顔の人というのが私の第一印象でした。彼は実に真面目で分別もありますが，大変落ち着きがなく，ガムを噛んではタバコを吸うという行為を交互に行っています。ガムを膨らませて遊んで次にタバコを吸い，吸いながら再びそのガムを膨らませるのです。

　彼は過去にどんなことが起こり，そして今何が生じているのかについて話したいし，特に学校に対する彼の態度について話したいために来たと言

485

っています。彼は自分が勉強していることが果たして適切なのかわからないでいます。彼いわく，「フランス語でDを取りました。だからといって私がフランス語を知らないということにはなりません。5年間もやってきたんです。読むことは学んで楽しみましたが，文法にはまったく関心がなかったのです。でも先生たちが重要視しているのはその文法なのです」。

　最終学期，彼は社会科学を取りました。長い論文のテーマとしていくつかの選択可能なものがあったのですが，彼はガンジーを選びました。すべてのオリジナル資料（ガンジーの演説のすべてや，自叙伝等）を読み，これを基にしてガンジーの活動を系統的にまとめました。しかし偶然ガンジーについて綿密に検討している女性の本を読み，そして困ったことに，彼の到達した結論と彼女の結論とが同じであったことに気づきました。彼は研究するよう言われたことが既に研究しつくされたものであったことで困惑し，大学でそれを行う価値はないと思いました。そして大学でするべきことは何かという，彼なりの考えがありました。彼のコメントは「ハイスクールでは大学へ行く準備をしたのです。そしてハイスクールではこのような訓練をすることは別に気にしませんでした」というものです。彼は彼女の本を取り上げ，一語ずつ多少の配列替えをして書き写し，自分の論文として提出しました。しかしその盗作は見つかってしまいました。彼にはそれがわかっていました。というのもその本の著者は，このコースの初期に何度か講義をしたことがあり，当然講師も彼女の本を読んでいると思われたからです。

　女性講師はとても戸惑いました。一学期の授業で，彼はAの成績を採っており，今回も自分で書いた論文を提出していたら，同じ成績が採れたはずだったからです。彼は既に達成されていることをまた行うよう言われたことに幻滅を感じたと，講師に説明しました。彼女は多くの生徒の相談にのっているわれわれと話をするようにと提案しました。そうすればクリニックの先生は彼の態度や行動を理解し助けることができるだろうと言いま

第17章　行動化としての盗作　　289

した。講師は数週間検討した末，彼にＦの成績（落第点）をつけました。しかし授業の継続は認めたため，来年度は半期のみ出席すれば良いことになりました。彼は非常に理解のある先生だと思いました。

　自分の行動について彼は説明できませんでした。こんなことは過去にありませんでした。自分がなぜ大学に行っているのかという疑問を持っていることも多少関係していると彼は考えています。世の中にはいろいろなことが起きています。「20年後には世界などなくなっているかもしれないのに，何故こんな勉強なんかしているんだ？」と思ったりもします。彼は退学も考えましたが，徴兵があるために思いとどまりました。入隊したくないからです。

　私は，もし入隊が問題でなかったら何をしたいのか，と彼に尋ねました。彼は「自分はたぶん環境汚染問題を扱う組織で働くだろう」と答えました。彼は漠然とではあったのですが，アジアについて勉強することに興味を持ちました。実際，彼は中国語の授業を取り始めました。フランス語は５年間も学んだのだから，十分理解していました。その次に中国語を始めたものの，単位を落としました。彼にとって大学に適応していく努力をしている上に，さらに中国語を学ぶことは手におえるものではありませんでした。彼には大学の友達もいましたし，デートをする相手もいたのですが，故郷にいるガールフレンドが本当は好きだったことも，大学に幻滅したもう一つの理由です。彼女はハイスクールでの年上の女性です。彼女は来年この大学に来ることになっていたので，来年はより良くなるだろうと彼は考えていました。彼は手紙を書くことや，電話をすることに多くの時間を費やし，彼女がいなくてとても寂しくなると家にまで出かけていきました。実際彼は，去年の夏，彼女に会えないと寂しくなることがわかっていたために，彼女と離れる心の準備として，一人で６週間ヨーロッパに行っています。

　彼は東部の非常に良い私立学校に通っていました。クラスは小さく，教

師は十分な注意を注いでくれ，自分の能力を自由に伸ばすことができました。今学期，彼は人文科学を落としました。ハイスクールで既に習ったことが繰り返されていると思ったからです。彼はたった三つのコースしか取りませんでした。

ハイスクールでは物事すべてがうまくいったわけではないと彼は言っています。最初の年は，多くの悩みを抱えていたため，物事がうまく運びませんでした。彼がより活動的になり始めたのは，やっとそこに自分が順応していると感じてからでした。そして最高学年になると，彼は副学生委員長になっていました。彼は演劇活動には積極的に参加し，そこでガールフレンドとかなり親しくなりました。ハイスクール時代は，大学に入るという目的があったので，たいして悩んではいませんでした。大きなキャンパスを持つこの大学を彼が選んだのは，国の中でも一流大学の一つであることを知っていたからであり，入学も許可されました。

彼は自分がどこに進学するかを決めないですむように，他には願書を提出しませんでした。彼の叔父と二人の従兄弟がこの町にいました。彼らを訪れた時に，こういう縁もあるのだから，知人のいない見知らぬ街に行こうとしているわけではないと感じたのでした。しかし現在彼はここにいて，何も目的を持たず多くの疑問を抱えています。

彼は三人兄弟の末っ子です。25歳と23歳の兄がいます。彼は予診表に，母親のことだけを記載していました。父親は1960年，彼が9歳の時，癌で他界しています。彼は父親に関してはほとんど語らず，記憶もあまりありません。「父とは親密ではなかったけれど素敵な父親でした」と言っています。父親は大きな研究所の役員をしていました。母親は現在そこの経営の幹部のようなことをしています。この町にいる叔父は，彼らに資金的援助をしてきており，現在の彼の学費もここから出ています。父親の兄弟にあたるこの人は家業を引き継いでおり，非常にうまくやっています。父親は家業には加わらず独立し，亡くなる時には博士号を取れそうなところま

で行っていました。

　彼は一番上の兄を非常に頭が良い人だと言っています。兄は東部の学校に進み物理を学びましたが，4年生の5月に退学しています。生涯実験室で働くのかという思いに，これ以上耐えられなくなったからです。その代わりに貨物自動車を買い，国中を旅して周りました。そして最近になって，生物学に興味があったということもあり，バード・ウォッチングの勉強を始めました。今は身を落ち着けて，再び学校に戻ろうと思っています。

　患者はこの一番上の兄と大変仲が良く，彼にアジアについて勉強することを教えたのも，この兄でした。彼は孔子に大変興味を持っており，かなり研究していました。「私はとても兄に似ています。二人とも茶色の髪で背も高く，体格も同じようです。兄を非常に身近に感じています」。23歳になる兄は正反対です。1歳の時に養子として迎えられ一緒に住むようになった彼は背が低く浅黒く，また学校の成績は悪いが運動には長けていました。ハイスクールを卒業したと同時に結婚し現在はうまくやっています。最初の子どもができた後，母親はこれ以上子どもは産めないと諦めていたため，養子として二番目の子を迎えたのだと患者は聞かされていました。彼は二人の兄を持ったことを幸運だと感じています。それは両者を観察できるし，二人から学びとれるからです。彼の学術に対する興味は長男から，また運動に関しては次男から引き継いでいます。

　セッションの時間が終わりに近づいた時，彼は「私がなぜこんなことをしたのか，その訳を先生に話してもらおうなんて期待していませんが，先生は何を考えていますか？」と聞いてきました。私は学問的な仕事に対する彼のような姿勢は他の多くの学生にも認められることを伝えました。しかしその表現方法，すなわち彼がやったことは，彼独特のものであり，私たちの所に来たのもそのためであると伝えました。彼はそのことが彼の話したかったことなのですと言いました。

　そこで私は，新しい経験に順応していくには，多大なエネルギーが使わ

292

れることが私にはわかっていますと彼に伝えました。すると彼は，「私も気がついています。私がこの場所に慣れてきているということをかなり意識しています。曇りと氷点下の気候はまったく別のものです」と答えました。それから席を立ち，前に出て私と握手をして出ていきましたが，そのことは珍しいことなのです。来週，彼は来ることになっています。

K：彼に会ったのは1回だけですか？

P：2回です。

K：どんな印象をお持ちになりましたか？

F：この子が先生の書いた本から盗作したということをあなたから聞いたとき，それが見え透いているのに驚きました。私はもっと巧妙で，もっとわかりにくいものを想像していました。彼は自分が何をしたのかを，よくわかっていました。これを典型的な行動化 acting-out だと思いますか？

K：印象では，自分が何をしたのかということと，なぜあんな奇妙な方法を取ったのかについて彼は本当に戸惑っているようでした。彼が示したその方法は，本人も理解していないある症状としての行動だということは明らかです。

F：行動化というより，ほとんど神経症患者の症状のようですが。

K：とにかくこれが彼の示した方法なのです。——今はそれ以上のことは言えません。これに関して他に何か言うことがありますか？

第17章　行動化としての盗作　　　293

F：彼の悩みはその研究が既に行われていたということのようでした。彼がすべての資料を集めた後，それが既に達成されている事実がわかってしまったのです。三人兄弟の末っ子の彼が，お兄さんたちを持ったことはよかったとコメントしているのです。

K：彼は二人の兄に感謝していますよ。

F：そうです。でもそれはアンビバレントと呼ばれるものの一面ではないのかと私は思います。お兄さんたちがやってしまった仕事がありますが，ここでそれが繰り返されました。たぶんこのことが盗作という行動に働いているのでしょう。

K：この生徒は一番上のお兄さんとものの感じ方が同じなのではないですか？　努力や人生の成功に対する彼らの姿勢は似ているようですが，その点についての私の考えは合っていますか？　長男は科学の分野では専門的経歴を持っていたのに，それを辞めてトラックの運転手になりました。私にはあなたの患者がしていることがこれと大変似ているように思われます。

F：私は，父親が博士号を取ろうとしながら（その間際で）亡くなっている事実にピンと来るものがあるのですが。

K：それはさほど重要ではないと思います。博士号をまさに完成しようとしていたというだけのことです。まあ意味があるかもしれませんし，あなたの理由づけは理解できますが，何となく重要性は少ないような気がします。何が重要かと言えば，父親は高学歴で知的業績が具現化された，目指すべき目標となる人物であったらしいということです。私には，この父親のパーソナリティの問題が関係している何か，または父親の死に関する何

か，もしくはその両方が一緒になって存在し，長男と末息子にある種の情緒をかきたてたように思えます。真中の息子は違いましたよね，彼は養子で遺伝的資質が違います。彼は家族の中で，異なった役まわりを演じていたようです。長男と末息子は父親の血を受けている実の子どもであったため，父親とそっくりであり，そのことが彼らに影響しているようです。父親が亡くなった時一人は9歳もう一人は15歳で，彼らの人生の中では重要な時期でした。末の子が思春期を迎える頃父親の死という問題が生じ，学術的業績を示すべき理想化された父親の指導やサポートを失ったまま，彼は生きていかなければなりませんでした。長男は青年期の後半にさしかかり成人となる頃，父親を失いました。それは明白な目標構造の上で何かが欠けてしまったようなものです。父親の思いがけない死がそのことに関係していると言えます。彼は突然亡くなったのですか？

P：多分3カ月ほどわずらってからだと思います。

K：いずれにしても，父親は何年もわずらった人ではなかった。私の印象に残ったのは，論文を写しとったからわかるのですが，この患者がマゾヒスティックで，思慮がなく，ほとんどみずからを挫折に追い込んでいるように見えるということではありません。そうではなく，彼の様子が興味というものをすべてなくしているように見える点です。まったく適切さを欠いた行動です。要するに要点は何なのでしょうか。すべての熱意が失われていることです。彼は消極的抵抗 passive resistance の指導者を彼のヒーローとして選んで，そして行動に移しました。——もしこの言い回しを使わせて頂けるなら——彼自身の信念による消極的抵抗とでも言えるのです。「何が問題なんですか？　私の父を見て下さい。——悲しいかな，父はいなくなってしまいました。私が持っている理想なんて意味がないんです。トラックの運転手をする方がまだいい。私の破滅の原因になる何かを提出

第17章 行動化としての盗作 295

する方がよほどいい」。それでも，そればかりとは言えませんよね，この人は助けを求めていますから。彼は戸惑っています。そして理解したがっています。そのことにもっと多くの意味があるなら，それを知りたがっているのです。

　父親が辞めてしまった部分を引き継いでくれて，知的努力と業績に対する支持や新たな血潮や意味そして情熱を与えてくれる人を彼が求めるのも，もっともなことです。一時期こうした事柄は二人の兄弟を支える理想でしたが，しかし彼らはずっとそれを持ち続けることはできなかったようです。面白いことに，ハイスクール時代に勉強ができたのは，本格的なことをやるための準備段階だったからと彼が言っていることです。しかし実際に本格的に取り組む段になると，それは単に大変なだけで価値のないものになってしまい，もうなんの意味もなくなっています。彼は本物に取り組むのではなくむしろ練習をやっています。しかし，これはさらに深く調べなくてはならないことです。第2回目のセッションでどうなるか見てみましょう。一見したところではこの推測は当たっているようですが。

F：一つ質問ですが，これは彼が研究論文を読んだことを忘れたというような隠れた cryptomnesia 潜伏記憶のケースでしょうか(訳注1)，それとも自分自身の創造的な仕事を軽視しているのでしょうか？

K：彼の場合，自分自身の仕事の価値を軽視するような，クリス（1934）が述べているところの，業績に対して葛藤を持つタイプの学生だとは思いません。このタイプは，自分の研究に類似した，ほんの少しの部分だけを参照することができず，自分自身の創造性よりも参照することそのものにむしろ重要性があると考えています。クリスの分析によると，この行動様

（訳注1）　過去に体験したことが，回想の性質を伴わないで，まったく新しく自分のものとして体験されること。その結果，他人の思想が自分の独創のごとく現れる。

式は早い時期に父親を失ったことに関係しています。このタイプの人をよく見ると，全能的な自己ではなく全能の父親像を慕うということにしばしば気づかれるでしょう。そこでもしこのような人にたまたま才能がある場合，全能の父親像を見つけ出したと思えた時に，創造的活動に向かうことがあるのです。

　このタイプの人は私の見解では自己 self と自己以外 outside of self とは何かということについてはっきりした概念を持っています。ところが，私はこのわれわれの患者がこのカテゴリーに属していると思えません。というのは彼の自己表象は混乱しきっているからです。この出来事にこの生徒の自己顕示性はかかわりあっていますか？　彼は参考文献を読み，かつて自分がなし得たことよりはるかに優れた仕事をした人を見つけてしまいました。そしてこれは自己愛への打撃 narcissistic blow となりましたが，それで彼は完全にあきらめてしまいました。お兄さんの時より，穏やかな方法での退学とでも言えましょうか。ケースを続けていきましょう。

P：彼は次の面接をキャンセルし春休みのために家に帰り，その次の週に訪ねてきました。家に帰った際，夏休みに精神科医に会う手はずを整えてきたと言っていました。彼がハイスクールでクラス委員長をしていた時に，その精神科医の授業を受けたことがあるので彼とは面識があります。また家に戻っていた間，母親は彼に大学に残るよう勧めました。母親とは兄の退学についても話し合いました。彼女はそのことでかなり狼狽していました。兄は精神科医のところに行き，自分が両性愛者 bisexual であることを信じこませましたが，患者は母親に彼は違うと言って安心させました。

　彼には人生上の三人の英雄があります——ガンジー，イエス，そしてマーティン・ルーサー・キングです。彼はこの論文の盗作について初めの面接の時よりは詳しく語り，より計画的な行為に見せかける方法を語りました。彼が読んだ本には，自分が述べるであろうことがすべて記載されてい

第17章　行動化としての盗作

ました。締切期限が近づいていました。そして「こんなことでなぜ悩むんだ」と思った彼は，本の中の数節を抜き出しそれを配列し直しました。

それから彼は，大学生活に対する全体的な幻滅，いかに教育を受けるかと彼に説いた人たちに対する憤り，軍隊に徴兵されるのではないかという心配について語りました。ハイスクール教育ではたとえ多くのことを学ばなかったにしても，そこには先生とのより身近なふれあいと個人的つながりがあったので，そちらの方がよかったと彼は話しています。これは重要なことです。

教育をどのように受けるべきかと説いた人たちに対する彼の憤りについて話し合っていたところ——特に大学に入ってその憤りを彼が強く気づいたのですが——家での重要な決定は父親が行っていたことを話し出しました。そして父が亡くなった後は，母親が決めていた経済面以外のことは，息子たち自身で決めることが許されたことを話しました。

3回目の面接では，彼の状態は良くなっていました。彼は良い1週間を過ごしました。学園ストに巻き込まれましたが，その時は授業に戻る決心がつきました。彼は，自分の兄は行動主義者であるが自分はそうではない，と言っていました。この夏，彼は環境汚染問題にからんだ仕事につきたいと思っていました。しかし政治体制に反対するようなことをしないのは，それが政策を変えるとは思わないからだそうです。環境破壊がより重要問題と思っていました。彼は学校で最後まで頑張ると決めました。学問修業に対する彼の抵抗があったことを理解しましたが，なぜなら父親が亡くなって以来自分自身で好きなように決めてよかったので反抗したのです。それから最終学期に見られたような混乱の時期について語りました。気力も出ず，嫌悪感を抱いていたこの時期についてはよくわかりませんでした。

また，彼は私たちの言うところの父親像のような何かをいつも探し求めていると話しています。彼は父親の学問的経歴を詳細に述べ，セーリングに行った時の父親の思い出話もしました。患者はキャンプに行っていた時

に，そこの指導員から父親の死亡の知らせを聞きました。その時は家には戻りませんでした。葬儀もありませんでした。町に戻った時，母親は引っ越しており，彼はその新居に帰ったのでした。彼は以前に父親がこの大学の近くで働いていたので，そこへ行って父親のことを誰かが覚えているかどうか尋ねてみようと思いました。

K：父親はここで研究していたのですか？

P：いいえ，彼はある大学付属の研究所で働いていました。

K：大学の職員としてですか？

P：そうです。彼は博士号を取る前に大学を辞めています。ワシントンで働き，それから博士号を取るために戻りました。しかしそれはなし遂げられなかったのです。

　お兄さんの方が彼よりたくましく，患者自身は芸術と歴史に関する母親の興味を共有していると彼は自発的に述べました。長男は，彼を助けてくれる年上の人物がいなかったのでもっとたくましかったのです。去年一人（患者自身）でヨーロッパに行った時，彼は旅の間中，知人を捜し求めていました。

K：理想化された父親の喪失がここで再生されているようです。盗作というのは母親に対する恨みの証拠をより一層明白に表しています。すなわち女性教師や女性の著者に対して，それはあたかも「私は母親と取り残されたが，私が必要なのは父親なんだ」と言っているようです。彼の心の中と同様に長男の心の中にもこの傾向はあります。父親の学問的業績に対する理想は，彼が死ぬまでには完成しなかったにもかかわらず，この家族にい

第17章　行動化としての盗作

まだに強い影響力があり，この家族の支えともなっています。

　最後の何回かのセッションで，この問題を基にして他の問題も含めて，私たちは広範囲に及ぶ行動化 acting-out という問題を話し合いました。これらのテーマは彼と彼の兄，また彼らの人生早期における特殊な喪失によって呼び出されたようです。母親はよりしっかりした人生設計や，目的を持ち，目標に向かって進むことなどをおそらく要求したでありましょうが，その母親に彼らは背いたのだと私には思えます。彼らは，母親の目標には価値がないと軽蔑的態度でいわば背を向け，同時に，一定の道から外れることに積極的価値があると主張しています。

　言い換えれば，これは偉大な受身的な態度であるにもかかわらずしかも全能である人物（ガンジー，イエス，キング）に向けられたいくぶん同性愛的姿勢であり，多分ある意味で父親の複製なのでしょう。またそこには同時に「臨終なのに電話一本よこさなかった母親」であり，父親を殺してしまった人物ともいえる母親像からの要求に対する拒否があります。たぶんこの子の無意識の奥深くには，母親が父親を殺してしまったというような観念があるのでしょう。少なくとも，彼女は生き残っており，彼が戻った時には父親は亡くなっていましたから。

　以上がこのタイプのパーソナリティに関して，本症例の資料からだけではなく，私が何度も聞いている他の幾多の資料をも基にして，私が漠然とではありますが現時点で要約できることです。私はあなたが主に接している年齢層の人たちをあまり治療してはいませんが，本質的には青年期にとどまっている人たちを実によく見受けます。そのような人たちには，失われた人格化された強い理想を取り戻そうとする努力から，世間に背を向けた宗教的な態度への移行があります。この揺れ動きはこのような人たちにかなり多く認められる傾向だと私は注目しています。

　私はあるケースの精神分析を進めているとき，より限定した形でこのことに気がつきました。その分析での患者は私を理想化したかったのですが，

私はその願いに気づかなかったために，彼の理想化を拒絶したかたちになりました。患者は私が解釈をした事実を受け入れられませんでした。それが早すぎたり，あるいは患者が他の反論を見つけたからです。そして翌日，この夢見る人は話すべきことにはほとんどふれず，自然と総体的汎神論についてとうとうと話していきました。

こんな時私は自分自身に問いかけます。「この人はここで分析の仕事に専念するというきちんと目標に向かった態度から，このように宗教的な自分を正当化するとりとめのない夢想家に変わってしまったのだが，それには私は一体全体昨日何をしたのだろうか？」と。私はその時気づかずにいたのですが，今はふり返ってみて理解することができる過去のケースがあります。私は何度か最終的には患者が宗教に没頭してしまうという形で分析を終えたことがありますが，今の考えからするとそれは明らかに満足のいかない結果です。私自身と私の洞察によって治療された後になって，このような方向に流れていった患者たちも知っています。しかし，彼らは満足していました。その中の一人で，非常に良くはなっているけれど不十分な分析を受けた患者がいて，彼は私に向けた理想化転移を非常に広い意味での宗教的姿勢に置き変え，このような背景の中で今はまずまずうまくやっています。今ならこの患者をもっと適切に治療できる気がします。私は宗教に反発しているからこう言うのではなく，彼の行動はみずからの選択ではなく，義務感のように行動しているからです。その行動は常に現実に抵抗して保ち続けなければならない何かなのです。この患者は現実に対する見方を一種の極端な楽天的態度 pollyannaish attitude で偽っているのです。この態度は彼の従事している特定の仕事で見られるのですが，一番良い態度とは言えません。人は仕事の上では，本当に良い仕事をするためには，もっと現実的でなければいけません。彼は従業員を雇っては解雇します。そしてすべての人が善い人なのだという考えを持った楽天家を演じ続けられなくなります。すべての人が善くはないからです。

第17章　行動化としての盗作

　私たちは前回のセッションのすべてを費して行動化 acting-out につい
て，さらにそれと症状形成 symptom formation との関連について，また
行動 action と行動化の違いについて，再検討してきました。このケース
について多少は知ることができた後でも，私はこの青年に対して今一つ共
感できません。それに私がうまく共感するためには，まだ見落としている
部分が多いような気がします。私たちは行動 action そのものについて，
二つの側面から話し合ってきました。一つの側面ははっきりしていました。
それは「私が本当に必要なのは，強く，理想的で，助けになり包容力のあ
るお父さんなのに，その彼はいなくてお母さんあなたがいる」という言葉
に見られるように，母親の権威に対して怒り，挑戦し，けなしている側面
です。それは彼が盗作した論文を母親の目の前に振り上げたようなもので
す。

　しかしながら私は，これまで私たちが話し合ってきた父親を亡くした問
題と，この問題とが対立するとは考えていません。父親を亡くしたことが
原因で，彼のパーソナリティの内にはある不完全な部分が生じました。彼
は自分自身の中にあるべき部分をいつも捜し求めています——それは彼独
自の理想や目標設定，彼自身の超自我内の理想化された内的リーダーシッ
プになるはずのものです。彼はまだ，自分自身の何かを外部に求め，また
彼自身のものであるべきものを捜し回っています。彼は仮の解決策として
ガンジー，キリスト，マーティン・ルーサー・キングを理想像としたよう
に思えます。なぜ彼がこの種の人物を選んだのかということは解釈しなけ
ればならない疑問点の一つです。この人たちが彼の空想の中で，どんな意
味があるのかということはまだただの推測に過ぎません。

　こうした理想の選択の裏に何があるのかを知るのは興味のあることです。
すなわち，非暴力的で非攻撃的しかも途方もなく力のある父親なわけです
が，いわば弱点そのものが同時に大いなる力の源にもなっています。言い
換えれば，そこには種々の矛盾した経験を結合させる試みがあり，またこ

のような人に対する憧れがあります。

彼が一番上の兄が一番打撃を受けたと言った時，ある点で彼は正しくまたある点では間違っています。彼が正しいのは，少なくとも彼自身は一番上の兄を父親のある種の複製にしたり，身代わりとして利用できたと言った時です。彼は9歳で兄は15歳でした。これは既に成人に近い年齢です。しかし，15歳という年齢は一般的にいって十分な父親の身代わりとはなりません。たぶん兄は道理はわきまえていたでしょうが，決して完全ではないのです。15歳という年齢にはその本人自身が達成しなければならないことがたくさんあるので，年下の者に対しては付きまとってくる厄介者として経験してしまうからです。

私は，弟たちが兄やその兄の仲間たちの側にいることをなんとかして正当化しようと試みている様を痛切な思いで見てきました。年下の者は兄たちの側にいることが許されるのなら，使いっぱしりでも，何でもよいのです。この特別の境遇に基づいてある一定の性格が形成されます。こういった少年の中には，自分自身はいつになったら受け入れられるのだろうかという不信感がしみわたっています。彼らはグループの隅にいることのみ許容されます。それもささやかな仕事を自分自身で見つけることができればの話です。彼らは心底一緒に遊んでもらいたいのです——しかし年上の者たちは，やがて性体験等のいろいろな体験に熱中し始め，年下の少年たちの年齢の及ばない所に行ってしまいます。

このような体験が大きな役割を演じて，特異な性格を形成させた私の記憶にある特異なケースについて私は話しているのです。私が考えるには，15歳で父親を失うことは，超自我理想が最終的に固まる際に特異な作用を及ぼしますし，確かに外傷的なことです。しかし，さらに幼い少年が受ける打撃ほど深いものではありません。なぜならより幼い少年の場合，信頼できる理想的な強い父親像を本質的に持たずに成長せねばならないからです。私は一番年上の子の受けたものは，程度として多分それほどひどいも

第17章 行動化としての盗作 303

のではないと想像します。彼は，母親だけという圧倒的な影響力に長くさ
らされずに済んでいました。しかし，私たちは現時点で判断するにはこの
両親のパーソナリティについての十分な知識がありません。

　しかしこの二人の少年には，幼い頃の運命だけでなく，性格形成の上に
もある類似点があります。彼らは二人とも決定的な時期に特有の方法で行
動を起こしました——少なくともそう見えます。私たちは末の子に関して
の情報の方を，多少多く持っています。上の子にとってはそれにどんな意
味があったのかをさらに詳細に調べるべきでしょう。高い理想を基にして，
軍隊から除隊するために嘘をつけるのだとすると，たとえばこの長男が特
異な方法で嘘をついたように人はつくでしょう。故意に嘘をつく仮病人も
他のレベルで嘘はついていないと私は思うので，長男は自分は両性愛者
bisexual であると言ったのですが，本当に両性愛者であるとは思いませ
ん。このような人たちを注意深く研究すると，本質的には，まったく嘘を
ついてはいないのですが，実際には無意識の真理 unconscious truth を独
特の方法で表現していることが判明するでしょう。もちろん私たちは長男
のパーソナリティを詳細に調べなくてはいけないでしょう。

　しかし何が一番印象に残ったかと言えば，この二人の少年の持つある種
の類似点です。すなわちそこには青春映画「イージー・ライダー」のよう
な理想主義や精神性が伺えます。長男はトラックの運転手になりました。
彼は一般的な社会的価値基準を振り捨て，ある種の夢を追う放浪者のよう
な生活に自分自身を解き放ったのでしょうか？　ところで，かなり未熟な
パーソナリティの人が従来のブルジョア的な価値を捨てて，ある種の詩人
のような生活をし，はっきりとした理想を捨てるような風態で世界を放浪
しているのを多く見受けるでしょう。それは快楽主義者 hedonistic のよ
うに見えますが，本当の快楽主義ではないのです。それは攻撃性を欠いて
いるだけなのです。通常の意味での闘争心を欠いているのです。

　それはある種のあいまいな理想主義 fuzzy idealism です。幼い頃に理

501

想像を失った人の中によく見かける理想主義を思い起こさせます。それは
ソロー（米国の思想家）タイプのある種の自然宗教や自然哲学のようであ
り，彼らは争わず，競争もせず世界とあいまいな関係を作ります。ガンジ
ー，キリスト，キングのようなパーソナリティを選んだのは，理想的なパ
ーソナリティだからでしょうか？　放浪者のように，一定の所に所属せず
国中を旅してまわるような道を選んだのはどうしてでしょう？

F：彼は母親と折り合いよく暮らしていることをどのように感じているの
でしょうか？　長男はそれができませんでした。彼らはいつもけんかをし
ていました。彼は「母とうまくやってきたから，私は運が良いんです」と，
言っています。長男と彼との違いは，これが関係しています。

K：まず何についての争いなのかを知らなければなりません。長男は15歳
の時に父親を喪い，母子生活となり，父親代わりにさせられる状況の誘惑
から身を守る必要があったのでしょう。母親も同じく，可能な限り自分を
守らなければなりませんでした。こういった状況での近親相姦的な危険か
ら逃れるための努力として，このようなけんかが起こることは，かなり頻
繁にあることです。

F：このケースが示しているように，ある意味でこの若者はエディプス的
勝利 oedipal victory を経験したように私は感じるのですが。先生は放浪
の質 quality of drifting や理想主義の変化 transformation of the idealism
について説明されましたが，先生の考えでは，それは世間が生きているの
は自分たちのおかげなのだ，などと時折思う人の感覚と似ているという意
味なのでしょうか。つまり彼らの態度は正当化され，逃げ出すことが許さ
れるはずだと思っているのです。これは彼の発達史の一部の中にその特質
を感じましたが，エディプス的および前エディプス的な問題をめぐる外傷

が後ほど出てきた可能性があり，その結果，超自我の欠損が生じるのではないかと私は思います。

K：まず第一に，これはエディプス的状況ではありません。彼は9歳でした。エディプス的状況とは多いに違います。潜伏期の最後の頃でした。9歳という年齢は，みなさんも御存じのように，前青春期の初期段階です。エディプスの状況としては遅すぎますが，問題として提起するのは面白いと思います。幼児期願望が満たされるのが早すぎると，子どもは困難な状況に置かれます。記憶が豊富で再構成の必要が少ない年齢の子どもたちを何人か観察すると，こういったことはもっとわかりやすく説明されます。エディプスの状況はもちろん思春期初期に繰り返されます。

　時に私のよく知っているケースを例に挙げてみましょう。この症例は病気とか死亡という形で父親を失ったわけではありませんが，彼が13歳ぐらいの時に父親に力 power がなくなった，という経験をしました。というのも父親が突然無力になり始め，住んでいる場所を離れなくてはならなくなり，他の土地へ行ってしまったからです。父親はしばらくの間，身を隠す生活を強いられました。家族の中で，この息子だけが唯一の残された男性でした。あとは母親と妹だけで，13歳にして彼は突然家族にとっての男性像になってしまいました。父親に従っていた者は今や彼に従い，父親が身を隠していたかなりの期間，彼はこの困難な状況を処理するための努力をしなければなりませんでした。

　患者がこの状況に置かれていたということだけが困難なことではありません。父親自身，息子が自分のようになることを望んでいませんでした。彼は取り得のない男だったので，息子にはもっとまともになって欲しかったのです。したがって，息子が父親のようになりたいと思い始めた時，父親は息子を追いやってしまったことになるのです。さらに，息子は母親にとって大切なものであったのに対し，父親は常に母親から小馬鹿にされる

対象でした。父親は背が低いのに対し，息子は背が高くて細身の男でした。彼はハンサムでしたが父親はそうでもありませんでした。これは息子が体験して感じたことですが，私もこれが単なる空想ではなく，彼の感情はかなり真実性のあることだという強い印象を受けました。

だいたい13歳頃の年齢で私たちがよく扱った記憶の中心は，このようなものをめぐってでした。すなわち父親が突然つぶれ，いなくなり，息子が家族をまとめていくためにすべての負担を背負ったというものでした。彼はこれを見事にこなしましたが，彼自身ははかりしれない犠牲をはらっています。このことが不安に満たされたり，パニックに陥らないための大きな助けともなっていたのですが，一方ではこのために彼は生きている実感をまったく味わえずにいました。その後，彼は何に対しても感情が持てなくなっていました。これはかなりの期間をかけて取り扱わなければならない問題です。

この人は今や二つの異なる困難の間で引き裂かれています。一つはエディプス的勝利の結果として，彼が何か非常に特別な存在であるという深い確信を持っていることです。たとえ彼がまだ13歳であろうと，たった5フィート6インチしかなかろうと，彼は勝利を獲得したのです。彼は父親より強かったのです。今や全能の人でした。父親の全能性は何も意味をなさなくなりました。父親は立ち去り，失敗してしまったのです。しかしもう一方で息子は，本当に強く，現実的に保護してくれる父親を喪うという苦境に立たされました。彼なら一家の働き手であったはずですし，子どもの衝動を実際に抑制できたはずでした。最終結果として，偉大さに対する強い憧れを持つようになり，そのために抑制されない自己露出 exhibitionism や誇大的な空想 fantasies of grandiosity を果てしなく追求することになるのです。同時にそこにはこのような誇大性 grandiosity からくる過度の刺激に対する恐怖がありました。彼は躁的になり耐えきれなくなりました。彼は現実上でも自分が演じていた人物になるために外部からの力を

第17章 行動化としての盗作

切に願っていました。彼は半人前なのに背伸びしすぎていたのです。

この問題は分析の過程で何度も繰り返し取り上げていくことによりはっきりと見えてきます。この人は空想 fantasy を満たすことに憧れを抱いているのですが，この願望 wish とは逆に，「私にそんなことをやらせないで下さい。あなたの権利を擁護し，私より強くて年長であることを示して下さい。そしてそれは私の空想でしかない，それと現実を混同するなと教えて下さい」と訴えているのです。このような大きな苦痛があるのですが，この理想像が自分の一部となることによって，自分の運命や情動を自己調節できるようになりたいという願望が最終的にはあるはずです。そうなれば誇大空想を全面的に抑圧しなくてもすむし，外界に理想像を求め続ける必要もなくなります。その時彼は一人の人間となり，すべて自分自身で対処できるようになります。

治療中にこれらのことがかなり徹底操作されると，もっとうまくいくのです。そのような時，誇大性もしくは自己露出と抑制願望との間を激しく揺れ動いていたのが静まります。つまり，「あなたは私を下に下ろして強くなり，あなたを理想化させて下さい。私がかつてそうであったような危険にさらさせないで下さい。私がまさに子どもだという理由で彼らは私をのけものにするのではないかという不安を常に持っていたのですから」という抑制願望があったのです。御存知の通り，これは真実ではありません。これは単に空想にしか過ぎず，現実の中ではどこにも根拠がありません。これらのすべてが徹底操作された時，通常の場合，その人たちの現実の行動は改善されます。それが空想だということもさして気にする必要もなくなります。彼らの行動は現実的になり，もし才能がある人なら非常に現実的に行動するのですが，それでも行きつ戻りつするものです。

患者が聞かせてくれた二つの夢からこのことを説明できます。初めの夢は，患者はズボンをはいていたのですが，それがズタズタに破れていた，というものです。彼は自分の半ズボンをはくには体が大き過ぎたのです。

これは誇大性の充足を意味しているのでしょうが，夢の顕在内容をはっきりとは私は思い出せません。このように夢の分析を行っていると，患者自身だけでなく，治療者もその夢の内容を忘れてしまうことがかなりしばしば起こります。既に分析してしまった夢は次第に忘れ去られてしまいます。二番目の夢は患者は三本の歯に金冠をかぶせられたというものです。突然気がつくとその詰め物が取れていたので，十分しっかり詰めなかったいい加減なやり方をした歯科医に腹を立てたという内容です。言葉を変えれば，彼の幼児的誇大性を大人の現実的野心へとしっかりと変形させるにあたって，分析内での私の作業がいまだ何の助けにもなっていないことを非難しているのです。これは患者と私が既に熟知していたことの徹底操作の過程なのです。

　さて，あなたのケースに戻りましょうか。

P：この面接で私は再度彼の背の高さが気になりました。かなり身長がある彼ですが，面接時間中終始ガムを噛んでは口から出し，それをもてあそんでいたのです。それはまるで幼い子どものように見えました。この日の朝，彼はフランス語の中間試験を受けて合格したことはわかっていると語りました。月曜日までに西洋文明史に関するレポートを提出しなければなりませんが，それが済めば夏休みで，彼は家に帰れます。帰宅したら必ず地域公害の陳情運動に参加するつもりになっています。意見を聞いてまわったり物を配る人員がいつも必要とされていますし，彼はその仕事が重要なものだと感じています。「私たちが何もしなければ，空気なんかなくなってしまって，地下で生活しなければならなくなりますよ」と語り，さらに「この学校に戻ることにしました。ここに在学することが一番好いことだって決めたんです。兵役のためにこう言っているのではないのです。もっと知識を得ることが必要だと気づいたんです」と言いました。

　来年度は，東洋に関する面白そうな講義をたくさんとり，既にその聴講

第17章 行動化としての盗作

手続きも済ませ，その名前を一つ一つ挙げていました。私は彼に自分で選択したと感じているのかどうか尋ねました。すると「ええ，必修科目を少ししかとらないので，専攻科目を始められるんです」と答えました。またこの分野に興味を持ち始めた理由を聞くと，ハイスクール時代に中国を専門とする教授の特別講義を受けたためと言いました。この特別講義の受講人数には制限があり，町中から生徒が集められたのですが，全部でたった10名だったのです。それは週1回行われました。教授は自分の演題にも生徒にも興味を示していました。患者は教授の影響をかなり受け，彼に激励されて，翻訳された北京新聞を読むために特別の図書館に通いました。彼はハイスクールが好きで，そこから特別の恩恵を受けていたと感じていました。批判する部分もありましたが，目標は良い大学に入ることだったのでそれは問題になりませんでした。

ハイスクール時代にいかに真面目であったかを彼は話しました。課題はすべてやっていました。——事実，レポートは期限日前に提出していました。しかし，この冬学期にこのようにはうまくいかなくなり，怒りっぽくなったのです。中国に関する彼独自の解釈を書いた歴史のレポートでCマイナスの成績しか取れなかったからです。このことを先生に訴えると，「まるであなたが北京の共産主義者にでもなったような書き方だ。まったくの喧伝で，しかも間違っている」と先生は答えました。先生は状況を分析し終えており，中国人に関する限り，たとえ別の見地が提案されても，結局は喧伝とみなされてしまうに違いないと彼は感じていました。彼はこのことは不公平だと感じていました。こうしたわけで，既に授業で習ったことを証明しなければならないような気がするので，レポートが嫌いになりました。

他のレポートでもこんなことが起こったのかと尋ねると，この先生は自分の専門についてよく知っているのですと彼は答えました。さらに「冬学期は怠けたか疲れすぎていたんだと思います」と続けました。それから彼

は学校の教え方について批判を始めました。彼は法学部の学生を一人知っていて，その彼が最近司法試験を受けたのです。学校側が彼にあまり期待していないので，4年間を無駄にした感じだと彼に話したそうです。彼は，「それは学校側が新しいことを学ぼうとしなかったか，少ししか勉強しなかったということですよ」と言い，他の大学の学生とも話した結果，彼は，そこでは彼よりももっと多くの必修科目を取らなければならないことを知りました。ここでは一番少ないのです。そして「来年は楽しくやれるような気がします。今年は大変だと思います」と語りました。

　ここに住んでいて彼の学費の援助をしている叔父については以前お話ししたとおりです。果たしてこの人は彼の助けになっているのでしょうか。彼が言うには，「好い叔父さんだ」ということですが。しかしこの人の人生に占める位置は，一番上の兄と同じようなものですが，彼に目標を与えました。——すなわち“お金を儲ける”というものです。この叔父は知的な人とはいえなかったので患者の大学での問題に関してはあまり役に立ちません。かつて一族の中では彼の父親がもっとも知的で将来を有望視されていたのだと言いました。そして昔を懐かしむように微笑みを浮かべながら，「父が生きていたらよかったのに，そうしたら自分自身の正体を突き止めることができたのに」と彼は言いました。

　彼は帰宅して，なにか奉仕的精神でできるものをさがしたがっています。きっと以前やった芝刈りのような，少しの間の臨時の仕事を家の近くで捜すことでしょう。それで300ドルから400ドル稼げます。

　それから「先生のところに来てよかったです。なぜこんな行動をとったのか理解できました」と言いました。私にははっきりしなかったので，彼の理解は何なのかを，聞いてみました。「私はずっと私立学校に通いました。そこでは一クラスが少人数なのです。ここ，大学でも以前受けていたように自分に注意を向けて欲しかったんですが，得られなかったのです。ここの先生方は聡明な人たちだからこちらの質問に答えてくれると思いま

第17章　行動化としての盗作　　311

すよ。でもこちらが追及しないと駄目ですけれど」と彼は答えました。そ
れは彼には初めてのことでした。彼は変わってきているし，もっと独立し
なければいけないことを承知していました。昨年の夏ヨーロッパに一人で
行ったのもそのための準備であり，「自分一人でどれだけできるか試した
かった」からだと言いました。

　私は，今年はうまくやってきましたねと伝えました。すると「ええ，悪
い気はしませんでした。来週は家に帰ります」と彼は答えました。私は彼
に良い夏休みをと言いました。彼は「ありがとうございます」と言い，立
ち上がり，握手をしました。

K：短期の精神療法としては良い形の終結でしたね。

　この患者は激しく揺れ動いていますが，それは，彼に関心を示す人や彼
が崇拝している人と気持ちが通じ合っていると感じるか，それとも，一人
彷徨いながら途方にくれていると感じるかによってまったくちがうのです。
なんと急激に変化するのでしょう――それは非常に突然のことですが，決
して珍しいことではありません。一方には自己経験の融和 the cohesive-
ness of the self experience があり，他方には自我機能並びに自我活動の
まとめ役としての理想化された指導者像の融和 the cohesiveness of the
idealized leadership figure とがありますが，この両者の関係はある種の
人にとってはかたく結びついていることなのです。

　この少年の父親が亡くなる少し前の二人の関係はどうだったのか伺いた
いところです。その時期父親は一番彼に気をかけていたのでしょうか？
だからこそ父親を喪ったことがこんなにも外傷体験となったのでしょう
か？　8歳程度の未成熟な状態の彼が，父親との関係において共に学び，
勉強をして，探究していたのでしょうか？　まさにそうした時点でこの関
係が引き裂かれてしまい，親の理想的な役を引き継いでくれる誰かがいな
い限り，もがき苦しみ続け，自分では何もできないようになったのでしょ

509

312

うか？　それとも彼は自分自身でやったことに自信が持てないことが問題なのかもしれません。

F：このことは，短期の精神療法の役割は何かという重要な質問と，患者の助けとなるためにこのような定式化をどのようにしてまとめられるのかという問題とを浮かび上がらせていると思います。精神療法の中では，治療者がこのようなパターンを見つけた時や，自己感情 self-feeling の満ち干きに治療者が共感できる時に，患者が最大限の能力で働いているような特殊な状況や，逆にこの（自己の）感情を失くしている特殊な状況を明らかにして，患者を現実的に助けることができるのだと私は思います。患者が自分自身を調整することができることが短期の精神療法の有用にして有益な目標です。それによって患者は潜在能力を最大限に発揮できる状況に自分の人生を整えることができます。あなたが分析治療で達成したいことより，はるかに制限された目標とは思いますが……

K：これは非常にもっともな説明です。私も同じように感じる時があります。高望みし過ぎてはいけませんし，このような助けによって患者を常に安定した状態にできると考えてもいけません。自己評価 self-esteem が高まったり低くなったりする強さは，はかりしれないものがあります。たとえ治療者がその高まりと低下とか，その動きの原因をよく知っていたとしてもむずかしいのです。分析の中でさえ，また様々のことに関しての洞察が伴われたとしても，まだこの高まりと低下に苦しめられるのです。それにもかかわらずあなたがおっしゃるように，一度こうした経験に出会うと，なぜ患者が気分的に楽になったかに関して，なにがしかを言語化して洞察として伝えることができるものです。

　こんな人に対して私は，「あなたが非常に尊敬する人を見つけ，しかもその人があなたに興味を示してくれることがわかった時には，あなたと父

第17章　行動化としての盗作

親との間に生じたことと何かきっと関係があると私は確信します。過去の喪失感が，時折あなたを圧倒し，それであなたはもがき何もできなくなるのです。でもそれに気づくのを助けてくれる人を見つけられれば，大いに助けとなるでしょう」と伝えるだろうと思います。こうした状況で患者自身が洞察を得れば嬉しいことです。そして「あなたは自分の生活史の上でも人となりにおいても大変重要な何かに触れたようですね」と伝えるでしょう。

　温かい人間的な関係の中でこれが行われた時には，患者の手がかりとして追求できる何ものかを治療者は与えているはずです。すると患者は自己評価をもっと意識的に調整し始め，その次には自分の仕事の能力を調整できるようになるのです。悪循環の逆になるわけです。よりよく働けるようになり，もっと達成していくとき，自己評価は向上します。これとはちょうど反対に展開して，一度流され始めると非生産的になり，狼狽してそれで助けを求めるようになるのです。小規模の私立学校で十分な配慮を受けることに慣れていた彼だったので，個人的なかかわりを持たない大きな大学のキャンパスで戸惑ってしまったのでしょう。

　たぶんあなたも随分前からこのように洞察していたでしょうし，ここであなたが見ている学生のグループの中でそのことがある役割を演じていることを今更聞かなくてもわかっていることでしょう。しかし，このことのすべてがパーソナリティ構造にどのようにあてはまり，ある種の人の特異的な脆弱性にどのようにあてはまるのかをもっと知れば，一般論として知っている以上に治療的にももっと有益になり，治療者にもっと力を与えることになるでしょう。

Ｆ：この若者が父親とどのような関係だったのか本当のところはわかりません。しかし，推測はできます。両親はもうこれ以上は子どもができるとは思っていませんでした。そして両親は少なくとも二人の子どもが欲しい

といつも思っていました。そこにこの子が生まれました。彼は大きな喜び
をもって期待されたのだと言えるでしょう。

K：それは良い思いつきですね。確かに両親にとっては驚きだったことで
しょうし，「おやまあ，自分たちにまだ子どもを作ることができたなんて」
と思ったでしょう。父親にとってもう一人子どもを作ることは大きな意味
があったのでしょう。

　違った種類の非行の例を挙げてみましょう。患者は貰う権利のないお金
を得たのです。みずから物を壊して保険金を請求しました。こうしたこと
は分析家がいなくなるとか理解していないといった状況でいつも起こりま
した。彼の行動は罪悪感のない非行と多少関連していました。もちろん，
彼には「当然の報いが来ます」。ここであなたが強調していることと私が
さらに強調しようと意図していることに違いが生じます。私はそれをもっ
とも印象的な形で，つまり，罪の意識のない非行と自業自得型　I-have-it-
coming-to-me　の非行の違いとしてとらえます。これは過去に甘やかされ
て駄目になったことに基づいたのではなく，過去に非常な不当な扱いを受
けたことが土台になって起こることです。明らかにこの男性は，非共感的
な母親に極端に拒まれていましたが，その母親はこの少年の身体をほめる
こともできなかったのです。分析もだいぶ進んだ頃になって，患者は母親
が薬物に嗜癖していた事実をついに治療者に突然話したことで，すべてが
はっきりしました。そのことは何年もの分析中もまったく知らなかったの
です。知っていたことと言えば，母親は朝いつもだらしない格好をして，
子どもに朝食も作らない，等々でした。しかし実際には母親は薬物をのん
で二階にいたのです。（オニール作の『夜への長い旅路』を知っています
か？　みなさんに読むことを勧めます。嗜癖的な母親が家族構造や家族の
まとまりに及ぼす影響について書いてあります。）

　しかしこの特異な例ではこの罪の意識のない行動化は，共感を持って彼

第17章　行動化としての盗作　　315

に与えられるべき権利を怒って奪いとる行動化へと変化し始めました。治療者が非共感的な母親を再現しているように見える時，患者は罪の意識を持たずに奪い取ろうとしたのです。分析の文脈の中でやっとこのことが理解されたとき，彼の行動化は完全に消え，それに変わって非常に興味深い新しい症状が出現しました。盗む行為に変わってあらわれたのは嘘でした。彼は非常にうまい方法で嘘をつきました。彼が嘘をついたのはある意味で自分に注意を向けて欲しいという古い願望を取り戻すためでした。彼が出鱈目話をすると感心した聴衆が注意を向けるので，ますます意識的な冗談になっていきました。ある日，治療者にこんな話をしました。「ところで先生，僕はトイレの中でおしっこをしていました。隣におじさんがいてすっごく驚いた顔して僕のこと見てるんですよ。それで下向いてみたらなんと，僕のおしっこが薄緑色してるの」。これが彼流の話です。まるで冗談を誉めて欲しいと言っているやんちゃな少年のような態度でしょう。これならまだしも愉快で耐えられる範囲でしたが，これもまもなく消失しました。

　この同じ状況の発展を示したいと思ったのですが，――つまり，それがどのようにしてさらに統合され，受け入れられ，智恵のある自己愛になっていったかについてです。確かに保険金を要求するために自分の家を壊してしまうような人の自己愛は明らかに病気と言えます。しかし尿が緑色だったという話や他の類似した話には，可愛いところもあるので，病気というよりむしろ冗談になりました。出鱈目話は少なくなり，冗談半分の話が増えてきました。面白いヤツと単に思われたいのだろうとみなわかっていました。そして最終的にはそれが創造的な生産力となって非常に面白い話題に関する一冊の本を現実に出版するまでになりました。

「例外人」（1916）というフロイトの論文を知っていますか？　自己愛論には直接言及してはいないのですが，素晴らしい論文です。フロイトが自己愛を最初に導入した論文より以前に書かれたものだと思います。そこで

は，冷淡さや，後々の極端な行動化，そして不合理な要求に対する絶対的な独善などをかねそなえた性格のタイプは，過去に著しく不当な処置を受けたことを基にして形成されるのだと，特に文学を引用して述べられています。これはもちろん，長期の深い分析とは何の関係もありませんが，研究をもっとやさしくするには役立ちます。

　独善的で尊大ぶり，他人からの要求に対してはしばしばこのような独善的な尊大で冷淡な態度を示すような人物を見た時には，二つのタイプの中の一つなのです。一つのタイプは，防衛が強く，治療がむずかしいのです。自己に対して，また自己を受け入れられることに対して，大きな不信感を隠しているのです。子どもに向けられた二つの相反する態度に関連して発生することが多いのです。たとえば，母親が自分の利益のために子どもの気を引くのですが，子どもがイニシャティブを発揮する真の価値を認めさせなかったりします。したがって単独で行動する時には，自分が何であるかわからず，大変抑うつ的に感じてしまいます。しかし，いわば母親が密着していれば，得意げに振る舞うことが可能になります。私が指摘したもう一つのタイプは幼い頃に非常に不当な待遇を受けたと感じているような例外人です。

第18章

自己評価と理想(原注1)

K：私たちが行ってきた仕事を要約するために，理論的な方に少し話をずらしてみましょう。自己評価と理想ですって？　この概念について私たちは何を知っているのでしょうか？　臨床上でも，あるいは日常生活上でも，自己評価には波があることを私たちはみな知っています。私たちは自分のことを良いものだと感じています。また悪いものだと感じることもあります。私たちは物事がうまくいっている時には良いものと感じ，自己評価も高まるのです。誰かが私を好きになってくれないとか，話を聞いてくれないとか，あるいは避ける時，私たちは自分のことを低く感じます。また，しようと努めていることを達成できない時も低く感じるでしょうし，自己評価は落ちるでしょう。

　言葉を換えれば，自己評価（私たちはすぐに『理想』についても触れるつもりです）は私たちの観察に開かれているものです。私たちの観察は共感を通して開かれているのであり，それは私たちの科学で言うすべての観察の本質なのです。私の専門の狭い分野の精神分析であろうとも，あるいはもう少し広い分野と言える深層心理学であろうとも，あるいは，人間の内的体験を扱ったり，内面生活の複雑さを扱うどんな形の心理学や精神医

（原注1）　この最終講義は2番目のシャーロット・ローゼンバウム講演として提示されたものであり，そこの精神医学教室員と紹待された地域の精神医学関係者に向けての講義である。

学であろうとも，自己評価という現象は自己観察 self-observation と内省 introspection へと開かれているのです。自己評価が揺れる時には特に開かれているのです。なぜなら自己評価が安定している時ではなく，いつでも揺れ動いている時に物事をもっともよく観察できるからです。そしてこの内省を特別に延長すること，すなわち代理の内省によって，他者を観察するときにそれは開かれてくるものですが，われわれ自身を他者の中に，また他者の経験様式の中において考えることを私たちは共感と呼んでいます。

そして自分以上に優れたものとして私たちが賞賛するところの，私たちの理想に関しても同じことが言えます。すなわち理想も揺れ動くのです。私たちは新たな価値や理想を探しています。私たちは既に持っている古い理想に対しては不確実な感を抱いています。そして，私たちの自己評価，すなわち自己の構造化 self-organization が疑問視されたり攻撃されると私たちが反応するのと同じように，理想に対して攻撃されたり不信を向けられたり，疑問視されたりすると反応するのです。そうして，自己評価に対して起こるのと同じように理想に対しても揺れ動きが起こるのです。しかしながら，ある種の理論的な偏見でも持たない限り，自己評価と理想は比較的分かれた，異質の，似ていない現象だと見なされることでしょう。

ちょうど，外界での現象が大変異質なものであろうとも，その背後に何があるのかを調べている科学者にとってはある種の関連性があるように，多くの心理学的な過程においても関連性があるのです。自己評価と理想は大変に異なっていても，理論的な研究や表面下をさぐる研究を通せば，外見上は非常に異なるこの二つの現象間にある種の関連性を見出し始めるのです。

私たちはもう少し事態を知るようになる，つまり，理論的な理解を広げるならば，この異質な現象に関連性を見出すのです。大変に異質な現象の明らかな例として石炭とダイヤモンドを取り上げてみましょう。外見上は

第18章　自己評価と理想　　　*319*

異なります。一方は黒色をしていて，もう一方は透明です。まったく異なる価値を有しています。一方は大変に高価であり，他方は大変に安いのです。まったく異なる機能と使用目的を持っています。それでも石炭とダイヤモンドの間に類似点があるかどうかを有機化学者に尋ねると，彼は，「もちろん。どちらも元になる構造は炭素原子と炭素の構造に関係していますよ」と答えるでしょう。このことから，石炭とダイヤモンドとの間にもある種の関連性があるのだと言えるのです。私たちは石炭からダイヤモンドを作ることさえ試みることができるのです。そしてそのことは最近実際になし遂げられたのです。

　深層心理学における表にあらわれる内省と共感という現象と理論との関連も何か同じようなところがあります。私たちは現象を調べ，私たちの感覚 sense で理解するよりは，原子価のような何かで理解しようと試みるのです。日常の観察と科学的な観察との違いは理論を形成する中にあります。段階分けや測定の方法論にあるわけではないのです。

　それ故，理論は私たちが物事を観察する様式に影響を与えます。異質なものが似たものになり，似たものが異質なものになります。銀杏の木の葉は葉っぱのように見えますが，発生について詳細に調べるならば，いわゆる葉っぱよりもむしろ松の葉に似ているのだとわかるのです。この次元のことは私たちが論じている現象に関しても真実なのです。植物を行きあたりばったりに集めるのと植物学の体系を創ることとの間には違いがあります。共通な起源や共通なより深い機能に対する探索があるのです。ハインツ・ハルトマンは，彼の本の中ではあまり知られていない，『精神分析の基本的な原理』という本の中で，現象学的なデーターを行きあたりばったりに集めたものを深層心理学の科学にするような基礎理論を作り出すことと，現象学的な研究との間にある違いを指摘しています。

　ここで，私たちの一定の思考系列を続けるにあたって，うわべは異質な現象を調べて，何か共通項があるかどうかを学ぶためにはどのように選択

すればよいのかが問題になります。理論から始めるのでしょうか，あるいは現象から始めるのでしょうか？　もちろん現象から始めます。私たちが扱うのは経験科学なのであり，理論的な研究の手がかりは現象を調べるところから始まります。

事実，自己評価と理想という問題の周りにある一群の現象を調べ始めるとある種の類似に気がつきます。観察されうる現象学的な側面から始めましょう。多分思い出していただけると思いますが^(訳注1)，私が自己愛という現象に興味を持つ引き金になったのは，私が判断する限りでは，いつも長い間の研究を刺激し，何年もの間研究に没頭させるような深い内的な動機ではなく，それからはほど遠い，むしろ組織上の仕事をするという特別な状況によって起こってきたのです。つまり，約8年から5年前にかけて，私は精神分析の全国組織で組織上の仕事に全力でかかわっていました。私はいろいろな意味でこの5年もの間，非科学的な仕事に専心したことを悔やんでいるにもかかわらず，私はこの経験が私に利益をもたらしたし，大きな価値あることを教えてくれたと思います。このことが私の仕事の動機となったのですから。

心理学的にも洗練され，もろもろの欲求傾向をコントロールする能力があると見なされるグループの中においてさえ，大きな意見の衝突があるという事実に私は衝撃を受けました。私は，理論や組織上の選り好みに関する些細な点をめぐる意見の衝突の引き金は一体何なのだろうかと考え始めました。もちろん，筋道の通った意見の違いもありますが，一体何が起こったのでしょうか？　けんかの激しさや，憎悪の強さや感情的なこじれは，私に言わせれば，一般的に見て，意見の衝突をもたらすはずの合理的な説明とはまったく釣り合わないように思われます。以前は精神分析の仲間だった者が，今や，批判的になり，組織に対して反対するようになった時，

_____

（訳注1）　第1巻第3章の43頁以下に詳しい。

第18章　自己評価と理想

聡明な思索による偉大なる武装に基づく理論的な説明理由をあまり聞かなくなるのです。多くの聡明な人たちがいて，聡明であればあるほど，説明がうまくいけばいくほど逆に，そのことはたいした説明になっていないのです。

　私は意見の衝突が起こった時点について考え始めました。その人が指名されたいと思っていた委員会に対して，その時指名されなかったのではないか？　特定な役職に対する選挙で負けたのではないか？　多分リビドー論の理論的価値についての考えが変わる前に，選挙の敗北とかそうした次元のことが先行していたのではないか？　このタイプのことが一度ならず起こっていることに私はしばしば気づきました。もちろん，良い考えが不合理な動機から起きてはいけないとは言えません。さらに，選挙で破れたことが引き金になったからといって，欲動論に対する批判は無意味であるとは言えないでしょう。当然です。その場合でも，人は今提起された思想の流れについて十分に耳を傾け検討すべきです。しかしながら，このような争いが行われるとき，あの極端な不合理性が随伴しており，もはや，その感情の強さたるや理論的差異に由来するものを越えています。そこから何が起こっているかが明らかになってきます。

　ある種の野心に対しては反応する特別な仕方があります。それは自分自身を表現する方法においてもしかり，特に集団の中ではそうなります。どうしてそうなるのでしょうか？　この場合，他の一人と一緒にいるのとどのように違うのでしょうか？　大人が集団の中，特に自分の職業仲間の中にいる時は，やや退行的状況になるのです。彼の自己評価はまさに揺れ動きます。それは個人の遠い過去からの何ものかを反映しているのです。なぜなら，自己評価の始まりは事実，外界からの愛情の供給に依存しているからです。私たちの露出症 exhibitionism と，身体の自己顕示は，それは後々になれば心 mind や，私たちの振る舞いや私たちの善意や道徳性の自己顕示になるのですが，それらはその始まりにおいては受け入れられるこ

と，つまり外からの反響に起源を有しているのです。私たちが集団の中で少し退行的な位置にいる時には，肯定されることを求めるのですが，それを得られない時，憤慨し，絶望感を持つのです。

ある種の集団の状況ではこの古い感情のいくつかが強烈によみがえり，このような環境下では私たちは失望に対して退行的に反応します。——賞賛，役職に選ばれること，委員に指名されること，理論を受け入れてもらえること等々，それが何であれ，私たちが求めて期待するものを与えられない時，私たちの自己評価は沈みこみ，それを低く感じ，その人たちに対して怨恨を感じるようになるのです。それで，この特別な憤怒 rage や感受性 sensitivity はある特殊な現象学的な特質を持つのです。そこには何か特異なものがあり，正確な定義を拒むようなものであり，感覚的な印象を詳しく記述するようなやり方にはたぶんまったくなじまないようなものがあるのです。もし適切に引き出されるのなら，私たちはみなその心理学的な状態について気がつくでしょう。けれども，そのことを厳密に定義して書くようにと言われた時にはきまってうまくいかないのです。

私たちは精神分析や深層心理学においては，ある共通の経験をもつということにその方法を頼っています。私たちの分野でのコミュニケーションの技術はあまり細かく記述するというわけにはいきません。このことは変なことであり，残念なことなのですが，この点に関しては他の科学とは少し異なるところなのです。この技術は基本的な経験についての類似の認識を他者の中に呼び起こすことができるかどうかにかかっています。

今，自己評価の脆弱性について何がしかのことを指摘してきました。つまり，自己評価の現象学についてです。ここで理想について話しましょう。私たちが理想や価値を経験する仕方は私が今言ったようなふつう自己評価を感じるときの仕方と何かしら似ているでしょうか。——すなわち，私たちの野心はどこかに到達を願っていますし，私たちの成功は他の人によって確かめられる必要があるからです。一見したところ両者は大変異なって

第18章　自己評価と理想

いるように見えます。そして，みなさんの多くが確かにこの類似性の理論的な土台について既に知っていますが，それに頼るまでもなく，もう一度，ある種の類似に対するみなさんの共感的な認識を呼びさましてみたいと思います。自己評価に対する私たちの要求は絶対的なものです。ですから，私たちはそれは分かち合われるべきもので，限界のあるものであることを痛みを伴ってしか学ぶことができないのです。（しかも，私たちは完全には学べないかもしれないし，あるいはたいして学べないのかもしれませんが）。みなさんも知っているように，もともとの自己評価に対して何を置き換えても，たといその置き換えの最高の形態である，私の言う英知 wisdom にしても，新しい形の自己愛にしか過ぎないのです。それはこれまで抑制されたことはなく，他の自己愛に移行しただけであり，多分より高い水準に変わっただけなのです。英知の中にプライドがあるのですが，それは多分獲得されたプライドなのでしょう。しかし，賢さも大変自己愛的でもあるのです。私たちの理想が変化するという直接的な経験の中にも，何かきわめて似たところがあります。

人々は理想に対して敏感です。価値は人生の途上で変わるでしょうが，それが何であれ中核の価値体系を何に対してもつかに関しては，どんな時でもある程度の絶対的なものがあり，それが攻撃された時にはその程度に応じて怒りや憤怒が起こるのです。

大変時宜にかなった例を出しましょう。みなさんも御存じのように，わが国では現在価値体系や理想が大きく崩れてきています。特に大学の若者に特徴的な新しい理想，すなわち，国家を越えた普遍的な人間の理想といったものがあります。他方，アメリカの国旗に象徴されるような強い国家主義的感情もあり，それはたとえば，ウォール・ストリートでの最近の衝突事件の建築労働者たちによって信奉されてきた感情です。特定の価値体系を信奉しているわれわれの多くは，建築労働者の考えは時代遅れの後ろ向きだと言うでしょうが，そう言うことは簡単です。しかし，私たちは新

しく獲得された価値体系がもつ絶対性やその位置づけに感情移入すること
をしないならば，ある種のグループの人々の反応を理解することはできな
いのです。ところで，アメリカの国旗が逆さまにされたり焼かれた時に，
ひどい腹立たしさを感じるようなグループの中心はどんな人たちから構成
されているのでしょうか？　今行われている戦争で理想主義のグループの
人々が国家に対して兵役奉仕することを拒む時，どんな人が深く立腹する
のでしょうか？　もちろん，いろいろな人々がこのように感じるでしょう
が，私は特に理解することが重要だと考えているのは，建築労働者のグル
ープのことです。彼らはどういう人たちでしょうか？　彼らはふつう，比
較的安い賃貸の近郊住宅地域に住居を持っている下層中産階級の人たちで
す。彼らは移民の息子か孫息子です。彼らは父や祖父について何かを知っ
ています。——すなわち，父たちはここでは新参者であり，自分のよって
立つ所や自己評価が不安定であったのです。彼らはやっと徐々に自分自身
に関して確固とした何かを形づくる所までやってきたのです。

　この新しくつかんだばかりの確実さを支える大きな力の一つは，実に自
分たちはアメリカ人だという意識であり，彼らにとって国旗はきわめて重
要な意味を持つものなのです。言わば，この世代が着方を習ったのとは異
なる方法で服を着る少数の人々がおり，またきっちりとすることを信奉す
るように習ったのとは異なるスタイルで髪を切る人もおり——自分たちの
価値体系の中心に置くように習った国旗を破ったりする人もいますが——，
このような人々は，彼らのまさに安心感の中核を深く脅かすのです。私た
ちがまだ吟味されていない特定の理論的な地位を得ようと努力したり，私
たちに与えられていない権威のある何か特別の管理的な仕事を行う努力を
する時に私たちが示すのと同じことですが，この特別な価値体系の周りに
集まっている内的な深い価値感覚を軽視したり引き裂いたりする人々に対
しては，憤怒と破壊の気持ちが起こるのです。だからといって，すべての
価値は相対的なものであり，いわば価値には価値などないのだとは，私は

第18章　自己評価と理想　　　325

思いません。いいえ，そうではありません。価値のために闘われなければ
なりませんし，思索も必要ですが，ある程度理解も必要としているのです。
さもなければコミュニケーションの可能性がないのです。

　人々の間に起こる自己愛の緊張は集団生活内で，国内や国家間の集団生
活内で，ある役割を演じます。言うなれば，この緊張関係は個人の神経症
における欲動の葛藤や構造的な葛藤に対応しています（Kohut, 1966）。つ
まり，憤怒 rage，怒り anger，"むしろ死を"というスローガン――現実
に死んだ方がましと考える人もいますが――といったものには，深い根拠
があるのです。この根拠は個人の発達の基礎をなしてもいるのです。

　私がこれまで話してきたことは，自己評価と理想は現象学的には異質で
すが，少し丹念に見てみると，何か一つに結びつけるものがあるようです。
何らかの関連性と絶対性があるのです。価値と理想は普通に持っていれば，
ファッションのように人生では変わるとしても，その時々には絶対的なも
の――中心的なものの一つとして創造されるのです。価値は相対的である
という事実を中心的な価値体系として主張したり，価値は科学的に検証さ
れるべきだということを言う人がいたとしても，それも一つの価値体系な
のです。人は逃れることができません。人類のもっとも称賛された所有物
に対してさえも偏見のない判断をもつことができるし，この特殊な態度が
人生のある一定の瞬間においてあなたの主要な価値になってしまうかもし
れません。それは10年以内に変わるかもしれませんし，もう一つの意見を
求めてぶつかることになるかもしれませんが，この中心的な価値体系が攻
撃される時は非常な怒りが起こるし，いまさらのように強く擁護されるこ
とになるでしょう。

　今や，価値と自己評価とは何か異質なものでありながら，何か類似して
いるところがあるという感覚がみなさんの中に出来上がったか，少なくと
も思い描けたことと思いますので，その共通の根源を調べてみましょう。
みなさんも御存知のように，精神分析は一つの強力な理論的な方法論を持

っています。──すなわち，それは発達心理学です。私たちは物事を今あるようにだけではなく，かつてそうであったようにも調べます。──すなわち，その歴史，なるべくならその起源について調べます。もちろん物事は変化します。同じような形態で始まっても，大変に異なった終わり方をするかもしれません。発達心理学では機能の変化と言われていることです。共通の起源が確立されると，同じような性質や一つから他への変化の可能性や似たような反応の仕方について，何がしかのことを恐らく教えてくれるでしょうが，その際，その起源を知らないではまったく理解できないままに終わることでしょう。

　理想と自己評価というこれらの概念に関して，私たちは精神分析の伝統に沿って話を進めましょう。それはジグムント・フロイト（1908）とカール・アブラハム（1927）によって創始され，いくつかの短所を持っているのですが，それにもかかわらず，みなさん方の多くにとっては，偉大な貢献であることがすぐにおわかりのことと思います。二人は特定の欲動の要素に関連して，ある種の性格のタイプを記述しました。私が肛門性格，尿道性格，男根性格，口唇性格とか言う時には，みなさん方はすぐに私が何を言っているかがわかるでしょう。このような初期の段階での欠点に関して私たちは笑って見過ごすことができると思います。

　もちろんパーソナリティ形成においては，特定の個人における単なる欲動の支配や欲動の方向性以上のことが関与していることを私たちは知っています。それにもかかわらず，さしあたって，このような特別の名称の欠点についてうんぬんするのではなく，このようなパーソナリティのタイプが発見されたことによって大いに進歩があったことについてわかってもらいたいと私はみなさんにお願いしたい気がします。吝嗇，丁寧さ，正確さ，親切，親切すぎること，従順さのような，一見まったく異なる特徴──まったく異なる現象──が，どのようにして個々の人々の中で同時に一つの群として見出されるのでしょうか？　個人の欲動の発達史の背景にはある

第18章　自己評価と理想　　　*327*

何ものかがあるという考え方だけでも前進への大きな一歩なのです。つまり，最後には，正確さ，丁寧さとか清潔さ等のような，複雑なある種の性格の群を作り出すという考え方です。こうした事実にたどり着いたのは一つの進歩であり，見かけはあれほど異なるダイヤモンドと石炭が実は共通のものを持っているという認識と軌を一にするものです。

　さて，今や，私たちはこのことを自己評価や理想の理解にどのように適用できるのでしょうか？　自己評価と後に私たちの理想システムとなってくるものが両方共同じ根から出てきていることを思い出しましょう。まず心理学以前のある状態が仮定されます。これはしばしば一次的自己愛 primary narcissism と言われています。そこで心理生物学的な単位がおおよその平衡を保っていて，完全な平衡に近いのですが，その障害や動揺を伴っており，いつも両者は一緒に並存しています。私はここで心理学のことを言っているのではありません。なぜなら，自己観察 self-observation の可能性に関するきざしすらないからですし，それ故，この芽生えの自己観察で自分を共感的に見つめる現実的な能力がないからなのです。このことが胎児期に起こるのか，あるいは新生児期にそれはすぐなくなって母親か外的環境かがこの種の平衡にすぐに取って替わるものなのか否かは，私たちにはわかりません。しかしながら，後に起こる多くの完全さの性質に分化し始めるものの根源が実にここにあるようなのです。

　私たちはこの平衡の原初の感覚が永続しないことも知っています。赤ん坊であろうと大人であろうと，私たちのすべてが有する自己愛平衡　narcissistic balance を維持する手段はその最高のものであっても不完全なので，それは永続し得ないのです。――自己愛を保つ最大のものとは――すなわち，共感です。子どもの必要性に共感し反応する母親ですら，完全には共感できないのです。母親は遅かれ早かれ共感するのに失敗し，（反応が）遅れるにきまっているし，子どもは何か具合が悪い点に気づくでしょう。最初の喜びや完全さや平衡は今やなくなってしまったのです。二つの

525

異なる方法で，しかも同時に確立される方法でもって，子どもはその平衡を再建しようとします。すなわち一つは自分自身の中に完全さを作り出すことです。そしてそれは将来の自己の完全さ self-perfection に対する努力とか自己評価や野心 ambition の中核なのです。それともう一つは外側に作り出すことによってです。それは後になって外界の万能感や外界の完全性の中核となり，最後には外界の理想の中核になるのです。

　私たちは自分の身体や自己や自己体験を完全なものと感じることによってこの自己評価を作り出します。しかしながらそもそもの初めから，私たちの自己評価のこのような完全さ，すなわち「見てごらん，私が何ものであろうとも，私は私なのです」と自己露出して言いたいこのような願望は，まったく共感的な母親の反応によって助けられ，吹き込まれるのです。母親の目の中のかがやきという反応，すなわち子どもの自己表出に対する母親の感受性から絶え間なく流れてくるものがあります。私たちはこの欲求を完全に追放することはできません^{（原注2）}。理論上はもちろん私たちはそれを追放すべきだし，自分自身の力で自己評価を保つべきだと言えるでしょう。私たちはある程度まではそれができます。私たちは他人に対してだんだん依存しなくなります。私たちが達成できる最良のものは，それがとても欲しいものであっても，私たちは待つことができるということです。私たちは直接の反応がなくても立腹することなく，過去に成功したことを考えることができます。しかしながら概して私たちは目を見開き，感覚のアンテナを全方向に向けています。私が一つの言葉を発するとき，みなさんが私の話を果たして聴いて下さっているのかを私はじっと見ています。同様にして，みなさんは私を見るとき，私が本当にみなさんに向かって話しているのか，それとも私自身の考えに酔い知れているだけなのかを，み

（原注2）　このあたりの論旨に，コフートの後々の自己対象につながる概念構成の萌芽を見ることができる。すなわち，幼児期における自己の発生において，児童期における自己の確立にあたって，そして生涯にわたって自己を維持するにあたって，自己対象が必要である，という思想である。

第18章　自己評価と理想

なさんは知りたいと思うでしょう。こうした理由で，自由に論旨を語って
くれた方が，また一般的に言っても話し言葉の方が，何かを読まれるより
も，聴く方はずっと楽なのです。演壇で論文を読む人は聴衆の側にはいま
せん。彼は自分自身に没頭しているのです。しかし，聴衆はじっと我慢を
して，何とか傾聴しようと努力しますが，所詮，聴衆は浮いてしまい，か
かわりを感じられなくなります。そのつぎに聴衆は，「この先生はとても
一生懸命にやってくれている。十分に準備もしているし。みんな私たちの
ためなんだ。確かにありがたい話だ。そこから何かをつかまなくては…
…」と，自分たちに言い聞かせますが，そもそもこういうときはまさに眠
くなっているのです。みなさんは笑いますが，確かに居眠りをしている方
はいませんね。おかげで自己評価が高くなりました。

　もちろんもう一つの方は，全能の他者 omnipotent other であります。
すなわち，全能の外的人物ですが，ただこの際，子どもによってはみずか
らとすっかり異なるものとしては経験されていません。子どもの全能感を
担い，子ども自身を担う他者であります。いくつかの途方もない自己愛型
の空想があります。たとえば，自分は空を飛べるという空想がそうですが
(訳注2)。こうした空想は，知性が飛翔するとか，新思想に向けて楽しく気
持ちが広がっていくとか，新領域を探究するとか，こうしたことにつなが
りをもっています。幼い頃の人生が永続的な影響を与えてこうなるわけで
すが，それはみなさんを共感的に担ってくれる全能の他者に依存していま
す。聖人たちの歴史においては，幼子であるキリストを抱いているクリス
トファー（母親が子どもを抱いている）が象徴になっています。もし全能
の他者からの共感に問題があったなら，後々の理想化の中にその様相はあ
らわれるでしょうし，問題を抱えた内在化になるでしょう。集団心理につ
いてのフロイト初期の偉大な発見もそこにあるのですが，もろもろの理想

───────────────

（訳注2）　コフートの研究によれば，英国の元首相のチャーチルには幼少の頃よりこの飛行空
　　想があり，この空想が後々の彼の輝かしい業績の中に昇華されている，という。

が集団の成員を共に結びつけるというものでした。そしてある集団の個々の成員は一つの思想，一つの理想，そして共有している理想の体現者に同一化していきます(訳注3)。

みなさんは学生メンタルヘルスクリニックで青年や初期成人を相手に仕事をしていると思いますが，自己評価と理想が共通の根源をもつというこうした理解は大切なことです。その根拠は，人生の十代は生後の10年を反復するものであり，その障害もしかりであり，その後に初めて比較的安定性をもったパーソナリティが永続的に確立するという事実にあります。初めの葛藤，エディプス期の熱情，嫉妬心，競争心，敗北感や勝利感といったものは変化していくものですが，これらは再び，青春期の早期に，また思春期早期に反復されるものです。この変化の時期に，新たな欲動バランスの影響を受けて，また生物学的な性器的成熟の影響を受けて，エディプス期の古い葛藤が再燃します。思うに，後期青春期は自己の確立の最早期に，自己と理想前駆（すなわち，全能の理想化対象のこと）を形成する最早期に関係しています。同様にして，早期青春期はエディプス期に関係しています。

その理由は明らかです。新しい大きな要求が個人に課されるのがこの時期です。すなわち，児童期は永遠に過去のものとなります。学校もまもなく終わりになります。そして，独立が目指されるでしょう。急激な再編成，ものの見方の大きな変化，まったく新しい自己概念といったものが達成されなければならず，新しい課題に応じた新しい全体的な価値の枠組みが形成されなければなりません。歴史的，経済的な変化は個人の発達史に起こったものであれ，集団の中に起こったものであれ，それが激しく大きな変化であれば，いずれも不安定要因をもたらして，はなはだしい不均衡を造り出すのが常です。青春期から成人期へのこの特異的な大変化という影響

（訳注3）　フロイトの「集団心理学と自我の分析」（1921）に詳しい。

第18章　自己評価と理想

を受けているからこそ，自己と理想にかかわる昔の不安定性の多くがよみがえってくるのです。しかし，これは正常でも起こることであり，ある程度までは起こらなければなりません。ただし，この時期の激しい悩みやはなはだしい精神病理は最早期の不安定に関係していますが，なぜなら彼にあっては，全能的対象への信頼が幼い頃に確立してそれが頼もしい理想という形で摂取されるといったことが妨害を受けてきたからです。

　後期青年期と早期成人期の不安定性が引き金となって，精神病理学的な不安定性ないしは最早期の潜在的不安定性をめぐる深部の固着点を復活させます。そしてこうした状況下においてこそ，昔の不安定性の復活を見るのであり，また自己評価の低下の方に揺れ動いたかと思えば，同時に，自分が何者なのかに関する傲慢な絶対的自己正当化の方に動いたりするといったことも目撃いたします。同様のことが理想化の領域にも起こります。すなわち，その時につくられた理想を絶対的に確信しているかと思えば，同時に，価値というものがそもそもあり得るのかといった全面的な疑惑に陥ったりもします。

　青春期に起こる諸々の現象はよく知られたところであり，その多くは誰しもが経験するものですが，人それぞれに悩みの内容も形も違いますし，その創造的解決の道も様々です。このことはここにいるみなさんにはお馴染みのことでしょう。過去と現在，深層と表層，未熟と成熟，太古と発達，こうした二者の関係を研究することは，もちろん私たちの精神病理学の中心的課題であります。私たちが研究し理解しようと努めている精神病理をよく調べてみると，その多くのものに過去の発達段階の影響を観察することができます。つまり，成熟した機能に過去が影響を与え妨害しているのです。もし自慰衝動に固着があれば，書痙が起こりますが，それは書くことが昔の自慰衝動によっていわば浸食されるようになってくるからであり，個々のヒステリー症状は何であれ，こうした結びつきがそこには起こっているのです。しばしば口にはされるものの，私に言わせれば未だ十分には

332

強調されていない事柄が一つありますが，すなわち，太古的なものと非太古的なものとの関係，未熟と成熟との関係がそれであり，私はこれからその両者の積極的側面を示していきたいと思います。

　経済的人間という神話がちょうどそうであるように，理性的人間という神話も残念なことになかなか払拭しがたい神話であります。それには自己愛的な理由があります。私たちは私たち自身を，非理性的で未成熟な力によって支えられている，などと見なすことをそもそも好みません。精神分析や深層心理学的思考の発展の中でも，最近になってこの偏見が特異な装いをもって現れてきました。自我自律性 ego autonomy という名前がそれです。そこに示唆されているのはパーソナリティの表層にはみずからの力で機能する何かが存在する，ということぐらいのことです。健康でバランスのとれた人間の中核となるのは，自律的自我を使用してその心 mind の表層をうまく働かせる可能性であります。

　フロイトが1920年代に彼の理論を大きく修正して，自我とイドの関係，精神の構造論モデルについて構想を新たにしたとき，彼が使用した比喩のことを覚えているでしょうか？　騎手と馬という素晴らしい比喩です（Freud, 1933 ,108頁）。騎手が馬に乗らないで歩行するとき，転げ落ちることはまずありません。彼は足で何でもできますが，馬に乗らなければできないこともたくさんあります。馬を乱暴に走らせたくないなら，四六時中，騎手は馬を操らなければなりません。騎手が走るわけにはいきませんから。言うなれば，自律的自我は馬の手綱をさばいているのです。しかし，自律的自我にもできないことがあります。自我自身では迅速に走ったり，ハードルを越えたりはできません。自我はいささかの凱旋気分に酔っても，新しい馬場に乗り入れることはできないのです。必要とされているのは，馬をコントロールする，馬に乗った騎手の存在であります。言い換えますと，自我自律性 ego autonomy と自我支配 ego dominance との間には違いがあるのです。

第18章　自己評価と理想　　333

　自我支配の意味は，馬すなわち原始性の大きな諸力，その生命力がすぐ
そこにある，ということです。その力は活用されますが，その際，馴化さ
れて taming 騎手の目的にかなうものでなければなりません。騎手は自分
が望むときには手綱を弛め，もっとゆっくり行かなければならない時は引
き締めますし，置かれている状況が命ずるなら馬から下りさえするでしょ
う。フロイトはこのことを知っていましたが，徹底的にはそれを追求しま
せんでした。その理由を探究してみるのも面白いことです。彼がこのこと
を知っていたと私が言うのは，彼は次のように述べているからです。しば
しば引用される文章ですが，若い母親から生まれた最初の息子は母親の示
す反応から征服者の感情を受けとる，そしてその感情こそが現実の成功を
もたらすことでしょう，という文章です。生物学的にも立派な素質を備え
た，反応性ゆたかな若い母親がいたとして，その母親の寵児である幼子は，
長男であれば，確かに絶対の自己信頼の感情で満たされることでしょう。
しかしその自己信頼は馴化 taming されなければなりません。ご承知のよ
うに，それは長い発達の歴史を経て自我支配の下につかなければなりませ
ん。とはいってもわれわれの心の奥深く，その幾ばくかは元の姿をとどめ
ているのです。もちろんいろいろの失望落胆の経験によって濾過されては
おりますが。

　私がこれまで力説してきたことですが，自己愛は悪いものではありませ
ん。ところが，それは長らく確立してきた愛他主義という西洋的価値シス
テムと対立させられてきた思想であり，それにはこの二千年の間のユダヤ
・キリスト教の影響があらわれています。しかし，私たちの最高の文化的
成果と最高の価値のいくつかは，自己愛それ自身の発達の領域の中の最終
段階の賜物であることもよく理解すべきであります。当然それは自我の支
配下にありますが。

　せいぜい譲って次のような否定的見解が最後に残るかもしれません。す
なわち，病的自己愛はやっぱり望ましくない，と。これに対する反論もな

531

いわけではありませんが，私はまずその考察をもっと深めていきたいと思っています。確かに分裂病やうつ病などの臨床像の中ではそれは否定的な力をふるっており，またそれほど重くなく普通にもよくある分析可能な臨床例は，いわゆる自己愛パーソナリティ障害ですが，これには私たちみな多少なりともかかわっています。そして，どの臨床像もそれぞれの固着点とそれぞれの過敏性を抱えています。こうした例を目の当たりにした私たちは，やっぱり自己愛は克服されるべきだ，それは悪い自己愛だ，それは私たちの生活を妨害するのだから，と考えてしまうでしょう。しかしこの点に関しても私はいささかの疑問をもっていますが，それは以下のような理由からです。

正常性 normality について考えてみましょう。実のところ，それが何であるかよくわからないのですが，私たちみんなの心にそれはあるイメージを喚起することは確かだと思います。いろいろと論文も書かれており，いわゆる正常な生活のサイクルというものもあってそれは良いものとされています。彼らは野球が好きです。彼らはビールも好きですが，あまり飲み過ぎたりしません。軽い雑誌も好きですが，あまり夢中になったりしません。彼らはその家を，その妻を，そして子どもたちをとても愛しています。言い換えますと，どこかに正常という線があってそれを目指していることになります。こうした人々にあっては，粗野で太古的な自己愛が特異な障害物になっていることはありません。そして私たちは「万歳三唱」するでしょう。ここには目指すべき何かが確かにあるのです。

他方，私たちの臨床においては，患者や私たち自身を助けて太古的な自己愛固着を克服してある程度の正常さに近づくよう努めます。それは先ほど笑いながら論じた類の生やさしい困難ではけっしてありません。私はこの問題を軽く見たくはありません。しかしながら，どうしてこれほど多くの自己愛固着が発生するのでしょうか？　私がこれまでにめぐり合ったどの患者も自己愛的諸問題を免れてはいませんでした。私たちの患者のうち

第18章　自己評価と理想

少なくとも三分の一は主要な精神病理，つまり中心的病理としてそれを抱えており，それを中核にして事態は展開していました。私に意義を唱えて，いや三分の二だ，という人もいるかもしれません。果たして昔からそうだったのか，最近そうなったのか？　ただ単に私たちの関心が高まったためにその診断を多くつけるようになったのか，それとも実際に増加しているのか？　はっきりしたことはわかりませんが，増加しつつあるような気がします。そして問題はなぜなのか，ということです。

　思うに，正常と均衡は望ましいものではありますが，ある意味では人生の成果と対立する面をもっています。正常は実験を好みません。それは安定しています。それなりに決まっています。もはや試行しなくてもいいのです。そして精神病理というものは誰にとってもある新しい均衡を見つけ出そうとする試みのように思えてなりません。自然は思いがけない方向に作用し，何百万回もの失敗を経て，一つの新しい積極的成果を見出そうとして，それが生き延びるのです。ここで心理学の分野にダーウィニズムをあてはめてみればその本質はまさにこれです。

　このことは人類の課題についてもあてはまるでしょうか？　あてはまると思います。文明が進むにつれて，諸問題が引き続いて起こることを考えてもみてください。すなわち，人口増加，私たちの攻撃的破壊の能力の途方もない増大ですが，これはすでに人口に膾炙した事柄です。そしてトロイの女予言者のカサンドラを演じて，近未来の人類の運命を予言してそこから自己愛的満足を得たいと望んでいる人なら誰もが口にする訴えです。こうした訴えは確かに妥当性をもっています。妥当性というのは，人類ないしは人間の精神が過去において行ってきてしかも生存してきたやり方は，まもなく，生存とは調和しなくなるだろうということです。一本の槍で殺そうとしてもたくさんの人が生き延びるでしょうが，水素爆弾では誰も生存できません。人が落ち着かなく動き回って徘徊することができるのも，それが可能な場所と空間があってのことです。ところが，今日ではその場

所と空間がますます少なくなっているのです。

　言い換えますと，人類にとって適応上必須の要請は，（思うに，社会学的方向性をもった多くの人が考えるのとは反対に）新しい社会機構の創設ではありません。それらも必要です。求められている適応上の要請とは意味のある内的変化への要請，すなわち人生を楽しむ能力をもつことです（楽しむことは成功した生き方の指標とも言えます）。内面的活動を増やしながら生きることであり，それは次第に他の活動に取って替わるべきものです。私たちが文化 culture と呼んでいるものの多くはまさにこれです。ソフォクレスやシェイクスピアの劇を見るとき，あるいは音楽を鑑賞するとき，その人が楽しんでいるのは行動ではなく，内的享受　inner enjoyment です。こうした時，闘争や努力に訴えることなく，体をあれこれと動かすこともなく，豊かな経験をもつことができますが，それこそが天才たちが私たちに残してくれた賜物です。実にこれこそがある種の新しい均衡に到達せんとする努力の一様式であり，それは未来において必要であり，その中で人間の内的生活は豊かなものになり，単なる行動の多くにとって替わるだろうと私は考えます。

　いよいよ最後になりましたが，次のような私の考えを申し上げてお別れにしようと思います。自己愛の精神病理がかくも増大しているのは，そのいくつかの局面に関してみるなら，たぶん自然の摂理 nature's way ではないだろうかと私は考えています。もちろんそれは何度も失敗を重ねてばかりいる無駄な努力ですが，ともかくも内的な心理的努力です。それが模索しているものは，内的生活に向けて，内的生活の充足に向けての一種の突然変異であり，それこそが真の解決法であり，人類の生存を可能にしてくれるものではないでしょうか？

　御静聴ありがとうございました。

文　　献

Abraham, K.(1949), Object loss and introjection in normal mourning and in abnormal states of mind,*Selected Papers of Karl Abraham,* pp. 442-443. London: Hogarth Press; New York: Basic Books, 1953.

——(1927), Contributions to the theory of the anal character, *Selected Papers of Karl Abraham.* London : Hogarth Press; New York : Basic Books, 1953.

Burlingham, D., and Robertson, J.(1966), "Nursery School for the Blind." Film produced by The Hampstead Child Therapy Clinic, London.(Distributor in the U.S. : NYU Film Library, 26 Washington Place, NY, NY 10003.)

Camus, A.(1946), *The   Stranger.* New York : A. A. Knopf and Random House.Originally published in French 1942, *L'Etranger,* Libraire Gallimard.

Churchill, W. (1942),*My Early Life.* New York : Macmillan.

Coleridge, S. T.(1907), *Bibliographia Literaria,* Chapter 14, p.6. Oxford : Clarendon Press.

Deutsch, H.(1942), Some forms of emotional disturbances and their relationship to schizophrenia. *Psychoanalytic Quarterly,* 11 : 301-321.

——(1965), *Neurosis and Character Types,* pp. 262-286. New York : International Universities Press.

Erikson, E. H.(1956), The problem of ego identity. *Journal of the American Psychoanalytic Association,* 4 : 56-121.

Ferenczi, S. (1950), On influencing the patient in psychoanalysis : *Further Contributions to the Theory and Technique of Psychoanalysis.* New York ; Brunner/Mazel, 1980, pp. 235-237.

Freud, A.(1963), The concept of developmental lines, *Psychoanalytic Study of the Child,* 18 : 245-265.

——and Dann, V. (1951), An experiment in group upbringing. *The Psychoanalytic Study of the Child,* 6 : 127-168.

——(1965), *Normality and Pathology in Childhood.* New York : International Universities Press.

Freud, S. (1900), The interpretation of dreams, *The Standard Edition of the*

Complete Psychological Works (hereafter referred to as *S. E.*). Vol. IV: 157. New York : Norton.

Freud, S.(1905a), Three essays on the theory of sexuality, *S. E.*, Vol. VII : 125 -231. New York : Norton.

——(1905b), Jokes and their relationship to the unconscious, *S. E.*, Vol. VIII : 229. New York : Norton.

——(1908), Character and anal erotism. *Collected Papers,* II: pp. 45-50. New York : Basic Books.

——(1910a), The psychoanalytic view of psychogenic disturbance of vision, *S.E.,* Vol. XI : 209-218. New York : Norton.

——(1910b), Wild psychoanalysis, *S. E.,* Vol. XI : 219-227. New York : Norton.

——(1911a), Psycho-analytical notes on an autobiographical account of a case of paranoia(Dementia Paranoides), *S. E.,* Vol. XII : 3-82. New York : Norton.

——(1911b), Formulations on the two principles of mental functioning, *S. E.,* Vol. XII : 213-226. New York : Norton.

——(1914a), Remembering, repeating and working through, *S. E.,* Vol. XII : 147-171. New York : Norton.

——(1914b), History of the psychoanalytic movement, *S. E.,* Vol. XIV : 7-66. New York : Norton.

——(1914c), On narcissism : An introduction, *S. E.,* Vol. XIV : 67-102. New York : Norton.

——(1915a), Instincts and their vicissitudes, *S. E.,* Vol. XIV : 117-140. New York : Norton.

——(1915b), Thoughts for the times on war and death. *S. E.,* Vol. XIV : 273 -300. New York : Norton.

——(1916), The "exceptions," *S. E.,* Vol. XIV : 311-315. New York : Norton.

——(1920), Beyond the plesure principle, *S. E.,* Vol. XVIII : 3-64. New York : Norton.

——(1921), Group psychology and the analysis of the ego, *S. E.,* Vol. XVIII : 69-143. New York : Norton.

——(1923), The ego and the id, *S. E.,* Vol. XIX : 23-66, New York : Norton.

——(1926), Inhibitions, symptoms and anxiety, *S, E.,* Vol. XX : 87-174. New York : Norton.

——(1933.[1932]a), New introductory lectures on psycho-analysis, *S. E.,* Vol. XXII. New York : Norton.

文　献　　　　　339

——(1933[1932]b), Dissection of the psychical personality, *S. E.,* Vol. XXII : 57-80. New York : Norton.

——(1933[1932]c), Anxiety and instinctual life, *S. E.,* Vol. XXII : 81-111. New York : Norton.

——(1937), Analysis terminable and interminable, *S. E.,* Vol. XXIII : 216-253. New York : Norton.

Gittings, R. (1968), *John Keats.* Boston : Little, Brown, p. 152f.

Glover, E.(1956), The concept of dissociation in the early development of the mind, *International Journal of Psychoanalysis,* 24 : 7-13.

Greenacre, P. (1957), The childhood of the artist, *Psychoanalytic Study of the Child,* 12 : 47-72.

——(1960), Woman as artist, *Psychoanalytic Quarterly,* 29 : 208-227.

Greenson, R. R. (1967), *Technique and Practice of Psychoanalysis.* New York : New York University Press.

——(1965), The working alliance and the transference neurosis, *Psychoanalytic Quarterly,* 34 : 155-181.

Hartmann, H.(1958[1939]), *Ego Development and Adaptation.* New York : International Universities Press.

——(1972), *Der Grundlagen die Psychoanalyse.* Klett Verlag, Stuttgart.

Horney, K. (1934), The overvaluation of love : A study of a common present -day feminine type, *Psychoanalytic Quarterly,* 3 : 605-638.

Jones, E.(1957), *The Life and Work of Sigmund Freud,* Vol. 3 : 144-145, 246. New York : Basic Books, Inc.

Klein, M.(1932), *The Psychoanalysis of Children.* London : Hogarth Press.

——(1957), *Envy and Gratitude.* London : Tavistock Publication.

Kohut, H.(1959), Introspection, empathy and psychoanalysis. In P. Ornstein(ed.) *The Search for the Self,* Vol. I, Chapter 12. New York : International Universities Press, 1978.

——(1966), Forms and transformations of narcissism. In P. Ornstein(ed.) *The Search for the Self,* Vol. II, Chapter 32. New York : International Universities Press, 1978.

——(1968), The psychoanalytic treatment of narcissistic personality disorders, *The Psychoanalytic Study of the Child,* 23 : 86-113.

——(1970), Narcissism as a resistance and a driving force in psychoanalysis. In P. Ornstein (ed.), *The Search for the Self,* Vol. II : 547-561.New York : International Universities Press, 1978.

——(1971a), Thoughts on narcissism and narcissistic rage. In P. Ornstein (ed.), *The Search for the Self,* Vol. II : 615-658. New York : International Universities Press, 1978.

——(1971b), *The Analysis of the Self,* New York : International Universities Press.

——(1977), *The Restoration of the Self.* New York : International Universities Press.

——(1978), *The Search for the Self : Selected Writings of Heinz Kohut 1950 -1958,* Vols. I & II, edited by P. Ornstein. New York : International Universities Press.

——(1984), *How Does Analysis Cure?* Chicago : University of Chicago Press.

——and Seitz, P. (1963), Concepts and theories of psychoanalysis. In J. W. Wepman and R. W. Heine (Eds.). *Concepts of Personality.* Chicago : Aldine.

——and Wolf, E. S.(1978), Disorders of the self and their treatment, *International Journal of Psycho-Analysis,* 59 : 413-425.

Kris, E.(1934), *Psychoanalytic Explorations in Art.* New York : International Universities Press, 1952.

Krystal, H.(1969), *Massive Psychic Trauma.* New York : International Universities Press.

Ludwig, E. (1928), *Wilhelm II.*New York and London : G. P. Putnam Sons.

O'Neill, E. (1956), *Long Day's Journey into Night.* New Haven : Yale University Press.

Reik, T. (1953), *The Haunting Melody : Psychoanalytic Experience in Life, Literature and Music.* New York : Farrar, Straus and Young.

Schreber, D. P. (1903), *Denkwürdigkeiten eines Nervenkranken* [*Memoirs of a nerve patient*].

Spitz, R. A.(1945), Hospitalism : An inquiry into the genesis of psychiatric conditions in early childhood, *Psychoanalytic Study of Child,* 1 : 53-74.

——(1946), Hospitalism : A follow-up report, *Psychoanalytic Study of the Child,* 2 : 113-117.

Tolstoi, L. (1915), *The Death of Ivan Ilich.* Translated by Constance Garnett. London : Heineman.

Winnicott, D. W. (1951), Transitional objects and transitional phenomena, *International Journal of Psycho-analysis,* 34 : 89-97.

——(1968), *Through Paediatrics to Psychoanalysis,* Chapter 18. London : Hogarth Press;New York:Basic Books.

関 連 文 献

1) Gedo, J. and Goldberg, A.：Models of Mind. Chicago Universities Press, 1973.（前田重治訳：心の階層モデル. 誠信書房, 1982.）
2) Goldberg, A.(ed.)：Advances in self psychology. International Universities Press, 1980.（岡　秀樹訳：自己心理学とその臨床——コフートとその後継者たち. 岩崎学術出版社, 1991.）
3) 伊藤　洸：ナルシシズム研究（その1），発生的・構造的観点から.精神分析研究, 26；47-71, 1982.
4) 伊藤　洸：コフートの自己愛論. 青年心理, 第73号, 金子書房, 1989.
5) 伊藤　洸：第5章自己とは何か　第3節コフートの自己について.臨床心理学大系第2巻　パーソナリティ. 金子書房, 1990.
6) Kohut, H.：The Search for the Self. International Universities Press, New York, 1978.（伊藤　洸監訳：コフート入門・自己の探究. 岩崎学術出版社, 1987.）
7) 丸田俊彦：Kohut の自己（self）心理学. 精神分析研究, 26；21-29, 1982.
8) 丸田俊彦：第7回自己心理学カンファランス, 1984年, トロント, カナダ. 精神分析研究, 29；335-340, 1986.
9) Miriam Elson:Letters to the Editors. On Parenthood. A Dynamic Perspective. Int.Rev.Psycho-Anal.,13;357,1986.
10) 中西信夫：コフートの心理療法. ナカニシヤ出版, 1991.
11) 小此木啓吾：精神分析理論. 現代精神医学大系第1巻B1b. 中山書店, 1980.
12) 小此木啓吾：自己愛人間. 朝日出版社, 1981.
13) Spruiell,V.：Theories of the treatment of narcissistic personalities. 1972.（伊藤　洸訳：自己愛パーソナリティの治療論. 日本精神分析協会編訳：精神分析学の新しい動向. 岩崎学術出版社, 1984.）

あ　と　が　き

　本書『コフート　自己心理学セミナーⅢ』（以下，本書と呼ぶ）は，

　ミリアム・エルソン編集（1987）：

「自己心理学と青年期精神療法に関するコフートのセミナー」（以下，原
書と呼ぶ）

　　Miriam Elson(ed.):The Kohut Seminars on Self Psychology and
　　Psychotherapy with Adolescents and Young Adults.

　　W. W. Norton & Company, New York, 1987.

の，第二部「事例検討集」の後半にあたり，これで原書の翻訳は完了する。

　第一部のあとがきでも触れたように，原書は精神分析的精神療法のセミ
ナーであり，シカゴ大学学生メンタルヘルスを中心とした学生相談で得ら
れた資料が検討の対象になっている。「青年とヤングアダルトに対する精
神療法」という副題の理由もそこにある。本書に登場する学生の生きた時
代は，米国の国論を二分したベトナム戦争の直中であり，まさに国家アイ
デンティティが揺らいでいた時代であった。その混乱ぶりは本書にも散見
されるが，星条旗が焼かれたり，兵役拒否の問題が起こったり，映画「イ
ージーライダー」に若者が喝采をおくった。世界が揺れるとき，青年の自
己（セルフ）も揺れる。エリクソン（1956）のいう自我アイデンティティ
が問われる時代でもあった。

　こうした若者にコフートは静かに共感しようとする。それはコフートが
時代の苦悩に敏感だからという理由だけではない。まさに精神分析医とし
て発生的観点を強調するからである。この若者の過去に重大な共感不全の
環境がなかっただろうか。彼ないし彼女の親は自分たちの誇大性に没頭す
るあまり，子どもの誇大性には無関心ではなかっただろうか。そこではも

っぱら環境の側の失敗，親の側の共感不全に焦点があてられる。失敗がある程度以上のものであれば，そこでは子どもの自己の融和性の獲得が損なわれるのであるが，それにもかかわらず子どもはその欠損を代償して潜伏期を通過して，思春期まではなんとか成長してくる。

ただし，思春期は周知のように幼児期の自我と欲動体制，対象関係の再編成を迫られる時期であり，ここで幼児期の自己は試練を迎える。また思春期は，精神分析学の欲動二相説の教えるとおり，「５歳頃に起こったことを望遠鏡で見るように再現している時期」（本書173頁）であるから，当然そこには幼児期の問題が二重写しになってくる。そこには錯綜した混乱もあるが，同時に，青年期は自己の再編成のチャンスでもある。というのは，編者のエルソンも言うように，「助けを求めてやって来た時にはそこには一定の緊急性というものがあり，彼らはこの助けをなんとか自分に役立てたいと必死になっている」（第１巻の序文）からである。また編者によれば，この時期におこる混乱の一つ一つがその早期の発達段階と共鳴しており，かつその体験がきわめて強烈で生々しいものであるが故に，そこに短期精神療法の可能性があるという。

ところで，われわれの臨床においても，一見エディプス的な問題が前景に見えても，よくみると早期の母子関係の問題を抱えているケース（たとえば，本書第13章172頁）は今日では頻繁になっている。その一部は境界例とか自己愛パーソナリティ障害と呼ばれているが，このコフートセミナーは，こうした問題が思春期，青春期に多発する理由を教えてくれるであろう。

すぐ気がつくことであるが，コフートの自己の融和性とエリクソンの自我アイデンティティとは一見したところよく似た概念である。はからずもその点に関して，聴衆の側から質問が出て，コフートはその違いを力説している（本書第14章）。詳細は省くが，要するに，エリクソンの有名な漸成的発達のダイヤグラムは，価値判断の押しつけを含んでいる，両極の発達課題を対比させて一方は望ましく他方は悪いもの，ときめつけるのは図

式的すぎる，ということらしい。訳者の感触では，エリクソンは青年期における意識的ないし前意識的な，しかも最終的ともいえる自己の概念を強調するのに対して，コフートの自己融和性の獲得（後期の概念構成では，機能的な双極自己の確立）はもっと流動的であり，しかもより早期の，かつより無意識の自己の概念をも包含しているようである。このエリクソン批判を推し進めると，ジェイコブソンのアイデンティティ論にかなり接近することになるが，この三者の比較考証は今後の課題となるであろう。

また，コフートの強調する「発達の可逆性」は，ハルトマン，クリスの「自我の支配下における退行」の概念とも接近している。クリスの「自我の弾力性」もコフートの「ポジションの多様性」（187頁）も，退行がもつ適応的で健康的な力を強調しているが，訳者の印象では，環境に対する両者の意義づけが相違している。すなわち，ハルトマンの「平均的に期待できる環境」（1937）の概念の「環境」は，スタティックで中立的な環境を想定しているが，コフートの自己対象環境selfobject milieuという概念の「環境」は，共感的な環境であり，環境の側も随意的に退行してくる柔軟性をもった環境である。さらにハルトマンの退行はあくまでも自己愛から対象愛へという伝統的な発達ラインの中で論じられているのに対して，コフートは自己愛の独自の発達ラインを想定した中で退行を論じている。

ところで，コフートが臨床の対象としているのは，自己愛パーソナリティ障害ないしは自己の障害である。彼が自己愛を新しい観点から見直したという業績は画期的なものであるが，ではいったいこの種の臨床対象がどの程度の広がりをもっているのか，ということが気になるところである。

ＤＳＭ-Ⅲ-Ｒ（1987）は，表層的な診断基準を指標としているにしても，自己愛パーソナリティ障害の発生率に関して，「本障害は最近になって昔よりも頻繁な出現をみているようである。もっともこれは本障害に対する専門家の間の関心の増大に起因するだけかもしれない」と解説しており，米国における本障害に対する関心の増加傾向を伝えている。そして当のコ

フートは,「私がこれまでめぐり合ったどの患者も自己愛的諸問題を免れてはいませんでした。私たちの患者のうち少なくとも三分の一は主要な精神病理,つまり中心的病理としてそれを抱えており,それを中核にして事態は展開していました。私に異議を唱えて,いや三分の二だ,という人もいるかもしれません」(本書335頁)と述べているように,やはり本障害の増加を強調している。いうまでもなくコフートは,症候学的な観点で述べているのではなく,精神療法状況での転移と逆転移の布置を踏まえて述べているわけであるが,それにしても三分の一という数字は多いとわれわれ日本の臨床家は感じてしまう。これは何故だろうか。

コフートは実際に自己愛の病理そのものが昔より頻繁になっているとし,その促進要因として現代における子どもの養育を取り巻く環境の変化を指摘している。その他の要因として,コフートの名前を慕ってその種のクライアントや患者が全国から集まるという事情ももしかしてあるのかもしれない。しかし,どうもそれだけではないと思う。彼のもとに来る患者はどこにでもいる(おそらく日本でも)普通の患者なのに,コフートがまさにコフート的な視点をもって対象をみるから,多くの患者が自己愛パーソナリティ障害に見えてしまうのではないだろうか。ひるがえってみると,その視点をもてばその患者が見えてくる,というまさにこのことをコフートは言いたかったのだと,訳者は理解している。訳者がそう感じるのは,本セミナーの第1巻の冒頭において,理論と臨床対象の関係が以下のように論じられているからである。つまり,精神分析における客観性とは括弧つきの客観性であり,理論は対象を規定し対象は理論を規定するという,この循環こそが精神分析の科学性なのだ,と。逆に言うと,どんな理論でも完成したものではなく,常にその時代の臨床対象によって磨きをかけられなければいけない,ということになる。

いずれにしても,自己の融和性に注目するコフートの視点は多くの示唆に富むものであり,単に私たちの毎日の臨床や学生相談室の短期の精神療

あ と が き

法だけでなく，二十一世紀に生きようとする人間一般を理解する上でも，
大きな刺激を与え続けるであろう。

　翻訳の責任は監修者の伊藤が負うが，本セミナー全3巻18章における訳
の分担は以下のようになっている。

　第1巻　序文，1章／伊藤　洸，2章／中西悦子，3章／藤原茂樹，4
　　章／山田耕一，5章／中西悦子，6章／藤原茂樹，7章／伊藤　洸

　第2巻　8章／伊藤　洸，9章／中西悦子，10章／中西悦子，11章／八
　　田　泰，12章／藤原茂樹

　第3巻　13章／伊藤　洸，14章／八田　泰・伊藤　洸，15章／藤山直樹
　　・伊藤　洸，16章／藤山直樹・八田　泰・伊藤　洸，17章／水谷由美
　　子・山田耕一・伊藤　洸，18章／水谷由美子・山田耕一・伊藤　洸

　本セミナーの第1巻を訳出したのが平成元年9月であったから，この第
3巻の完了までに約3年の歳月が流れたことになる。この間，コフート学
派の紹介や翻訳などが各研究者によっていろいろとなされているが，日本
での紹介はまだ不十分である。訳語の統一などは今後の課題であろう。本
書の訳出が完全であるかといえばまったくそうではなく，今後とも訳者一
同，中身を推敲していく課題を負っている。読者からの忌憚のないご意見
とご批判をお待ちしている。

　最後になってしまったが，金剛出版の中野久夫氏と山下博子氏には最初
から最後までお世話になってしまった。本来もっと早く脱稿すべきものだ
ったが，ひとえに訳者一同の怠慢によって余分な年月がかかってしまった。
稿を閉じるにあたり，両氏の忍耐づよくかつ共感あふれるサポートに対し
て心から感謝する。

平成4年8月

　　　　　　　　　　　　　　　　　　　　　訳者代表　伊藤　洸

人名・事項索引

（ 1 ～160頁は本書第 2 巻，
161頁以降は第 3 巻にあたる）

━━あ行━━

厚い層を持ったふるい　　80, 86
アドラー（Adler,A.）　　238
アブラハム（Abraham,K.）　　326
『イヴァン・イリッチの死』　　141
イド　332
一次的自己愛　327
『異邦人』（カミュ）　53
打てば響くような承認　12
エディプス期
　　──と思春期　170-171
　　──と母親の反応　62
　　──における父親との関係　168, 172
　　──における自己（の身体）の成立
　　　64
　　──における男性と女性の男根期
　　　64
エディプス・コンプレックス　61, 172
エディプス的心的外傷　173
エリクソン（Erikson,E.H.）　197-199
　　──の価値判断　198
オニール（O'Neil,Eugene）　3_4
親の側の抑うつ　209, 215

━━か行━━

外尿道口の切開手術　42
中核　182
　　エリートと──　182
隠れた潜伏記憶　295
カミュ（Camus,A.）　53
記憶の痕跡　81
器官神経症　58
ギッティングズ（Gittings,R.）　275

急性の代償不全　138
共　感
　　──が本来もっている資源　189
　　──という知覚の様式　280-285
　　──と自己評価を確立すること
　　　161-194
　　言語による──　189
　　直感的──　281-282
共感的な理解　129-153
恐怖症　142
　　逃避反応としての──　142
　　不安発作と──　142
空　想　57
　　──と結びついた野心　232-234
　　誇大的──　227-229, 232-234, 307
　　性的──　83
　　人を混乱させるような──　121
　　幼児期の──　62
クリス（Kris,E.）　295
グリナッカー（Greenacre,P.）　63,
　　284
芸術家の創造性　283-284
顕示性　76
後催眠（性の）暗示　258, 261
行動化
　　──としての盗作　287-316
　　──としての夢中遊行　263
　　──と罪の意識　314-315
　　──における精神内界の布置　269-
　　270
　　──の定義　257-258
　　──を見分ける方法　275-276
　　患者の──　252-253
　　共感と──　280-282

人名・事項索引

後催眠性の暗示と——　258, 261
行動と——　257-285
古典的——　259-261
衝動のコントロールの欠如と——
　271-272
創造的な活動と——　278-279
治療における——　257
ヒステリー症状と——　260
ヒステリー的なパーソナリティと——
　261
固　着　90
——可能性　90
——と退行の関係　91
潜在的な——　90
子ども
——における睡眠障害　25
——における対象備給　25
——における脱備給　63
——の口唇期的嫉妬　207
——の心的外傷　214
エディプス期における——　61-62

——さ行——

ザイツ（Seitz,P.F.D.）　266
自慰衝動への固着　331
自　我
——の支配力の活発化　73
——の自律性と支配　332
——とイド　332-333
共感の拡大と——　141
行動化・行動と——　257-285
支持的な——　186
未熟で顕示的な行動と——　86
幼時記憶と——　265
自我アイデンティティ　195-200
自己愛
——脆弱性　15
——への打撃　135, 236-237, 296
一次的——　327

性的機能障害と——　37-67
男根的——　62
自己評価
——とインポテンツ　49
——の調整　3-35
——のホメオスタシス　218
器官劣等性と——　238
共感と——　161-194
最初に生まれた子の——　202-203
自我の欠陥と——　268
身体症状と——　37-67
性交と——　50
排尿と——　51
非性愛的な——　85
病気と——　237-239
嗜癖的人格　13
——と臨床治療　27
——における愛情関係　34-35
——における自己の必要性　13
——における自己評価の喪失　16
——における自己をなだめる能力
　23
——における（パーソナリティ）構造
　34
——における嗜癖の強さ　23
——における内在化　35
——における二次的自我変化　22
——における不均衡　15
集団生活のなかの自己愛の緊張　325
ジョイス（James,J.）　242
「心因性視覚障害」（フロイト）　94
随意的な退行　192
性愛化　84-85
青春期
——における性目標—阻止的関係
　252
——における内的価値のゆるみ　252
——における若いときの性体験　66
——にたいする治療者のパーソナリテ

ィの特質　78

――の早期の移行期の様々な反響　66

『精神分析の基本的な原理』（ハルトマン）　319

精神療法，精神療法家

　――との大規模な同一化　150

　――における共感的な理解　129-153

　――における知性化　133

　――への嗜癖　27

「性欲論三篇」（フロイト）　95

窃視症　94

潜伏期　213

創造的な活動　279,283

━━た行━━

大規模な同一化　82,150

退　行　92

　固着と――　91

　自我の支配下における――　187

　手段としての――　189,193

　随意的――　188,192

　睡眠と――　26

　治療者における――　189

脱備給　63

短期の精神療法　311,312

男根的誇り　63

知性化　136-137

知性化の扱い方　136

中和化　79-80

　――能力の欠陥　90

　昇華と――　82

　幼児的な性的好奇心と――　89

超自我の欠陥　268

治療・治療者

　――との大規模な同一化　150,186

　――における共感的理解　129-153

　――における退行　189

適　応

外界変容的――　187

自己変容的――　187

転　移

　再性愛化と――　84

　自己愛――　197

　退行した水準での――　188

　理想化――　231-255

同一化

　目標を阻止された――　82

動機，前合理的な　232

トルストイ（Tolstoy,L.）　141

━━な行━━

内在化

　嗜癖的人格における――　35

━━は行━━

恥と自己愛脆弱性　15-16

ハルトマン（Hartmann,H.）　187,319

ピカソ（Piccasso,P.）　279

ヒステリー症状　260-261

ヒステリー人格　5,261

不安定

　――とインポテンツ　49

不安発作　142

フェレンツィ（Ferenczi,S.）　142

フロイト（Freud,A.）　74

フロイト（Freud,S.）　92,94,95,232,237,257,315

　――と偉大な芸術家　87

　――と器官神経症　58

　――と恐怖症　142

　自我とイドの関係と――　262-263,332-333

　集団心理と――　329

フロイトの説　262,332-333

ベートーベン（Beethoven,Ludwig van）　236

人名・事項索引　　　　　　　*351*

ペニス羨望　　51
変容性内在化（脚注）　　24, 25
ホーナイ（Horney,K.）　　237

■ま行■

マーラー（Mahler,G.）　　87
目　的
　家族からの分離とその──　　97-127
　理想の強化とその──　　97-127
目標を阻止された同一化　　82

■や行■

幼児期の対象リビドー　　218
予期された融合　　191
抑うつ感

親の側の──　　209, 215
　青春期における──　　202-203
『夜への長い旅路』（オニール）　　314

■ら行■

理想化転移
　構造形成と──　　231-255
両性愛者と英雄崇拝　　296
ルードヴィッヒ（Ludwig,E.）　　238
「例外人」（フロイト,S.）　　315
露出症　　321

■わ行■

『若き日の芸術家の自画像』（ジョイス）
　　226

549

■訳者紹介

伊藤 洸（いとう こう）
1943年 パラオ島に生まれる
　現職 武田病院勤務
　　　 国立東京第二病院精神科
著訳書「青年の精神病理2」（弘文堂，共著）
　　　「臨床社会心理学，統合と拡散」（至文堂，共著）
　　　「自己と対象世界」（ジェイコブソン著，岩崎学術出版社）
　　　「増補版・精神医学事典」（弘文堂，共編著）
　　　「こころの精神医学」（東京美術，共編著）
　　　「コフート入門」（コフート著，岩崎学術出版社）
　　　「コフート自己心理学セミナー1・2」（コフート著，金剛出版）
　　　「3000万人のメンタルヘルス」（予防健康出版社，共著）
　　　「トラックドライバーのためのメンタルヘルス」（全国トラック交通共済
　　　共同組合連合会，共編者）

藤山直樹（ふじやま　なおき）
1953年 福岡県に生まれる
　現職 帝京大学医学部精神科学教室勤務

八田 泰（はった　やす）
1962年 東京都に生まれる
　現職 B.T.I. ブレイクスルー テクノロジーインク勤務
著訳書「コフート自己心理学セミナー2」（コフート著，金剛出版）

山田耕一（やまだ　こういち）
1949年 金沢市に生まれる
　現職 国立療養所久里浜病院勤務
著訳書「アルコール臨床ハンドブック」（金剛出版，共著）
　　　「健康医学とペイシェント・ケア」（ライフサイエンス・センター，共著）
　　　「コフート入門」（コフート著，岩崎学術出版社）
　　　「コフート自己心理学セミナー1」（コフート著，金剛出版）

水谷由美子（みずたに　ゆみこ）
1955年 東京都に生まれる
　現職 国立療養所久里浜病院勤務（臨床心理士）

新装版 コフート自己心理学セミナー

2017年10月30日　新装版発行

編者 ─────── ミリアム・エルソン
監訳者 ─────── 伊藤 洸

発行者 ─────── 立石正信
発行所 ─────── 株式会社 金剛出版
〒112-0005 東京都文京区水道1-5-16
電話 03-3815-6661　振替 00120-6-34848

印刷・製本 ◉ デジタルパブリッシングサービス

ISBN978-4-7724-1584-2 C3011　©2017 Printed in Japan
AH000